L'ALGÉRIE QUI S'EN VA

PAR

Le Docteur BERNARD

(DE CANNES)

DESSINS DE KAUFFMANN

D'APRÈS LES CROQUIS DE L'AUTEUR

PARIS

LIBRAIRIE PLON

E. PLON, NOURRIT ET Cie, IMPRIMEURS-ÉDITEURS

RUE GARANCIÈRE, 10

1887

Tous droits réservés

L'ALGÉRIE QUI S'EN VA

L'auteur et les éditeurs déclarent réserver leurs droits de traduction et de reproduction à l'étranger.

Cet ouvrage a été déposé au ministère de l'intérieur (section de la librairie) en mai 1887.

DU MÊME AUTEUR :

De Toulon au Tonkin. Un volume illustré. Paris, Laplace et Sanchez, rue Séguier, 3. 1885.

De Cherbourg à Brest. Un volume illustré. Paris, Delagrave, rue Soufflot, 15. 1887.

De Lorient à Toulon. Un volume illustré. Paris, Delagrave, rue Soufflot, 15. 1887.

L'ALGÉRIE QUI S'EN VA

PAR

Le Docteur BERNARD

(DE CANNES)

DESSINS DE KAUFFMANN
D'APRÈS LES CROQUIS DE L'AUTEUR

PARIS
LIBRAIRIE PLON
E. PLON, NOURRIT et Cie, IMPRIMEURS-ÉDITEURS
RUE GARANCIÈRE, 10

Tous droits réservés

L'ALGÉRIE QUI S'EN VA

CHAPITRE PREMIER

ALGER.

Là-bas, à l'horizon, ce golfe radieux, c'est la terre d'Afrique. Au-dessus rayonne le bleu profond du ciel; au-dessous, avec des reflets verdâtres, dort le bleu profond de la mer.

A l'est, derrière ces sommets transparents, vivent les Kabyles; en face, l'Atlas profile ses croupes sur le fond éclatant du sud; à l'ouest, enfin, sur les flancs de la Bouzareah, entre les jardins de Mustapha et ceux de Saint-Eugène, Alger la Blanche, Al-Djezaïr-al-Bahadja, tournée vers l'orient, comme un musulman en prière, étage l'éventail éblouissant de ses maisons, cascade écumeuse, immense madrépore séchant sur l'algue verte. Ni une place, ni une rue; à peine distingue-t-on de loin la silhouette d'un minaret, la pyramide sombre d'un cyprès, la masse foncée d'un gros arbre, et çà et là, louches et clignotants, des trous noirs ou bleus qui sont des fenêtres.

Alger s'approche. La Cásbah sourcilleuse plane sur la ville immaculée, comme un vautour sur un vol de mouettes, tandis qu'un long boulevard que soutiennent des arcades forme à l'amphithéâtre de la vieille cité barbaresque comme un gigantesque marchepied, comme un socle de pierre sur lequel on semble avoir déposé une curiosité précieuse. Nous entrons. L'équipage en armes se range sur le pont; les clairons sonnent aux champs; les généraux, chamarrés, viennent au-devant de leur chef, le gouverneur général, qui arrive avec nous. *Ya ahmed! — Fissa, Mustapha! — Ya, aroua, Mohammed!* crient autour de nous les bateliers arabes qui s'interpellent, mais qui n'osent accoster. Ils ont de larges pantalons, une blouse grise, un mouchoir roulé en corde autour d'une chachia écarlate, et les remous de notre hélice secouent rudement leurs grosses barques rondes, rouges en dedans et vertes en dehors, comme des moitiés de pastèque. Nous mouillons près de la Santé, au centre du vieux port, place réservée de tout temps aux navires de l'État.

Là s'embarquaient ces mécréants redoutés qui, il y a deux siècles à peine, faisaient encore de sanglantes descentes sur les côtes de Provence; là dormaient, en attendant l'heure de la course, polacres et chébecs, galères et galiotes, fustes et galions. Autour de nous s'arrondissent les quais, que foulèrent si longtemps les pas tremblants des captifs.

Sur la jetée, près du phare, au-dessus d'une voûte massive que supportent des piliers robustes, s'élève le logement de l'amiral. Ici vivaient le forban des forbans, le koptan, chef maritime des pirates, et, avec lui, l'oukil-el-hardj, grand dépensier de la marine, recéleur général des pillages.

Près de leur demeure, un long canon de bronze passait à travers les créneaux son col qu'on peignait en rouge, comme pour y cacher les taches de sang. Les deys faisaient attacher à la gueule de cette pièce les consuls des puissances qui avaient cessé de leur plaire, et, à leur commandement, les membres de ces diplomates infortunés étaient, pantelants, lancés dans la direction de l'Europe.

Plus loin, sur la jetée elle-même, se dressent encore de vieilles fortifications. De gros boulets de marbre roulent au pied des murs; des portes en arcades pointues s'y ornent de mains symboliques, de croissants sculptés, de léopards baroques qui sont des emblèmes de la force d'Alger. Des trous noirs, voûtés, humides, anciens magasins, anciens corps de garde turcs, s'enfoncent comme des tanières sous les murailles épaisses.

Sur le sol de l'une de ces caves est étendu un tapis effiloché. Un vieux marabout à barbe blanche, branlant le chef, y fait entre ses doigts maigres et tremblants courir les gros grains d'un chapelet de bois. Aux murs de petits tableaux bizarres, surates du Koran dont les lettres d'or s'enroulent en arabesques fantaisistes; à la voûte, en stalactites poudreuses, des haillons multicolores, ex-voto modestes déposés en ce lieu par la piété des fidèles. Des Mauresques silencieuses sortent mystérieusement de ce logis obscur; elles déposent, à travers leur voile, un baiser respectueux sur le large turban de l'ermite indifférent et immobile comme un fakir indien, elles mettent à ses genoux une galette, un concombre ou un oignon et s'en vont sans bruit, comme elles étaient venues. Regardez par ce petit soupirail grillé. Il y a là dedans une espèce de lit en bois, à jour, couvert de drapeaux en loques et d'étoffes fanées; il y a des œufs ornés de glands de soie et des lanternes de couleur. Ce lit est un tombeau. Là dort un fils vénéré du Prophète, un capitaine de vaisseau turc, bandit émérite qui a frappé à bras raccourcis sur les chrétiens et qu'on a canonisé pour ses exploits orthodoxes.

Au bout de la jetée, enfin, des portes hargneuses, des lucarnes solidement grillées et ornées de bas-reliefs, de vases, de fleurs imaginaires et d'inscriptions, donnent sur des souterrains moisis et suintants, anciens cachots des prisonniers chrétiens. Ils étaient là parfois jusqu'à vingt mille que la peur empêchait seule de se révolter, et qui n'avaient d'espoir que dans l'arrivée du commandeur de la Merci.

Alger comprend deux villes : la ville française et la ville indigène.

Le centre de la première, la moins intéressante pour nous, est la place du Gouvernement, au haut de l'escalier de la Pêcherie. Il y a là de charmants cafés, sous l'ombre embaumée des orangers, sous le vert feuillage des bambous géants, et nulle part ailleurs vous ne serez mieux pour voir passer la population moghrabine, avec sa bigarrure de costumes, sa diversité d'origine, sa curieuse variété de types. Vous êtes à une loge d'avant-scène.

Cet homme à la démarche noble, au visage ovale, au front régulier, au nez effilé et légèrement convexe, au regard indifférent ou dédaigneux, aux dents blanches et bien rangées; cet homme au costume biblique, c'est l'Arabe de grande tente, c'est un chef. Son fin burnous de laine blanche ou de drap noir cache une veste rouge, soutachée d'or, où brille la croix d'honneur. Il est chevalier, officier, commandeur de notre ordre. Sur sa poitrine pendent un chapelet qu'il porte en collier et un sachet qui contient son sceau. Il est venu ici pour les affaires de sa tribu, et il traverse en étranger la ville des deys que souille la domination du roumi. Il porte notre croix, mais, le jour où il croira pouvoir lever l'étendard de la guerre sainte, il l'attachera à la queue de son cheval et il ne gardera de nous que le chassepot, qu'il viendra, au triple galop, décharger sur nos bataillons.

Il est arrivé en Algérie, en Ifrikia, comme on disait alors, avec le farouche Omar, ce lieutenant de Mahomet qui bâtit quatorze cents mosquées sur les ruines de quarante mille églises; avec Sidi-Okba, cet apôtre fanatique de l'Islam qui, au début des combats, tirait son sabre et en brisait le fourreau.

Tous ne nous méprisent pas comme lui. Voyez autour de vous; toutes les tables sont garnies de ses coreligionnaires. Ils sont bien mis, comme des provinciaux qui viennent à Paris. Leur barbe noire, taillée en pointe, est rasée en arrière du bord inférieur de la mâchoire. Ils ont des draperies de soie légère, des costumes brodés et des babouches vernies. Ceux mêmes qui ont le front fuyant et le nez en bec d'aigle, les Arabes de proie venus du fond du Sahara, se donnent des airs de citadins. Et renversés sur leur chaise, ils agitent d'un air satisfait l'éventail en feuilles de palmier; ils achètent et empilent tous les journaux que les négrillons crient à leurs oreilles, et ils boivent. La plupart s'en tiennent à l'orthodoxe limonade, à l'inoffensif soda; d'autres risquent la bière ou vont jusqu'au kirsch; d'autres enfin succombent aux tentations de la muse verte. Si jamais la conquête de l'Algérie doit être complète, c'est à l'absinthe qu'on la devra. Un nouveau venu s'approche de nos voisins, et, gravement, ils se baisent l'épaule; les passants se touchent le bout des doigts de la main droite et les portent à leur bouche; des hommes du peuple viennent, sans mot dire, appliquer respectueusement leurs lèvres sur la tête d'un vieillard, quelque caïd important ou quelque marabout, et, en les voyant, vous vous surprenez à redouter l'achèvement de notre œuvre, l'effacement de ce peuple malgré tout si sympathique. Ne craignez rien. Quand l'Arabe ne pourra plus nous opposer la force des armes, il nous opposera la force d'inertie, la plus puissante de toutes, et nos arrière-petits-fils le verront encore en Algérie avec son burnous antique, ses mœurs immuables et sa civilisation immobile.

— Bonjour, monsieur! bonjour, madame! *Dounar kawa, dounar sourdi! Tsaou tsadek, tsadek enta!*

— Li bons journaux! Li bons journaux! *Ah, li voilà; c'is Nicolas, ah, ah, ah!*

Quel lamentable contraste!

Un paquet de ficelles cercle le voile en lambeaux dont le premier encadre sa large face noire, fendue d'une oreille à l'autre par un énorme rire de nègre. Une gandoura en grosse laine rayée forme sur ses épaules comme les manches flottantes d'une dalmatique; un vieux cabas où s'entasse tout ce que les chiens errants ont laissé aux tas d'ordures pend à son bras d'orang-outang. Il est hideux et il fait peine à voir.

— Bonjour, monsieur! Bonjour, madame! Et aux ronflements monotones de son gombri, de son violon à une corde fait d'une moitié de courge et orné de coquillages, il se trémousse lourdement et il chante à tue-tête.

Un vieux bonnet de turco couvre jusqu'aux yeux le crâne crépu du second, encore un enfant du pays des noirs, et de vieilles cicatrices tracent des raies couleur de chair blanche sur son front d'ébène.

« — Où as-tu reçu ces blessures, Nicolas?
— Ça, capitaine? à Wœrth! C'is les Prissiens!
— Les Prussiens? Et tu t'es laissé faire?
— Moi? ah, ah! Chouïa, chouïa! » Et, laissant tomber le paquet d'*Akbar* dont on lui a confié la vente, il saute en garde, comme s'il avait la baïonnette aux mains. Ses yeux roulent tout blancs; ses lèvres épaisses découvrent de grosses dents serrées. Et il se réveille, le pauvre tirailleur de l'année terrible. Et, avec un rugissement de lion blessé, il tourne sur lui-même, il bondit, et, tout à coup :

— Li bons journaux! Li bons journaux!
— Tsaou tsadek! Tsadek enta! hurle l'autre; et ils crieront, ils chanteront jusqu'à ce qu'ils aient obtenu votre aumône. Pauvres sauvages! Nous les avons civilisés, ceux-là!

Voici la Mauresque. Elle pullule à Alger, et l'on a dû souvent y soupirer les youyou en sourdine qui accueillent la naissance d'une fille. Elle a l'étrangeté d'un œuf qui marcherait sur sa pointe. A travers la fente horizontale de son voile, passent, se plantant dans les vôtres, les regards troublants de deux grands yeux profonds, effrontés comme ceux de quelqu'un qui voit sans être vu. Et, dans les draperies blanches, ces yeux, que les Arabes comparent aux étoiles brillant à travers les nuages, ont je ne sais quoi qui vous embarrasse et vous attire. Toutes ne vous fixent pas avec la même sauvagerie enfantine. Il en est qui ont de petites mules vernies et brodées d'un croissant d'or ; des étoffes soyeuses, rayées de rouge ou de bleu ; des bracelets d'argent aux chevilles et aux bras. Celles-là semblent vouloir justifier une autre métaphore arabe et faire de leurs yeux la bouche meurtrière d'un fusil à deux coups. Et, sous prétexte de chaleur, elles entr'ouvrent leur voile et vous laissent entrevoir leur brune poitrine chargée de colliers d'or. Vous devinez ce qu'elles sont et ce qu'elles vous offrent.

Cet homme ordinairement élégant, trop élégant, avec son bonnet rouge et son turban blanc broché de dessins jaune paille ; avec sa veste brodée de fausses poches, qui, il faut le savoir, représentent le tombeau du Prophète ; avec ses deux gilets aux mille boutons ; avec ses larges pantalons flottants et ses babouches arrondies, c'est le mari de la Mauresque.

Il descend, dit-il, des plus anciens habitants du pays. Mauritaniens et Numides, ses ancêtres se sont autrefois mêlés aux Phéniciens, aux Romains et, plus tard, aux Arabes. Il a même un peu de notre sang dans les veines, et plus d'une de ses grand'mères a jeté jadis un long regard d'odalisque amoureuse sur quelque beau renégat, hardi aventurier fraîchement circoncis, écume jetée sur la côte moghrabine par la mer qui vient de France. Beaucoup de Maures se vantent encore d'être des koulouglis, fils de soldats, c'est-à-dire fils d'un Turc et d'une Mauresque. Être koulougli, c'est avoir comme un titre de noblesse.

Quant à cette bande tapageuse, si pittoresque sous ses haillons cosmopolites, c'est la plèbe algérienne. Il y a de tout là dedans. Il y a des Mozabites, des Berranis, des Biskris, des Zibanis, des Laghouatis, des Kabyles, des nègres, des Européens et des Juifs, tous clients ordinaires de notre tribunal de simple police. Ce qu'il distribue de condamnations dans ce monde pour vols de montres à des ivrognes, d'argent à des Arabes, de « pendus » à des marchands de burnous, de colliers d'or à des filles de la Casbah ; pour outrages aux agents ; pour coups et blessures distribués indifféremment à des Français comme à des indigènes ; pour tapage nocturne ; pour ivresse, enfin, est vraiment incroyable. Oui, hélas ! pour ivresse. Nous vîmes, un jour, arrêter, pour cette cause, une bande qui troublait l'ordre public avec un entrain déplorable. Le commissaire relâcha presque tous ces ivrognes, excepté cinq, dont un mort. Ce dernier était un nommé Mohammed-ben-Daïd, dit Pinpin, yaouled de sa profession. On l'avait rencontré, hurlant avec les autres : « Voilà, voilà, Pinpin ! » et, une heure après, on l'avait trouvé, le crâne brisé, sur l'escalier de la Pêcherie. Ses camarades ne purent jamais expliquer cette fin tragique. Et ces quatre chenapans étaient un nègre, un Français, un Arabe et un Juif. Mais la voilà, la fusion tant souhaitée !

Ce passant timide qui a remplacé par un turban noir et crasseux ou par une hideuse casquette de velours la noble coiffure de l'Islam, c'est le Juif ; le iaoudi méprisé, en arabe ; l'Israélite, en français, quand il a fait fortune. Les Juifs sont très-nombreux ici. Les uns viennent de cette Jérusalem qu'ils ont quittée quand la conquête romaine a dispersé leur nation ; les autres, de l'Espagne, d'où l'Inquisition les a chassés autrefois. Les Algériens les ont tolérés, mais ne leur ont jamais permis de se mêler à eux, et, bien que nous ayons cru devoir les transformer en Français, ils formeront toujours ici, comme en Hongrie, comme en Russie, comme à Paris même, une race à part, quelque chose comme une épave de peuple brisé, flottant sur l'Océan humain.

On les soumettait jadis à Alger aux vexations les plus sanglantes, comme les plus puériles.

Il leur était, par exemple, défendu, sous peine de mort, de franchir le seuil d'une mosquée et, sous peine d'amende, de sortir, la nuit, avec une lanterne. Et les pauvres gens s'en allaient, le soir, abritant d'une main tremblante une chandelle que le vent ou le souffle d'un gamin éteignait à chaque pas. Celui qui contrevenait à cette défense avait droit à un maître coup de pied qu'il ne réclamait pas, mais qu'il recevait toujours de quelque passant musulman. Croyait-il pouvoir tourner la loi en se servant d'un simple falot de papier?

— Comment, chien, lui disait un janissaire qui le rencontrait en sortant de chez sa belle, comment! tu as une lanterne, toi!

— Mais, seigneur, ce n'est pas une lanterne; c'est...

— Tais-toi, chien, fils de chien, kelb-ben-kelb.

Et il envoyait Juif et falot rouler sur le pavé.

— Mécréant, bandit! criait quelquefois l'Israélite exaspéré.

— Et tu m'insultes encore! Tu insultes un Turc! hurlait le janissaire. Il insulte un Turc!!

Et, tirant son sabre, il fendait le crâne du malheureux et, tranquillement, il rentrait chez lui.

— Mohammed-Ould-Messaoud, disait, le lendemain, le dey à son soldat, tu as tué un Juif.

— C'est vrai, Hautesse, mais il avait une lanterne.

— Tu pouvais le corriger sans le tuer. Tu es coupable et tu payeras l'amende prescrite.

Et le janissaire qui s'attendait à sa condamnation avait apporté ce qu'il fallait, pour la purger séance tenante. Il plongeait la main dans son vaste pantalon bleu, en tirait un paquet de tabac, le déposait gravement aux pieds du pacha et s'en allait reprendre son service.

Mais votre présence au café attire bientôt tous les vagabonds et tous les brocanteurs de la place. De petits Arabes qui ont des burnous minuscules se battent pour vos sous avec des négrillons braillards, plus importuns que des moustiques ; un grand vaurien à tête rasée se glisse à plat ventre sous votre chaise pour y ramasser des bouts de cigare ; des gamins en chemise, coiffés d'une petite calotte rouge, vous volent le sucre et ne fuient devant les coups de serviette des garçons en veste noire que pour aller gambader plus loin et revenir un instant après.

Des Maures viennent, en traînant leurs babouches, encombrer votre table de colliers en faux sequins, de couvertures de laine, de toute une quincaillerie qui sent le turc.

— Veux-tu un foulard, sidi, un beau foulard de Tounis ? Vois, achète-moi ce poignard kabyle ! Tiens, veux-tu ce bracelet pour madame ?

Puis voici les nègres du Soudan et les négresses en voile bleu ; voilà, avec leurs grandes robes, des négociants marocains venus de Tanger ou de Tétuan, et des Européens de tous côtés, colons à la tournure martiale ; Mahonnais marchands de poisson ou d'oranges ; Espagnols d'Andalousie ou de Murcie ; Maltais à demi Arabes ; soldats, enfin, soldats de toutes armes, zouaves délurés, turcos débraillés, spahis imposants, matelots tapageurs, hussards élégants, artilleurs au pas lourd.

C'est le matin surtout, au marché de la place de Chartres, parmi les régimes de bananes, les amas de légumes, les monceaux d'oranges, les tas de patates, les pyramides de melons, les sacs de dattes, qu'il faut voir, dans un amusant et original désordre, se mêler, se confondre, se pousser, se heurter, se bousculer, s'appeler, s'injurier, se disputer dans toutes les langues de la Méditerranée, ces gens de races si diverses qui constituent la population algérienne. Non loin de cette place, au bout de la rue de la Lyre, se tient un marché plus curieux encore ; c'est le marché aux friperies. Les Européens semblent en être exclus ; tous musulmans ou Juifs. La vente se fait à la criée. Marchands et acheteurs, tout le monde est debout, et, dans la cohue blanche qu'agite un remous perpétuel, les bras chargés de burnous troués et d'habits en loques, les mains pleines de vieilles babouches, se faufilent les brocanteurs aux cris étourdissants.

— *Arbach' francs! Arbach'! Tleta sourdis! Rhamsa douros! Arbach'ra! Tletach'ra!* Et, sans trêve ni repos, les mots de douros et de sourdis, criés à tue-tête par cent voix rivales, remplissent la place poudreuse, ensoleillée et grouillante.

— *T'meniach'ra sourdis! T'meniach'ra! T'meniach'!* Et vous pouvez, pour cent sous, ouad douro, vous transformer là en Bédouin des pieds à la tête.

Et, puisque nous parlons de marchés, signalons, du moins en passant, comme une des curiosités d'Alger, la Pêcherie, qui étale sous les voûtes du quai ses maquereaux d'argent, ses crabes énormes, ses crevettes colossales et ses poissons volants. Une rue rapide conduit de ce marché à la place du Gouvernement. La grande mosquée de la Pêcherie borde cette rue d'un côté, tandis que de l'autre s'alignent de délicieuses auberges à coquillages et à bouillabaisse, toujours pleines de joie, d'éclats de rire, de guitares et de mandolines. Un de ces restaurants a la spécialité des tortues de mer. Il y en a quelquefois de gigantesques, des tortues carrets grandes comme des chaloupes, et c'est un lamentable spectacle que celui de ces malheureux chéloniens renversés sur le dos, tenant tout le trottoir et battant l'air de leurs pauvres pattes en nageoires jusqu'à ce que la hache s'abatte sur leur plastron et, avec un craquement sinistre, le fende comme un tronc d'arbre.

La mosquée que nous venons de nommer est la Djama-Djedid ou mosquée neuve. Elle abrite depuis huit siècles la piété des croyants. C'est un vaste bâtiment carré, couvert de deux voûtes demi-cylindriques qui se coupent à angle droit. Le dôme s'élève sur leur entre-croisement, et quatre coupoles plus petites surmontent chacun des angles du monument qui a ainsi l'air d'un grand coquetier carré dans lequel on aurait mis à la fois des œufs de poule et des œufs d'autruche. Pas une sculpture, pas une corniche, pas un rebord, pas un auvent, pas un toit ne rompent la pureté de ses lignes. A peine quelques fenêtres étroites percent-elles les murailles épaisses.

Et, du sol au faîte, tout est hebdomadairement et scrupuleusement blanchi à la chaux, sans une éraillure, sans une souillure, sans une tache. On dirait un monticule de neige.

La légende attribue à un architecte chrétien, capture de pirates qui en avaient fait cadeau au dey, cette construction dont, par leur intersection, les voûtes dessinent la croix. C'était une petite vengeance du captif. On ajoute que, pour prix de son travail, l'artiste fut étranglé quand, du haut de la Casbah, le pacha indigné reconnut cette forme maudite.

Le minaret est accolé à la mosquée. Comme presque partout en Algérie ce n'est qu'une haute tour carrée, toute blanche, couronnée par une plate-forme, d'où s'élève une lanterne, espèce de guérite donnant accès sur l'étroite galerie aérienne qui reste autour d'elle, et dressant, au-dessus de sa tête ronde qui porte le croissant, un mât de pavillon terminé en potence.

Une petite bannière vient de monter à ce mât et palpite dans le ciel comme un grand papillon blanc. Il est midi, le moment de l'une des cinq prières prescrites par le Koran.

Apparition sortie des voûtes mystérieuses comme des

flancs d'un sépulcre de marbre, le muezzin, cette cloche vivante, promène lentement au haut du minaret sa grande silhouette blanche, et, d'une voix lamentable et sonore, il lance aux quatre coins de l'horizon la phrase synthétique de l'Islam :

— *La illah il Allah ou Mohammed raçoul Allah !*

Dieu seul est Dieu, et Mahomet est son prophète ! Et d'autres minarets se pavoisent, d'autres pavillons battent des ailes dans le ciel embrasé, et d'autres voix répètent, comme des échos lointains, l'appel des croyants à la mosquée :

— *La illah il Allah ou Mohammed raçoul Allah !*

Et sur les maisons blanches, sur les flots assoupis au soleil, au-dessus des préoccupations de la terre, passent lentement, planent et vont mourir au loin les paroles sacrées de la prière :

— *La illah il Allah ou Mohammed raçoul Allah !*

Entrons. Dans une espèce d'antichambre sombre que garde le kahim, sacristain de ces lieux, les babouches s'entassent sur les dalles ou s'alignent sur les étagères bariolées. Il y a même dans un coin, repoussés loin des pantoufles croyantes, une paire de souliers mécréants que les nôtres doivent aller rejoindre si nous voulons fouler le saint parvis de nos pieds indignes.

L'intérieur de la mosquée est presque aussi nu que l'extérieur. Des colonnes de marbre supportant les voûtes et la coupole ; quelques fresques au haut des murailles ; quelques maximes en lettres d'or dans des cartouches d'émail bleu ; quelques ouvertures laissant passer des rayons verts ou rouges à travers leur vitrage de couleur ; quelques lustres de cuivre où des veilleuses brûlent dans de longs verres d'huile, et c'est tout. Ni siéges, ni tableaux, ni fleurs, ni candélabres, rien. Rien que la blancheur laiteuse des murs adoucie par une demi-obscurité religieuse et recueillie.

Autour du vaisseau règnent des tribunes en bois sculpté. Les dalles sont couvertes de nattes épaisses qui se relèvent aux angles et qui forment comme un soubassement aux colonnes et aux murs, tandis qu'au milieu du monument s'étend un riche tapis de Smyrne.

Dans le mur méridional s'enfonce une niche encadrée de faïence coloriée et qu'une balustrade de pierre sépare des assistants. C'est le mihrab, où se tient l'iman desservant de la mosquée, celui qui a dans ses attributions les circoncisions, les enterrements et les cinq prières du jour excepté celles du vendredi dont la célébration est réservée au khatib. Sous le dôme, enfin, simple plate-forme de bois peint, garnie d'une rampe et portée sur des piliers, se dresse le mimbar, la chaire, d'où les cheiks font entendre leur voix aux fidèles.

Tous ces fonctionnaires religieux, imans proprement dits, khatibs, cheiks et muezzins, forment la congrégation des imans en général qui, avec les muphtis ou docteurs de la loi et les cadis ou juges, constituent le corps des ulémas, le clergé musulman.

Le mimbar ne sert que dans les grands jours. Aujourd'hui, tourné vers l'est, vers la Caaba, la pierre noire et sacrée qui est à la Mecque, l'iman est simplement accroupi sur le sol. Devant lui, le m'kouteba, curieux pupitre ouvert en X et taillé dans une seule planche de cèdre, supporte un volume énorme, présent magnifique d'un sultan et dont les feuillets de parchemin couverts de dessins brillants, de couleurs et de dorures, semblent avoir été taillés dans un riche châle de Kachemyre : c'est le Koran. Les fidèles sont assis derrière le prêtre, autour duquel les haïks blancs, les turbans brochés et les chachias écarlate forment des demi-cercles concentriques.

« *Bismillahi 'rrahmani 'rrahim!* Au nom du Dieu clément et miséricordieux, dit l'officiant en balançant la tête.

— *Bismillahi 'rrahmani 'rrahim* », répètent en chœur les musulmans.

Et les haïks, les turbans et les chachias oscillent lentement et avec ensemble, et le bruit sourd des voix en prière se répand en long bourdonnement sous la voûte sonore et va s'étouffer dans les recoins obscurs, dans les angles mystérieux.

« Louange à Dieu, maître de l'univers », continue l'iman, debout maintenant, les mains à la hauteur de la poitrine.

Et les fidèles, qui se sont levés comme lui, répètent ses paroles.

« *Allah ou ekbar!* Dieu est grand! Et tous s'agenouillent.

— Le clément, le miséricordieux, ajoute la voix grave.

— *Allah ou ekbar!* Et les fronts vont toucher la terre.

— Souverain au jour de la rétribution.

— *Allah ou ekbar!* Et chacun se relève, les mains au cœur et la figure au ciel.

— C'est toi que nous adorons, c'est toi dont nous implorons le secours.

— *Allah ou ekbar!* Et une nouvelle génuflexion courbe les rangs serrés.

— Dirige-nous dans le sentier droit.

— *Allah ou ekbar!* » Et les versets du livre sacré, répétés par l'assistance tour à tour levée, agenouillée et prosternée, voltigent toujours en religieux murmures sous la coupole blanche.

Çà et là, dans la pénombre des murailles, se cache un dévot isolé, et la lumière rouge d'une lucarne voisine teint son burnous d'une clarté sanglante. Un autre, agenouillé, les bras pendants, regarde dans le vide, comme abîmé dans les contemplations extatiques d'une foi ardente. D'autres encore, roulés dans leur manteau, se blottissent ou se couchent dans un coin et s'endorment comme chez eux.

D'autres, enfin, les retardataires, font leurs ablutions dans la large vasque qui occupe un angle de la mosquée, et, par un long détour, pieds nus et silencieux, viennent se glisser dans les rangs de ceux qui prient.

Entre les colonnes polies par des frottements séculaires, sur le moelleux des nattes et des tapis, la tête surmontée d'un volumineux turban sphérique, erre le grand prêtre, le muphti, qui surveille ses ouailles.

Dans une cour voisine qu'une vieille vigne remplit de son ombre verte, le cadi rend la justice.

Les cadis et les adels, qui sont comme leurs substituts et leurs greffiers, représentent l'ancienne magistrature algérienne et sont, aujourd'hui, des fonctionnaires payés par la France.

Exhaussé au-dessus du sol, le tribunal est une sorte de large niche, de galerie, que forment trois ou quatre colonnes torses et que tapissent des nattes. Assis sur des coussins, un pied nu dans une main, la pipe dans l'autre, le café devant lui, c'est là que l'homme de la loi écoute les plaideurs.

Ce n'est pas long, en général. Deux Maures, deux Arabes, et, souvent, un musulman et un Juif, s'approchent de la barre absente. Quelques phrases étranglées par une violente colère, une dispute courte mais bruyante, de grands gestes de menace échangés par les plaideurs, et c'est fini. Le cadi a compris !

Il écarte un instant de ses lèvres dédaigneuses le bout d'ambre de son chibouque ; il prononce quelques mots d'un air ennuyé ; il dicte une sentence à son secrétaire qui, de droite à gauche, l'écrit sur un papier étalé sur la paume de sa main, et les parties se retirent.

Et, longtemps encore, on entend dans la rue le bruit de leur querelle qui continue. Parfois un Maure est seul devant le tribunal, et il entame un éloquent plaidoyer en sa faveur, quand, tout à coup, une voix aiguë éclate.

Elle traverse les barreaux serrés d'une petite ouverture qu'on n'avait pas remarquée. Cette ouverture est, comme la grille d'un parloir de couvent, la fenêtre de la salle réservée où, séparées des hommes, se tiennent les plaideuses. Et le cadi écoute gravement. Le mari pérore; les clameurs de son invisible adversaire redoublent d'acuité; des doigts chargés de bagues et qui semblent vouloir égratigner, des bras nus et bruns qui font sonner des bracelets d'argent passent à travers les barreaux et se tendent vers le juge; des yeux enflammés brillent dans l'ombre. Et, tout à coup, sur un ordre du tribunal assourdi, le plaideur est expulsé, la plaideuse disparaît, ils sortent ensemble, et, l'un suivant l'autre à dix pas de distance, maugréant et le cœur plein d'une rage sourde, ils reprennent le chemin de la Casbah. Que va-t-il se passer là-haut?

La Djama-Kebir ou grande mosquée, presque contiguë à la Djama-Djedid, s'ouvre, comme elle, dans la rue de la Marine et dresse, non loin du sien, son minaret rival. Les deux mosquées se font, en effet, une pacifique concurrence.

La Djama-Kebir est malékite, l'autre est hanéfite.

— C'est pour décrire les mosquées que tu viens les voir? murmure à notre oreille un bon vieux Maure, dont la barbe blanche s'étale sur un beau gilet de soie.

— Non, mon ami; c'est parce qu'elles sont belles.

— A la bonne heure! Et tu les as toutes vues?

— Je le crois. J'ai vu la Djama-Djedid; j'ai vu Mohammed-el-Chériff; j'ai vu Sidi-Ramdan; j'ai vu Sidi-bou-Gueddour; j'ai vu la mosquée Saphir, là-haut dans votre ville, et tu vois où je suis maintenant.

— Et pas encore Sidi-Abd-er-Rhaman-el-Tsaalebi? Alors tu n'as rien vu! Viens, allons-y ensemble. J'y vais deux fois par jour, moi.

Et par la rue Bab-el-Oued, rue française qu'habitent des Juifs, des Espagnols et des Maures, nous arrivons au jardin Marengo.

Sur un terrain en pente, près des vieux remparts que la ville a bousculés, renversés, enjambés, en s'élargissant, et dont les pans tombent en ruine, Sidi-Abd-er-Rhaman étage son kiosque blanc, ses tuiles de couleur, ses larges auvents de bois, sa maison des hôtes, ses fenêtres à colonnettes géminées, sa galerie et ses dômes. Une autre voûte, une kouba, s'arrondit au milieu de ces gracieuses constructions et se flanque d'un curieux petit minaret creusé de niches, colorié, tapissé de faïence bariolée et luisante.

— Mais ce n'est pas une mosquée, cela, dis-je au vieux Maure.

— Non. C'est une maison hospitalière où sont reçus les pauvres qui passent; c'est un cimetière réservé où les plus pieux d'entre nous reposent à côté de nos saints; c'est un séminaire pour ceux qui viennent étudier le Koran; c'est une école; c'est le tombeau d'un marabout; c'est une Zaouïa enfin.

De pauvres Arabes en guenilles, des ruines de Mauresques qui voilent d'un linge en lambeaux leur face décharnée, tendent vers nous leurs mains tremblantes et amaigries, et marmottent une sorte de mélopée traînante, une suite de phrases plaintives qui meurent toujours sur le nom de Sidi-Abd-er-Rhaman.

— Au nom de Sidi-Abd-er-Rhaman, faites-leur l'aumône; Allah vous le rendra! Et mon mahométan prend à deux mains un petit vase en terre poreuse que supporte une étagère scellée près de la porte et dans lequel trempent des brins de basilic, y boit à pleines lèvres et me le présente.

— Merci, merci! Mais que de mendiants, par ici! Cette Zaouïa est donc aussi une cour des Miracles?

— Des miracles, dis-tu? Ah! je crois bien! Sidi-Abd-er-Rhaman en a fait plus qu'il n'y a d'étoiles au ciel, et puis il est le patron des pauvres.

Le raïs Hamidou avait, une fois, il y a bien longtemps, hélas! pris aux Portugais une frégate de quarante-quatre canons, et il avait dû ce succès à la bénédiction dont Sidi-Abd-er-Rhaman l'avait gratifié à son départ. Le bon Hamidou ne fut pas ingrat; il combla le marabout de présents et il lui donna jusqu'à des esclaves chrétiens à qui j'aurais... non, à qui un autre aurait coupé le cou, mais dont le pauvre religieux fit de fervents musulmans. Et Sidi-Abd-er-Rhaman protégea dès lors si bien le capitan que celui-ci revint du voyage suivant rapportant, avec un riche butin, sais-tu quoi? Les cloches de Madère!

Tu vois comme notre saint récompense les aumônes, et qui donne aux pauvres de Sidi-Abd-er-Rhaman donne à Sidi-Abd-er-Rhaman lui-même. Les musulmans le savent bien... et les pauvres aussi!

Des tombes basses et plates, en faïence bleue, pavent le sol autour de la kouba. Des fenêtres grillées s'ouvrent dans les murs de celle-ci et laissent voir les tombeaux des santons.

Ce sont encore, comme chez le marabout de la jetée, des châsses de bois, montées sur des pieds et entourées d'une balustrade ouvragée. Il y a encore ici des couvertures de lit sur les tombes, et, sur le sol, des cierges coloriés et pailletés d'or; aux murs, des pavillons poudreux, jaunes, verts et rouges; aux voûtes, enfin, un fouillis papillotant de draperies voyantes, d'œufs garnis de glands, de lustres en cuivre, de lampes à plusieurs becs, de lanternes compliquées, de lances dorées et de croissants au bout de hampes peintes.

Une dizaine de Mauresques distinguées se pressent devant les lucarnes.

— Ce ne sont pas des mendiantes, celles-là. Que veulent-elles donc?

— Ce sont des femmes stériles. Elles viennent demander à Sidi-Abd-er-Rhaman ce que leur mari ne peut leur donner, et elles l'obtiennent souvent quand elles passent la nuit ici. *Allah ou ekbar...*

— ...Et les marabouts sont ses prophètes!

Notre nouvel ami sourit dans sa moustache et il disparaît. Qu'est-il devenu? Il est prosterné près d'un sarcophage sous lequel il a passé la tête, à demi caché par les tentures sépulcrales.

— Que fait-il là-dessous, Kahim?

— Il prie, Sidi, et c'est un bien saint homme. Ici dort son ancien maître, le vénéré El-Hadj Hamed, dernier bey de Constantine.

— El-Hadj Hamed? ce pacha féroce qui fit couler tant de sang et rouler tant de têtes sous le yatagan de ses bourreaux?

— Justement, Sidi! Et cet homme était l'un de ses principaux chaouchs.

Alger avait un grand nombre d'autres mosquées avant la conquête. Telles étaient la mosquée Hachem, démolie pour faire place à la cathédrale; la Djama-Ketchawa, dont le mimbar sert de chaire à notre basilique, et puisque nous parlons des monuments religieux, n'oublions pas la synagogue.

Cela tient à la fois de la mosquée et de l'église. Il y a des tribunes en bois sculpté, des façons d'autels, et, sur les murs, de grands tableaux qui représentent des chandeliers à sept branches et des inscriptions en caractères carrés découpés dans du clinquant multicolore. Au fond du temple un lourd rideau rouge ferme une grande niche: le saint des saints. Allons-y le samedi, jour du sabbat. La synagogue est alors pleine d'hommes en costume moitié français, moitié algérien.

Des teints pâles et bouffis; des faces pustuleuses; des yeux chassieux et malades; des joues gaufrées par la petite vérole; des physionomies qui semblent encore exprimer la peur de tous et de tout; de longues barbes jaunâtres sur des gilets crasseux; des bas bleus sur des mollets maigres; des souliers lacés qui remplacent les babouches réservées aux mahométans; des vêtements sombres, en bleu foncé ou en vert bouteille; des turbans mesquins d'où sortent des boucles de cheveux qui ne sont pas rasés; tels sont les vieux Juifs d'Alger.

Leurs femmes sont maintenant au pied des remparts, près de Bab-el-Oued. Là, sur une plaque de marbre noir, une inscription en hébreu indique la place où fut le tombeau de Ben-Simah-Durand, un vieux rabbin d'Espagne qui avait, lui aussi, fait son petit miracle, tout comme un marabout. Le saint-office l'avait, en effet, enfermé, un jour, avec bon nombre de ses coreligionnaires, dans une prison de Séville. On les réservait, lui et les siens, pour une grande fête. Ben-Simon devait être habillé en évêque avec une chasuble et une mitre de soufre; les autres devaient faire les prêtres et revêtir des surplis saupoudrés de salpêtre; les plus petits enfin devaient représenter les démons avec des maillots goudronnés, et l'on se proposait de les allumer tous ensemble. Et cela devait faire un splendide auto-da-fé! Il répugnait à Simon-Durand de se prêter à ces comédies sacriléges, et il eut recours à un procédé bien simple pour se tirer d'embarras. Il prit un morceau de charbon, dessina un navire sur la muraille, invoqua Jéhovah, fit monter tout son monde dans ce navire, y monta lui-même, et le lendemain les moines trouvèrent la prison vide. Le navire avait marché, et le souffle du Très-Haut l'avait poussé vers la côte d'Afrique.

Il y a aussi, sur le terre-plein de ces fortifications, le petit monument funéraire d'un autre santon israélite, Isaac Birchichat, et les Juives errent par centaines autour de cette tombe.

Elles sont en habits de fête. Leurs pieds nus traînent des sandales trop courtes; leur corps est serré dans une robe sans plis, fourreau de soie rouge ou verte qui engaîne des formes souvent élégantes, mais qui, trop souvent aussi, comprime et dessine outrageusement d'éléphantiasiques rotondités.

Un large plastron brodé de paillettes d'or étincelle sur les poitrines ; des manches de tulle flottent sur les bras nus ; un foulard de soie noire forme comme une calotte sur les têtes ; sous les mentons enfin passe une pièce de mousseline qui vient se nouer sur le crâne.

Les Juives ont allumé une forêt de cierges chez feu Isaac Birchichat, dont le mausolée brille comme une chapelle ardente, et, gravement, elles font, pendant un quart d'heure, le simulacre d'éponger la muraille de leur mouchoir roulé en boule, qu'elles portent ensuite à leurs lèvres pour le baiser avec une sincère expression d'amour convaincu. D'autres collent leur front aux murs et y demeurent longtemps, plongées dans des méditations profondes et formant autour de la chapelle comme un cercle vivant de petits contre-forts rouges, bleus et verts.

Elles se pressent aussi autour de la plaque de Ben-Simah-Durand ; elles trempent, à tour de rôle, un pinceau de maçon dans un baquet de chaux, elles tracent de longues raies sur le rempart qui en est tout blanchi aussi haut que leurs mains peuvent atteindre, et elles appliquent encore leur mouchoir sur l'inscription et elles le baisent encore avec ferveur, en pleurant de vraies larmes.

Elles pleurent, les filles de Sion ; elles pleurent comme pleuraient leurs ancêtres sur les fleuves de Babylone.

Pourquoi pleurent-elles ? Par tradition, sans doute ; il n'y a pas de nation qui ait pleuré autant que cet infortuné peuple de Dieu.

Mais il est temps de parler de la vieille ville, ce qu'il y a de plus curieux, peut-être, en Algérie.

Sur un espace carré de cinq mètres de côté, par exemple, bâtir une maison dont le second étage soit un nouveau carré de neuf ou dix mètres de côté, tel est le problème architectonique résolu par les maçons algériens. Un exemple bien simple fera comprendre leur procédé. Prenez trois cubes, trois dés, d'inégale grandeur; mettez le plus petit sur une table, le moyen sur le plus petit, le plus grand sur le moyen, et vous aurez une réduction de la maison mauresque.

Une porte étroite, cintrée, encadrée de rosaces de pierre et de croissants sculptés, donne accès sur le rez-de-chaussée. Quelques lucarnes grillées, protégées souvent par une forte cage de fer, percent la muraille au hasard.

Le premier étage, le dé moyen, déborde sur ce rez-de-chaussée et se soutient sur des arcs-boutants de bois, petits troncs d'arbres courbés, tordus, mal équarris, qui s'appuient contre le mur inférieur. Le second étage, quand il existe, déborde à son tour le premier et se suspend sur des arcs-boutants semblables.

L'édifice, enfin, est couronné par une terrasse à laquelle les murailles des façades elles-mêmes forment un parapet, si bien que ces maisons sans toits ni corniches ont l'air de maisons décapitées.

Et les murs, les arcs-boutants, le sol de la terrasse, souvent les boiseries de la porte, tout est soigneusement blanchi à la chaux. Voilà pour la maison.

Sur un terrain en pente roide, alignez, côte à côte, un certain nombre de ces constructions baroques. Opposez à cet alignement un alignement semblable. Rapprochez ces deux rangées de bâtisses l'une de l'autre jusqu'à ce que les étages en saillie viennent à se toucher, et il vous restera, entre elles, un véritable couloir qui est la rue type d'Alger.

Supposez enfin un écheveau embrouillé, inextricable, de rues pareilles; donnez-leur les directions les plus extravagantes; bouchez-en la moitié en impasse; taillez-les en marches d'escaliers; comparez-les à des caves, à des égouts, à des catacombes, à tout ce que vous connaissez d'obscur, d'étroit, de compliqué ; appelez-les rue de Tombouctou, rue du Vent, rue Soggemah, rue Kataroudjil, rue de la Girafe, rue de la Gazelle, rue du Chat, rue du Diable, et vous n'aurez encore qu'une faible idée de l'Alger indigène, du quartier de la Casbah.

Faire de cette ville une description complète serait aussi impossible qu'il est impossible de s'y reconnaître. Elle a quelque chose d'incompréhensible, de fantastique, d'effrayant, et vous croyez rêver la première fois que, seul comme on doit l'être pour bien voir et bien sentir, vous la parcourez à l'aventure.

Vous vous engagez dans un long corridor blafard. Le jour paraît et disparaît ; des rayons de soleil qui se glissent de force entre les murailles font, de loin en loin, d'éblouissantes taches de lumière à côté d'ombres d'un bleu épais. Et personne, qu'un Arabe qui, pour vous laisser le chemin libre, s'adosse tout blanc contre le mur blanc avec lequel il se confond.

Et toujours étroites et blanches comme les parois de la tombe, sans une porte, sans une fenêtre, des ruelles tortueuses dont les maisons s'écartent à peine de temps à autre pour laisser apparaître une mince bande du ciel.

Puis ce sont des boyaux très-bas que vous suivez en baissant la tête ; et, si vous vous heurtez contre un arc-boutant, vous faites un soubresaut en arrière, votre cœur palpite comme si la main invisible d'un esprit frappeur vous avait brutalement arrêté au passage.

Vous en avez assez ; vous voulez sortir de ce blanc labyrinthe, vous doublez le pas, vous marchez longtemps et, tout à coup, vous vous arrêtez surpris. Un détail, une brèche à un angle, un croissant à une fenêtre, les sculptures d'une porte vous font reconnaître la rue que vous parcouriez un quart d'heure auparavant.

Mais voici un carré de soleil, à l'entre-croisement de

deux ruelles un peu plus larges. Les maisons ne se touchent pas ici. Des magasins exigus que protégent des tentes, le tronc tordu d'un vieux figuier, une masure blanche avec des trous grillés, une autre avec un moucharaby treillagé et peint de vert entourent ce semblant de place. On voit le ciel; il y a des passants et l'on respire. Mais les deux rues qui forment ce carrefour, pressées de se dérober à la lumière, s'enfoncent de nouveau dans les murailles, se glissent sous les maisons comme des serpents sous les pierres, font un brusque détour et disparaissent dans l'ombre. Et, cédant à l'attrait de l'inconnu, vous vous enfoncez dans un nouveau dédale.

Vous n'avez plus peur; cela vous semble, au contraire, très-drôle; des idées extraordinaires traversent votre cerveau, et vous éclatez de rire. Vous vous croyez bien seul, et contre votre épaule, derrière les grilles épaisses d'une lucarne, brille quelque chose de noir, les grands yeux d'une femme silencieuse qui vous fixent de près avec l'étonnement craintif d'une bête prisonnière. Ailleurs, comme un portrait remplit son cadre, une figure remplit une fenêtre sans grilles, une figure brune avec un diadème d'argent, avec des lèvres et des joues fardées, avec des guirlandes de fleurs blanches.

Le portrait sourit, et, sur la large nudité de la muraille, cela prend l'aspect bizarre du décapité parlant. Ce n'est pas à vous que ce sourire s'adresse; c'est à ce jeune Maure qui, vêtu d'habits gris d'argent, un burnous léger coquettement rejeté sur l'épaule, s'appuie contre le mur d'en face, dans une pose pleine d'une grâce affectée. Plus loin passe un homme qui porte au bout d'un bâton des chapelets de tubéreuses et de jasmin, poétique mais éphémère parure des habitantes de ces lieux. Une main aux ongles rouges sort par un trou, prend une guirlande au passage et disparaît.

Toutes les rues ne sont heureusement pas aussi vides.

Celle-ci, par exemple, est transformée en un long bazar ; c'est une galerie étroite bordée de petites niches carrées, percées à hauteur d'appui, de boutiques exiguës, semblables à des caisses ouvertes. Là, s'entassent les objets les plus hétéroclites : curieuses marqueteries de nacre, guirlandes de jasmin et chapelets de têtes d'ail, casseroles rouillées et calottes dorées pour les femmes, crémaillères noires de suie et vestes brochées d'or, couffes de charbon et poignards ciselés, marmites de Vallauris et poteries kabyles, crottes de gazelle qui sentent bon et oignons qui sentent mauvais.

Le boutiquier s'est fait une place dans le fouillis des marchandises, y a étendu un paillasson, s'est installé de manière à pouvoir tout atteindre de la main, et, gravement assis sur ses talons, il fume sou chibouque et il boit son café en homme détaché des choses de ce monde en général, et de celles de son commerce en particulier.

D'autres, plus voluptueux, repoussent tout sur le devant de leur échoppe, se couchent au fond, et, roulés dans leur burnous, les pieds contre une muraille, la tête contre l'autre, ils tournent le dos aux passants et consacrent à dormir le temps qu'Allah leur a donné à passer sur la terre.

En voilà un prosterné. Ne lui parlez pas, ne l'appelez pas, c'est inutile ; il prie ! Vous avez beau tirailler son burnous, toucher à sa marchandise, faire, à grand fracas, tomber quelque chose dans son étalage, il ne se retournera pas ; il prie !

Voici des restaurants ! Sur une table ronde, haute comme nos tabourets de pied, sont déposées une douzaine de soucoupes où, dans un assaisonnement aqueux, nagent des tranches de radis, des morceaux de concombres, des fragments de carottes et de la salade hachée menu. On dirait qu'on a préparé le repas des poules. Et

UNE RUE A ALGER.

il y a une douzaine de tables pareilles rangées contre le mur, non dans la boutique, mais dans la rue elle-même. Un sou la soucoupe!

A côté sont les marchands de friandises. L'un vend de la farine de café et des épis de maïs grillés; l'autre, des patates douces cuites sous la cendre. Plus loin, ils se sont mis six pour débiter une corbeille de kakawètes, arachides torréfiées. Plus loin encore, huit associés détaillent une douzaine de gaufres.

« *Balek! balek!* » Gare! gare! Et, roulant des hauteurs de la Casbah, un troupeau d'ânes qui a l'air d'un troupeau de mouton charrie des épluchures et des décombres. Il faut douze de ces ânes pour porter un mètre cube de sable!

Coiffé d'un chapeau pyramidal dont les larges bords battent comme des ailes d'oiseau blessé, un grand nègre suit les bourricots à grands pas et, en criant, les aiguillonne de son bâton pointu. Et, accrochant les passants, se heurtant aux murailles, renversant les tables des restaurants, les ânons sans fers passent avec un piétinement sourd : *Balek! balek!*

Nous voici maintenant chez un artiste. Assis sur une natte, devant un petit chevalet, au milieu de petits pots de couleurs épars autour de lui, il peint sur du verre ou sur des panneaux de bois, des villes et des navires. Et quels tableaux! Des combats dans lesquels des batteries extraordinaires lancent contre des forteresses fantastiques une pluie de boulets dont la trajectoire est marquée par une grosse ligne noire, mais sans le moindre combattant, parce que Mahomet défend la représentation de la nature animée; des villes avec une armée de minarets pointus, avec des ronds noirs qui sont des gueules de canons vus de face, avec des vaisseaux à trois ponts, carrés comme des caisses et pavoisés d'un drapeau rouge, avec, enfin, un carreau blanc surmonté d'un croissant et occupant la moitié du ciel. Ce carreau est une mosquée. Cela représente Alger, Iskanderieh, Téhéran ou Stamboul, au gré de l'acheteur; plutôt Stamboul, cependant, à cause de la mosquée qui est Sainte-Sophie, mais il n'y tient pas plus que cela.

Plus loin, s'ouvre une boutique ornée de miroirs à main, de cadres dans lesquels des molaires de tout calibre font de hideuses mosaïques, de rasoirs et de lancettes, enfin, arrangés en petites panoplies rouillées.

Cela veut dire que l'opérateur de céans tond, saigne, rase, arrache les dents et fait généralement tout ce qui concerne son état. Nous sommes chez un Figaro algérien.

« Barbarièh! barbarièh! » Celui-ci est un honnête fruitier. Armé d'un roseau fendu en quatre, il est allé ce matin cueillir des figues de Barbarie dans les grandes haies de cactus, et, disposées en petits tas de quatre ou de cinq, il les promène maintenant sur son éventaire. Il y a là une charmante fontaine adossée à une maison, plaquée de briques luisantes, décorée d'inscriptions en émail doré. Un vieux mouchoir pour turban, la cruche de cuivre à large fond sur l'épaule, les hommes y piaillent et y pataugent, tandis que les Juives font sonner sur le pavé mouillé les semelles de bois de leurs sandales trop courtes.

« Barbarièh! barbarièh! » Et, le ventre en avant, la tête renversée, le fruitier mêle au bruit de ce monde son cri qu'il prolonge comme un bêlement plaintif.

Ici, s'ouvre sous nos pas un quartier industriel que remplit une violente odeur de cuir neuf; c'est le quartier des cordonniers et des selliers. La profession de ces derniers était jadis une profession noble, comme celle des verriers en France, et c'est pour cela qu'ils sont si nombreux.

Là, des tourneurs de corne manœuvrent de la main

gauche un archet dont la corde s'enroule sur l'axe d'un petit tour primitif, et, de la droite, ils tiennent un instrument tranchant qu'ils dirigent avec le gros orteil de leur pied nu. Ils font ces bagues et ces minces bracelets dont Alger inonde les tribus de l'intérieur.

Ce bon vieux, au large turban, aux grosses lunettes, est un écrivain public. La longue écritoire de cuivre passée à la ceinture comme un poignard, la plume remplacée par un roseau taillé, il trace, arrondis et bien liés, les caractères d'une lettre que son client attend, affaissé dans un coin de la boutique

Dans ce trou obscur, au fond de cette étroite cave enfumée, des Maures bien vêtus, flanqués d'un petit vase qui contient un œillet, enroulent des fils brillants sur de grandes bobines, tressent des cordons de soie, appliquent enfin de riches broderies d'or et d'argent sur les gilets des Mauresques, sur les robes des Juives, sur les vestes rouges qui, dans les fantasias des grands jours, feront l'orgueil des caïds et des aghas.

Mais que se passe-t-il un peu plus loin? On trépigne, on pleure, on crie, on se bat, on hurle. Ce n'est rien; c'est une école. Les jeunes élèves n'ont pas chanté avec assez d'ensemble les surates de la Vache, l'un des plus beaux chapitres du Koran, et, du haut de la table qui lui sert de siége, le maître d'école, le thaleb, outré, fait pleuvoir les coups de sa longue gaule sur les petits bonnets rouges qui s'agitent autour de lui.

Reposons-nous un instant dans ce café maure. A l'extérieur, des bancs s'adossent à la muraille, et, les pieds nus, les jambes repliées, des musulmans de tout âge dont les passants frôlent les genoux y sont assis, côte à côte, leurs babouches alignées sur le sol. Immobiles, somnolents, les yeux vaguement fixés sur le mur d'en face, ils étaient là ce matin, ils y seront encore ce soir.

« *Ya, kawadji!* Holà, cafetier!

— Aïoua, Sidi !

— *Meneh kaoua!* Apporte du café ! »

L'établissement est une longue salle noire, étroite, voûtée comme une casemate. Au fond, dans un angle, un petit fourneau en bâtisse brûle doucement et met dans l'obscurité comme une lueur de lampe de sanctuaire. Un massif de maçonnerie, couvert de nattes, sert de siége autour du local enfumé. Il y a quelquefois des bancs et des tables, mais les rôles de ces meubles sont alors renversés, et les consommateurs, assis sur la table, déposent le café sur les bancs à côté de leurs pantoufles. De grandes étagères peintes et dorées portent la vaisselle minuscule ; à des cornes de gazelle sont accrochés de longs chibouques. Çà et là, sur les murailles noircies, se détachent de petits tableaux représentant des animaux fantastiques ; des étagères où, dans des pots de terre, s'épanouissent des bouquets de fleurs artificielles ; de mauvais sabres indigènes et quelques miroirs, tandis qu'à la voûte se balance une cage de canaris taciturnes.

Le kawadji vient de déposer devant nous une tasse grosse comme une coquille d'œuf et une petite cafetière pleine d'un liquide épais et noir. Ce n'est pas du café, c'est du marc délayé dans de l'eau bouillante. Et si ce breuvage vous déplaît, demandez de l'eau claire ; il n'y a pas autre chose ici !

Silencieux et engourdis, des Maures et des Arabes sont affaissés contre le mur, et les yeux au plafond, les lèvres entr'ouvertes, l'esprit flottant dans des rêves indécis, ils fument. Dans un recoin poudreux, deux nègres font une obscure partie de cartes avec des tarots crasseux sur lesquels on reconnaît à peine des soleils, des sabres et des jambes. Mais un mouvement se produit dans cette somnolente société ; on se réveille un peu : un conteur vient d'entrer.

C'est un Arabe, qui, élevant sa haute stature blanche

dans le fond sombre du café, débite les péripéties d'une histoire d'autrefois. Un musicien est à ses pieds, et, sourds et tristes comme les plaintes du vent par les portes entr'ouvertes, les bourdonnements de sa flûte de roseau, de son djouak, accompagnent et soutiennent la voix de l'orateur. De ses doigts longs et maigres comme des baguettes, celui-ci frappe lui-même la peau d'un tambour de basque carré, après les passages pathétiques, et l'on rit ou l'on admire. Tantôt débitée avec une surprenante volubilité, tantôt récitée d'une voix traînante, l'histoire suit son cours. Les cigarettes s'éteignent dans les doigts des auditeurs; la flûte bourdonne avec furie; cela devient palpitant d'intérêt. Il s'agit, sans doute, d'un mari trompé, des ruses employées par un amant, thèmes favoris des rapsodes algériens. Puis, sur les figures épanouies, se dessinent des sourires pleins de concupiscence, les joues rougissent, les regards s'allument. Dans quelle Cythère orientale le conteur a-t-il conduit son auditoire? Quelles scènes fait-il passer devant ses yeux? De quel sérail voluptueux lui a-t-il ouvert les portes? Le conte est fini, et le barde en burnous va recommencer ailleurs, mais ses paroles magiques ont secoué la torpeur de nos voisins.

L'un d'eux, tout de blanc vêtu et coiffé d'une calotte blanche, se lève, et, grotesque dans sa lourdeur masculine, il mime la danse des almées. On le regarde sans rire et l'on bat des mains en cadence. La fleur sur l'oreille, le large pantalon faisant comme un jupon sur ses reins, un autre jeune efféminé vient se joindre au premier, et, amoureusement enlacés, ils tournent sur un pied, ils agitent des mouchoirs, ils se cambrent, ils se déhanchent pour la plus grande joie de leurs amis. La musique prend part à la fête. Le tambour résonne, et la danse est finie que, longtemps encore, on entend son bruit sourd et monotone qui berce et rendort les fumeurs.

Quelques-uns de ces cafés sont ce que nous pourrions

appeler des cafés-concerts, des cafés à tam-tam, disent les Arabes qui croient parler français.

L'ameublement et la disposition des lieux sont les mêmes, mais au fond de la salle, sur une table couverte de tapis et de coussins, se tient une nouba, un orchestre. Les instruments se réduisent à trois ou quatre. Un kamentcha, c'est-à-dire un violon qu'on appuie sur le genou, le manche en haut, à peu près comme nos artistes tiennent le violoncelle, et une mandoline ou une kouistra, guitare au ventre rebondi, font le chant. Une autre guitare, faite d'une écaille de tortue et dont on gratte les deux cordes avec une plume, fait tomber sur le morceau une pluie de notes cristallines; une darbouka, enfin, cylindre de poterie qu'une peau de tambour ferme d'un côté, marque la mesure de ses battements plus ou moins clairs, selon qu'on la frappe plus ou moins près du bord. Quelquefois une cithare seconde la mandoline et le violon.

Les musiciens chantent en jouant, et ce sont des chants naïfs et sauvages, des récitatifs chevrotants, des trémolos plaintifs, des romances infinies en innombrables couplets courts et monotones; des airs enfantins, pleins d'un charme bizarre, et qui vous séduisent à la longue comme des berceuses somnolentes. Les chevaux eux-mêmes sont sensibles à ces mélodies sans apprêt, et on les voit dresser l'oreille, balancer la tête en cadence, disent les Arabes, quand une nouba joue près d'eux. Nous avons vu l'extérieur des maisons mauresques, mais cela ne suffit pas; on veut savoir ce qu'il y a et comment on vit derrière ces murailles sans fenêtres.

Les grandes familles algériennes, ruinées, dispersées, disparues aujourd'hui, nous ont abandonné les plus belles de ces demeures, et nous y avons installé la plupart de nos services publics.

Telle est la maison des Mustapha, qui contient maintenant la bibliothèque et le musée. On y pénètre par une sorte de petit atrium frais et sombre dont les murailles sont percées de niches revêtues d'émail où se tenaient les esclaves, prêts à répondre au premier appel du maître. Au milieu de la maison s'ouvre une cour entourée d'une double galerie à arcades pointues et à colonnes torses, l'une, au niveau de la cour, l'autre, au niveau du premier étage. Les chambres donnent sous cette dernière par des portes aux petits panneaux embrouillés et y prennent le jour par des fenêtres carrées garnies de barreaux de cuivre.

Telle est aussi la maison d'Hassan-Pacha qui sert aujourd'hui de palais au gouverneur. Ici, les murs et les plafonds sont tapissés d'arabesques en relief; de petites coupoles à jour surmontent les pièces principales et les éclairent d'une lumière d'église à travers leurs verres coloriés; l'or brille de toute part sur les poutrelles de cèdre; les galeries tordent de tous côtés les spirales de leurs colonnes dorées et se tapissent de l'émail bleu des vieilles briques en faïence, et à ce luxe déjà si original, nos généraux ont ajouté les lourdes tentures rapportées du désert, les étendards conquis, les queues de cheval prises avec la smala de l'émir et les parasols abandonnés à Isly par l'armée marocaine.

La disposition intérieure des maisons plus modestes qu'habite la population actuelle est toujours à peu près la même : même cour, mêmes galeries, et en voir une, c'est les voir toutes.

Il y a ici comme partout trois classes de femmes. Les femmes honnêtes, les dinat. Épouses mystérieuses des marchands et des rentiers, nul ne les voit; recluses dans leurs maisons blanches comme dans un couvent, elles ne comptent pas pour le monde.

Il y a les Mauresques de chacun, dont la classe n'a pas de nom ou plutôt en a trop. Celles-là ne comptent pas plus. Enfin, entre les dinat et les anonymes, se placent les msassats, classe moyenne tenant moins de la dernière que de la première à laquelle elle est encore unie par les mille liens de l'amitié et de la parenté.

Khadidja et Yasmina appartiennent à cette catégorie mitoyenne, et leur maison nous est ouverte; allons les voir. A travers les barreaux blanchis d'une petite lucarne, des yeux de velours nous regardent gravir la rue glissante.

— *Ya, Zehra! Ail el beb!* Ouvre la porte, Zehra! dit l'un de nous en frappant de sa canne l'huis étroit et ferré qui se cache sous les arcs-boutants de bois.

Un pas traînant gémit dans le corridor.

— *Ach koune?* Qui est-ce? répond comme un éternument une voix qui semble sortir des pavés. *Ach koune?*

Et, par un trou de chat, une face de guenon, noire et ridée, nous dévisage de bas en haut. C'est Zehra, la vieille domestique du logis. La porte s'ouvre lentement, et, repoussée par le poids d'une grosse pierre attachée à une corde qui s'y réfléchit sur une poulie, elle retombe sur nous comme le trébuchet d'une souricière. D'un côté du corridor s'ouvre une cuisine grande comme une caisse à eau, avec de petits fourneaux blancs comme des cubes de craie; de l'autre, s'ouvre une chambre basse, percée, sur la rue, d'une unique ouverture, le trou par lequel on regarde les passants.

Du ciel, qui forme là-haut un carré d'un bleu incroyable, pleut la lumière sous laquelle resplendit le sol de la cour, passé lui-même à la chaux comme les murailles. Dans un coin, un puits arrondit sa margelle blanche; dans l'autre, brillent des chaudrons de cuivre qui, à travers l'ombre des arcades, envoient des reflets d'or sur les chapiteaux blanchis et sur les colonnes luisantes. Un escalier étroit nous conduit au premier étage. Les couches de chaux déposées tous les jours sur les marches sont tous les jours aussi emportées par les sandales qu'on traîne, mais elles restent dans les angles, les effacent et s'y accumulent si bien que chaque degré finit par avoir la forme d'un croissant et qu'on grimpe là dedans comme dans les enfléchures d'un vaisseau.

Des briques émaillées de bleu et de blanc pavent la galerie du premier et forment un soubassement aux murs dont elles revêtent la partie inférieure. De simples rideaux blancs, brodés de petites fleurs, ferment les portes et les fenêtres. La cour et les galeries tiennent tant de place que les chambres ne sont plus que de longues pièces resserrées. Le mobilier, enfin, est d'une simplicité extrême.

Une niche contient les boîtes de poudre, les pots de pommade et les flacons à long col pleins de parfums. Un guéridon à quatre pieds, très-bas et couvert de briques en faïence, porte des tasses, des fleurs et des cigarettes. Une grande caisse dorée et enluminée d'œillets, d'oiseaux et de roses fantastiques, sert d'armoire, de secrétaire, de coffre-fort et de siège. Enfin, une guitare, une darbouka, de riches vêtements et des ceintures d'or pendent çà et là aux murailles blanchies. Ajoutez-y deux ou trois tableaux bizarres qui représentent Borak, la jument du Prophète, à figure de femme, ou la main de Mahomet ou sa pantoufle, ou encore des montres, des lions, des oiseaux faits avec les lettres embrouillées à plaisir d'une maxime devenue ainsi indéchiffrable, et vous aurez un inventaire complet.

Contre le mur est étendu un matelas couvert d'un tapis et garni de quelques coussins : c'est le divan !

Des rideaux, enfin, des rideaux faits de lourdes couvertures indigènes sur lesquelles flotte une mousseline mouchetée d'or transforment en alcôve l'un des bouts de cette chambre et cachent le lit, qui est semblable au divan.

Dans quelques maisons, cette alcôve, qui s'appelle alors le kebou, a été prévue par l'architecte, et, surmontée d'une petite coupole à jour, elle fait, au fond de la pièce, comme l'abside élégante d'une mignonne chapelle.

Zehra, la négresse, épanouissant dans un sourire sa face belle de laideur, place devant nous un plateau d'étain large comme une table, tout bossué d'arabesques repoussées, et chargé de tasses sans pied, posées dans des coquetiers de filigrane enrichis de corail.

Un frôlement de satin dans l'escalier, quelque chose qui glisse et qui traîne sur le sol de la galerie, et nos amies apparaissent souriantes, gracieusement enlacées l'une à l'autre.

Elles sont en costume d'intérieur. Les hanches cambrées se dessinent vigoureusement sous l'épaisseur sans artifices d'un vaste pantalon que retient une ceinture dorée. Les pieds nus, couleur de brique, n'entrent qu'à moitié dans de petites mules de maroquin rouge. Une courte chemise de mousseline transparente et pailletée, avec de larges manches de tulle, flotte sur le pantalon et est censée couvrir le buste.

Un petit carré de soie enfin, la fremla, s'applique sur le dos et y est maintenu par deux pattes étroites, bordées de boutons d'or, qui viennent s'agrafer sur la poitrine, et qui soulignent et soutiennent la gorge.

Khadidja a enroulé son abondante chevelure dans un turban négligé, une maharma dorée, dont la frange caresse ses joues; Yasmina a divisé la sienne en deux longues et lourdes tresses, et sur son épaule se balance le gland d'or d'une calotte brodée de sultanis et posée sur son oreille. Une mince chaîne fixe un rubis au milieu de leur front. Leurs sourcils réguliers qu'une épaisse ligne brune réunit l'un à l'autre ne forment qu'un seul arc, avec trois paillettes d'or collées à la racine du nez. Leurs paupières lourdes, bleuies par l'antimoine, le koheul, sont noircies sur tranches. Un fin tatouage bleu dessine une petite étoile sur leurs tempes et sur les ailes nacrées de leurs narines. Leurs lèvres, violemment rougies, défient la comparaison obligatoire avec les fleurs de grenadier. Des guirlandes de jasmin s'enroulent autour de leur tête, descendent le long des oreilles et entourent le cou aux reflets

UNE MAURESQUE.

bleuâtres. Sur la poitrine nue s'étagent les brillantes rangées d'un large collier. Leurs mains, enfin, jouent avec le pavillon de feuilles de palmier, éventail obligé des Algériens.

La conversation n'est pas facile avec elles, par exemple. On cause toilette, cependant, et Yasmina tire avec orgueil du grand coffre colorié les vestes de velours qui ressemblent aux basquines des Espagnoles ; les pantalons brochés d'argent, semblables à des jupons qu'on aurait cousus par le bas en y laissant un trou pour chaque jambe ; les foulards lamés ; les colliers de sequins ; les anneaux d'or ; les diadèmes ; les gros bracelets d'argent pour les pieds, ces krolkrals dont le nom est une harmonie imitative. Puis, naïvement, elle nous montre les bâtons de pâte rouge pour les lèvres ; les crayons noirs pour les sourcils ; la poudre qu'on applique entre les paupières au moyen d'un poinçon d'ivoire ; les mouches d'or et de velours ; l'écorce de racine de grenadier, le souak, pour blanchir les dents et rougir les gencives ; tous les ingrédients enfin de leur coquetterie exotique. Plus nonchalante, Khadidja, rêveuse, laisse errer ses doigts sur la peau d'une darbouka qu'elle bat en mesure, et chantonne d'un air distrait.

Et un doux assoupissement s'empare bientôt de chacun. Nul bruit au dehors. Le benjoin, le djaouil, brûle dans un petit fourneau de terre, décoré à la chaux d'un grossier quadrillage blanc, et, dans sa fumée qui grise doucement et qui appesantit le front, dans celle du tabac mélangé de ce kieff enivrant qui fait battre les tempes, tout se colore en rose. Les bijoux brillent d'un plus vif éclat, les étoffes chatoient avec des reflets magiques, les Mauresques deviennent des odalisques, les odalisques des houris. Puis, peu à peu, les images se brouillent. Comme le murmure des ruisseaux, comme la plainte de la brise marine dans les grands pins des rivages, comme les soupirs de la mer sur les grèves, comme tout ce qui est lent, doux et monotone, le son cadencé de la darbouka mauresque engourdit les sens et les idées, et l'on tombe dans un sommeil lourd, plein de rêves étranges.....

— *Kadech essa?* Quelle heure est-il? soupire Khadidja.

— *El asser! arba!* crie la négresse qui erre dans la cour comme une grosse mouche dans une jatte de lait.

— *Arba?* répète Yasmina avec un bâillement. Déjà quatre heures? Mais c'est l'heure du hammam, l'heure du bain en commun. Et tout le monde est debout.

Le pantalon de satin disparaît dans un fourreau de calicot blanc qui tombe jusqu'à la cheville; des babouches remplacent les mules d'intérieur ; un voile carré est appliqué sur la figure, le bord sous les yeux, les angles noués au sommet de la tête ; le kaïk, large et longue pièce d'étoffe blanche, encapuchonne les Mauresques jusqu'aux sourcils, les enveloppe comme un suaire serré au corps par des mains invisibles, et de nos houris transformées en fantômes, il ne reste que les yeux, ces yeux si noirs dans tout ce blanc.

Comme des automates, elles glissent sur le pavé en pente de la rue, et Zehra les suit de loin, un paquet sous le bras, et sur la tête une grande sébile de bois dans laquelle elle rapportera le linge mouillé.

Un détour les dérobe bientôt à la vue, et l'on se remet à gravir la vieille ville.

Nous voici à la Casbah, l'ancienne demeure des deys. Pourquoi l'appelle-t-on la Casbah? C'est bien simple, vous répondra-t-on à Alger; c'était la maison du bey, la maison du ba, la case au ba, la Casba, quoi!

Étymologie qui a au moins le mérite de la simplicité!

Ancien fort des Tagarins, la Casbah est une enceinte qui couronne la ville, une vieille forteresse encore menaçante et dont les batteries crénelées, dont les fenêtres aux grillages ventrus, dont les embrasures farouches, dont les sombres et hautes murailles sont encore presque intactes du côté qui regarde la rade. Rien n'y manque, pas même la longue hampe où flotta si longtemps l'insolent drapeau de la régence avec ses trois bandes horizontales, jaune en bas, rouge en haut, vert au milieu.

Le hasard nous a conduit devant la porte des janissaires, autrefois la principale de la bastille algérienne. Cette porte est précédée d'un petit pont-levis. Les ais en sont blindés de lames de fer et de clous à grosse tête. De son linteau pend encore une lourde chaîne qui, à hauteur d'homme, se bifurque pour aller se sceller aux montants, un bout à droite, l'autre à gauche, et qui représente ainsi une ancre. C'était d'ailleurs une véritable ancre d'espérance. Le criminel poursuivi qui, fuyant à travers le labyrinthe des rues, parvenait à toucher cette chaîne avant d'être pris, devenait provisoirement inviolable et avait le droit de parler au dey, qui l'absolvait en général. C'était un des nombreux priviléges dont jouissaient les janissaires.

Pénétrons dans la place.

Voici la cour dallée de marbre où, sous l'ombre des citronniers poussant entre les pierres, s'empilait le butin que rapportaient les corsaires. Deux galeries entouraient cette cour : l'une à la hauteur du premier étage, l'autre en bas. Sous la première est encore le kiosque en bois treillagé où se tenait le dey ; sous la seconde, s'ouvre une petite cave qui était la salle du trésor. Là, sous de triples serrures, dans des coffres lourds comme des blocs de fonte, le khasnadji, ministre des finances, entassait sans compter ducats et louis, baïoques et douros, écus et boudjous ; les parts de prise du dey.

Voilà les salles d'armes où s'amoncelaient en désordre les yatagans damasquinés, les pistolets aux crosses incrustées et les longs fusils si nombreux que nos armuriers n'ont pas encore fini de les détruire.

Ici une gracieuse fontaine de marbre blanc élève sur

d'élégantes colonnes en spirale une coupole légère que surmonte le croissant.

Là, enserrés dans de grands bâtiments que nous avons commis, disparaissent un charmant minaret octogonal plaqué de faïence et une gracieuse mosquée dont le dôme que supporte une fine colonnade abrite aujourd'hui une brutale chambrée d'artilleurs.

Ailleurs, dans un corps de bâtisse isolé, est l'ancien appartement du dey. Voici encore le salon d'audience où il donna ce coup d'éventail retentissant qui nous a valu l'Algérie. Et voilà les chambres qu'il occupait. Ce sont de longues pièces dont les murs blancs, revêtus de faïence à leur partie inférieure, étaient ornés de fresques grossières, et qui n'étaient meublées que de divans, de coussins, de coffres et de miroirs.

Une galerie étroite nous conduit à une porte basse, la porte du harem, qui donne sur une grande salle des pas perdus commune à toutes les chambres qu'habitaient ces dames. Ce logis ne recevait le jour que par quelques fenêtres garnies de barreaux, par quelques meurtrières donnant sur la galerie qui servait de promenoir au dey. La vue de la mer au loin et le spectacle monotone de ce mari passant et repassant devant leurs yeux ennuyés, c'est tout ce que ces épouses infortunées pouvaient voir hors de chez elles! Il y avait bien un jardin, mais un jardin d'une lamentable tristesse; c'est cette cour entourée de hautes murailles; c'est ce préau de prison. On y avait planté des sycomores, des platanes et des vignes; on y avait mis du jasmin et des tubéreuses; on l'avait orné d'un jet d'eau, et les femmes y jouaient de la mandoline, tristement, comme chantent les oiseaux dans leur cage, quelque dorée, quelque fleurie qu'elle puisse être. Derrière la Casbah un cimetière musulman éparpille ses tombes dans les ravins rocailleux pleins d'agaves et de cactus, et, plus loin, la Bouzareah élève ses sommets verdoyants. Devant nous roule vers la mer la blanche cascade des maisons mauresques avec l'enchevêtrement de leurs terrasses étagées ; avec leurs parapets qui se coupent en tous sens ; avec les trous béants de leurs cours ; avec, çà et là, sans continuité et sans ordre, des crevasses capricieuses qui indiquent les rues les plus larges, et tout cela écrasé sous un soleil ardent dont le reflet brûle les yeux. C'est la nuit, surtout, qu'Alger produit l'effet le plus saisissant. Ses rues ne sont plus, alors, que des couloirs obscurs qu'habitent des êtres étranges. C'est un cadavre dans son suaire que cet Arabe qui dort dans un recoin, le capuchon sur la figure ; c'est une inquiétante apparition que ce Maure qui marche sans bruit, drapé dans son burnous ! Et de loin en loin, sur une muraille vivement éclairée par un réverbère que cache un angle de maison, se détache une tête de Mauresque dont les yeux semblent démesurés. A travers les petites portes closes passent des bruits bizarres, des sons d'instruments sauvages, des chants nasillards, bourdonnements d'une vie mystérieuse. Une odeur inoubliable de musc, de benjoin, de balayures et de jasmin s'exhale de toute part. Et, tout à coup, un hurlement plaintif passe sur votre tête comme une clameur de goule. Ce sont les « Sallat Allah » nocturnes du muezzin de la mosquée Saphir. Puis, au détour d'une ruelle déserte, des sifflements stridents, des you, you, you, you, qui n'ont rien d'humain, éclatent dans le silence, et, comme des évocations de nécromanciens, des formes blanches, serrées les unes contre les autres, viennent au-devant de vos pas. Et vous frôlant de leurs draperies flottantes, passent des Mauresques voilées, des nègres avec de grandes lanternes qui les éclairent en rouge, des négresses qui ont des figures de sabbat et qui portent sur la tête des corbeilles et des coffres brillants ; puis d'autres Mauresques qui battent une mesure à trois temps sur de larges tambours de basque ; puis des Mauresques encore, qui vont comme un troupeau effrayé. You, you, you, you, you, you! Et la vision s'éloigne ; et les you you s'éteignent au loin comme le bruit des djenoun qui passent. Vous avez tout simplement rencontré une noce portant les cadeaux à la fiancée.

Plus loin, retentissent des cris de rage, des hurlements atroces et des ronflements frénétiques de tambours de basque en délire. Ce sont les Aïssaoua qui célèbrent leurs fêtes.

CHAPITRE II

ALGER (*suite*).

Une circoncision à laquelle nous sommes conviés se célèbre quelque part dans une maison de la Casbah. La cour est littéralement pleine d'Arabes et de Maures accroupis. Ils ne parlent pas, mais ils fument tant qu'ils peuvent. Une nouba de tars, de kamentchas et de rebabs accompagne des psalmodies lamentables, et dans les galeries grincent les you you stridents, ces cris de joie féminins qui ressemblent à des pleurs et qui sont de toutes les fêtes. Une clarinette, une raïta, pousse tout à coup, à la porte, des cris de coq enrhumé, et à son bruit aigre et discordant succèdent des éclats de rire. Quel intrus vient ainsi troubler le joyeux recueillement de ces gens qui s'amusent comme on s'ennuie en France? C'est un fou, un maboul. Il est heureux, celui-là ! Dieu a déjà pris son âme, c'est presque un saint, et on lui fait place avec une respectueuse sympathie. Et, le turban fleuri et emplumé, la main droite élevant sa petite musique, la gauche ramassant les pans de son burnous, il traverse l'assemblée avec précaution, et, riant toujours, il va s'asseoir près de l'orchestre. Enfin des roulements sourds remplissent l'escalier, et bientôt apparaissent de grands tambours drapés de rouge. Ils précèdent le héros de la cérémonie, vêtu de soie écarlate. On se le passe; on l'embrasse; on l'encourage; on lui dit qu'il va être un homme, un mahométan ! Mais il n'a pas l'air rassuré quand même. Pourquoi aussi le Prophète a-t-il fixé cela à l'âge de sept ans? La nouba ouvre la marche. On se lève, et l'on monte dans la chambre, brillante de dorures et de cierges allumés, où va se faire l'opération.

L'enfant est debout sur un lit qu'entourent des rideaux épais ; l'opérateur sacré s'agenouille devant lui. Une pince, une lame de rasoir qui brille, une tache de sang qui jaillit, un cri de douleur, et la musique éclate et les you you reprennent leur volée. C'est déjà fait !

Un homme entr'ouvre les rangs de l'assistance et se sauve, cachant sous son burnous un pot plein de terre ; il y a mis ce qu'on vient de couper, et il va rapporter cette terre au jardin de la famille, à la place même où elle a été prise ce matin.

Les parents, secouant sur nos têtes des flacons de verre au long goulot, nous aspergent d'une pluie d'eau de rose, et nous regagnons la rue.

Puis voici le temps du Rhamadan.

Le gouverneur lui-même a officiellement ouvert la période sainte. Escorté de tout son état-major, il s'est, un soir, rendu à la mosquée ruisselante de lumière, et, assis à la turque sur les tapis de moquette, nous y avons avec lui religieusement bu du café et gravement écouté la parole solennelle du grand muphti, débitant une harangue emphatique dans laquelle la France était un firmament dont le général était la lune et dont nous étions les étoiles.

Le lendemain les ulémas sont avant le jour au haut du minaret. Ils tiennent deux fils qu'ils regardent avec une scrupuleuse attention ; ces deux fils sont noirs. Cependant l'horizon rougit sur le cap Matifou, le Djurjura se borde d'une étroite marge de lumière blanche, la mer calme passe du bleu sombre au violet, puis au rose ; c'est l'aurore.

— *Sallat Allah il Allah !* s'écrie tout à coup un prêtre. Il a distingué un fil blanc, c'est le jour.

— *Sallat Allah il Allah!* répètent au loin les muezzins, et les pavillons blancs montent aux minarets, et, de leur grosse voix, les canons de la Marine annoncent l'ouverture du carême musulman.

Le jeûne commence. Pas une bouchée de pain, pas une gorgée d'eau, pas une goutte de café, pas une bouffée de fumée ne viendront, avant la nuit, souiller la bouche du croyant. Il se privera de tout plaisir, il ne respirera même pas le parfum d'une fleur; et, selon l'expression consacrée, ses femmes seront pour lui comme le dos de sa mère.

Le soir, quand les ombres descendent de la Bouzareah, les ulémas regardent encore leurs fils.

On a faim; on a soif. Les galettes sont coupées; les gargoulettes sont pleines; les cigarettes tremblent dans les doigts, et les femmes sourient.

— *Sallat Allah il Allah!* Le prêtre ne reconnaît plus le fil blanc du fil noir; c'est la nuit !

Le canon tonne. La Casbah se réveille, mange, boit et fume, et les darboukas résonnent dans les cafés maures.

Cela recommence chaque jour, et les hommes ne se rasent plus, les femmes ne s'épilent plus; c'est le Rhamadan.

Et après ce long jeûne arrivent les fêtes du Beïram, qui durent trois jours.

Les Mauresques remplissent alors les rues de leurs voiles de soie aux raies luisantes; les Maures et les Arabes ont leurs plus belles vestes soutachées d'or; les enfants bariolés ont des ceintures lamées et des bonnets constellés de sultanis. Les voûtes des cafés sont enguirlandées de papiers de couleur, et les portes en sont encadrées de fleurs et de verdure.

Le soir, tout s'illumine. Les mosquées et les minarets dessinent leur silhouette en lignes de feu sur le ciel étoilé, et la foule parcourt les lieux saints.

Dans certains coins de la vieille ville, de grands magasins que nous n'avions jamais vus ont largement ouvert leur porte; ils renferment des tombeaux décorés à outrance. Les cierges y fourmillent comme dans des chapelles ardentes; le rouge et l'or y brillent dans un fouillis de lumière, et des gens accroupis les uns sur les autres s'y entassent et y psalmodient à tue-tête dans la fumée épaisse de l'encens arabe.

Les nègres prennent à ces réjouissances une part si active que l'autorité doit souvent confiner dans la haute ville les turbulentes manifestations de leur joie exubérante.

Mais d'où viennent donc tous ces hommes noirs? De là-bas; de Tombouctou, des bords du Niger, du Soudan! C'est bien vague! On ne le sait guère, d'où ils viennent, et ils ne le savent pas eux-mêmes. Ils viennent du pays du soleil, du pays de la soif; ils viennent du Sud enfin, de ce Sud mystérieux qui s'étend au loin dans les solitudes embrasées des sables inconnus. On les a apportés autrefois en caravane, sur des chameaux, avec des sacs de gomme, de la poudre d'or et des dents d'éléphant, du noir avec du blanc, l'ébène avec l'ivoire. On les a laissés ici, les chameaux s'en sont allés, et, eux, ils ont fait souche à Alger. Et puis il en arrive de nouveaux chaque jour qui passent par les oasis sahariennes et qui se trouvent à la Casbah sans savoir pourquoi ni comment.

Et ils sont laids comme des gorilles. Sur leurs joues noires des cicatrices linéaires se rangent en courbes concentriques. Ce sont les marques que les marchands de chair leur ont faites au couteau; ceux qui les portent sont arrivés esclaves; ceux qui ne les ont pas sont nés ici.

Ils sont le côté gai de ce monde musulman compassé et solennel; ils sont les comiques de la pièce, et comiques si convaincus qu'ils se font rire eux-mêmes. Bousculés, houspillés, insultés, battus, ils rient toujours, d'un gros rire bon enfant qui fait plaisir à voir. Il leur faut si peu pour être heureux ! Un sac dont le fond est percé de trois trous, un pour la tête et un pour chaque bras, un vrai sac volé quelque part, avec les mots « minoterie » ou « usine à Blidah » qui leur restent sur le dos ou sur le ventre, et les voilà vêtus ! Un vieux bonnet ceint d'un mouchoir, d'une corde ou d'une tresse de queues d'oignons dont ils ont mangé les têtes, et les voilà coiffés ! Quelques liards gagnés à conduire des ânes galeux, à porter des caisses, à blanchir des façades ou à noircir des bottes, et ils sont riches ! Et, alignés contre les murailles où ils font comme des taches d'encre, ils dorment accroupis, ils mangent ce qu'ils peuvent, et, Diogènes sans pose, ils chantent des chansons idiotes qui les réjouissent fort. Il en est qui ont le teint plus clair, qui portent le costume arabe et qui se drapent dans une dignité tout à fait musulmane. Ceux-là sont fils d'Algériens et de négresses, et, comme tels, acceptés par la race paternelle pour qui les femmes ne comptent pas, et qui n'a d'ailleurs pas le préjugé de la couleur.

Mais si les nègres sont laids, comment qualifier leurs femelles ?

Voyez-les, rangées, elles aussi, contre les murs. Les seins demi-nus et en besace, la mâchoire entr'ouverte, les yeux injectés et stupidement fixés sur le sol, elles sont là, dans la poussière, les genoux à la hauteur du menton, et, muettes, immobiles, elles ont l'air de gens dont l'esprit est ailleurs, de gens qui sont sortis, comme nous disions au collège. Elles ont à peu près le costume des Mauresques, mais avec des bijoux sans valeur et des verroteries grossières, avec la mleïa, vaste draperie de cotonnade à carreaux blancs et bleus, qu'elles nouent sur leur tête et qui les enveloppe de ses plis flottants. Que font-elles ainsi? Elles vendent. Elles ont une corbeille plate faite de feuilles de palmier et de lanières de drap ou un petit tabouret confectionné avec des tiges de fenouil. Dans les corbeilles s'empilent des patates cuites au four ou frites dans l'huile et saupoudrées de sucre, et des pains hémisphériques polis et luisants, et que des grains de sésame mouchettent de points noirs. Sur le tabouret s'étalent des poissons frits et collés par la queue, cinq par cinq, en forme de petits éventails. Celles qui n'ont pas eu le moyen de se procurer ainsi un fonds de commerce se placent comme domestiques chez les Mauresques ou vont tendre leurs mains maigres à la porte des mosquées.

Mais elles ne dorment pas toujours, les noires ; elles se réveillent les jours de joie et liesse.

Un soir, c'était la veille de la fête du Mouton, des you you de sorcières et un tintamarre indescriptible nous attirèrent dans la cour d'une vieille maison. On y faisait de la musique ! Oh ! cette musique ! Il y avait des guitares énormes, des gombris et des gougis, avec des cordes de contre-basse, et, comme cela ne faisait pas encore assez de bruit, on avait passé à chaque corde une dizaine d'anneaux de fer qui s'entre-choquaient avec un fracas de chaîne secouée ; il y avait des timbales qui faisaient comme des roulements de tonnerre ; il y avait des grosses caisses, des tebouls, qui rendaient des détonations sourdes ; il y avait des tambours comme des tonneaux et sur lesquels, avec des bâtons recourbés en crosse, on frappait à tour de bras et des deux côtés à la fois ; il y avait de prodigieuses castagnettes en fer accouplées comme des boulets ramés, et dont le bruit répétait sans fin leur nom de kerakebs. Puis il y avait encore des flûtes, des tambours de basque et jusqu'à des poignées de grelots et à des cloches. Tout ce qui fait du bruit était admis. Et il nous semble encore voir ce qui se passait là dedans.

— *Ya baba ! ya baba !* chantent ceux qui n'ont pas d'instruments, et, battant des mains, ils collaborent de leur mieux aux efforts désespérés des musiciens. Des nègres qui arrivent appliquent sur le sol leur main qu'ils portent ensuite à leur cœur et à leurs lèvres ; ce sont les invités qui, sans raison, rient déjà à gorge déployée et se livrent à des contorsions de singes.

— *Ya baba! ya baba! ya...* Silence ! Voici ces dames ! Elles sont superbes ! Elles ont des pièces de soie lamée, des foutas, qui leur ceignent les hanches ; elles ont des chemises transparentes, des ceintures d'or, des draperies légères et de frêles burnous de mousseline sur leur corps rugueux et massif. Elles ont des chapelets de coquillages, et des guirlandes de jasmin et des colliers d'ambre, et des bracelets de corail et des amulettes en cuir rouge, et de l'or, de l'or partout, aux oreilles, aux poignets, aux chevilles ; elles sont éblouissantes ! La musique se tait.

Une négresse, une almée, frappe la terre du poing comme quelqu'un qui vient de prendre une résolution subite, se lève et s'élance au milieu de la cour restée vide. D'autres la suivent et agitent des foulards en cadence ; elles se tortillent sur place et déploient devant les hommes émerveillés des charmes dont elles exagèrent encore les rotondités énormes.

Un grand Soudanien de notre connaissance, canotier du port militaire dans ses moments perdus, nous conduit dans la rue Menali, tout au haut de la Casbah. Là aussi l'on est en fête. C'est encore dans une cour.

Un cyprès colossal dresse dans un coin sa pyramide funèbre, tandis que le palmier de la cour voisine semble désolé de ce qui arrive si près de chez lui et balance au-dessus du mur sa tête éplorée. Et pour éclairer la scène, quelques chandelles jaunes, collées au flanc tordu des colonnes, et là-haut, dans le ciel sombre, la pleine lune qui, par une fenêtre ouverte à travers de gros nuages noirs, regarde, étonnée, ce qui se passe sur la terre, à Alger, dans ce trou de nègres.

— *Ya baba! ya baba!* Et c'est toujours la même musique ! Un feu brûle sous un vaste chaudron d'où s'exhalent d'extraordinaires senteurs, et des femmes tournent en chantant autour de cette marmite dans laquelle elles plongent en mesure de grandes pelles de bois.

Puis les yeux allumés et les joues violettes, ce qui est leur manière de rougir, elles viennent au milieu de la cour déployer leurs grâces grotesques. Les danses varient peu ; ce sont toujours des rondes lentes, des sauts lourds, des balancements paresseux, des déhanchements maladroits ; mais les accessoires changent comme dans les figures d'un ballet. C'est d'abord la danse des cuillers à pot ; puis celle des kerakebs qui sonnent à grand bruit ; puis une sorte de danse pyrrhique, avec de longues lances dont le fer est orné d'une touffe de laine rouge ; puis encore la danse du fouet, avec de grosses cordes à nœuds dont elles se cinglent les hanches ; puis, enfin, le pas du benjoin, avec de petits fourneaux de terre dans lesquels fume la résine odorante. Et c'est ensuite le tour des hommes qui exécutent en rond une véritable danse des ours, tandis que, dans un rinforzando éperdu, la musique fait le fracas de quelque chose qui s'écroule.

Le lendemain est le jour du sacrifice.

Autour de nous se presse la même foule noire en toilettes blanches et dorées.

On se range. Le teboul résonne sous des coups redoublés ; il précède une procession en costumes étranges. Les hommes ont des casques de paille ornés de coquillages, et que surmonte un gros pinceau de crins rouges. Ils accompagnent quatre officiants. L'un de ceux-ci porte pompeusement un panier qui contient des boîtes d'encens ; l'autre, plus pompeusement encore, porte un plat de couscouss ; le troisième tient une corbeille pleine de soucoupes de cuivre ; le dernier, enfin, élève sur un coussin noir un grand couteau dont la large lame brille d'un éclat sinistre. Et, avec des chants religieux rapportés du désert, tout cela arrive et tourne lentement, la musique ouvrant la marche comme dans un défilé de théâtre. Et la fête commence.

Voici d'abord les poules! On les apporte par paquets attachées par les pattes. Un nègre qui tient dans chaque main un fourneau où brûle l'encens des petites boîtes se prosterne, les coudes sur le sol, et pour les purifier, on secoue les pauvres bêtes dans la fumée blanche qui tourbillonne au-dessus de sa tête. Les femmes prient à grand bruit et s'agenouillent, le front contre la terre, et élevant autour de la cour leurs croupes colossales. Le sacrificateur fait, avec de grands gestes, décrire des ronds en l'air aux volatiles affolés, et le couteau brille dans ses mains noires. Puis, une à une, les têtes des poules, tranchées d'un coup, volent de droite et de gauche; leur sang est reçu dans les soucoupes de cuivre, on en arrose le couscouss, et de tous côtés les pauvres bêtes décapitées battent le sol de leurs ailes sanglantes.

Un bêlement de désespoir se fait entendre. C'est une chèvre qu'on traîne par ses cornes dorées. Le couteau se lève, retombe, et la chèvre roule aux pieds de l'égorgeur, les pattes déjà roidies par l'agonie.

On se bouscule et l'on crie à la porte. Ce sont les moutons qui résistent. S'ils ne veulent pas marcher, on les portera. Et, avec une habileté consommée, le boucher sacré leur tranche le cou, et, prenant par les cornes ces têtes dont les yeux hagards sont encore vivants, il les secoue au-dessus de l'assistance sur qui retombe une pluie de sang.

Et les moutons guillotinés, la chèvre égorgée, les poules sans tête, roulent pêle-mêle dans des mares rouges et à demi figées, entre les jambes des spectateurs, dont les mollets noirs se constellent de caillots fumants.

— You, you, you, you, you, you! Et l'on crie encore. Cette fois c'est le taureau qui, en entrant, a vu le rouge, qui a senti le carnage, et qui, saisi d'une légitime terreur, se démène et lutte dans la foule serrée. Vains efforts! tant de mains saisissent ses cornes, tant de bras nerveux serrent ses côtes haletantes qu'il ne peut se dégager. Alors les chants redoublent, la fumée du benjoin s'élève en nuages épais, la musique fait trembler les colonnes, et, le couteau dans la gorge d'où sort en bouillonnant un gros jet de sang noir, la bête tombe lourdement sur le flanc, tout d'une pièce. Les mains battent avec fureur, on danse sur place et, les femmes les premières, on s'entasse autour de la victime qui lance ses dernières ruades. On applique les mains sur les dalles, dans le sang, tout chaud, et, avec des chants d'anthropophages, on s'en barbouille la face.

Le soir, on mange le couscouss en musique.

Les mains noires plongent jusqu'aux coudes dans la pâte jaune; les gombris, les tebouls, les gougis, les kerakebs..... Oh! assez de couleur locale! Et nous revenons avec bonheur vers les quartiers français, quand nous nous arrêtons devant un bain maure. Un bain serait bien bon au sortir de cet abattoir où l'on festine!

Il est près de minuit. Un Arabe, accoudé sur un coffre ferré, nous tend une main nonchalante, reçoit notre bourse et notre montre, les dépose dans une sébile de cuivre, met la sébile dans sa caisse et reprend son somme interrompu. La cour intérieure, à la fois salle d'attente, cabinet de toilette et lieu de repos, a l'air d'un véritable dortoir. Vous vous déshabillez, et un jaune Maure en pagne bleu vous ceint d'un lambeau d'étoffe, vous chausse de sandales de bois et vous conduit à l'étuve où l'on vous couche sur une large pierre qui éveille en vous les souvenirs peu encourageants de l'amphithéâtre. Deux Arabes étendent à côté des vôtres leurs membres nus et luisants. Partout gisent des corps bruns, s'agitent des têtes rasées et se remuent des gens qu'on habille en fantômes. Sous la voûte résonnent des claquements de sandales, des gargouillements d'eau, des battements de mains sur des membres nus et des psalmodies chevrotantes débitées par des voix traînantes et nasillardes.

« Toi chaud? dit le dellak, le baigneur noir, spécialement chargé de votre blanche personne. Toi chaud?

— Moi chaud? soupirez-vous avec peine. Moi chaud? Ah! je crois bien! » Et, vous soutenant par les aisselles, votre homme vous conduit sous des robinets et vous couche sur les dalles.

« *El mokala ve baroud fi sebil illah...* » entonne-t-il alors à pleine voix, la tête renversée, et les frictions commencent, douces d'abord, puis si brutales que vous vous demandez pourquoi vous ne criez pas. Puis il saisit vos bras par les coudes et il les croise jusqu'à faire craquer les épaules; il tiraille vos pieds et vos doigts; il fait jouer vos genoux comme ceux d'un pantin, et vous vous laissez faire; vous avez le sentiment d'une abdication complète de votre volonté, la conscience de n'être plus qu'une chose inerte.

Il vous assoit comme une grande poupée; il vous tourne et vous retourne; il vous renverse tantôt sur sa cuisse gauche, tantôt sur sa droite, et il frotte toujours. Puis il vous met sur le ventre et il s'agenouille sur vous pour vous pétrir le dos et les reins. Enfin, il s'assoit à vos côtés, et, la bouche ouverte, vous tâchez de reprendre la respiration. Ce n'est pas fini! Il faut encore qu'il vous étrille avec un paquet de laine, qu'il vous racle comme une sole avec une coquille de cuivre, qu'il vous inonde d'écume de savon. Crachant, éternuant, aveuglé, à demi asphyxié, vous vous levez furieux sous cette avalanche et vous recevez sur le dos des torrents d'eau froide.

Une espèce de longue jupe est alors nouée autour de vos reins; un burnous est jeté sur vos épaules; un haïk, enfin, vous encapuchonne, descend en jugulaire sous le menton et vient, en turban, s'enrouler sur votre tête. Ainsi fagoté, si vous vous rencontriez quelque part, vous vous parleriez arabe.

Et l'on vous ramène dans la salle du repos, où, à bout de forces, vous vous laissez aller sur un matelas, au milieu des Arabes qui fument, qui boivent ou qui ronflent. Un petit Maure se charge de vous; il vous couvre d'un burnous bien sec; il vous dorlote; il vous pétrit, en chantant, les jambes et les pieds; il vous verse du café ou du thé de verveine; il fait des cigarettes qu'il vous passe tout allumées, et, finalement, s'endort au pied de votre couche. Et vous vous endormez comme lui.

« Allah! Allah! » crie tout à coup un de vos voisins qui vous réveille en sursaut, et tous les burnous se lèvent comme Lazare sortant du sépulcre; et dans la pénombre de ce lieu étrange, les musulmans débitent en chœur une prière nocturne, et leurs voix caverneuses ont une résonnance lugubre dans la sonorité funèbre des voûtes.

De midi à six heures du soir, le hammam est réservé aux femmes. Les baigneurs y sont alors remplacés par des négresses, et, la tête couverte d'un mouchoir, le corps à peine voilé de haïks légers et noués au hasard, les Mauresques y passent de longues heures à manger des pâtisseries, à fumer des cigarettes, à se livrer surtout à d'interminables bavardages.

Les visites; les stations dans certaines mosquées, avec le tambour de basque à la main; les flâneries sans but; les marchandages devant les petites boutiques, telles sont, avec le bain, les occupations des femmes indigènes.

Elles ont aussi, comme grande distraction, la promenade hebdomadaire au cimetière de Sidi-Abd-el-Kader.

Voyez-les passer. A travers des nuages de poussière, avec un assourdissant cliquetis de ferrailles et de joyeux claquements de fouet, l'*Ile d'amour*, le *Caprice des dames*, le *Sol lucet omnibus*, la *Frégate à vapeur*, les corricoli baptisés de noms baroques, les emportent ballottées, roulées comme des paquets de linge. C'est aujourd'hui djéma, vendredi, le dimanche mahométan, et c'est le jour consacré à ce pieux et amusant pèlerinage.

Une haie de caroubiers trapus et d'aloès aux longues

hampes forme l'enclos du champ des morts. Des buissons pleins d'oiseaux fleurissent dans tous les recoins ; les cyclamens sauvages bordent les tombes de leurs corolles effrontées ; les fèves aux fleurs de deuil, les mauves arborescentes, les lentisques résineux, cachent partout les humbles et modestes tumuli.

Ici, en effet, pas de ces mausolées somptueux, pas de ces orgueilleux monuments qui changent nos cimetières en villes funéraires. Les morts les plus pauvres reposent sous un simple tas de terre, une pierre aux pieds et une à la tête ; les plus riches dorment sous un massif de maçonnerie carré, pavé de briques émaillées, et sur lequel quatre plaques de marbre ou d'ardoise forment comme une longue caisse à fleurs qu'on remplit de terre, mais où on laisse, à leur gré, pousser les plantes sauvages.

La plaque qui correspond à la tête est surmontée d'un croissant ou d'un disque qui représente un turban. Le plus souvent enfin le tombeau se réduit à ces quatre moellons simplement plantés en terre.

Au milieu du cimetière, dans les hautes herbes, à l'ombre d'un figuier qui laisse le soleil tomber en pluie d'étoiles sur ses murailles blanches, s'élève la kouba, le marabout, comme nous appelons ces monuments que nous retrouverons en si grand nombre dans toute l'Algérie, et dont la description est des plus simples : un hémisphère sur un cube, et le tout d'une blancheur éclatante. Les koubas servent ordinairement de tombeau à quelque saint et, en même temps, de demeure à l'un de ses descendants, saint comme lui, la sainteté étant héréditaire dans les familles musulmanes.

Celle de Sidi-Abd-el-Kader renferme les restes du marabout de ce nom dont, par un étonnant miracle, le corps repose, en même temps, ici et quelque part en Kabylie ; aussi l'appelle-t-on Bou-Kobrin, le père aux deux tombeaux.

Ce brave homme mourut, en effet, chez les Kabyles et y fut enterré; mais les Algériens, désireux de posséder son corps, allèrent le voler une nuit. Les bons Kabyles trouvèrent le procédé peu délicat et réclamèrent leur saint; on les reçut avec des injures. Ils s'en revinrent dans leurs montagnes les mains vides, mais le cœur plein de rage. La guerre était sur le point d'éclater, quand Sidi-Abd-el-Kader, qui, du haut du ciel, voyait avec douleur quels maux allait causer sa guenille terrestre, eut l'idée ingénieuse de la dédoubler, et les Kabyles le retrouvèrent le lendemain dans son tombeau. Il y avait deux Abd-el-Kader! Et tout le monde fut content.

Deux ou trois cents Mauresques peuplent aujourd'hui le cimetière où flottent mollement les parfums de leur jasmin, de leurs tubéreuses et de leur musc. Elles sont seules, libres comme un pensionnat en promenade, et elles ont quitté les voiles. Dans la verdure, éclatent comme de grandes fleurs leurs costumes rouges, bleus et jaunes; à travers les feuilles brillent l'argent et l'or de leurs broderies et de leurs bijoux.

Celles-ci errent lentement au milieu des sépultures; celles-là, agenouillées, prient et rient avec leurs amies qui passent. La plupart, assises sur des tertres gazonnés, se réunissent en cercles babillards et forment de tous côtés de délicieux tableaux.

Ici, par exemple, sous les longues feuilles jaunies d'un palmier très-bas, sous les panaches des grands fenouils, se cache une tombe blanche et bleue. Les domestiques noires ont suspendu aux palmes des haïks rouges qui forment comme un pan de tente du côté de la route, et, assises en rond sur la tombe comme sur la natte de leur cour, des Mauresques piquent dans leur chevelure noire des fleurs blanches faites de la cendre des morts, croquent des pâtisseries à belles dents et échangent de folles confidences qui les font rire aux éclats.

Plus loin, on a fait une vraie table d'un sépulcre émaillé; on y a mis tout un goûter de sucreries, de bonbons et de gargoulettes, et des enfants en habits dorés y mangent, en gazouillant comme un vol de moineaux, sous les yeux charmés de leurs mères élégantes.

Çà et là des femmes rêveuses ont fait un oreiller de leur voile, et, nonchalamment étendues sur un mausolée, elles suivent des yeux la fumée bleue de leur cigarette parfumée. D'autres, prosternées sur un tumulus, collent leur bouche à la terre et semblent, comme le perruquier de Midas, lui confier un secret qu'elles ne peuvent garder; elles tiennent le mort au courant de ce qui se passe chez elles, et c'est pour faciliter ces conversations que les tombes sont percées d'un trou grand comme un verre, trou qui est censé aboutir à l'oreille du défunt, et par lequel il entendra aussi la trompette du jugement dernier.

Mais des chants funèbres retentissent sur la route; ils approchent rapidement, et, comme des enfants en faute, les Mauresques se voilent à la hâte.

C'est un enterrement qui arrive, un enterrement bien simple. Quelques parentes qui pleurent à fendre l'âme accompagnent ici une pauvre petite mahométane. Au moment de la descendre dans la fosse, le drap qui la recouvre est soulevé, et une colombe blanche en sort qui s'envole vers le ciel à tire-d'aile, gracieux et touchant symbole de l'âme virginale qui a pris son essor vers les régions d'en haut.

Et, l'humble convoi parti, les femmes reprennent ces conversations profanes dont elles prétendent que le murmure va réjouir les morts couchés dans la terre chaude.

De nouvelles psalmodies se font entendre à travers les champs de Mustapha.

Il y a foule cette fois. Les yeux mi-clos, la tête renversée, marchant en rangs serrés, s'épaulant les uns contre les autres, et lançant leurs pieds comme des soldats qui marquent le pas sur place, des Maures viennent en groupe compacte, chantant du gosier une prière bruyante. *Ya Allah! Allah-lah-lah!* Et, au-dessus des turbans, ballottée comme un bateau sur les vagues, arrive, la tête en avant, la civière couverte de draperies jaunes et rouges brochées d'or. *Ya Allah! Allah-lah-lah!* Et il y a je ne sais quoi de goguenard dans les chants de cette troupe qui se balance en cadence.

Le cortége presse le pas en approchant. Il ne marche plus, il court pour que le défunt jouisse plus tôt du repos éternel. Et l'on se pousse, on se bat; chacun veut un peu porter le cercueil tiraillé qui risque cent fois de verser en passant de main en main, d'épaule en épaule. *Ya Allah! Allah-lah-lah!* Et les chants ne forment plus qu'un grand brouhaha que domine la voix des acolytes de l'iman chargés de ce service. Enfin l'on arrive!

Le mort est porté au marabout.

« — C'est Abdallah qu'on enterre », nous souffle à l'oreille une Mauresque qui court se cacher dans les lentisques. On s'entasse dans le petit monument; ceux qui n'y peuvent entrer se serrent autour de ses murailles, et les chants funèbres reprennent avec des versets et des répons comme dans la récitation de nos litanies.

Le cadavre est déposé sur le sol, et on le lave longtemps, on lui râtisse la plante des pieds, on le saupoudre de camphre pour le conserver. Puis on l'habille de blanc et on le roule dans un linceul, la tête découverte. A la porte du marabout les dépenaillés qui ont suivi le convoi en hurlant se pressent comme s'ils attendaient quelque chose; les Mauresques elles-mêmes s'approchent, la main tendue, et des Arabes font de pieuses et abondantes distributions de pain et de figues.

Cet Abdallah était un saint turc. Janissaire au moment de la prise d'Alger, il n'avait pas voulu quitter son pays d'adoption; mais, le jour où les Français y étaient entrés, il s'était enfermé dans sa petite maison de la vieille ville, et il en sortait aujourd'hui pour la première fois. Il était d'ailleurs légèrement maboul; il avait toujours parlé de l'Odjéac et de Hussein-Dey comme si rien n'eût été changé en Afrique, et il avait, en outre, obtenu du ciel une faveur insigne. Allah l'avait aveuglé pour qu'il ne vît pas les Français, quand, par hasard, il montait jusque sur la terrasse de sa maison. Sa folie et sa cécité lui avaient valu un certain renom de sainteté; aussi une fosse a-t-elle été creusée pour lui dans l'enceinte réservée de la kouba.

Un lit de feuillage est étendu au fond du trou; on y descend le vieux janissaire; on l'y couche sur le côté droit pour qu'il puisse se lever plus facilement au jour de la résurrection, et la terre sèche retombe sur son front chauve, sur sa belle barbe blanche, tandis que ses amis arrachent leur turban, le jettent avec désespoir sur le sol et le ramassent tout déroulé pour en faire une boule et le jeter encore en criant : Mohammed! Mohammed!

Pourquoi tant pleurer? Azraël, l'ange pâle de la mort, viendra bientôt. Il prendra Abdallah par la touffe de cheveux que quelques poils clair-semés représentent encore sur son crâne poli, et, à travers les airs et les nuages, il l'emportera au Firdous, le paradis des musulmans.

Et si le temps avait dévoré les derniers vestiges de sa chevelure, si les bêtes du tombeau avaient anéanti son cadavre, il n'en ressusciterait pas moins. C'était un vrai croyant; il ne peut périr en entier. Il est une petite partie de sa personne qui ne disparaîtra jamais; c'est le coccyx. Les anges le retrouveront intact dans la poussière du sépulcre, et sur cette base ils rebâtiront la colonne vertébrale, et de celle-ci repousseront les côtes, les membres et la tête; sur le squelette reformé reparaîtront les chairs et la peau; sur la tête, enfin, repoussera la mèche obligatoire, et Azraël l'enlèvera quand même.

Mais quel est ce bruit? C'est un pèlerinage qui vient

d'Alger. Fleuris et pavoisés, trente corricoli bruyants arrivent au galop, apportant les fidèles qu'accompagne une musique sauvage.

Les Mauresques se voilent définitivement, cette fois, et quittent le cimetière envahi.

Et une autre troupe arrive.

« *La illah il Allah ou Mohammed-raçoul Allah!* » chantent quarante ou cinquante Arabes qui marchent à sa tête, et dans leurs mains résonnent avec ensemble de larges tambours de basque sur lesquels ils battent une vigoureuse mesure à trois temps. Le bruit sourd de quelques grosses caisses et les glapissements criards de quelques hautbois complètent la musique. Puis, déployés et flottant au vent, s'avancent des drapeaux verts et jaunes surmontés du croissant national, les étendards du Prophète. En habits rouges chamarrés d'or, un vieux caïd vient, après les drapeaux, au pas de son cheval noir ; des Arabes le suivent en foule. La sueur perle et brille sur leur front, et ils chantent en secouant la tête, et leur bouche ouverte fait un trou noir dans leur figure blanchie par la poussière qu'ils soulèvent en nuages épais. C'est une tribu qui vient de l'intérieur faire aussi ses dévotions près du marabout du « père aux deux tombeaux ».

Mais n'oublions pas que Khadidja et Yasmina, qui étaient au cimetière, nous ont conviés à une n'bita qu'elles donnent ce soir. Une n'bita est une soirée dansante, c'est-à-dire une soirée pendant laquelle on regarde danser.

C'est toujours dans une cour que cela se passe. Les murs et les colonnes sont, jusqu'à hauteur d'appui, tapissés de riches étoffes ; des draperies sont suspendues aux arcades ; sous les galeries s'empilent des coussins brillants ; de petites tables font, çà et là, scintiller leurs dorures aux feux adoucis des lanternes de couleur ; au milieu enfin, est étendu le tapis carré sur lequel danseront les almées.

Ces dames ont convoqué à leur fête chorégraphique

toutes leurs amies du voisinage. Mais il n'y aura d'hommes que nous, et encore avons-nous promis de nous cacher un peu. Les invitées ont pourtant déployé tout le luxe dont elles sont capables.

Les tailles sont lâchement prises dans des vestes de damas semé de grosses fleurs d'or et d'argent ou dans des corsages de velours dont le tissu disparaît sous des arabesques d'or. Les foutas brillantes, espèces de tabliers qui font tout le tour du corps, serrent et engaînent les hanches comme des fourreaux et sont retenues à la taille par les hazems, ces grandes ceintures dorées où se suspendent de petits miroirs et des amulettes en clinquant.

Les mains, aux doigts bardés de bagues, agitent mollement de petits écrans ornés de houppes de soie, tout scintillants de canetilles et de paillettes, et sur les têtes fleuries brillent ces sarmats de filigrane, que couvrent des voiles sablés d'or et qui rappellent nos hennins du quinzième siècle ; sur les fronts enfin étincellent des diadèmes compliqués faits de diamants et d'argent.

Je dis de diamants et d'argent, et non de strass et d'acier. Une Mauresque qui se respecte un peu ne porte, en effet, jamais de parure fausse. Il est juste d'ajouter que ses bijoux appartiennent ordinairement à un Juif qui les lui loue. L'une de ces femmes nous faisait un jour naïvement remarquer la richesse de ses joyaux, et elle ajoutait avec orgueil :

« Ce sont des bijoux de famille ! » Puis en baissant les yeux : « *Ya asra, sidi !* Hélas ! monsieur, c'est Ismaël, de la rue de la Lyre, qui me les a prêtés pour aujourd'hui. » Sa grand'mère, épouse, avant la conquête, d'un riche employé de la Casbah, possédait, en effet, ces pierreries. Sa mère, devenue veuve et pauvre, les avait conservées encore, mais à grand'peine. Et c'est elle-même qui les avait portées au mont-de-piété. Elle ne put jamais les en retirer. Au bout de l'an, cachée sous un voile épais, elle alla assister à leur vente, et, le cœur serré, les yeux pleins de larmes, elle les vit passer dans les mains crochues d'un Israélite maudit qui allait s'en faire un capital à gros intérêts. Depuis cette époque, quand elle veut être très-belle, elle va les louer; ce sont ses bijoux de famille!

— C'est bien triste, n'est-ce pas, sidi? Mais cela ne durera pas, disait-elle avec un éclair étrange dans le regard. Moula-Saeb viendra bientôt, et il fera rendre gorge aux Juifs, et il vous chassera d'ici, vous qui êtes leurs amis.

— Moula-Saeb, dis-tu? Est-ce quelque puissant marabout?

— Non. C'est celui qui commande au temps; c'est l'ange qui doit sonner pour nous l'heure de la délivrance, et cette heure est proche.

— Tu crois, Mçaouda? Mais qui te fait ainsi parler comme une prophétesse?

— Une sorcière, une guzna de Ben-Yacoub, et Ben-Yacoub ne ment pas. Je suis allée vendredi dernier aux Aïoun-beni-Menad, tu sais, les Seba-Aïoun, les sept sources, qui coulent sur le bord de la mer près de Bab-el-Oued. Ma nourrice avait apporté cinq poules dans un couffin. La négresse, à qui je n'avais pas dit ce que je désirais savoir, en a purifié une sur la fumée du benjoin, au milieu d'un cercle tracé sur le sable, lui a coupé le cou, a mis de son sang sur mes pieds et sur mes mains, et l'a jetée par terre. La poule a battu des ailes, a fait quelques pas sans tête, et s'est abattue sur le talus de la route. La deuxième est morte sous le couteau; la troisième et la quatrième sont allées, à deux pas de là, tomber sur le sable. J'étais désolée de ces insuccès et je priais de toutes mes forces. J'avais rempli ma main droite de petites pierres, et, une à une, je les faisais passer dans ma main gauche, en proclamant Mahomet chaque fois. Allah m'entendit, et la cinquième bête, la dernière, prit son vol, bien que décapitée,

et alla tomber à la mer. L'augure était enfin favorable !
J'aurais, successivement, fait tuer cent poules, s'il l'avait
fallu !

— Tu retrouveras bientôt ce que tu as perdu, me dit
alors la noire; Moula-Saeb va te le rendre !

Mais revenons à notre n'bita.

Dans la chambre qui s'ouvre au fond de la cour, derrière un rideau de mousseline argentée, un groupe intime se presse autour des musiciennes et des deux danseuses, parées comme des châsses. Zehra la négresse fait, sur des plateaux de cuivre, circuler les produits les plus bizarres de la confiserie indigène : du nougat rose, confectionné avec des grains de millet ou de maïs; des pâtes sucrées, faites de dattes et de figues sèches qu'on a pétries ensemble et qu'on a laissées cuire au soleil; des confitures de gingembre; des pétales d'oranger cristallisés dans du sucre; du raatloukoum préparé à la mode turque; des pois chiches grillés et roulés dans la farine; des grains de grenadeet des kakawets.

Les alcarazas d'eau fraîche passent de bouche en bouche, et les conversations vont leur train.

Bientôt Yasmina donne un ordre, et l'orchestre prélude. On se range autour de la cour, et, lentement, une danseuse vient se placer au milieu du tapis, entre deux grands chandeliers argentés semblables à ceux de nos églises, et dans lesquels brûlent des cierges dorés.

Une madone espagnole, une idole indienne pourraient seules donner une idée de la richesse de son costume.

Sa figure est fardée à outrance, et ses yeux seuls conservent une vie ardente dans ce masque semé de mouches de velours et sur lequel des paillettes d'or dessinent des croissants et des triangles étranges.

Les musiciennes s'animent, la darbouka bat une mesure rapide, et la Mauresque piétine sur place. Puis ses bras et ses épaules se mettent à suivre la cadence. Ses mains, qui agitent un foulard doré, s'élèvent alternativement et retombent avec grâce. Ses pieds ne quittent pas le sol, mais son buste décrit des cercles lents et réglés. Sa taille se cambre et fait ressortir la saillie des hanches qui ondulent sous les plis soyeux des étoffes serrées ; ses reins se projettent tour à tour en avant et en arrière ; son corps entier ondule comme celui d'un serpent.

« *Ya, loulou! Ya, loulou!* » chantent les spectatrices en battant des mains, et la danse dure ainsi jusqu'à complet épuisement des forces de l'exécutante.

Excitée par les applaudissements, la deuxième almée reproduit la danse que nous venons de voir, mais comme si cette danse ne fût qu'un thème sur lequel elle brode les variations les plus risquées. C'est maintenant la mimique la plus expressive de l'amour sensuel ; c'en est la pantomine la plus ardente et la plus lascive. C'est la reproduction cadencée des mouvements les plus voluptueux ; c'est le délire des sens ; c'est la lutte et la défaite d'une femme qui se pâme dans les bras d'un incube invisible ; c'est un accès d'hystérie, enfin, mais un accès rhythmé par la musique.

— *Fissa! fissa!* Vite! vite! crient les Mauresques ravies. *Fissa! fissa!* Et la danseuse haletante se dépêche, s'excite, se démène ; ses yeux roulent vers le ciel, sa bouche s'entr'ouvre, ses dents se serrent, sa poitrine bat, sa respiration siffle dans ses narines dilatées.

— *Barca! barca!* Assez ! assez ! crient les femmes comme épuisées par ce spectacle énervant. *Barca! barca!* Et la danseuse, vaincue, s'affaisse, toute pâle, dans l'or et dans la soie de sa toilette en désordre.

Jalouse de son succès, sa compagne s'élance à la place qu'elle vient de quitter. Va-t-elle recommencer? On le dirait ; mais tout à coup, comme les almées égyptiennes, elle pousse un cri aigu ; une abeille vient de la piquer ! Et, sans perdre la cadence, partout dans ses vêtements elle cherche l'insecte introuvable. La ceinture se dénoue; la veste tombe et découvre la chemise diaphane; le pantalon glisse et forme autour des pieds comme un piédestal de marbre, et la danse de l'abeille, cette danse de bacchante que Mistral a si bien décrite dans son poëme de *Calendau,* s'exécute jusqu'à la chute du dernier voile, jusqu'à ce que les spectatrices puissent voir elles-mêmes que l'abeille n'est cachée nulle part. A moins qu'elle ne soit dans la tête! Et le diadème est arraché; les guirlandes de fleurs se brisent et tombent en neige odorante; les cheveux se déroulent et flottent sur les épaules blanches; et, soulevant un enthousiasme indescriptible, la danseuse disparaît sous le rideau de la salle du fond, comme fuirait vers les saules une apparition de nymphe mythologique.

Montons sur la terrasse. Tout est calme autour de nous. La ville blanche, argentée par la lune, descend jusqu'à la mer comme l'escalier désert de quelque ruine colossale. Des formes vagues s'y meuvent lentement; ce sont des femmes qui cherchent la fraîcheur, et qui, franchissant les parapets mitoyens, se visitent de maison à maison. Des chants mélancoliques, des soupirs de guitare nous arrivent de loin apportés par la brise; là-bas, dans l'ombre, retentissent sourdement les tambours étouffés de quelque troupe d'Aïssaoua, et à nos pieds s'ouvre, comme un grand trou carré et lumineux, la cour où s'achève la fête que nous venons de quitter. La n'bita est finie.

Zehra préside à la sortie des invitées et reçoit furtivement les offrandes qu'on veut bien lui faire. Cet argent est-il pour elle? Il faut sembler le croire, mais il n'en est rien. Cette réunion était de celles qu'on appelle des derdebahs, et, tous frais payés, elle laissera encore un certain bénéfice aux maîtresses de la maison. Mauresques et Maures recourent souvent à ce procédé naïf pour se procurer des ressources, et nul ne s'en étonne; il est dans les usages.

— Vous avez vu nos danses? nous dit un jour un de

4.

nos amis du cru, un jeune Maure mondain qui porte des gants blancs. Comment les trouvez-vous?

— Mais, très-inconvenantes.

— Eh bien, il y a ici quelque chose de plus inconvenant que cela.

— Quoi donc, Si-Mustapha?

— Garagouss.

— Garagouss? Mais il y a longtemps que nos règlements pudibonds ont mis un frein aux excentricités obscènes de ce polichinelle dévergondé.

— Fort bien. Seulement, le vieux bonhomme qui le montrait vit toujours, sa troupe de carton est encore dans ses coffres, et quant à la police.....

Il est avec le ciel des accommodements.

Et Mustapha nous conduit, un soir, chez ce personnage.

Un drap blanc a été tendu au fond d'une chambre obscure, à une certaine distance du mur. La pièce se trouve ainsi divisée en deux parties, l'une jonchée de nattes qui représentent nos siéges, l'autre où se machinera le spectacle. L'installation est d'une simplicité primitive; une lampe à réflecteur est disposée derrière le drap, et entre le drap et cette lampe se meuvent des figures de papier découpé, qu'on fait manœuvrer à peu près comme nos polichinelles, et dont l'ombre se projette sur la toile. Tel est le théâtre.

Quant à la pièce, il faudrait la raconter en arabe ou, au moins, en latin.

Cela commence par les promenades solitaires et par les monologues de Garagouss, qui a un turban conique, une moustache hérissée et un nez crochu. Cela continue par des sérénades, des déclarations d'amour, de furieuses apparitions de maris outragés; enfin, comme chez Guignol, cela se termine par une bataille générale.

Le sujet, on le voit, est à peu près moral, mais c'en est le développement qui est inouï.

Il y a là des femmes qui se prêtent à des rôles insensés ; il y a des ombres de Mauresques que l'ombre de Garagouss traite comme jamais Pan, dans sa fureur, n'a traité de nymphe au milieu des roseaux ; il y a des chaouchs qui remplacent nos gendarmes, et que ce même Garagouss frappe de la façon la plus grotesque, qu'il punit de la manière la plus abominable ; il y a, enfin, tant de choses inexprimables, inexplicables même, que ce qu'on s'explique le mieux, c'est la susceptibilité de notre police à l'égard de cet affreux satyre de papier.

— Et tu dis, Mustapha, que ces spectacles étaient publics autrefois ?

— Absolument. Et sans danger la mère croyait pouvoir y conduire sa fille, et quand le bébé Ali et la petite Fatma avaient été bien sages et avaient bien mangé le couscouss, le grand-papa Abdallah mettait son beau turban et les menait voir Garagouss et sa troupe.

CHAPITRE III

AUTOUR D'ALGER.

Il n'est pas un point des environs d'Alger qui ne puisse être le but d'une intéressante et agréable promenade.

Si nous nous dirigeons vers le sud, nous laissons à gauche le jardin d'Essai, avec ses parcs d'autruches et de gazelles, avec ses allées touffues et verdoyantes; à droite le café et la fontaine des Platanes, où les Arabes font leurs ablutions, et, suivant une route poudreuse, tantôt ensoleillée, tantôt ombragée d'oliviers énormes, nous arrivons à Hussein-Dey, et, plus loin, à la Maison Carrée. Il y a fête au village. Elles sont lamentables, ces réjouissances de banlieue avec leurs jeux de hasard, leurs boutiques en plein vent, leur poussière et leur ennui. Il faut croire pourtant que nous trouvons en elles un puissant moyen de colonisation. Quand nous voulons créer un centre nouveau, nous installons quelque part un garde champêtre ; nous y bâtissons un débit avec les planches de la première caisse de vermout et nous y créons une fête patronale, une Saint-Mustapha ou une Saint-Mahomet, au besoin. L'élément indigène n'est représenté dans ces cohues poudreuses que par quelques yaouleds voleurs et par de pauvres Mauresques, qui, dévoilées, peintes et dorées, passent, riant à pleines dents, dans de grotesques landaus de louage. Elles vont dîner en cabinet particulier, les malheureuses! Après la n'bita des almées, la salle verte du bal de barrière! Et ceci tuera cela. C'est écrit.

Allons plus loin nous reposer un instant sous ces cabanes de roseaux, près de l'Arrach, qui murmure sur ses galets gris, et rentrons en ville par les hauteurs.

Les pentes du Sahel, vertes de caroubiers noueux, fuient sous nos pieds; nous dépassons Koubba et son grand séminaire, et nous atteignons bientôt Bir-Mandreis, le puits du capitaine Mourad, qui montre fièrement sa pacifique gendarmerie et sa mairie correcte, tandis que, laides comme un Maure en burnous qui aurait un chapeau à haute forme, les maisons arabes que nous avons affublées d'une toiture se cachent honteusement dans les arbres.

Puis, c'est Bir-Kadem, qui a malgré nous conservé une physionomie poétique, grâce à sa fontaine turque, à ses koubas qui blanchissent sous les verts platanes, à ses ânes mélancoliques qui rêvent sur le bord des ruisseaux ombragés. Et, revenant un peu en arrière, nous parcourons enfin les riants coteaux de Mustapha-Supérieur.

La mer déroule au loin sa nappe bleue, qui scintille entre les arbres; dans les oliviers gris et les caroubiers, au milieu des cactus menaçants et des aloès épineux, de blanches villas mauresques élèvent leurs terrasses plates sur leurs hautes murailles sans fenêtres.

Puis, c'est le palais d'été du gouverneur, et notre course se termine à regret par un long crochet que, à travers de petits chemins adorables, nous faisons autour du fort l'Empereur, ce vieux bordj Sultan-Kalassi, près duquel on est si bien pour contempler Alger et sa rade, tableau grandiose sous le ruissellement de la lumière blanche. Et dans les massifs de cactus, jaunes de fruits, des bergers indigènes mêlent les sourds bourdonnements de leurs flûtes de roseau au murmure continu des insectes et à la plainte mélancolique du vent dans les herbes sèches.

Vers le nord, nous trouvons Saint-Eugène, faubourg

qui n'est plus arabe, mais qui n'est pas français : c'est une
colonie espagnole, et c'est par chargements grouillants et
compactes que les lourdes balancelles y débarquent les
bruns enfants de l'Andalousie. Sobres et laborieux, ces
hidalgos déchus travaillent durant toute la semaine; mais
quand vient le dimanche, ils se livrent ici aux manifestations les plus bruyantes d'une joie toute méridionale.
Alors, au milieu des cris, des chants et des disputes, les
tartanas disloquées emportent vers la plage les familles
endimanchées, ouvrières en basquines, hommes en espadrilles. Et, sur le rivage chaud, personne n'empêche de
danser en rond, et l'on s'offre de tous côtés les grosses
gesses bouillies, les échaudés garnis d'œufs durs, et, comme
chez les Mauresques, les arachides et les pois chiches
grillés.

Et l'amour va son train, l'amour sans lequel il n'est pas
de fête complète et surtout pas de fête espagnole. Sans
souci des voisins, sans crainte du qu'en dira-t-on, Pedro,
la cigarette aux lèvres, enlace amoureusement la taille
flexible de Mercédès, et l'on ne sait jamais s'ils se promènent ou s'ils dansent; ils font les deux choses à la fois.
L'anisette coule à longs flots, et son parfum se mêle aux
odeurs nauséabondes des marécages et de la cuisine à
l'huile rance. Sous de grossiers toits de chaume ou sous
des tentes trouées, les matrones en mantille préparent
les plats les plus épicés du pays de l'olla podrida, et
bientôt, des bouteilles sous les bras, les mains pleines de
victuailles, la guitare sur le dos, la foule joyeuse se
répand sur la plage. Et le soir, tandis que la lune trace
son grand chemin de feu sur la mer calme, les amoureux,
dédaigneux des castagnettes, des accordéons et des triangles qui font sauter fillettes et duègnes, s'égarent dans
l'ombre des rochers. Il y a par là des creux si charmants
avec de larges divans d'algue si parfumée et de sable si
fin! On y rencontre bien, à chaque pas, des mélomanes

solitaires qui, les yeux au ciel, agacent les cordes de leurs
mandolines, et qui ont l'air de chanter des ballades aux
étoiles ; mais qu'importe? On ne se dérange pas pour si
peu! Et bien avant dans la nuit, par les sentiers bordés de
citronniers en fleur et de bananiers touffus, on s'en
revient, au son des tambours de basque, au chant bruyant
des manolas qui jettent les mantilles par-dessus les mou-
lins. Mais cela ne peut finir d'une façon si pacifique; il y
a trop de vin et trop de soleil dans les cervelles! Mercédès
pousse tout à coup un cri de terreur, elle vient, dans
l'ombre, de voir s'avancer Antonio. Ce n'est pas long : une
querelle s'engage; les amoureux se cassent sur la tête le
ventre sonore des guitares qui rendent des sons plaintifs,
et, cinq minutes après, Pedro, le nez saignant, exhale ses
plaintes au revers du chemin, et regrette amèrement les
preuves d'amour et les kakawètes dont il a comblé l'ingrate, tandis que celle-ci, au bras du vainqueur, va
terminer la fête au bal de la Castilla ou à celui de l'Amis-
tad.

Au-dessus de Saint-Eugène s'élèvent les verts sommets
de la Bouzareah. Dans les creux touffus des ravins, dans
les massifs de caroubiers, d'oliviers, de jujubiers et de
cactus, se blottissent les mystérieuses maisons de campagne indigènes et les riantes villas françaises. Tout le long
de la route et dans tous les replis de la pittoresque vallée
des Consuls et du Frais Vallon, rougissent les toitures des
bastides à la marseillaise, où les négociants provençaux
viennent se livrer aux douceurs de la bouillabaisse nationale. Le Frais Vallon aboutit à un charmant café indigène,
près duquel une gargote française déploie cette enseigne
bizarre : « Au retour du médecin maure. Casse-croûte à
la fourchette. » Que peut être ce confrère musulman? Et
nous suivons un jour le chemin montant et rocailleux qui
conduit à sa demeure. Un vieillard de mauvaise humeur
nous y reçoit en bougonnant; c'est Sidi-ben-Abdallah, le

médecin. Un vieux figuier, qui traîne ses branches grises sur le sol, sert de salle d'attente aux clients; une masure blanche meublée d'une natte, une espèce de marabout, sert de cabinet de consultation. Abdallah écoute un instant ses malades, ne les touche jamais, les regarde à peine, et, leurs doléances finies, il feuillette lentement un gros livre de parchemin. Ce livre est un vieux Koran, héritage précieusement transmis de père en fils dans la famille du guérisseur; sur ses marges crasseuses sont écrites à la main des formules de remèdes et une nomenclature des simples qui doivent vaincre tous les maux. Jamais d'ordonnance écrite, les malades prendraient cela pour une amulette.

— Comment? disait un médecin de colonisation à un Arabe à qui il avait prescrit du sulfate de soude, cela ne t'a pas purgé? qu'as-tu fait de mon ordonnance?

— Ton papier? répondait le malade. Le voilà! Il l'avait plié, il l'avait cousu entre deux rondelles de cuir et il se l'était mis au cou, en guise de talisman.

Abdallah a une clientèle très-étendue dont, chose qui n'a rien d'étonnant, les Européens forment la majorité. Mais il n'aime pas les docteurs français qui ont voulu le gêner dans la pratique de sa commode et lucrative profession.

— *Enta toubib?* nous dit-il. Toi, médecin?
— Oui, Sidi, moi médecin.
— *Ana kif kif!* Moi aussi! Et il se détourne avec l'air dédaigneux d'un chien qui digère au soleil.

Si, poussant nos courses plus loin, nous contournons le Sahel en nous dirigeant vers le sud, nous découvrons bientôt la Métidja, dont le premier point intéressant est Bouffarik.

La Métidja, qu'arrosent l'Oued-Hamise, le Sensela, l'Harrach, le Mazafran, l'Oued-Jer et la Chiffa, est une plaine de deux cent cinquante mille hectares, que limitent le Sahel, le Djurjura et l'Atlas. Bouffarik n'est qu'un village français bâti autrefois par ces colons qu'on appelle les pionniers de la première heure, sur un terrain meurtrier dont les émanations fiévreuses nous ont tué plus de monde que les balles arabes. Des jardins magnifiques, des vergers superbes, couvrent aujourd'hui le sol assaini.

Sans le soleil qui chauffe le crâne, sans les orangers et les citronniers qui remplacent dans les rues nos platanes et nos ormeaux, on se croirait bien loin de l'Algérie, quand on arrive à Bouffarik un jour ordinaire. Mais tout change si l'on y va un jour de marché arabe. Courir les marchés est la grande occupation de l'indigène désœuvré. Un sou, trois figues et une galette dans le capuchon de son burnous, et, chaque matin, il quitte le douar pour la foire où il n'a le plus souvent ni à acheter ni à vendre. Ici ou là, il y a tous les jours un marché quelque part, mais celui qui se tient chaque semaine à Bouffarik est un des plus importants, et c'est par milliers que les flâneurs bronzés y accourent de tous les points de la plaine, de tous les ravins de l'Atlas.

Une chemise en lambeaux, un burnous troué et un chapeau exorbitant constituent l'accoutrement du plus grand nombre de ces hommes. Ils ont au cou des chapelets où s'attache un petit peigne de buis ; ils ont, sous prétexte de couteau, des poignards kabyles suspendus sur la poitrine comme des hochets ; ils ont des façons de sabretaches, des djebirahs rouges, au flanc ; ils ont enfin, en collier ou en sautoir, des guirlandes de petits sacs de cuir qui contiennent des bouts de papier sur lesquels des marabouts ont écrit des versets du Koran et qui doivent les préserver de tout danger. Cela les préserve au moins de la peur. Un officier des bureaux arabes nous racontait à ce sujet qu'on lui amena un jour un prisonnier sur qui l'on avait tiré plus de vingt coups de carabine, sans l'atteindre, et qui n'avait été pris que parce que son cheval s'était abattu.

— Tu as une heureuse chance, toi, lui dit l'officier.

— Je n'ai aucune chance, répondit l'Arabe, je n'ai que cela! Et il montrait une amulette. Quand je porte cette prière, ajouta-t-il, les balles ne peuvent me toucher.

— Tu crois cela? Eh bien, lui dit le Français en prenant le mousqueton d'un de ses cavaliers, va te coller à ce mur, et tu verras si je ne te tue pas.

— Tout de suite, capitaine! Et l'Arabe alla, en souriant, s'adosser à la muraille. L'officier se détourna un instant, chargea et mit en joue. L'Arabe était impassible.

— Feu! commanda-t-il lui-même, et l'officier tira. Pas une fibre n'avait remué dans la figure du mahométan, et il était si sûr de son talisman qu'il ne voulut jamais croire que l'arme n'était chargée qu'à poudre.

Le marché se tient sur une vaste place, à l'ombre de grands platanes. Quelques colons à peine se perdent dans la multitude qui apparaît de loin comme une mer de burnous, d'où s'élève une rumeur pareille au bruit d'une cataracte lointaine, et dans laquelle se produisent de grands remous, quand, renversé sur le haut dossier de sa selle, le chapeau sur le dos, un caïd passe au trot, jetant à tue-tête le cri de *balek, balek!*

Une odeur de serpent, de bête fauve, une odeur caractéristique s'exhale de cette cohue; cela sent le Bédouin. Et il n'y a que des hommes : les femmes gardent le gourbi ou la tente.

Les grains, les légumes secs, les peaux, la laine constituent la partie sérieuse du marché, qui est aussi le rendez-vous de pauvres diables venus on ne sait d'où pour brocanter des misères. L'un arrive du fond du Djurjura avec quelques figues sèches dans un sac en poil de chèvre; l'autre apporte de plusieurs lieues une demi-douzaine d'œufs soigneusement enfermés dans un panier cylindrique en tiges de fenouil; celui-ci s'est balancé pendant toute la nuit sur un chameau flegmatique avec un pot de miel qu'il cache comme un trésor sous les pans effiloqués de son burnous; celui-là a fait trente kilomètres derrière son âne chargé de deux poignées de charbon ou de quatre briques.

Sur tout un côté de la place s'alignent des boutiques ; une natte ronde sur le sol, et sur cette natte marchands et marchandises, voilà une boutique. Ici, cinq ou six Arabes à la mine farouche se vautrent dans la poussière et pétrissent une masse jaunâtre et gluante qu'ils débitent en boules : ce sont des savonniers. Là, d'autres bandits, couverts de burnous graisseux comme des torchons de lampistes, se roulent entre des paniers dans lesquels s'affaissent, avachies, des outres à demi pleines : ce sont des marchands d'huile. D'autres encore, négociants en bric-à-brac, étalent les objets les plus hétéroclites, les manteaux les plus rapiécés, les poteries les plus étonnées de se trouver ensemble.

Sous des tentes coniques s'installent des commerçants plus aisés : des merciers gravement assis devant quelques pelotons de fil et une douzaine d'aiguilles; des quincailliers qui exposent sur un lambeau d'étoffe quelques couteaux rouillés, quelques paires de ciseaux hors d'usage ; des débitants qui couvrent un paillasson de petits tas de tabac; des cuisiniers qui font bouillir des légumes, qui épluchent des patates et des figues de Barbarie ; des cordonniers, enfin, qui rangent en ligne de bataille des babouches de toute couleur.

Ces derniers font le vieux et le neuf. Un Arabe passe-t-il avec des trous exagérés dans sa chaussure, ils le lui font remarquer. Le passant s'arrête, regarde ses pieds, hésite un instant, se décide, se déchausse, donne ses babouches et s'assoit au beau milieu du chemin pour attendre que le travail soit fini. Il paye alors avec un oignon qu'il sort de son capuchon, et il se retire satisfait. Un autre qui, sans mot dire, s'est accroupi devant l'ouvrier et qui l'a attentivement regardé faire, comme s'il voyait la chose la plus intéressante du monde, tire à son tour une de ses pantoufles et lui fait voir qu'elle a une fente énorme :

« Je le regrette, dit le cordonnier, mais je n'ai plus de peau. »

L'Arabe ne répond rien et disparaît. Un instant après il revient, traînant par la queue, dans la poussière et dans la boue, la dépouille d'un bœuf qu'on vient d'abattre. Il est allé la chercher à la boucherie voisine. Le savetier ne dira plus qu'il n'y a pas de peau ! Et celui-ci taille un lambeau saignant dans ce cuir encore chaud; les poils en dehors, il le placarde comme un cataplasme sur le trou du soulier, l'y coud à gros points et, toujours muet et sérieux, rend l'objet ainsi réparé à son client qui le paye d'un piment bouilli, cette fois, et qui s'éloigne à pas majestueux.

Il y a aussi des restaurants et des cafés dont la fumée monte lentement sous la voûte épaisse des grands arbres. Un trou dans lequel on fait un feu qu'un homme, accroupi la face contre terre, active de toute la force de ses poumons, une grande cafetière, et voilà le café installé. Et, formant un large cercle dont ce fourneau est le centre, les consommateurs, graves et silencieux, boivent et fument, les yeux noyés dans des contemplations vagues. Dans un trou plus grand, un feu plus vif sur lequel est posée une marmite, et, toujours assis en rond, d'autres Arabes qui mangent le couscouss obligatoire : voilà les restaurants.

Les chevaux, les bœufs et les moutons amenés par milliers, s'impatientent autour du marché et remplissent l'air des plus discordantes clameurs.

Des maquignons, à qui leurs bottes rouges et leurs vestes brodées donnent l'air de grands chefs, font trotter et galoper des chevaux qu'ils tiennent par la bride, trottant et galopant avec eux, tandis que leur burnous flotte comme de grandes ailes blanches.

Ailleurs sont parqués les moutons en troupeaux innombrables. C'est un fourmillement de cornes sur une petite mer de dos blancs et noirs. Les moutons sont, cent par cent, enfilés par leur collier à une corde unique. On les garde plus facilement ainsi ; et pourtant il arrive qu'un chien, surpris par un coup de pied au moment où il se livrait aux délices d'un tas d'ordures, vient en hurlant se jeter dans les jambes d'une compagnie. Le mouton qui reçoit le choc, déjà profondément préoccupé de sa triste situation, est alors subitement pris d'une terreur panique, et il rue dans le vide ; il se livre à des bonds désespérés ; il s'étrangle à demi. Ses voisins, à qui il fait tirer la langue en secouant la corde commune, roulent de son côté des yeux étonnés, et la peur les prend à leur tour, et, se communiquant de proche en proche, la strangulation devient générale. Le berger qui n'en peut plus pousse des cris formidables. Ses amis battent l'air de leurs burnous et bâtonnent à tour de bras les toisons récalcitrantes. Alors, exaspérés, les moutons perdent la tête, la corde s'échappe des mains du gardien, qui tombe à plat ventre, et la bande se disperse, cabriolant, ruant, jouant des cornes contre des ennemis imaginaires, allant têtes baissées se jeter sur une compagnie voisine que le désespoir saisit de son côté. Et ce ne sont bientôt plus que des cris, des courses, des sauts, des culbutes, des coups de bâton pleuvant à tort et à travers, des agitations de bras et de burnous, des scènes à guérir du spleen toute l'Angleterre à la fois.

Ailleurs sont des mendiants qui crient comme des sourds.

En voilà deux qui, fendant la foule et s'épaulant l'un l'autre, s'en vont les yeux clos et la bouche ouverte, hurlant en duo une psalmodie gutturale qu'ils soutiennent dans les notes les plus élevées de la gamme humaine. En voici d'autres qui se serrent les côtes comme pour faire sortir de leur poitrine le plus d'air possible, et dont les cris sont le résultat de tels efforts que la sueur perle en grosses gouttes sur leur crâne rasé et bleuâtre.

Dans les jambes des passants roulent, comme des bassets malades, des estropiés qui marchent tout de travers sur des moignons informes. D'autres, couchés dans la poussière et indifférents à tout, reçoivent les aumônes avec un dédain superbe et s'endorment, leurs pieds nus traînant à l'abandon, tandis que oignons, dattes, piments, concombres, vieilles croûtes de pain et figues sèches s'amoncellent devant eux en tas poudreux et malpropres. Au milieu du marché, circulent, déployés, les étendards du Prophète. Ils précèdent un marabout qui, les yeux sur ses mains rapprochées et ouvertes comme un livre, récite des prières bruyantes. Derrière lui marche un nègre qui tient un plateau de cuivre dans lequel pleuvent les sous. Pour l'entretien de la mosquée! Pour l'entretien de la zaouïa! Allah vous le rende! Il est midi. Le marché est fini, et regagnant la ferme, la tente ou le gourbi, chacun s'en va chez soi.

Asseyez-vous à la porte d'une auberge française, à l'ombre des bellombras et des liserons en fleur, et contemplez ce retour; cela en vaut la peine.

Ce sont des troupes d'Arabes qui s'en vont par grandes enjambées et qui traînent leurs larges babouches sur la route blanche et poudreuse; des escadrons de mules; des troupeaux qui trottent menu dans la poussière épaisse; des nègres et des négresses. Les nègres, burlesques sous leurs haillons, les bras ballants et le cou roide, semblent n'avoir d'autre préoccupation que de tenir leur chapeau en équilibre; les négresses, ployant sous le faix, suent et soufflent comme des bœufs. D'autres, plus heureuses, passent triomphantes au bras de leur mari, tandis qu'à leur robe se suspend un négrillon tout nu. Ils ne rapportent rien, ceux-là. L'homme a peut-être quatre sous noués dans un pan de sa chemise, et, contents de leur journée, ils étalent un large sourire qui donne à leur bouche l'air d'un piano ouvert. Puis ce sont des ânes, les uns, les résignés, baissant lamentablement les oreilles ; les autres, les inquiets, prêtant la droite à ce qui se passe devant, la gauche à ce qui se passe derrière ; les autres, enfin, les poltrons, les rabattant comme un lièvre en fuite.

Puis encore des Arabes, encore des nègres, et il en passe pendant deux heures.

Lancés au grand trot, des cultivateurs européens s'en vont en riant sur leurs chars à bancs cahotés, et, dans cette horde de bêtes et de gens, quelques chefs luxueux, soulevant la poussière, galopent fièrement sur leurs montures harnachées de cuir rouge.

Les colons se réunissent alors dans les cafés et font couler l'absinthe verte à longs flots.

Allemand, Espagnol, Italien, Maltais, quelquefois même Français, le colon algérien a conservé la bruyante tournure du soldat laboureur. Les bottes crottées sur le pantalon de toile ou de velours à côtes, la tête ombragée d'un grand chapeau de feutre mou dont les ailes affectent des allures martiales, la barbe épaisse ou la moustache menaçante, le colon a le verbe haut, prend la taille des bonnes et s'installe à grand fracas dans tous ces établissements qu'il traite en pays conquis.

« Tiens, d'où sortez-vous ? dit-on à l'un d'eux qu'on n'a pas vu depuis longtemps.

— Moi ? J'arrive de France !

— Et vous, dit-on à un autre, où allez-vous ? on m'a dit que vous faisiez vos malles.

— Oui, je pars pour France ! » répond-il avec un éclair de joie dans les yeux.

De France ! Pour France ! Vous aurez beau la diviser

en simulacres de départements, l'affliger de préfets et de sous-préfets, l'encombrer de ronds-de-cuir et de rats-de-cave, l'Algérie ne sera jamais la France pour le colon. Ce n'est qu'un pays où il s'efforce de s'enrichir le plus et le plus vite possible, et il n'a qu'un rêve : regagner, après fortune faite, le pays qui l'a vu naître.

Les caïds, de leur côté, ne quitteront le marché que plus tard, et ils se retirent sous leurs tentes où, assis sur des tapis, ils attendent leurs invités. Et ceux-ci, qui arrivent un à un, viennent respectueusement déposer un baiser sur le haïk du maître :

« *Selam alek!* La paix sur toi, disent-ils en s'inclinant.

— *Selam alek oum!* leur est-il répondu.

— *Ouech alek?* Comment vas-tu?

— *Ouech enta?* Comment toi-même? »

Et la conversation en reste là.

Après le repas en commun, si c'est jour de grand marché, jour de fête, le caïd offre à ses hôtes le spectacle d'une n'bita en plein air. Un tapis est étalé sur le sol, et d'une petite tente voisine, hermétiquement fermée jusque-là, sortent deux danseuses qui pendant de longues heures vont se donner en spectacle.

Et quand la danse est finie, une almée renverse la tête, étend les bras, et, à petits pas, cambrant les reins, elle fait en souriant le tour de l'aimable société. Les spectateurs se lèvent, et sur sa peau en moiteur, sur son front humide, sur sa gorge haletante, ils collent des francs ou même des louis, selon leurs moyens, et surtout selon l'intensité de leurs désirs. La figure, la poitrine, les bras constellés de pièces d'or ou d'argent, la danseuse s'arrête alors devant un foulard que sa compagne a étendu sur le sol, et, d'une brusque secousse en avant, elle y fait pleuvoir sa récolte. Le spectateur qui s'est montré le plus généreux a acquis sur elle des droits qu'on devine, et les scènes de jalousie, de rivalités, de prodigalités ruineuses qu'engendre souvent cet usage expliquent pourquoi on l'a aboli à Alger, pourquoi l'on a même défendu les n'bitas publiques.

Quelques minutes de chemin de fer nous conduisent de Bouffarik à Blidah.

Blidah, la petite rose, l'Ourida, des vieux rimeurs arabes, devient la plus triste, la plus maussade des villes. Deux rues seulement subsistent de la cité arabe et offrent encore un certain intérêt : la rue du Dey avec ses cordonniers, ses brodeurs et ses cafés où dansent les turcos, et la rue des Koulouglis avec ses maisons basses et sa petite mosquée aux colonnes de bois peint. Les Maures sont moins nombreux ici, les Arabes dominent, et les femmes, hermétiquement empaquetées, ne risquent plus qu'un œil. Par les trous des portes, apparaissent, avec de grands yeux qui brillent et des bouches qui sourient, des figures bronzées et tatouées, et par les lucarnes entr'ouvertes se tendent des mains fines et maigres sur lesquelles des lignes bleues forment des étoiles, des croissants, des dents de loup, des cercles et des triangles. C'est la femme arabe qui commence à remplacer la Mauresque.

« — Et surtout, nous avait-on dit, n'oubliez pas les orangers ! »

Et l'on avait eu raison. Derrière les bellombras, ces arbres au riche feuillage et à la croissance d'une si étonnante rapidité ; derrière les haies de jujubiers sauvages dont les branches épineuses se cachent comme des serpents sous les fleurs ; derrière les cactus féroces qui tirent leurs grosses langues vertes, dragons végétaux préposés à la garde de ces Hespérides africaines, s'étendent des bois d'orangers comme n'en ont jamais eu la Provence ni l'Espagne. Ce n'est pas de l'admiration, c'est de l'étonnement qu'on éprouve en pénétrant sous ces voûtes de feuillage que des milliers de pieds soutiennent comme

5.

des colonnes légères, que les fleurs étoilent, que les fruits piquent de leurs gros points d'or. La terre est jonchée d'oranges qu'on dédaigne de ramasser, et les mandarines envoient à travers ces bosquets enchantés les effluves victorieux de leur arome exotique.

Poussons jusqu'à la Chiffa. Encore quelques kilomètres à travers la Metidja, une courte ascension sur les derniers versants de l'Atlas, et nous entrons dans la vallée. La route court en corniche sur le flanc des collines; les parois du défilé se resserrent, et après un détour nous sommes dans les gorges. Partout se dressent les pentes abruptes des montagnes schisteuses. Les fuseaux des asphodèles blanchissent au milieu des palmiers nains, les lauriers-tins fleurissent dans les chênes rabougris, et là-bas, au fond du ravin sur lequel le chemin est suspendu, la Chiffa murmure sous les touffes odorantes des lauriers-roses.

Un petit Arabe excite de la voix et du burnous un chien qui gravit les rochers. Que poursuit-il?

— *Shadi, sidi! Shadi! Grimpi-grimpant!* nous dit l'enfant avec de grands gestes.

— Des singes? Allons donc! Il n'y a ici en fait de singes que ceux qu'on a peints sur les murailles d'une guinguette. Ce jeune musulman est sans doute à la solde de la maison.

— *Aïoua shadi! Mirar, monsir, qui macach tenir barbarieh à.....* Et il éclate de rire comme s'il n'osait achever sa phrase, et son chien aboie à pleine gorge. Mais il a raison! Une légion de petits bonshommes noirs grimpent à la course, sautent et se culbutent au milieu des pierres et des taillis : ce sont des singes. Un autre indigène nous poursuit avec une pauvre macaque toute tremblante qu'il vient de prendre à je ne sais quel piége et qu'il veut nous vendre de force : *Ouad douro, sidi! Ouad douro!*

Allons, l'auberge du ruisseau des singes n'a pas usurpé son nom! Elle est charmante, cette auberge! Elle est à l'embouchure d'un petit torrent tourmenté qui vient, à grand bruit et comme en protestant, porter à la Chiffa le modeste tribut de ses eaux.

— Vous remontez le ruisseau? nous dit le propriétaire de la maisonnette. Pourquoi portez-vous un fusil? Ce n'est pas pour tirer sur les singes, au moins? D'abord ce serait inutile; vous pourriez en blesser un, le tuer même, mais vous ne l'auriez pas. Les shadis emportent toujours leurs blessés et leurs morts.

Les pauvres bêtes inoffensives! Pourquoi les fusillerait-on? Elles sont si bien ici! Les buissons épineux leur offrent des retraites impénétrables; elles ont pour jardins des clairières où les quinquinas et les arbustes de thé, reste des tentatives avortées d'un colon entreprenant, luttent sans succès contre la végétation africaine qui reprend ses droits et qui étouffe les intrus. Sur les parois rocailleuses de la petite gorge, sur la chevelure des capillaires humides, passent des cascatelles limpides qui se brisent en perles sur les roches polies. Plus loin, sous les arbres touffus, s'ouvrent, vertes de mousse, des grottes que soutiennent de mignonnes colonnes de stalactites, et dont les voûtes sont tapissées d'une couche velue de chauves-souris endormies. Et plus haut encore, dans les troncs crevassés, dans les branches tordues des caroubiers et des chênes, de petits yeux nous regardent malicieusement à travers les feuilles, et d'autres singes s'enfuient en gambadant. La nature est ici chez elle, non dans la pompe de ses grands appartements, de ses forêts séculaires, mais dans le charme intime et discret d'un de ses boudoirs.

Blidah et la Chiffa sont au sud d'Alger; qu'y a-t-il vers l'ouest? Il y a d'abord des champs cultivés, des champs gras et plantureux; puis il y a des landes de palmiers nains peuplées de cailles et d'alouettes; puis quelques villas mauresques qui blanchissent dans la verdure; puis enfin un honnête village à toits rouges.

— Comment s'appelle ce pays? demandons-nous à une bonne femme.

— *Aco moussu? Er Tchéagas!*

— Tchéagas? Ah! bon, Cheragas!... Mais vous êtes de Grasse, vous?

— *Tè, segù!*

Vers le sud bleuissent, vaporeuses et enflammées, les dentelures de l'Atlas, que les gorges de la Chiffa coupent comme un grand coup de sabre. Autour de nous s'étendent maintenant des plaines hérissées de boutures.

— Qu'est-ce qu'on a donc planté là? disons-nous à un passant.

— *Aco? Er sou generalion?* C'est le géranium.

— Encore! mais ils le font exprès! Ils sont tous de Grasse ici!

Et, après un court arrêt dans cette colonie de parfumeurs, nous reprenons notre course sous un soleil ardent, à travers des espaces arides où des bergers arabes s'appuient sur leurs longs bâtons recourbés en crosse, où des troupeaux broutent une herbe rare et desséchée.

La mer reparaît, notre belle mer bleue semée de voiles blanches, et nous atteignons le rivage, au fond d'un grand golfe qui regarde le nord. A l'est, le cap Caxine profile sur le ciel pur sa croupe de rochers gris; à l'ouest, dans le lointain, s'estompent les collines de Cherchell, et, du point où nous sommes, s'avance vers le large la petite presqu'île de Sidi-Ferruch. Une cabane de douaniers s'y assoupit sur la grève; des tentes faites avec des voiles abritent des corailleurs napolitains qui dorment près de leurs grands bateaux échoués, et, non loin de là, les ruines du fort de Torre-Chica abritent encore les tombeaux à demi détruits de Sidi-Roch, de saint Janvier et de Sidi-Feredj.

— Saint Roch? Sidi-Feredj? Qu'est-ce que cette association étrange?

— Ah! voilà! Eh bien, il y avait une fois ici un ermite

musulman qui s'appelait Sidi-Feredj, Sidi-Effroudj, Sidi-Feruch, comme vous voudrez. Il vivait bien tranquillement et bien saintement au soleil, quand arriva dans ces parages un brick venant de Malaga.

Sidi-Feruch avait un défaut bien rare chez les mahométans, il était curieux, et il alla visiter ce navire. Cela ne l'amusa sans doute guère, car il s'endormit pendant sa visite.

« Emportons-le, dit le capitaine Roch, commandant du brick. Nous y gagnerons peut-être une forte rançon ! Et il mit le cap sur l'Espagne et marcha toute la nuit.

— Terre ! » cria la vigie au point du jour.

C'était la Metidja !

« Comment, s'écria le capitaine, nous voguons vers la côte andalouse, et c'est la terre d'Afrique que nous abordons ! Quel est donc ce mystère ? »

Et il comprit qu'il était victime d'un miracle dont Sidi-Feruch était le seul coupable.

On débarqua le marabout, on fit la sieste, et, au coucher du soleil, on remit à la voile et l'on marcha toute la nuit.

— Terre ! cria la vigie au point du jour.

C'était encore la Metidja !

Et Sidi-Feruch revint à bord.

« Rendez-moi le burnous que vous m'avez volé hier », dit-il à l'équipage.

On lui rendit son burnous, on fit la sieste, on leva l'ancre le soir et l'on marcha toute la nuit.

« Terre ! » cria la vigie au point du jour.

C'était toujours la Metidja !

Le capitaine en était confondu.

« Que veux-tu encore, puissant marabout ? cria-t-il à Sidi-Feruch du plus loin qu'il le vit paraître.

— Mes babouches, dit le bonhomme.

— Je te jure que nous ne les avons pas.

— Non ? Eh bien, cherchez ! »

On chercha et l'on trouva les pantoufles bénites dans un coin où le chien du bord les avait traînées.

Le capitaine n'y tint plus, il prit le couteau d'un gabier, se circoncit lui-même, séance tenante, se fit marabout, et, quand il mourut, c'est ici qu'on l'enterra, *Straderli aerla ya baba,* comme disent au refrain les Algériens, qui chantent la légende de Sidi-Rouch. Quant à saint Janvier, c'est un matelot du bord qui suivit l'exemple que lui donnait son capitaine.

A la naissance de la presqu'île s'élève un fort mi-français, mi-arabe. Il ne signifie rien par lui-même, mais on lit avec fierté au-dessus de sa porte :

« Ici, par ordre du roi Charles X, l'armée française vint arborer ses drapeaux, rendre la liberté aux mers, donner l'Algérie à la France. »

Près de Sidi-Feruch, nous attend à la Trappe de Staouëli un repas frugal, mais arrosé des vins les plus généreux et le plus généreusement offerts. C'est ici que le 19 juin 1830 l'armée qui marchait sur Alger remporta sa première victoire, et voici, réunis en un majestueux bouquet, les cinq palmiers sous lesquels nos généraux firent leurs premiers traités avec les chefs arabes. Un vaste couvent s'élève aujourd'hui dans ces champs arrosés du sang de nos soldats. C'est la Trappe, une Trappe austère avec ses salles d'étude silencieuses, ses réfectoires lugubres, ses madones dans des grottes de lierre, ses jardins funéraires; avec ses moines mystérieux et muets comme la tombe.

Non loin du monastère le village français de Staouëli darde vers le ciel la flèche aiguë de son église. Ce n'est plus l'Algérie, c'est la Bretagne! Il n'y manque même pas les dolmens et les men'hirs préhistoriques qui soulèvent, là-bas, dans la lande épineuse, leurs insolubles problèmes de pierre.

Puis, si nous revenons par la côte, voici Guyotville avec

ses admirables falaises; voilà le cap Caxine dressant dans le ciel bleu la haute tour blanche de son phare; la pointe Pescade, où la route, taillée en corniche vertigineuse, plane sur les flots azurés; Saint-Eugène avec sa poussière de banlieue, et enfin Bab-el-Oued, c'est-à-dire Alger.

Il nous reste à faire, vers l'est, une excursion obligatoire, l'excursion de Kabylie. Trois jours nous suffiront. Le chemin de fer nous transporte en une heure dans la partie orientale de la Metidja. C'est le matin. Partout s'étend une vaste mer de brume. Au fond, à droite de la voie, se déroule le rideau encore confus de l'Atlas; à gauche, une ligne de monticules bas et sablonneux nous sépare de la mer, et, au-devant de nous, drapée dans des vapeurs flottantes, s'avance la masse vague du Djurjura.

Mais bientôt le soleil, maître et tyran de ce pays, reprend son empire. La brume s'efface, la plaine nous apparaît couverte de blés jaunes que les pieds-d'alouette piquent de leurs mille bouquets violets. Partout, dans les épis, se hérissent des massifs de ces palmiers nains indomptables que les Arabes ne se donnent d'ailleurs pas la peine de combattre et qu'ils tournent simplement quand leur charrue les rencontre; partout se lèvent des îlots d'eucalyptus gigantesques. L'Algérie est envahie par cet arbre australien, et si l'on n'y prend garde, il sera bientôt pour elle, sous prétexte d'assainissement, une plaie pire que le chamœrops lui-même.

Il y a maintenant deux heures que nous roulons. Les cultures cessent, et le sol qui commence à monter se revêt de taillis épais de petits chênes verts.

Alma-Boudouaou! Les champs étaient depuis quelques kilomètres couverts de petite centaurée, et il y a sur les quais des balles énormes de cette plante.

« Que fait-on de cela? demandons-nous à un colon.
— Ça? c'est pon bour le fièfre! »

Allons! nous voilà à Strasbourg maintenant!

Plus loin, le train s'arrête à Bellefontaine.

« C'est eïn pien peau fillache! » nous dit un voyageur qui y descend.

Encore? Eh, oui! Vous croyez trouver des Kabyles par ici, ô naïfs voyageurs? Non! tous Alsaciens, tous émigrés!

Ce n'est pas précisément pour la France qu'ils ont opté, ceux-là; c'est pour l'Algérie, où on leur a donné des terres, des outils et de l'argent.

Il y a de tout dans notre possession, et si nous nous enfoncions un peu vers le sud, nous tomberions en Suisse, dans les forêts et les chalets de la petite colonie helvétique d'Al-Fedous. Et, par la vallée du Bou-Douaou, nous entrons dans la montagne. Le terrain ondule en croupes de terre rougeâtre, couvertes de lentisques, de palmiers nains et d'oliviers sauvages. Plus loin s'étendent des champs de fougères et de véritables bois de ricins hauts comme des arbres.

Le Djurjura fuit sur la droite, et perd, à mesure qu'on en approche, l'aspect de masse grandiose qu'il déploie vu d'Alger. C'est énorme de loin, et ce n'est pas grand'-chose de près. Mais c'est l'emblème de la Kabylie que cette montagne, de la Kabylie dans laquelle nous entrons!

Dans les taillis, en effet, au-dessus des arbres rabougris, apparaissent les turbans noirs et rouges des premières femmes kabyles; à travers les larges feuilles des fougères brillent leurs gros colliers d'argent et leurs grands yeux curieux et craintifs. Il est près de neuf heures.

— Ménerville! crie un employé. Nous sommes au col des Beni-Aïcha, ce col par lequel ont passé les Romains, les Vandales, les Arabes, tous les conquérants qui ont envahi l'Afrique du nord. Qu'on ne se figure pourtant pas quelque sombre défilé, quelque gorge terrible; une simple dépression entre des collines débonnaires, voilà le col! Nous quittons notre train ici.

Une gare comme toutes les gares; un village détruit en

1871, lors de l'insurrection, mais rebâti à neuf et habité seulement par des Européens; des magasins qui sont des buvettes; un grand mouvement de roulage; un encombrement de charrettes, tel est Ménerville. Le col des Beni-Aïcha est la porte de la Kabylie? C'est possible, mais il faut croire que les Kabyles ne passent pas par cette porte; ils doivent avoir une autre entrée, l'entrée des artistes. C'est à peine si, dépaysés dans ces rues trop civilisées, on en voit errer quelques-uns, malpropres et mal vêtus. Nous n'avons rien à voir ici. Il fallait s'y attendre avec une étiquette pareille : Ménerville! comme cela a l'air kabyle!

Parlez-nous de Bordj-Ménaïel, qui fut fondé par le Turc Mohammed-Bey, l'égorgeur! Voilà qui sent son cru!

— En voiture pour Bordj-Ménaïel! crie sur la place un conducteur de carriole, et nous grimpons à côté de lui sur l'impériale de sa machine.

— Vous ne craignez donc pas le soleil, monsieur l'ingénieur? dit l'honnête voiturier.

Monsieur l'ingénieur? Il n'y a sur la toile brûlante de notre banc qu'un grand panier et qu'une espèce de fermière normande dont il est la propriété! C'est à nous que cette appellation s'adresse. On construit l'embranchement de Ménerville à Tizi-Ouzou, et, pour tous les gargotiers, pour tous les postillons du pays, quiconque n'a l'air ni d'un ouvrier, ni d'un entrepreneur tâcheron, est un ingénieur.

— Non, mon ami, je ne crains pas le soleil, et puis il ne doit pas être bien chaud dans vos montagnes.

Et en route pour la vraie Kabylie, cette fois! Bordj-Ménaïel! Centre de trois mille fusils, bourdonnent nos souvenirs de lectures. Pas de trois mille âmes, de trois mille fusils! entendez-vous? Cela doit-il être assez farouche!

Et nous nous installons comme un spectateur qui vient

d'entendre frapper les trois coups. Silence! cela va commencer!

Et voici des fermes toujours modèles; de bourgeoises maisons de campagne; des jardins clôturés, avec des poiriers crucifiés contre les murs et, tout autour, de jolies montagnes soigneusement boisées. Mais nous sommes toujours en France! C'est une Auvergne que ce pays-ci; seulement c'est une Auvergne en feu. Le ciel est à demi couvert, mais le soleil ne nous en brûle qu'avec plus de rage, au fond des cirques poudreux.

« Je ne sais pas pourquoi il chauffe comme cela quand il est derrière les nuages, dit le conducteur, qui, depuis dix minutes que nous sommes partis, a déjà tenté au moins dix sujets de conversation.

— C'est bien simple, mon garçon. Les nuages de la Kabylie, car notre carte dit que nous y sommes, ont sans doute la forme de vastes lentilles, et ils concentrent sur nous les rayons réfractés, de sorte que...

— Ah! monsieur, on voit bien que vous êtes ingénieur! »

Et l'on éprouve des frissons de brûlure si l'on se remue; on se met des journaux sous le casque de toile; on se couvre la tête d'un mouchoir et l'on se tient coi. On se sent durcir comme un œuf plongé dans l'eau bouillante. Et les belles campagnes continuent :

« Mais, dites donc, cocher, est-ce que c'est cultivé comme cela jusqu'à Bordj-Ménaïel?

— Comme cela? Encore mieux, monsieur!

— Eh bien, tant pis! »

Voilà pourtant des cigognes sur le bord d'une rivière. Nous traversons les Issers.

Il se tient ici, une fois par semaine, un grand marché arabe. Naturellement! Où ne se tient-il pas un marché arabe? Celui-ci est le Souk-el-Djema, le marché du vendredi. Ici ou là, chaque jour a le sien.

« Enfin! voici un monument intéressant, nous écrions-nous tout à coup. Voici de la couleur locale; c'est du plus joli style mauresque. Quelque mosquée sans doute?

— Oh! non, monsieur, dit le cocher, qui ne nous appelle plus ingénieur depuis que nous avons dédaigné ses campagnes. Ce n'est pas une mosquée, c'est le bureau arabe. Il a été construit, il y a quelques années, par un architecte français.....

— ...Eh bien, n'en parlons plus. »

Et la route ardente, éblouissante, déroule toujours son ennuyeux ruban à travers les champs cultivés.

Nous avons dépassé les Issers! Mais on dit que ce point est le centre d'une commune mixte qui comprend soixante-dix mille Kabyles! Où sont-ils donc? A la circonférence, sans doute. En serait-il des communes indigènes comme du désert dont le centre est partout et dont la circonférence n'est nulle part?

Enfin apparaissent, au bout du chemin, les maisons quelconques d'un village quelconque.

« Bordj-Ménaïel! crie le cocher qui nous les montre triomphalement du bout de son fouet.

— Cela, Bordj-Ménaïel? ô déception! Mais, encore une fois, où donc sont les Kabyles?

— Ils sont partout là-bas, tout autour. Tenez, voici les Isser-Ouled-Smir; voilà les Isser-Beni-Tour, les Ouled-Medjékan; puis, là-bas, les Beni-Mekla; plus loin, sur cette colline, les Ouled-Chender; là-bas, vers la mer, les Ouled-Raïcha; puis les Ouled-Aïssa; quand je vous dis qu'il y en a partout! Cela pousse dans les rochers, comme la mauvaise herbe. »

Et il indique tous les points de l'horizon... En effet, il y a par là, au sommet des collines, des choses qui ont l'air de tas de pierre grises sur lesquelles on aurait jeté de la paille; ce sont des villages kabyles, mais on ne distingue pas très-bien ; on les voit un instant et on les perd dans les rochers.

« Et pourquoi les indigènes restent-ils dans ces garennes? Pourquoi ne viennent-ils pas par ici?

— Ah, dame! d'abord cela leur est défendu.

— Défendu? Aussi quand ils se le permettent, ils se le permettent bien! Il paraît qu'en 1871.....

— En 1871? s'écrie notre voisine. Eh bien, monsieur, j'avais déjà ma ferme, en 1871, et je ne l'ai pas quittée, et les Kabyles ne m'ont rien fait. Et ils n'auraient rien fait à personne si tout le monde était resté comme moi, si personne n'avait eu peur. »

Allons, voilà autre chose! Les émouvantes histoires de l'insurrection de Kabylie seraient-elles un chapitre à ajouter au volume déjà si gros des illusions perdues? Et nous regardons la bonne femme. Elle n'a pas eu peur, elle? Eh bien, cela ne nous étonne pas; c'est elle qui aurait effrayé les Kabyles!

Bordj-Ménaïel a failli un jour s'appeler Warnier. Warnier? Allons donc! Si ce monsieur eût été un général ; qu'il eût fait tuer, massacrer, asphyxier, brûler les Bédouins, oui ! Mais savez-vous ce qu'il était? Médecin, ami des Arabes. Il avait rendu de grands services au pays, cela est certain ; mais il avait protégé l'indigène! Les deux colons qui constituaient le conseil municipal de Bordj-Ménaïel poussaient la reconnaissance jusqu'à la folie !

On faillit dissoudre ce conseil pour cause d'imbécillité administrative, et si on ne le fit pas, c'est que, après en avoir dispersé les deux membres, on n'aurait pu les remplacer. C'étaient les seuls Français de l'endroit. Il y en a beaucoup aujourd'hui.

Bordj-Ménaïel est un type de village franco-algérien de création récente. Une enceinte de murailles y protége la mairie, la gendarmerie et l'église, ces organes essentiels de notre vie publique.

Autour de cette trilogie sociale, comme autrefois autour du manoir féodal, se pressent quelques maisons trop craintives. D'autres, moins pusillanimes, bordent la route déserte et sonore. Un maréchal ferrant s'est établi à l'entrée de la rue unique ; les mouches bourdonnent devant un boucher qui suspend à sa devanture des vessies de fiel et des agneaux roulés dans leur épiploon ; un drapeau déteint pend comme une loque à la porte d'un bureau de tabac. Il y a même un piano dans ce bureau de tabac ! Un piano sur lequel la demoiselle de la maison exécute de lamentables symphonies !

Et voilà le village ! Autour, s'étendent, vertes et jaunes, des plantations de tabac, avec, çà et là, quelques gourbis ignobles, et au loin, dans le soleil, ondulent des montagnes bleues ou violettes, comme on en voit partout.

Sur un monticule isolé, des aloès dressent leurs longues hampes, comme des cierges funéraires. Ils entourent le champ des morts, un triste petit cimetière chrétien, sans aucun monument, navrant comme tous ceux d'Algérie.

Là, reposent de pauvres colons que le trépas a surpris ici, dans les mains de qui le destin a brutalement fermé au milieu le livre de la vie, ce livre ennuyeux qu'ils lisaient en bâillant, mais dont le dernier chapitre, plein de douces et joyeuses promesses, était intitulé : le Retour.

Il y a aussi à Bordj-Ménaïel une vraie auberge où nous déjeunons à la hâte. O diffas légendaires ! ô couscouss national ! ô miel pur des montagnes ! où donc êtes-vous ?

Dans le défilé de l'Algérie qui s'en va, la Kabylie forme, hélas ! l'avant-garde. Un beefsteak saignant, des maquereaux arrivés d'Alger le matin même et des œufs sur le plat ! Et c'est pour cela que nous sommes venus ! Et nous sommes dans le territoire de Flissa-oum-el-Lil, des Fils de la nuit! Qui s'en douterait? Méfiez-vous des noms trompeurs ici ; ils ont souvent plus de poésie que les choses.

Il est près de midi. Le soleil, tombant d'aplomb, ne laisse plus dans la rue qu'une étroite bande d'ombre au pied des maisons, et c'est là qu'on nous sert le café, à côté de gens qui causent et qui disent du mal de l'administration.

« Est-ce que Bordj-Ménaïel ne devrait pas être un chef-lieu d'arrondissement, une sous-préfecture ! »

Et nous consultons un indicateur des messageries algériennes pour savoir à quelle heure nous pourrons regagner Alger, quand une voiture blanche de poussière, bruyante, pleine de monde, arrive de Ménerville. Où va-t-elle ? A Tizi-Ouzou. On nous assure qu'il y a des Kabyles à Tizi-Ouzou. Essayons encore! Et nous voilà pour cinq heures encaqués dans le coupé asphyxiant de la diligence!

Toujours de la poussière, toujours des cultures, toujours des montagnes lointaines et, de temps à autre, des arrêts de quelques minutes dans des villages toujours pareils : Haussonvilliers, le Camp-du-Maréchal, Drab-en-Kedda, Bou-Khalfa, et enfin la route descend entre deux hautes chaînes de collines verdoyantes, les collines du Belloua.

Au fond de la vallée, apparaît un joli petit mamelon rocailleux et sec que surmontent quelques palmiers; c'est là-dessus qu'est bâti Tizi-Ouzou, le fort des Genêts. Nous roulons un instant entre des maisons françaises et des jardins ; nous nous arrêtons à la porte d'une hôtellerie ; des indigènes en loques se précipitent aux portières pour s'emparer de bagages que nous n'avons pas, et nous y sommes.

Il est quatre heures du soir. D'honnêtes maisons éparpillées au bas du monticule; à mi-côte, une petite église;

des jardins clos de murs dont l'ensemble constitue le jardin des zouaves; au sommet, une espèce de fort dans lequel on pénètre par une grande voûte donnant sur la vallée; des remparts, enfin, avec des fortins et des casemates, et qui, partant du fort, descendent la colline et viennent entourer le village; voilà Tizi-Ouzou! C'est toujours la même chose! Soyons juste pourtant. Cette petite tour carrée qui s'élève modestement au-dessus du village, c'est un minaret, le premier depuis Alger! Et puis le fort est un bordj turc authentique. C'est là que le dey logeait le makhzen chargé de la perception de l'impôt. Ces makhzen étaient des seffras, des troupes de janissaires devenus garnisaires, et qu'on installait en colonies militaires dans les endroits où le gouvernement central avait à faire durement sentir son autorité. La Kabylie a toujours été un de ces endroits, et, malgré leurs bordjs, leur courage et leur cruauté, les hommes du makhzen avaient souvent à compter avec leurs hôtes. On montre encore près d'ici, au fond d'un puits, les squelettes de quarante Turcs que les montagnards y jetèrent dans un jour de colère. Nous n'avons pas démoli ce fort; au contraire, nous l'avons perfectionné, et, si les Kabyles sont invisibles, nous semblons pourtant bien nous en méfier.

Il y a d'ailleurs un jour où ils se réunissent ici en foule; c'est le samedi, le jour du Souk-el-Sebt; mais nous n'avons encore pas la bonne fortune d'arriver ce jour-là.

C'est égal, nous avons assez de Tizi-Ouzou. Quelque chose blanchit sur un pic, là-bas vers le sud-est, c'est le Fort-National, le cœur de la Kabylie! Il n'est que six heures, et voilà justement encore la voiture qui passe! Allons, en route! Peut-être finirons-nous par trouver ce que nous cherchons. Des montées et des descentes, des courses folles en casse-cou, des galops si vertigineux qu'on oublie de regarder le paysage, et nous franchissons je ne sais quel grand affluent du Sébaou. Peut-être y a-t-il, quelque part, un pont, mais notre conducteur néglige en tout cas de le prendre, sous prétexte de raccourcir, et il se jette à corps perdu dans le lit même de la rivière. De l'eau qui éclabousse sous les pieds des chevaux, des lauriers-roses en fleur, des blocs de pierre qui roulent, des rochers sourcilleux qui se dressent sur les rives ; c'est tout ce qu'on voit dans ce steeple-chase échevelé, et l'on se trouve sans savoir comment à Sikh-ou-Meddour, chez les Beni-Fraoussen, où l'on change de chevaux.

La route monte maintenant, et nous prenons une allure raisonnable. Malheureusement la nuit s'est faite, une nuit sombre et nuageuse, et le pays n'apparaît plus que dans des ombres fantastiques. De grands cris retentissent à chaque instant dans l'obscurité ; ce sont des indigènes qui regagnent leurs villages en poussant des bœufs et des ânes que notre véhicule effraye au passage. Après le village français de Taksept, notre marche se ralentit encore. Nous gravissons péniblement une côte rocailleuse ; à droite et à gauche défilent lentement des silhouettes sombres de grands oliviers et de grands chênes, et, au loin, l'œil se perd inquiet dans un chaos de montagnes découpées en noir sur le ciel étoilé. Puis, nous suivons la route en lacet qui gravit le mont sur lequel s'élève Fort-National. Enfin une sorte de place forte s'ouvre devant nous ; nous y sommes.

Le lendemain, dès cinq heures du matin, nous sommes sur pied ; il nous tarde de voir. Mais ce n'est pas un fort, cela ; c'est un village de quelques maisons dispersées sur un terrain à peu près circulaire de je ne sais combien d'hectares, et que coupe une large rue.

Autour des maisons s'étendent des terrains vagues et un vaste emplacement piétiné qui est encore un marché, Souk-el-Had ou Souk-el-Arba, cette fois, du dimanche ou du mercredi, je ne sais plus lequel.

Fort-National est au total quelque chose de bizarre et en même temps de bien triste; c'est la combinaison d'un fort et d'un village, c'est un fort ouvert au public ou un village sérieusement fortifié, comme on voudra. Des murailles lui forment une enceinte ronde garnie de bastions et percée de deux portes, la porte d'Alger et celle du Djurjura. Ces murs qui ne résisteraient pas à des canons et qui sont juste assez hauts pour rendre une escalade difficile, ont prouvé, en 1871, qu'ils sont suffisants ici.

Nous espérions pourtant trouver mieux à Fort-National, mais il est une chose qui compense amplement les désenchantements perpétuels de ce voyage; c'est le panorama.

Bâti sur un plateau étroit, au milieu d'un vaste cirque de montagnes, Fort-National domine le pays entier et forme un triangle stratégique avec Tizi-Ouzou et Dra-el-Mizan, qu'on découvre vers l'ouest.

Le fond du cirque est un sol tourmenté, crevassé de vallées qui se coupent en tous sens, hérissé de mamelons arides et de rochers dépouillés, entre lesquels les champs de blé et d'avoine courent en coulées vertes et jaunes, et de loin en loin, dans la brume lumineuse du matin, semblent flotter les tas de pierre et de paille que nous avons déjà vus et qui sont des hameaux indigènes. C'est le pays des Beni-Iraten.

Vers le nord, se dresse un long rempart de montagnes que dominent les pics de Taourga, de Tikobaïn, de Tifrit, et, entre ce rempart et nous, ces plaques d'argent que nous voyons paraître et disparaître au pied des hauteurs marquent le cours tortueux de l'Asif Sebaou.

Au sud, court une chaîne plus haute, plus tourmentée, c'est le Djurjura, dont la queue traîne près de Bougie et dont la tête se lève aux portes d'Alger.

Sur ses flancs se dessinent des taches bleues qui sont des ombres de ravins, d'autres d'un vert clair qui sont des cultures, d'autres enfin d'un vert plus foncé qui sont des bois de cèdres.

Comme des pigeons sur des rochers, les koubas qu'illumine le soleil levant sèment le paysage de leurs points blancs et roses. Sur les capricieuses dentelures des crêtes du Djurjura, on distingue de gros rochers sombres d'une forme étrange. On dirait des couronnes de pierre mises au front des pics ; des rocs taillés en forteresses ; des tours en ruine et largement crénelées par la main du temps. Ce sont des ksour kabyles, des villages aériens, résultat d'un travail humain qui se confond avec l'œuvre de la nature.

Des sommets plus hauts, enfin, s'élèvent au-dessus des autres comme les rois de ce peuple de montagnes. Voici, par exemple, le tamgoutt de Lalla-Khadidja, la sorcière ; voilà le col de Chellata, qu'occupe une zaouïa célèbre ; là-bas sont les rochers des Aït-Alliten, et de l'autre côté de ce rideau de pierre qui les cache à notre vue, se développent les champs de Bordj-bou-Arréridj et la plaine de la Medjana, l'une des plus belles de l'Algérie.

« C'est magnifique, disons-nous en revenant à l'hôtel ; mais si nous avons vu le pays, nous n'en avons toujours pas vu les habitants.

— Ah ! dame, on ne les laisse pas venir ici. Si vous voulez les voir, il faut faire comme Mahomet, il faut aller à la montagne.

— Mais je ne fais que cela depuis hier matin !

— Eh bien, vous y êtes presque. Tenez, vous n'avez qu'à aller à Aït-el-Hassen, chez les Beni-Yenni, et vous y serez tout à fait.

— A Aït-el-Hassen ? Et comment pousser jusque-là ?

— Oh ! tout simplement avec un mulet. Ce n'est qu'à dix kilomètres, et vous pouvez être de retour ce soir.

— Mais par où faut-il passer ?

— Ne vous en inquiétez pas. Je vous donnerai un conducteur excellent et dont vous me direz des nouvelles, ajoute l'hôtelier en souriant.

— Un Kabyle?

— Cela va sans dire. Il habite Aït-el-Hassen, mais il est toujours ici, et il sert volontiers de guide aux Français. C'est un brave garçon nommé Lounès-el-Mouloud. »

Allons, voilà qui est décidé. Nous aurons, au moins, entrevu les Kabyles chez eux.

Le mulet est prêt; il a une large selle bien rembourrée et couverte d'un drap rouge; il a de grands étriers de fer attachés très-haut avec des étrivières très-courtes; il a surtout l'air d'un bon garçon de mulet bien patient et nullement têtu. Quant à Lounès, c'est un Kabyle parfait. Il est vêtu d'une chemise blanche, ou à peu près, qu'une ceinture de cuir serre autour de ses reins. Il a selon l'usage les mollets enfermés dans des guêtres tricotées et semblables à des bas dont on aurait coupé les pieds. Il a des sandales de paille, larges et sans formes, espèces de petits paillassons portatifs. Un linge est roulé en turban autour de sa calotte de feutre. Un burnous à raies alternativement blanches et grises flotte sur ses épaules; sur son dos enfin pend un chapeau semblable à celui des Arabes, mais bas de forme et garni sur le bord d'une poignée burlesque, d'une espèce d'anse de couffin, qui sert à le prendre.

Et avec cet attirail exotique, ce Lounès-el-Mouloud a une de ces bonnes figures qu'on croit toujours avoir vues quelque part; il est vrai que les Kabyles n'ont pas du tout le type des Arabes.

« Eh bien, mon bon, nous sommes parés! » dit-il au maître d'hôtel.

Mon bon? Parés? Et tout cela avec un accent qui a un vague parfum de notre Midi. Il a dû être marin à Dellys ou à Bougie, ce Kabyle, et y fréquenter beaucoup de Marseillais.

Et nous sortons de Fort-National par la porte du Djurjura. Ce n'est pas une route que nous suivons, c'est un sentier rocailleux, c'est un torrent de pierres qui roule entre des champs jonchés de cailloux gris et où poussent à grand'peine des cytises et des genêts.

Une fontaine se détache d'une éminence. C'est une sorte de monument grossier s'ouvrant par deux portes géminées, comme une cave qui aurait deux entrées. Un vieux figuier l'ombrage de son feuillage luisant. Il n'y a personne autour de cette source, mais nous la découvrons avec joie ; c'est ce que nous avons vu de mieux jusqu'ici. Des figuiers bordent maintenant le chemin et se tordent en liberté dans les rochers dépouillés. Ces arbres sont pour les Kabyles ce que les palmiers sont pour les habitants des oasis. Les indigènes ne trouvent-ils pas le moyen, au moment de la récolte, de se griser avec des figues !

Voici plus loin une nouvelle fontaine. C'est comme un petit tunnel pratiqué horizontalement dans les parois d'une colline rocheuse et dont l'orifice est garni d'une arcade de grosses pierres ; on dirait l'entrée d'un caveau funéraire. Les eaux qui sortent de ce trou se rassemblent dans un petit bassin de pierres brutes. Enfin !

« Enfin quoi ? dit Lounès-el-Mouloud, qui parle français comme vous et moi.

— Enfin, voilà des Kabyles ! »

Près de ce bassin, en effet, se tiennent trois femmes qui nous regardent avec des yeux sauvages. Elles sont parfaites. Elles ont de larges robes en toile rouge ou blanche ; elles ont, sur un bonnet écarlate, un étroit turban noir qui leur tombe sur les sourcils ; elles ont, enfin, de très-larges ceintures noires d'où pendent de longues franges rouges. Elles portent, l'une sur la hanche, l'autre sur l'épaule, la troisième sur la tête, une grande cruche de forme antique, peinte en jaune avec une solution huileuse de résine et ornée de dessins rouges et noirs. Trois gaillards, vêtus comme notre ami Lounès, tiennent compagnie à ces dames et ont avec elles une conversation très-animée. On dit que les lois kabyles condamnent à une amende tout homme qui adresse la parole à une femme qu'il trouve à la fontaine ; on ne s'en douterait guère à les voir.

— *Harri! Harri!* crient des paysans qui passent avec des mules poudreuses. Encore des Kabyles ! Décidément nous y sommes !

La voie que nous suivons s'enfonce maintenant dans une sorte de gorge étroite dont les pentes sont cultivées, mais elles sont parfois si roides et si accidentées que si le laboureur laisse tomber de ses mains le potiron qu'il vient de cueillir au haut de sa propriété, c'est certainement à l'état de purée qu'il le retrouvera en bas.

Il est de ces campagnes qui ne sont qu'une succession d'étagères sur lesquelles on a déposé de la terre, et qu'on ne peut cultiver que de la main gauche, en se cramponant de la droite aux aspérités du roc.

Puis le chemin monte pendant quelque temps, et, dans les branches des figuiers et des oliviers, Lounès nous montre des macaques. Il y a des singes à la Chiffa, dans les gorges de Palestro, sur le Gouraya ; il y en a donc partout ici ! Plus haut, les arbres disparaissent pour faire place au thym, à la lavande, au romarin, aux plantes aromatiques des montagnes, et sur les rochers se dressent des ruches de liége.

« C'est donc vrai, Lounès, qu'on récolte beaucoup de miel par ici?

— Je crois bien, répond-il ; beaucoup de miel et beaucoup de cire. C'est même à Bougie qu'on a fabriqué les premières chandelles, et c'est pour cela que les chandelles s'appellent des bougies. »

Voilà un Kabyle qui est d'une force étonnante en français !

Arrivée au sommet du monticule, la route redescend

plus abrupte, plus glissante, plus difficile que jamais. Et tout à coup la mule de notre guide fait un faux pas.

« Sale bête, s'écrie-t-il en provençal, et avec le plus pur juron que jamais charretier marseillais ait poussé sur la Cannebière.

— Ah! ceci est trop fort! Lounès, mon ami, tu n'es pas plus Bédouin que moi. »

Et il nous répond par un haussement d'épaules résigné et par un triste sourire.

Un café s'est installé, par là, pour la commodité des passants. Le soleil fait rage, la poussière dessèche la gorge, et chacun s'y arrête. Mais il faut voir ce café! Une douzaine de petits troncs d'arbres plantés en rond soutiennent un toit de chaume, et ce toit est si bas qu'on ne peut se tenir debout sous son abri. Des fagots de broussailles et des litières de paille épineuse tiennent lieu de divans. Trois grosses pierres servent de fourneau, et voilà l'établissement! Cinq ou six indigènes en loques y boivent du café épais dans de petites tasses qu'ils remplissent de sucre jusqu'aux bords, selon l'habitude algérienne. L'air est absolument irrespirable dans cette paillotte écrasée, et Lounès, s'emparant de deux cafetières et d'une gargoulette, va s'installer au pied d'un rocher voisin, à l'ombre douteuse d'un grand cactus.

— Voulez-vous m'en donner une? nous dit-il en nous voyant allumer une cigarette. Il ne nous tutoie plus depuis son exclamation provençale.

— Tiens. Mais voyons, franchement, tu es Kabyle, toi?

— Moi, Kabyle? Nous sommes seuls? ajoute-t-il dans l'idiome des félibres. Kabyle! Eh bien, je suis de Marseille!

— Allons, bon! je m'en doutais! Mais alors pourquoi as-tu ce costume et ce nom de sauvage?

— C'est mon nom maintenant, monsieur. Allez, c'est

une simple et triste histoire que la mienne. J'étais venu m'établir dans ce pays, après la guerre. On m'avait donné un petit morceau de bien pris sur les terres séquestrées aux chefs, et l'on m'avait dit que je serais heureux. Je le croyais ; j'espérais gagner un peu d'argent, vendre plus tard ma concession, et aller m'acheter une bastide près de Saint-Henri, au *bord de mer*. Cela allait bien, seulement il y avait ma femme. Oh! une bien brave femme tant que nous avions été à Marseille. Mais ici, plus que moi à qui parler, un soleil terrible, l'ennui, est-ce que je sais, enfin, à la longue elle devint enragée. Oui, monsieur, enragée! J'avais pris un valet du pays, un brigand qui avait des yeux noirs comme des olives, un beau garçon tout de même. Je ne sais comment cela se fit, mais un jour... c'était une nuit... enfin, vous me comprenez. Pechère! Qu'allais-je faire maintenant? Heureusement, ma femme est morte le lendemain ; elle est tombée d'un rocher et elle s'est tuée ; je ne sais pas comment cela est arrivé.

— Non?

— Non, répond-il en regardant attentivement de l'autre côté un buisson qui n'a rien de curieux.

Mais ce n'est pas le tout. Le valet qui avait disparu n'a-t-il pas l'aplomb de revenir le soir même et de me dire que je suis responsable de ce qui est arrivé à sa maîtresse! Sa maîtresse! Ma femme! Et il me déclare la vendetta, comme un Corse! J'aurais voulu le tuer tout de suite, mais il était armé! Heureusement encore, il est mort dans la nuit ; il s'est cassé la tête en chargeant son fusil ; je ne sais pas comment cela est arrivé.

— Encore?

— Non, je ne le sais pas. Et puis, quand même je le saurais! Est-ce que je ne suis pas Kabyle aujourd'hui? Et la loi kabyle punit le mari outragé qui ne se venge pas! Tout était fini, je le croyais du moins, et j'allais venir prendre le paquebot à Alger, quand voilà le plus beau de l'histoire.

Mon gredin de domestique était marié. Sa femme crie qu'elle est veuve par ma faute, et ses frères viennent à leur tour me menacer encore de la vendetta si je ne l'épouse. L'épouser? Bagasse! Et pourtant, que faire? Refuser? c'était se faire loger une balle dans le dos ou dans la tête. Accepter? c'était ne pas quitter un pays qui ne me déplaisait pas, après tout; c'était vivre avec des gens dont je parlais la langue et qui ne sont pas si méchants qu'ils en ont l'air; c'était avoir tout de suite une autre femme, et vous savez que, bien lavées, les femmes des Kabyles valent les nôtres. Et puis, me disais-je, qu'irai-je faire à Marseille, seul et sans un sou? Bref, je dis oui. La djémâa, qui est une espèce de conseil municipal, prétendit que d'après les kanouns, d'après les lois, je ne pouvais me marier si je n'étais mahométan. Étourdi par tout ce qui m'était arrivé en si peu de temps, je me laissai faire tout ce qu'on voulut. Je vendis ma terre pour un morceau de pain, et l'argent que j'en retirai me servit à payer la dot, à acheter, si vous voulez, celle qui allait être ma femme; on me fit l'opération, vous savez, et j'en fus malade pendant dix jours; vous comprenez, à mon âge! Puis on nous mit sur un mulet, et nous allâmes devant un marabout qui demeurait dans les rochers, comme une chouette. Enfin, c'était fini! j'étais mahométan, j'étais marié, j'étais Kabyle!

C'est drôle tout de même, et maintenant encore quand je me vois dans ce burnous, avec ces pantoufles de paille, il me semble que je vais me réveiller d'un mauvais rêve. Et pourtant, c'est vrai, je suis dhaman dans une djémâa de la circonscription de Fort-National. Oui, monsieur, dhaman! qui m'eût dit cela quand j'étais petit?

— Dhaman? Djémâa? Qu'est tout ceci?

— Ah! voilà. Ici, une famille nombreuse ou une réunion de petites familles forme ce qu'on appelle une karouba. Une vingtaine de karoubas forme une dachera. Une dizaine de dacheras forme un arch. Plusieurs archs, enfin, forment une kebila, espèce de confédération dont le nom a donné naissance à celui de Kabyle. Comme la tente chez les Arabes, c'est la karouba qui est l'unité sociale de ce pays, et les chefs des karoubas, les dhamans, constituent la djémâa, espèce de conseil municipal chargé de l'application des lois et de l'administration du peuple.

Mais en voilà assez. Il est temps de remonter sur nos bêtes !

— *Allah isselmek, sidi!* Dieu vous le rende! me dit, avec étonnement, le cafetier à qui je donne quatre sous pour ses deux tasses. Je lui ai donné dix centimes de trop. Et nous repartons.

Dans un grand rond de cactus et d'agaves se pressent des tumuli entourés de pierre, et sur chaque tumulus sont déposées des poteries étranges, des bouteilles à trois goulots, des lampes d'argile à vingt becs, des flacons collés par paire, des cruches qui ont des formes d'amphore. L'une de ces petites éminences, fraîchement remuée, est couverte de lampes, d'espèces de bougeoirs en terre cuite, et des bougies jaunes y brûlent solitaires et y pleurent des larmes de cire ; un trou a été creusé comme un four en miniature dans les flancs du tas de terre, et d'autres bougeoirs s'y pressent, et des bouts de chandelle y fondent comme dans le foyer d'une petite cuisine mystérieuse. Au milieu de ce champ lugubre, où courent les lézards et les couleuvres, se dresse un marabout, désert et blanc comme un grand tombeau.

« C'est le cimetière d'Aït-el-Hassen, nous dit Lounès.
— Nous y sommes donc ?
— Dans quelques minutes. »

Bientôt, en effet, derrière une colline pelée, à travers un rideau de vieux oliviers et de chênes, nous apparaît un village grisâtre qui se détache à peine sur les montagnes violettes du fond. Avec ses murailles tristes et ses tuiles rouges, il a, de loin, l'air d'un misérable hameau de France.

Les habitations qui le forment sont de petites maisons sombres et noirâtres dont les pierres, auxquelles le crépi est inconnu, rappellent souvent, par la disposition méthodique de leurs assises, ce que les archéologues nomment le petit appareil des constructions romaines. Des portes basses voûtées, quelquefois fermées par de rustiques grilles de bois et protégées par de lourds auvents de tuiles, donnent accès dans leur intérieur. Comme les autres demeures musulmanes, elles n'ont pas de fenêtres, mais elles sont, en revanche, percées d'une multitude de trous louches ; cela respire la méfiance et la peur du voisin.

Au-dessus de l'entrée, soutenue par des arcs-boutants de bois, s'avance ordinairement un moucharaby grossier, espèce d'avant-corps qui semble destiné à la défense du logis et qui est percé de meurtrières. Et à travers les maisons bâties comme au hasard, serpentent des ruelles étroites, pleines de décombres, de débris de toute espèce, et souvent barrées par les oliviers, les cactus, les lauriers qui sortent librement des cours et des jardins, si l'on peut donner ce dernier nom à des réduits en ruine où les orties et les pariétaires poussent à l'aventure. De petits chemins montants, empierrés, mal pavés, quelquefois tracés sur la roche ; des escaliers taillés dans le roc vif ; des murailles à demi démolies et qui semblent n'avoir aucune raison d'être ; des fossés puants et pleins d'ordures qui fermentent au soleil coupent ces rues en tous sens. Et avec de bruyantes glissades, les ânes et les mulets vont et viennent, tandis que, à larges pas sûrs, les suivent les Kabyles, fiers sous leurs haillons informes, la tête nue ou ceinte du turban blanc et le fusil en bandoulière.

Il n'y a ici ni hôtel, ni auberge, point n'est besoin de

le dire, et force nous est d'accepter l'hospitalité de cet extraordinaire Mouloud, dont nous n'avons jamais pu savoir le vrai nom.

Sa maison, bâtie près d'une espèce de grange qui est la mosquée de l'endroit, est semblable à toutes celles du village.

Une cour où grouille le bétail en précède la porte.

Des troncs d'arbres mal équarris soutiennent le plafond fait de planches et de poutres apparentes où sont suspendues, dans des sacs, dans des lambeaux d'étoffe, toutes les provisions de la famille. Sur le sol en terre battue errent coqs et poules. Dans un coin, sur un massif de maçonnerie, s'alignent, pour l'huile, de grandes jarres carrées faites de briques et de mortier, et badigeonnées de jaune et de rouge ; dans un autre est le moulin, espèce de margelle de puits garnie de montants, et dans laquelle tourne une grosse et lourde meule de grès. Un massif de maçonnerie, élevé au fond de la pièce, sert de couche au maître ; une large soupente, disposée en étagère contre un des côtés de la demeure, porte les grabats sur lesquels dorment les autres membres de la communauté, et sous l'ombre de ce demi-plancher habitent les chevaux et les moutons. Il n'y a qu'une pièce dans la maison ; on y fait tout, et hommes, femmes, animaux, tout le monde y vit. On y fait même la cuisine, en hiver, dans une cheminée que représente un trou flanqué de trois grosses pierres.

Lounès tient à me présenter sa famille, et j'y tiens autant que lui. Elle se compose de son beau-père et de ses deux beaux-frères, grands diables revêtus de leur tablier de cuir, le tabenta national.

Ceux-là sont des Kabyles pur sang, et ils ont cependant encore je ne sais quoi d'européen dans la physionomie. Ils ont la figure carrée et plate, le nez camus, les dents gâtées par l'eau des neiges de leurs montagnes, un type, en un mot, bien caractérisé et bien différent de celui des autres indigènes.

Beaucoup de Kabyles sont blonds comme des gens du Nord et ont des yeux bleus qui, par atavisme, leur viennent sans doute des Vandales, leurs premiers conquérants, ou des hommes de quelque invasion celtique dont le souvenir a été perdu, mais qui ont laissé ici les mystérieux men'hirs de Guyotville et les trois mille dolmens de Rocnia, dont le nom lui-même a comme un vague parfum de la lande bretonne.

Descendants directs des Berbères, dont le nom venu du mot barbare a, par un singulier retour d'étymologie, valu à leur pays la dénomination de Berbérie et plus tard de Barbarie, que nous avons longtemps appliquée à toute l'Afrique du Nord, ils se divisaient à l'époque de l'occupation romaine en deux catégories bien différentes de mœurs et d'habitudes : les Gétules, qui avaient des domiciles fixes, et les Numides, qui étaient errants et vagabonds. L'Algérie est aujourd'hui couverte des rejetons de cette vieille race autochthone. On en trouve dans toutes les montagnes du Tell, depuis le Maroc jusqu'à Constantine; il y en a dans les Zibans et dans le Sud oranais; les habitants du Zab et les Touaregs eux-mêmes en font partie. Ils se sont partout mêlés aux Arabes, et ils forment avec eux un écheveau embrouillé dans lequel l'anthropologie a beaucoup de peine à ne pas se perdre. La fusion n'a pourtant jamais été complète; la dénomination d'Ouled appliquée aux tribus indique encore les Arabes vrais, tandis que celle de Beni désigne toujours les Berbères ralliés. Les Kabyles n'oublient pas qu'ils sont les véritables maîtres du sol, et qu'ils se sont battus avec les sectateurs de Mahomet. Ils ont conservé des lois, des mœurs, un caractère qui leur sont propres. L'Arabe, sauvage, errant, fier, n'est pas perfectible parce qu'il se trouve parfait; le Kabyle, au contraire, apprend avec plaisir notre langue, va volontiers à l'école et finira par s'assimiler à nous.

Mais voici madame Lounès-el-Mouloud. Elle arrive du

four banal, et elle porte sur la tête une planche où s'étale une large galette marquée à l'empreinte de la famille. Elle n'est pas voilée ; les femmes kabyles ne sont pas soumises à cette gêne et errent en liberté dans les rues des villages.

C'est une personne de trente ans à peine, avec des yeux clairs et des cheveux noirs. Habillée à l'européenne, elle aurait presque l'air d'une de nos paysannes. Beaucoup de Mauresques d'Alger ont de ces figures. Ce sont de fausses Mauresques, des Kabyles, qui ont fui leurs montagnes pour faire métier de leurs charmes, et dont les photographies ressemblent à des portraits de Françaises travesties. Ce qui n'a rien d'européen, par exemple, ce sont les tatouages qui illustrent en bleu l'épouse forcée de notre musulman malgré lui. Elle a jusqu'à une croix sur le front, image très-fréquente ici, et qui, dit-on, vient, par tradition, de l'époque bien lointaine où la Kabylie avait presque adopté le christianisme.

Elle est vêtue d'une lourde gandoura rayée que serre une grosse ceinture rouge, et sur ses épaules flotte une draperie, un haïk, de couleur fauve, à raies bleues et jaunes. Sa tête est couverte d'un foulard rouge ceint d'un turban, et elle semble adorer les bijoux nombreux et massifs. Elle n'a d'ailleurs pas de peine à s'en procurer ; ses frères sont bijoutiers, comme presque tous les hommes d'Aït-el-Hassen. Ce n'est pas bijoutier, c'est forgeron que nous devrions dire. Installés dans une échoppe sombre, ils ont, au travers de la porte, un gros banc de pierre sur lequel ils placent leurs étaux et leurs petits fourneaux, et sur lequel ils taillent, ils fondent, ils soudent les diadèmes formés d'une rangée de larges plaques, les boucles d'oreilles qui ont des paquets de chaînettes en pendeloques, les lourds anneaux de pied, les épingles de haïk, les volumineux colliers d'argent, les énormes boucles de ceinture, les grosses broches enfin et ces ornements bizarres en forme de cœur que les femmes portent orgueilleusement sur le front quand elles viennent de mettre un garçon au monde, mais qu'elles cachent honteusement sur leur poitrine quand elles ont commis une fille. Ces orfévres avaient naguère une industrie que nous avons ruinée; ils étaient faux-monnayeurs. Je me souviens d'avoir encore vu à Alger, quelques années après la conquête définitive de la Kabylie, les moules grossiers, les empreintes en terre sigillaire, qui servaient à cette fabrication. Il y avait même alors un tarif connu pour la vente de ces produits; cinquante louis d'Aït-el-Hassen étaient cotés quatre-vingts francs en vraie monnaie. Ils avaient, enfin, et ils ont encore la réputation de servir de recéleurs à tous les voleurs de la contrée.

Mon pauvre conducteur met sa misérable basse-cour à contribution et s'efforce de me faire préparer, à la française, un déjeuner qu'il partage avec moi. Ses parents s'en sont allés; il reparle de la France et de Marseille, et il s'attendrit, et des larmes lui viennent aux yeux.

« Voyez-vous, dit-il, je ne peux plus rester ici; je sens que cela finira mal. Ce sont des sauvages que ces gens-là ! Figurez-vous que notre village, comme presque tous ceux de ce coquin de pays, est en révolution toutes les fois qu'il s'agit de nommer une djémàa nouvelle. C'est une république! Nous sommes divisés en deux partis; ils appellent cela des sofs. Un sof nomme le maire, l'amin, comme ils disent; l'autre nomme l'adjoint, l'oukil. Cela suffit pour que nous soyons toujours en dispute, toujours en bataille, et c'est à moi que le sof ennemi en veut le plus. Mon beau-père a beau prétendre que je n'ai rien à craindre parce qu'il est influent et qu'il m'a donné son anaya, mais ils me joueront quand même quelque mauvais tour si je leur en laisse le temps.

— Qu'est-ce que l'anaya?
— Tenez, le voilà ! »

Et il tire de son burnous un os de côtelette.

« Quand un Kabyle en protége un autre, il lui donne le premier objet venu, et cet objet lui sert de laisser-passer. Des bêtises, quoi ! Et puis si vous croyez que je suis tranquille même avec ceux de ma bande ! J'ai beau m'être fait mahométan, que la Bonne Mère me pardonne ! j'ai beau répondre au nom de chien dont ils m'ont affligé, ils voient toujours en moi un roumi. Il semble qu'ils vont se faire Français ; qu'on ne s'y fie pas ! Ils font les hypocrites par intérêt ; mais, au fond, ils nous détestent encore plus que ne nous détestent les Arabes.

— Pourquoi ne vous en allez-vous pas ?

— O imma ! ô imma ! crie tout à coup une jolie petite fille qui entre en courant et qui va, tout effrayée, se jeter dans les bras de sa mère.

— Tenez, c'est bête ! mais le voilà, pourquoi je ne m'en vais pas. C'est notre enfant ! N'est-ce pas qu'elle est jolie, la petite sauvage? C'est égal, ça finira mal ! »

Mais le soleil se rapproche du Djurjura, l'ombre descend dans les ravins ; il est temps de partir. Nous avons vu les Kabyles chez eux ! Il fait nuit quand nous rentrons à Fort-National.

Qu'y a-t-il ailleurs ? Des pics, des rocs, des abîmes, des montagnes? C'est peut-être beau, mais on ne vient pas en Algérie pour y voir des paysages comme on en trouve partout. Et le lendemain nous revenons à Alger.

Quelque temps après, un journal nous apprend qu'on a, près de Palestro, trouvé sur le chemin de fer le cadavre d'un Kabyle qui s'est volontairement fait broyer par un train. Les recherches de l'autorité ont fait découvrir que cet homme, qui depuis quelques jours errait dans le pays en donnant des signes d'aliénation mentale, était un Français renégat. C'était le Marseillais Lounès-el-Mouloud.

CHAPITRE IV

VERS LE SUD.

Grouillante d'Arabes qui s'entassent sous la bâche avec les colis, la diligence nous attend à la gare de la Chiffa. Du bruit, des disputes, des bagages ridicules qui tombent, des Bédouins qu'on fait descendre à grands cris, et l'on part. Voici déjà les gorges que nous connaissons, et, en capricieux méandres, la route s'engage dans le col de Mouzaïa, entre les monts de Tamesguida à gauche et ceux des Beni-Salah à droite. Supposez deux longues collines tortueuses rapprochant leurs pentes pour former une vallée; couvrez-les d'un fourré épais de chênes, de pins, de thuyas, d'oliviers; au fond du creux, comme un ruban jaune déchiré par les roches, faites bondir la Chiffa sous ses éternels lauriers-roses; faites, çà et là, quelquefois de très-haut, descendre sur le fond noir des rochers des cascades qui les rayent de blanc; alignez sur les fils télégraphiques de petits oiseaux rougeâtres pressés comme des bengalis sur leur perchoir; à mi-côte, du côté des Beni-Salah, accrochez une longue et tortueuse route blanche, celle que vous suivez; passez souvent sous des pierres qui s'avancent en encorbellement et auxquelles les mousses et les capillaires font une humide chevelure, et vous aurez vu ce défilé. Voilà la Concession, auberge pittoresque que des gargotiers d'une nationalité indécise ont établie sur la route poudreuse. Il est six heures du soir, et l'on dîne.

Messieurs du coupé, colons et soldats de l'intérieur, Arabes de l'impériale, conducteurs buvant sec, chacun se range autour de la même table, et il y a du couscouss et du poulet rôti, du vin et du café, des dattes et du fromage, et l'on se fait de grosses politesses en riant. Touchante et joviale union! La voilà encore une fois, la fusion des races algériennes!

En voiture! Le couscouss abondait, l'eau était claire, et les Arabes chantent là-haut; les poulets étaient gras, le vin était bleu, et les soldats dansent dans l'intérieur. La diligence est en joie, et dans le coupé étroit, plein de poussière et de soleil, on échange des cigarettes, et les conversations ont perdu la réserve du départ.

Aux Deux-Ponts, la route monte, et l'on s'en va à pied, devançant la voiture qui rampe, seul, libre dans l'horizon rose et violet des collines, dans l'atmosphère de cristal d'une belle soirée d'été. Dans les ravins sauvages et solitaires crient des oiseaux inconnus qui regagnent leur gîte; dans le silence passent des aboiements et des appels prolongés qui viennent de tentes invisibles.

Puis c'est l'heure triste du crépuscule, l'heure où les objets changent de forme, et les ombres descendent, calmes, transparentes, pleines de visions confuses. Un plateau planté de grands arbres noirs; les tentes d'un camp qui blanchissent dans l'obscurité; des clairons qui sonnent le couvre-feu; c'est Médéah. Le trajet d'ici à Boghari n'est, dit-on, pas sûr la nuit. Il faut traverser le territoire des Beni-Hassen, qui prétendent avoir été ruinés par les Français et qui s'en vengent quand ils le peuvent. Songez donc! On nous en cite un qui ne possède pas un boudjou et à qui le garde champêtre a fait une telle série de procès-verbaux que le total s'en élève à vingt-huit mille francs.

Et le pauvre Arabe n'a jamais compris ce que cela voulait dire. Cette terre était à lui, aux siens! Et il n'avait plus le droit de couper du bois dans les forêts paternelles parce qu'un dey d'Alger avait, il y a cinquante ans, donné un coup d'éventail à un consul! Qu'y avait-il de commun entre lui et cet irascible pacha? Ce que son père lui avait laissé a servi à payer les premières amendes, et, maintenant qu'il n'a plus rien, il s'est fait coupeur, non plus de bois, mais de routes, et ses frères l'imitent à l'occasion. Plus loin sont les Ouled-Anteur, qui ne sont ni plus heureux, ni plus rassurants. Eh bien! nous coucherons à Médéah. Médéah était jadis la résidence des beys de Tittery, un nom qui a lui-même disparu de la géographie algérienne et qui, avec Oran et Constantine, désignait l'un des trois beylicks soumis au dey d'Alger. On a démoli la Médéah mauresque et l'on a voulu en faire une ville française ; les Arabes sont en train d'en refaire une ville arabe. Rien de plus simple que de se figurer Médéah. Prenez une petite sous-préfecture de France, toute neuve, toute crépie de frais ; entourez-la de remparts peu sérieux ; mettez dans les boutiques des étalages baroques et de curieux cafés ; faites rentrer toutes les femmes et sortir tous les hommes; bronzez la figure de ceux-ci, habillez-les en Arabes, couchez-les sur tous les trottoirs, sous toutes les arcades; faites, au milieu de ce monde noir et blanc, galoper des spahis et passer des compagnies de zouaves derrière un clairon essoufflé, et vous aurez vu Médéah. Mais nous avons fait comme les démolisseurs de la ville indigène, nous avons oublié les minarets. Il y en a encore deux ou trois, honteusement dépassés, écrasés, par les maisons françaises. Et les muezzins ne crient plus que devant des fenêtres chrétiennes d'où les regarde en riant quelque cuisinière railleuse venue de Paris avec un commandant. Il y a aussi un marché arabe, fort intéressant encore, et entouré de cafés dont le plafond est orné de longues guirlandes de papier découpé, tandis que sur les murs blanchis on a avec le doigt tracé des arabesques grossières, des oiseaux inimaginables, des dindes plus grandes que nature.

Sur la place, les marchands de légumes et de fruits entassent leurs sacs en poils de chameau sous des tentes basses, en haillons, soutenues par des bâtons plantés à tort et à travers, et dans ces sacs, à demi écrasées, sont bourrées des figues fraîches. Plus loin s'étalent dans la poussière des éperons rouillés, des selles usées et de longs fusils hors d'usage.

Ailleurs un vieil indigène à barbe blanche s'accroupit dans un burnous en loques. Il est borgne et il n'a plus qu'une longue dent, qui sort de ses lèvres bleuâtres comme une défense de sanglier. Et s'accompagnant des battements sourds d'un vieux ben-daïr rapiécé, raccommodé avec de la ficelle, il entonne à pleine voix une longue et monotone complainte gutturale. Que chante-t-il? Pourquoi chante-t-il? Il ne demande l'aumône à personne.

« Qu'est-ce que cet homme? dis-je à un passant.
— Un marabout. »

Voilà un mot qui désigne bien des gens ici! Deux Arabes, gravement assis devant lui, l'écoutent sans rire; de temps à autre, chantant toujours, balançant le tambour qui résonne sous les coups de sa main osseuse, il regarde ses auditeurs de son œil unique, et ceux-ci approuvent de la tête. Et les Bédouins qui remplissent la rue circulent indifférents. Huit Arabes qui, à grands cris et à grands gestes, escortent huit moutons dans un nuage de poussière, le heurtent au passage, et il ne s'interrompt pas pour si peu. Un bœuf échappé arrive au galop, tête baissée; des bergers dont le grand chapeau danse sur leur dos le poursuivent, la matraque levée, et tout cela passe comme un tourbillon auprès du psalmiste impassible, et les chants vont toujours leur train. Au premier de la maison à laquelle il est adossé, un piano hurle la *Marche des volontaires*, et cela a l'air d'une moquerie; les notes parisiennes pleuvent à grand fracas sur le ben-daïr musulman, et le vieux chante et tambourine de plus belle. Près de lui, attelé de cinq chevaux qui font du tapage comme dix, un omnibus se remplit de burnous ; c'est la voiture d'Aïn-Kherma ou d'ailleurs, de quelque trou de Bédouins. Le marabout se lève, il se plante devant les voyageurs et il chante encore, et avec de grands mouvements de tête, il frappe à coups redoublés sur la peau sonore. L'omnibus est complet ; et sur l'impériale hérissée de grands chapeaux coniques, on hisse le vieux mélomane ; on part au grand galop, et dans le bruit des roues qui s'éloignent, on distingue encore le son de sa musique et les éclats de sa voix chevrotante.

Le lendemain, nous nous remettons en route à midi, à l'heure où, comme toute ville algérienne, Médéah s'assoupit et s'endort dans le lourd sommeil de la sieste brûlante. C'est jour de marché ; les Arabes regagnent leurs douars, et notre voiture, la diligence de Boghari, en est pleine à crever. Nous y sommes trente-trois : le conducteur, nous, une vieille *colone* et trente Arabes. La guimbarde gémit, craque, s'affaisse, s'aplatit au point que nous ne pouvons fermer les portières ; on dirait qu'elle va s'entr'ouvrir comme une grenade, que nous allons être écrasés par les voyageurs d'en haut. Bah ! le conducteur ne s'en inquiète pas. On maintient les portières avec des cordes ; on consolide les montants disjoints, et cela marche, et cela trouve encore le moyen de galoper. Et, avec des inclinaisons terribles dans les tournants, des grincements sinistres, des embardées poignantes, nous traversons les campagnes de Médéah, qui ressemblent à celles du nord de la France. Les orangers, les oliviers n'y poussent pas, parce qu'il y fait trop froid en hiver. Seulement, elles sont habitées et cultivées par des Arabes, dont les burnous jurent avec la verdure qui les entoure. Plus loin s'étend la plaine des Beni-Sliman, qui va de Médéah à Aumale, et à l'horizon ondulent, avec des coupures d'un beau rouge brique, des montagnes qui ont une délicieuse teinte africaine et que nous apercevons à travers une rangée de jambes noires et de babouches poudreuses qui, de l'impériale, pendent ballottantes devant nous, comme une guirlande d'abatis à la porte d'une boucherie.

Voici enfin le Cent huitième kilomètre, où nous débarquons une partie de notre cargaison. Le Cent huitième kilomètre est un centre; c'est une écurie où l'on relaye, et qui est entourée de quelques maisons où l'on vend de l'absinthe. On est souvent embarrassé pour donner un nom à ces petites agglomérations; on se tire d'affaire en les baptisant du numéro kilométrique auquel elles correspondent, et il y a, comme cela, tout le long des routes, le village du Quarantième, le relais du Cinquante-quatrième, le hameau du Soixantième, que sais-je? Le Cent huitième est au milieu du territoire de ces farouches Beni-Hassen dont on nous parlait hier.

« De quelle tribu es-tu? demandons-nous à un Arabe qui descend ici.

— Moi? Des Haouara.

— Et toi? disons-nous à un second.

— Oh! moi, des Beni-Ferguen.

— Moi, sidi, je suis des Ouled-Oughas », ajoute un troisième.

Et, à grands pas, comme si on les accusait de quelque méfait, ils s'enfoncent à la hâte dans les collines et ils regagnent les tentes qui fument au loin.

« Vous savez, dit en riant le conducteur, je les connais. Tous Beni-Hassen! »

Sur la route passent lourdement, chargées d'alfa et traînées par douze chevaux à la file, les grosses charrettes qui viennent du Sud; plus loin, avec de grands sacs, des tellis, rayés de noir et de brun, apparaissent les premiers chameaux de la province; ils ne s'aventurent guère au delà de Boghar, nous approchons des limites du Tell. A Ben-Chicao doivent descendre les derniers des Arabes pris à Médéah, et aucun ne bouge ; ils prétendent aller plus loin et sans payer de supplément. Le conducteur, vieux soldat à jambe de bois, sautille autour de sa voiture qu'il ne peut débarrasser de son chargement récalcitrant.

— Ah ! tu ne veux pas t'en aller ! s'écrie-t-il à la fin. Eh bien, tu vas voir.

Et il escalade les marchepieds, tombe dans les burnous comme un chien noir dans un troupeau de moutons, les bagages volent sur le chemin, et c'est dans la poussière une pluie de linge, de babouches neuves attachées deux à deux, de sacs de galettes, de gargoulettes qui se brisent, de bendaïrs qui rendent des sons plaintifs. Les Arabes sautent comme des grenouilles et se mettent à la poursuite de leur propriété ; le conducteur rassemble les guides, fouette à tour de bras, et, vide maintenant, la diligence part comme une avalanche, suivie d'imprécations, criblée d'une grêle de pierres qui en cassent les vitres. Ben-Chicao est déjà loin.

— Et voilà comment on fait ! dit le cocher triomphant. Le tout, c'est de ne pas rouler dans les ravins !

Nous atteignons le point culminant de l'Atlas, dont la route, tracée jadis par l'armée, suit les crêtes. On pouvait ainsi, autrefois, surveiller plus facilement l'ennemi, et le voyageur peut aujourd'hui embrasser d'un regard un horizon splendide borné, au sud, par des plans successifs de montagnes bleuâtres.

C'est encore l'armée qui entretient le chemin, et, çà et là, dans leur triste costume gris, des pénitenciers militaires, péniblement courbés sur les tas de cailloux, se lèvent pour nous regarder. Un tirailleur indigène ou un spahi farouche, blotti dans un trou de rocher comme dans une guérite, les surveille, le fusil chargé, prêt à faire feu sur le premier qui tenterait de s'évader. Près d'un petit bois se dressent leurs tentes et une grande baraque en bois qui peut se monter sur des roues et suivre le camp dans ses déplacements. Cette baraque est une buvette; c'est l'absinthe ambulante.

Voici des chênes-liéges au tronc dépouillé et rouge, et, plus loin, une colline nue que surmonte un marabout couvert de tuiles, à cause de la neige fréquente sur ces hauteurs. Autour du monument, désertes et ensoleillées, s'éparpillent des tombes garnies, aux pieds et à la tête, de longues planches taillées en dents de scie.

L'après-midi, au fond d'une vaste dépression verdoyante, apparaît Berrouaghia, encore un village français auquel les habitants de la tente viennent heureusement donner un caractère à part. Ce ne sont ni des pays européens ni des pays arabes, que ces pays-là, ce sont des pays algériens.

Nous nous étions débarrassés à Ben-Chicao de notre chargement turbulent, mais il se renouvelle ici. Y a-t-il encore eu marché? Et ces voyageurs sont plus remuants que les premiers. Nous sommes à peine partis que des cris éclatent dans l'intérieur, où l'on piétine, où l'on se bat. La cloison qui nous en sépare craque sous des poussées violentes. Mais on s'assassine! La voiture s'arrête, et, après une courte mais vive discussion, notre portière s'ouvre brusquement, et, pâle, effrayé, un Juif vient tomber près de nous.

« — Pardon, dit le conducteur, mais si vous ne le recevez pas, on le tue là derrière. Je le lui avais bien dit, à cet animal-là, de ne pas se mettre avec les Arabes, mais il a voulu faire le rodomont. » Les croyants sont tranquilles maintenant qu'ils n'ont plus le Iaoudi, et nous reprenons notre course. Des collines tigrées de thuyas et de genévriers clair-semés; des champs de blé ou d'avoine; le relais du Quarantième, du quarantième kilomètre depuis Médéah; des espaces nus et sauvages; le hameau d'Aïn-Matlag avec son auberge et ses cafés, puis encore des montagnes et toujours des montagnes. Et l'on se sent envahir par une tristesse vague à l'idée qu'on met tant de terre entre soi et la mer qui baigne la France. Peu à peu le pays s'embellit; ce sont maintenant de mâles et vigoureux paysages, des ravins ouverts dans des rochers grisâtres, des précipices aux flancs verdoyants, des bois de pins qui rappellent la Provence, et l'on arrive au mont Gournot, agglomération de monticules verts au milieu desquels la route descend pendant trois kilomètres, passant d'un mamelon à l'autre, contournant les creux, décrivant des spirales multipliées, des courbes si rapides et si nombreuses que la diligence y penche tantôt à droite, tantôt à gauche, comme un char d'hippodrome qui suivrait, au grand galop, une piste en huit de chiffre. Au-dessous de nous, le chemin se tord partout dans la verdure comme les tronçons d'un serpent qu'on aurait haché en morceaux; au-dessus s'entre-croisent en tous sens, semblables à des fortifications compliquées, les talus qui soutiennent ce que nous avons déjà parcouru. Et notre Juif, qui s'est remis à trembler, nous cite des accidents dont le souvenir fait perdre beaucoup de leur charme à nos curieuses évolutions. Voici enfin la plaine! Le crépuscule dore encore une fois les montagnes du sud, dernière barrière des hauts plateaux. Les ombres arrivent vite. Autour de nous, dans les fourrés obscurs, se montrent les museaux pointus de petits chiens jaunes qui sont des chacals. La nuit est profonde quand nous passons au Camp des zouaves encombré de soldats, de charretiers, de chevaux et d'Arabes qui y font halte pour attendre le jour. On ne voit plus au dehors que les bois noirs, que le ciel lumineux, et l'on s'endort d'un profond sommeil.

— Boghar, mon capitaine! nous dit l'Israélite.

La diligence ne roule plus, en effet, et autour d'elle se presse une foule gaie et bruyante; il y a des cafés ouverts, des lumières partout, et sur les bagages se disputent de petits Bédouins, non des yaouleds, non des Ouled-Plaça, comme dans les villes, mais de charmants gamins au haïk blanc, au turban de cordes.

Et, par un sentier bordé d'arbres, le long d'un ruisseau dont on sent la fraîcheur et dont on entend le joyeux murmure, l'un d'eux nous conduit à l'auberge du lieu.

— *Abd-el-Kader! Ya, Abd-el-Kader! Fissa! Fissa!* Un voyageur! crie une grosse femme. Et Abd-el-Kader, le garçon de l'endroit, élégant comme un caïd, souriant comme un domestique de restaurant nocturne, la serviette sous le bras, nous sert à souper sous une tonnelle de verdure. Tout cela est délicieux, et c'est un paradis que ce Boghar, après les émotions de la route, après les solitudes sombres où errent les chacals. Simple effet de contraste, et le charme ne dure pas.

« Abd-el-Kader, conduis monsieur à sa chambre! »

Sa chambre! Quel euphémisme! C'est une masure isolée, dont la porte, vitrée, sous prétexte qu'il n'y a pas de fenêtre, donne directement sur la campagne. Des cafards et des cloportes en mouchettent les murailles largement lézardées; le sol est la terre elle-même, et une belladone y pousse tranquillement dans un coin. Et il y a deux choses dans cette ruine : un grabat qui a la forme d'une tranche de melon, et une matraque, déposée là par précaution. On se couche tout habillé et l'on souffle sa chandelle.

Le firmament brille de mille feux; les Pléiades et la grande Ourse.....

« Comment, dira le lecteur, vous voyez tout cela de votre lit? »

C'est vrai, j'ai oublié de dire que la maison n'a plus de toiture. Quelques lambeaux de toile éplorés restent seuls de ce qui la couvrait jadis.

Le village où nous sommes n'est pas Boghar lui-même. C'est un simple hameau bâti sur la route qui passe ici entre deux collines, l'une, à l'ouest, qui porte Boghar;

l'autre, à l'est, où s'élève Boghari. Ici se termine l'Algérie proprement dite. Boghar est comme un factionnaire à sa porte. Djelfa, Laghouat, Gardaïa, ne sont que des grand'-gardes, des enfants perdus, chargés de crier au besoin : « Sentinelle, prenez garde à vous! »

A Boghar cesse le pouvoir civil et commence le territoire de commandement, divisé lui-même en cercles, qu'administrent des officiers secondés par des adjoints, par des chefs de bureau arabe et par des interprètes militaires. Boghar, que domine une montagne couverte de thuyas, a, comme Saïda, comme Tafaraoua, été fondé par Abd-el-Kader, qui se préparait des refuges. Un chemin pénible, rocailleux, ombragé par les nuages, quand il en passe, y conduit le voyageur désireux de voir ses casernes, son square, sa citadelle, ses maisons élevées sans ordre au milieu de prosaïques jardins. Une seule chose peut justifier cette rebutante ascension; c'est la vue de la plaine qui s'étend au midi et que le Cheliff déchire de sa tortueuse crevasse.

Boghari est autrement intéressant. Boghar est le village français, Ksar-Boghari est le village arabe. Gravissez le sentier mouvant qui rampe sur son mamelon brûlé, effrité, rougeâtre comme du tan pulvérisé, et vous serez dédommagé de votre peine. La vue plane de là-haut, non sur le désert qui est encore bien loin, mais sur un étrange troupeau de collines d'ardoise, sèches et rouillées. Dans leurs anfractuosités coulent, çà et là, comme des cascades de verdure, et des marabouts gracieux s'y blottissent dans des massifs énormes de cactus et de bellombras.

Au sommet du monticule s'élève le Ksar, réunion de maisons basses et grises, au travers desquelles, bordées de petits magasins curieux, circulent des ruelles d'une pente si roide que jamais charrettes ni voitures ne pourraient y passer, mais où fourmillent les chevaux et les ânes qui descendent de travers à la manière des crabes. Les Arabes sont ici chez eux. Leur foule blanche remplit les rues, et de loin en loin, comme de gros scarabées d'or, brillent au soleil les premières Ouled-Naïls que nous rencontrons. Nous les retrouverons plus loin.

Deux chefs magnifiques, deux vieillards à barbe blanche, portant au cou la cravate rouge des commandeurs de la Légion d'honneur, occupent le magasin du marchand de tabac. On a mis au travers de la porte qu'elle bouche une table couverte de tapis et de coussins, et ils y trônent, comme des Bouddha dans leur niche, recevant avec dédain les respectueuses salutations des passants. Les habitants de Ksar-Boghari viennent de Laghouat ou du Mzab. Ces derniers sont de laborieux marchands, des industriels économes, et le village leur doit son aspect d'agréable aisance.

Devant l'auberge où nous avons couché presque à la belle étoile stationne une espèce de char à bancs détraqué, une caisse sans couvercle, montée sur des roues et munie d'un semblant de tente.

« Qu'est cette voiture? demandons-nous à un palefrenier.

— Ça, sidi? C'is la poste!

— Quelle poste?

— Eh bien, le courrier du Sud.

— Le courrier du Sud! Et as-tu une place pour Djelfa?

— Oui, monsieur, dit un Français qui intervient, on peut encore vous prendre. Seulement, pas de bagages!

— Et y a-t-il quelque danger à partir avec cela?

— Du danger? D'abord le courrier est armé, et les Arabes en ont peur. Et puis, vous n'avez rien à craindre aujourd'hui; c'est Ben-Aïssa qui conduit, et Ben-Aïssa connaît la plaine comme le capuchon de son burnous. Vous avez, de plus, pour compagnon de voyage un Mozabite très-aimable et qui vous servirait de protecteur au besoin.

— Eh bien, en route! »

Ben-Aïssa pousse un cri sauvage, les chiens jaunes sautent et aboient autour de nous, les Bédouins agitent leurs burnous en signe d'adieu; les spahis, assis devant le café maure, se lèvent et saluent, et nous partons au galop.

De beaux cavaliers, qui n'ont aucune raison pour cela, nous escortent longtemps en caracolant dans la poussière. L'Arabe n'aime rien tant que chevaucher, et le moindre prétexte lui est bon pour éreinter sa bête.

Une demi-heure après notre départ, nous traversons les derniers champs cultivés, petites plaines entourées de petites montagnes jaunes et couvertes de moutons et de chameaux.

Des myriades de grillets et de sauterelles grises s'agitent dans le chaume.

Puis commence le désert de pierres, grand cirque vide qu'enserrent des collines hautes de cent à deux cents mètres.

La coupure par laquelle nous y entrons semble se refermer derrière nous; nous ne voyons pas encore celle par où nous sortirons, et de tous côtés se dresse une muraille sinistre, sillonnée de fentes verticales et horizontales qui lui donnent l'aspect d'une fortification pélasgienne, rayée de coulées rougeâtres comme si des torrents de sang y avaient passé! De grandes entailles y forment, çà et là, d'énormes créneaux, y ouvrent de larges brèches taillées en escaliers, avec des assises qui n'ont pas suivi l'écroulement et qui s'avancent sur le vide comme des linteaux de portes à demi effondrées.

Le fond du cirque, gris et crevassé comme l'écorce du chêne-liège, est calciné par le soleil. De loin en loin, il semble qu'on a vidé et éparpillé sur le sol des tombereaux de pierres nettoyées et polies par le vent. Ailleurs, on dirait qu'il est tombé une pluie d'aérolithes, une averse de cailloux pareils à du mâchefer. Partout roulent des roches arrondies et criblées de trous en tire-bouchon, moules de je ne sais quels escargots antédiluviens. Et pas une plante, pas un brin d'herbe sèche, pas un insecte dans ces lieux funèbres! De temps à autre, semblables au bruit d'un fouet qui déchire l'air, des cris lugubres traversent l'espace; ce sont des aigles qui, dans le ciel éblouissant de lumière blanche, se livrent à un vent que nous ne sentons pas et planent lentement, inclinés comme des cutters sous la brise.

Une large tranchée, qui va du sud au nord, fait dans cette plaine comme une plaie béante. Irrégulièrement parallèles entre eux, ses bords à pic semblent avoir été taillés à l'emporte-pièce dans un terrain argileux et couleur de rouille.

Au fond de cette entaille sommeille une eau rougeâtre et épaisse comme celle qui sort des abattoirs; c'est le Chéliff, qui va gagner la mer près d'Arzeu.

La route que nous suivons est encore une vraie route, assez soigneusement entretenue. Elle mesure, disent les chiffres officiels, 456 kilomètres d'Alger à Laghouat, dont 218 livrés à l'entretien, et nous sommes dans cette première partie. Quant aux 238 autres kilomètres, effrontément indiqués sur les cartes par une jolie ligne noire, ils ne sont que ce qu'on appelle ici ouverts à la circulation. Et ils le sont, en effet; ils le sont largement, comme l'Océan l'est aux navires. Mais voici une maison! Elle est habitée par une espèce de cantonnier, moitié militaire, moitié civil, et elle est flanquée d'une bienheureuse baraque où l'on boit.

Cela s'appelle Aïn-Seba; c'est la porte du Sud. Et le désert de pierres recommence. Ce n'est plus maintenant qu'une vallée à fond plat bordée de monticules nus, digne avenue du désert. Partout s'amoncellent de nouvelles pierres roulées, espèces de grands galets à formes fantastiques. Les uns ont la taille et l'aspect de chameaux couchés ; les autres ressemblent à des ours au repos ; ceux-ci figurent des œufs gigantesques ; ceux-là, des citrouilles colossales, des concombres gros comme des troncs d'arbres ; toute une nature monstrueuse et pétrifiée.

Enfin les rochers cessent, et devant nous s'étend une vaste plaine où la vie semble renaître un instant. Sur la terre embrasée s'affaissent, zébrées de noir et de jaune, des tentes dont la fumée, en mince filet bleuâtre, monte tout droit dans le ciel calme ; c'est un campement de nomades venus du grand désert. Aïn-Seba est, vers le nord, la limite de leurs courses. Autour d'elles errent des burnous blancs, des chameaux bruns qui broutent l'herbe grillée et des ânes en liberté qui gambadent au soleil.

Au loin, passent, dans la poussière, des troupeaux de moutons innombrables dont les pattes font l'effet d'une frange noire et blanche agitée par le vent, et là-haut tournoient les grands vautours.

Une dernière pente ferme cette plaine au sud, à cent quatre-vingt-trois kilomètres d'Alger, à cent vingt mètres au-dessus du niveau de la mer. Nous la gravissons au galop, et, tout à coup, spectacle dont on n'oublie jamais la grandiose simplicité, l'espace s'ouvre à perte de vue. C'est comme un océan roussâtre où, de loin en loin, quelques tentes flottent semblables à des barques chavirées ; où, vaisseaux blancs de cette mer de lumière, passent encore deux ou trois habitations de pionniers, colons intrépides, qui nourrissent l'espoir de faire, un jour, produire quelque chose à cette terre ingrate. Le sol ondule légèrement comme la houle, et loin, bien loin, l'œil ébloui distingue à peine une ligne indécise de montagnes à demi voilées par une brume lumineuse, noyées dans une poudre de soleil et si claires, si transparentes qu'on hésite à croire à leur réalité. Ce sont les collines basses du Rhaman Cheraga.

Le lit béant du Cheliff traîne encore ici sa large crevasse, blanche maintenant comme si un tremblement de terre l'eût ouverte dans un sol de craie. Et les chameaux errent toujours dans la steppe.

Le terrain s'affaisse, se nivelle à mesure que nous avançons, et il finit par être plat comme un miroir. Nous traversons alors le fond blanchâtre de l'étang de Kaïsseria. Ben-Aïssa ne tient déjà plus compte de la route, et, les excitant de ses cris, il lance au hasard sur la terre unie ses chevaux qui semblent prendre le mors aux dents.

Après l'étang, muette et désolée, la steppe recommence couverte d'une herbe sèche et très-courte. Et au loin, sans un arbre, sans un buisson qui l'avoisine, apparaît, comme un de ces coffres blancs qui flottent sur l'eau verdâtre de nos rades, une grande construction fortifiée. C'est le caravansérail de Bou-Ghzoul, le premier que nous voyons dans cette Algérie, où les promeneurs donnent si volontiers ce nom ronflant à la première auberge, à la première remise qu'ils rencontrent autour des villes.

Ce caravansérail est, comme tous les autres, formé de quatre longs corps de bâtisse sans étage, disposés en un carré dont chaque angle est flanqué d'un bastion. Une porte blindée donne accès dans la cour centrale, autour de laquelle règne une galerie où s'abritent les chevaux de passage. Des chameaux dorment dans la poussière; des chiens se poursuivent sous les charrettes dételées; des poules se perchent sur les ballots de laine; au milieu, enfin, se dresse la margelle d'un puits, les caravansérails étant toujours établis aux endroits où l'on a pu trouver de l'eau.

Les officiers, les fonctionnaires, les simples voyageurs même trouvent ici à manger et à dormir, comme disent les enseignes de nos hôtelleries, et cela à un bon marché qui étonne. Il y a d'ailleurs, contre le mur, un tarif curieux où on lit, entre autres choses : « Abri de nuit dans des chambres, 0 fr. 25 c.; le même avec nattes et tapis, 0 fr. 50 c.; une tasse de café maure, 0 fr. 15 c.; une galette, 0 fr. 30 c.; couscoussou avec viande, 1 fr.; *dito* sans viande, 0 fr. 75 c.; dattes, 0 fr. 50 c. le kilogramme! »

Il y a même, pour les passagers de distinction, une salle à manger et un salon, décorés avec un véritable luxe.

La garde et l'exploitation de ces auberges du désert créées par l'armée sont confiées à des Français dont l'honnêteté et le courage sont à l'épreuve, et à qui l'autorité a imposé un cahier des charges et un registre des réclamations que le commandant du cercle vise de temps à autre.

Chaque caravansérail est armé et a des munitions suffisantes pour soutenir un siége. C'est qu'on n'a encore oublié ni la sanglante révolte de 1864, ni les femmes jetées dans les puits, ni les caravansérails en flammes, ni le massacre de ceux qui s'y trouvaient, et, comme pareille chose peut arriver tous les jours, on se tient sur ses gardes.

Les Arabes ne sont, d'ailleurs, admis dans ces postes que s'ils voyagent isolés; quand ils vont en bandes, ce qui est la règle, tout ce qu'on leur permet, c'est de camper autour des murailles.

Après Bou-Ghzoul, la plaine perd un peu de son aridité et se couvre de marguerites sauvages, de renoncules naines, de saponaires, de valérianes, de chardons, de chiendent, tandis que, au-dessus de ces plantes modestes, s'élèvent orgueilleusement ces hampes des asphodèles que nos soldats ont, dit-on, prises souvent pour des Arabes, quand ils les voyaient grossies et transformées par le mirage.

Les hauts plateaux d'Alger sont très-variés dans leur

uniformité. Ce ne sont plus des pierres, ni des chardons, ni des marguerites, ni de l'alfa qui les couvrent plus loin, mais elles sont toutes jaunes, toutes dorées de fenouils nains en fleur.

Un Arabe, sorti je ne sais d'où, nous suit à la course depuis une demi-heure, et ses mains tendues nous offrent quelque chose. Il nous atteint enfin ; ce sont des perdreaux qu'il veut nous vendre, deux pauvres bêtes qu'il a assommées à coups de matraque, mais auxquelles, en bon musulman, il a ensuite coupé la gorge. Mahomet défend de manger aucun animal qui n'aurait pas été saigné. Pauvre Bédouin ! Nous prenons sa chasse, nous lui donnons deux pièces de dix centimes, et il s'enfuit, il s'évanouit dans la plaine, comme s'il craignait de nous voir revenir sur notre marché !

« Combien lui as-tu donné? dit Ben-Aïssa.

— Quatre sous.

— Arba sourdis ! bour deux ghzels ? mais tu es maboul, mon liotnant !

— Et cet autre qui ne porte rien et qui nous poursuit quand même, qu'a-t-il à nous offrir ?

— Oh ! rien. Deux moutons qui viennent de mourir, là-bas, d'un coup de soleil. Il en demande cinq francs ! »

Les fleurs ont déjà disparu ; il n'y a plus rien sur la plaine brûlée et Ben-Aïssa, abandonnant de nouveau la route, se lance, avec d'abominables cahots, à travers la poussière épaisse. De petits replis sablonneux nous arrêtent à chaque pas ; les chevaux hésitent un instant, puis se ramassent, baissent l'arrière-train, et tout à coup, se détendant comme des ressorts, franchissent l'obstacle, au grand détriment de la voiture et des voyageurs.

Et toujours rien devant nous que l'horizon embrasé et indécis du Sud ! Une route, si mauvaise soit-elle, a encore quelque chose de rassurant ; ici l'on se croit perdu sur un navire sans boussole. Çà et là, pourtant, le sable est rayé par les traces des charrettes qui vont à Djelfa, et de loin en loin, à pas lents, passent de petites caravanes qui ont l'air de s'en aller les yeux fermés comme des gens de la maison qui connaissent les êtres.

Puis, ce sont de vastes plaques de sel sur lesquelles les chameaux ont laissé l'empreinte de leurs pieds, et dont le miroitement aide puissamment aux effets surprenants du mirage. On croit traverser des champs de neige, et, par la chaleur torride qui nous écrase, ces aveuglants effets d'hiver donnent je ne sais quelle illusion, quelle sensation de fraîcheur imaginaire à laquelle on s'abandonne volontiers. Nous traversons alors la Daya-Kahla.

« Mais tu nous as dit qu'il y avait des étangs, Ben-Aïssa.

— Eh bien, les voilà! » Et il nous montre sérieusement ces larges taches blanches.

« Patience! dit Ben-Aïssa, qui s'est aperçu de notre désappointement à la vue de ses marais. Patience, mon lieutenant, nous arrivons à El-Krachem. »

Et partout, sèche et blanche comme une morue salée, s'étend la plaine déserte, au milieu de laquelle s'élève une sorte de grand tumulus crayeux.

« Le voilà! dit Ben-Aïssa.

— Quoi, le voilà?

— Eh bien, El-Krachem! »

Et bientôt sa carriole s'arrête devant ce tas de terre. Il est creux comme un tombeau ; une sorte de puits sans rebord s'ouvre à l'une de ses extrémités et contient un escalier taillé dans la terre dure. Cet escalier conduit dans la cavité, et il y a là-bas une cheminée creusée dans les parois et un lit d'alfa dressé dans une niche semblable à l'enfeu de quelque crypte sépulcrale ; il y a des étagères chargées de bouteilles et de provisions, il y a des vivants! Un homme, un Français, habite cette tanière avec sa femme, avec son enfant qui, dans un coin obscur, s'amuse d'une espèce de grand oiseau bête pris, par là, dans la plaine.

Quelle misère a poussé ce malheureux à venir s'ensevelir ainsi? Et il semble content de son sort et fier de son œuvre! Il a, près de là, un four pratiqué dans le sol, comme sa chambre, et il aura bientôt une écurie. Il a déjà creusé une grande fosse; il la couvrira, en bonnet de police, de petits madriers qu'il ira, à grand'peine, chercher quelque part; il amoncellera de la terre sur cette charpente, et il ne sera plus, comme maintenant, obligé de loger son âne dans le terrier commun. Et que fait-il ici? Il vend un peu d'avoine et il donne aux cavaliers qui passent une eau bourbeuse et saumâtre provenant d'une source située à vingt-deux kilomètres de son logis. Deux outres de cette eau lui coûtent une longue et terrible journée de marche au grand soleil.

Aussi, avec quelle parcimonie il la mesure! avec quelle avarice il l'économise! Mais il espère avoir bientôt une citerne, et il se demande si ce ne sera pas l'écurie à laquelle il travaille. Et encore au galop, à travers champs! Il n'est plus question de route du tout, maintenant, et, comme grisé par ces nouveautés étranges, étourdi par la chaleur, pénétré par la lumière, on éprouve ce qu'on pourrait appeler la joie des espaces, comme certains névrosés en éprouvent la peur. Une centaine de vrais arbres, dispersés au loin, apparaissent enfin à l'œil étonné. Ce sont des térébinthes, des pistachiers-lentisques, que les Arabes appellent des betoums et qui affectent le port et atteignent la taille de nos plus grands mûriers.

Il y a de l'eau sous terre à l'endroit où s'épanouit cette verdure, et l'on y a bâti le caravansérail d'Aïn-Oussera, qui nous apparaît comme un port de relâche. On voudrait y être, et l'on est dans le sable, et les chevaux soufflent, suent, s'éreintent, et le courrier, malgré sa légèreté, s'enfonce dans le sol chaud et mouvant. A côté de nous, balancés sur des chameaux qui s'en vont lentement de leur pas large et sûr, passent de longues files d'Arabes qui nous envoient leur poussière. D'autres s'en vont allègrement à pied, la matraque à la main et le long fusil à pierre en bandoulière. Ils ont au cou, en guise de hochets, un couteau de Bou-Saada dans sa gaîne de cuir et une pierre à aiguiser percée d'un trou. Et tous nous dépassent, avec un bonsoir qui a l'air d'une moquerie. Cela les amuse, et ils regardent avec une pitié toujours un peu surprise cette charrette qui s'égare chez eux.

Et, pour allonger la route, vient s'abattre sur nous un de ces orages passagers si fréquents dans ces régions. Le vent traverse l'atmosphère comme un boulet. La poussière soulevée en épais tourbillons nous enveloppe et nous aveugle; les chevaux ont peur et se cabrent. On manque d'air; on ouvre la bouche comme si l'on s'étouffait, et l'on respire du sable; les nuages, l'horizon, le sol, tout est rouge. Puis une averse de quelques minutes arrive comme une cataracte, et une demi-heure après le ciel a repris son implacable sérénité, la terre est retombée dans son calme de mort. Nous sommes enfin à Aïn-Oussera.

Le caravansérail est semblable à celui de Bou-Ghzoul, mais avec plus de luxe, plus de confort, plus de prévenances encore de la part des concessionnaires.

On repart. C'est maintenant, égayée de loin en loin par quelques térébinthes, une mer d'alfa semblable à celle que nous verrons dans le Sud oranais et où, perdues dans le grand espace vert, deux ou trois réunions de baraques abritent quelques alfatiers de mauvaise mine. Tels sont, à quinze ou vingt kilomètres d'Aïn-Oussera, les gourbis du puits de Bou-Cedraïa. Rien de commun, hélas! avec les puits bibliques qu'on s'attend à trouver ici! Quelques chaumières couvertes d'alfa, des hangars grossiers, des trous semblables à celui d'El-Krachem autour d'une petite place où s'ouvre le puits, dont l'accès est presque interdit aux Arabes; et c'est tout. Un douar en voyage a cependant établi ses maisons de toile près de la source invisible, et nous préférons le café qu'on nous y offre aux boissons immondes dont on s'empoisonne sous les baraques andalouses.

Deux poteaux de la hauteur d'un homme, plantés à cinq ou six pas l'un de l'autre, et un troisième poteau, un peu plus grand, s'élevant entre les deux premiers; sur ces montants une vaste pièce d'étoffe grossière, à bandes alternativement brunes et grises, les felidjs, fixée au moyen de chevilles et de cordes, et dont les bords sont relevés pour laisser passer l'air, voilà la tente, semblable à un parasol à manche très-court. Un de ses côtés, soutenu par deux perches, se soulève comme un volet et constitue, en même temps, la porte du logis et une sorte d'auvent qui, pendant le jour, laisse tomber un carré d'ombre bleue sur le sable. Une formidable haie d'épines et de broussailles s'amoncelle enfin autour de la tente, la couvre à demi, la protége contre les voleurs, les animaux et les amants.

Un Arabe, qui sommeille sur une natte, se lève gravement à notre approche, et, d'un geste digne, il nous montre l'entrée de sa demeure avec une phrase qui correspond, sans doute, à celle des Espagnols: *La casa á la disposicion de usted*.

Il fait presque nuit dans cet intérieur qu'un tapis suspendu en guise de cloison divise en deux moitiés inégales, dont la plus petite est réservée aux femmes.

Aux montants sont accrochés des fusils, des gargoulettes, des harnachements et des loques informes. Dans un coin, une caisse à peu près semblable à la cantine des officiers en campagne, mais bariolée de rouge et d'or, brille comme pour attirer l'attention des larrons. C'est le semdouck, le coffre-fort de la famille. Des nattes et des tapis aux couleurs vives jonchent le sol, et de tous côtés s'empilent des amadas, coussins faits d'un petit tapis replié, et qu'on remplit de foin, d'alfa ou de sable, quand on arrive au campement. L'un de ces coussins est bourré de laine et ne se défait jamais ; c'est celui sur lequel le chef de la tente repose sa tête et dans lequel on enferme les bijoux des femmes.

Le gynécée qui est vide, parce que notre homme n'a que deux épouses qui sont sorties, est meublé avec la même simplicité. D'une traverse placée entre deux piquets y pend seulement, semblable à un plateau de balance, un cerceau sur lequel on a tendu une toile. C'est le berceau primitif où, abrité par des lambeaux d'étoffes rouges grossièrement disposés en rideaux, dort un pauvre joli bébé brun et doré comme une prune mûre, solidement emmaillotté en forme de pain de sucre et déjà tatoué de bleu sur le front et sur les joues.

Près de la tente, assises au grand soleil, les femmes vaquent aux soins du ménage. La plus vieille, la tête ceinte d'un vaste turban d'où ses cheveux pendent en énormes tresses, fait de sa main maigre et bronzée tourner la meule à farine composée d'une sorte de gros plat de pierre et d'une énorme molette. Le grain est déposé dans le plat ; la molette est placée sur le grain, et, au moyen d'un manche qui y est planté comme la poignée d'une cafetière, on imprime à cette dernière un mouvement circulaire sous lequel le blé est réduit en farine.

La plus jeune, vêtue comme l'autre, mais la poitrine nue et ornée de gros bijoux d'argent, prépare le couscouss obligatoire.

Les tentes voisines sont semblables à celle que nous venons de voir, sauf celle du grand-père, qui est plus grande et plus peuplée. Tous les Arabes qui nous entourent sont, en effet, frères, beaux-frères, oncles, neveux, cousins, fils et petits-fils les uns des autres ; et toutes les femmes que nous voyons çà et là sont leurs mères, leurs sœurs, leurs épouses ou leurs filles. Le douar entier n'est, en effet, constitué que par une seule famille dont les membres, qui ne sont jamais séparés, vivent sous l'autorité patriarcale de leur chef naturel.

La nature même du pays qu'ils habitent empêche ces hommes de se réunir en grandes sociétés ; la terre ingrate qu'ils parcourent leur fait une nécessité des perpétuels changements de place, et c'est folie, ignorance ou fausseté de jugement, que de songer à les fixer quelque part. Leur dispersion rend presque impossible ce choc des idées d'où jaillit la lumière, disons-nous, et ainsi s'expliquent la conservation de leurs mœurs primitives, l'immobilité de leurs coutumes, l'apathie dans laquelle ils végètent.

Ils n'en veulent pas, d'ailleurs, de notre civilisation, de nos lourdes bâtisses qui leur semblent des tombes, et même en France, même à Paris, l'Arabe regrette sa tente. Et il a l'air très-heureux sous son toit de laine. Que lui importe sa vie errante s'il a toujours les siens avec lui? Au lieu de s'attacher comme nous à un coin de terre, il a pour patrie le désert sans limites, et la vraie patrie n'est-elle pas où sont ceux qu'on aime? Sa tente se remplace morceau par morceau, à mesure qu'elle s'use, mais c'est toujours la même. C'est comme une de ces bonnes vieilles maisons de village où toutes les générations ont laissé leur trace, où les petits enfants croient voir encore les aïeux, où rien ne change. Et les Arabes vivent comme leurs pères ont vécu, et leurs enfants vivront comme ils vivent eux-mêmes.

La vie n'est pour eux qu'un voyage ; c'est un fleuve tranquille qui parcourt une plaine unie et qui, sans bruit, sans regret, sans révolte, va silencieusement se perdre dans l'Océan de l'éternité ! Laissons-leur cette paix, cette sérénité enviables. Notre avidité colonisatrice et commerciale a, comme aliment, le Tell, qu'ils nous abandonneront, qu'ils nous vendront; mais, par humanité, ne leur prenons pas le reste.

Cependant le jour s'avance. L'orage a rafraîchi l'atmosphère, et nous n'avons plus que 35° à l'ombre.

Vers le soir, une ligne de montagnes dont l'éloignement efface les reliefs et qui semblent découpées dans une bande de papier transparent, dentelle l'horizon vers le sud. Sept mamelons les dominent; ce sont les Seba-Rous, les Sept-Têtes. Au nord, à l'est, à l'ouest, s'étend la mer d'alfa sans limites visibles. Derrière les Seba-Rous nous attend le caravansérail de Guelt-el-Stel.

Le crépuscule arrive, lugubre dans ces tristes espaces. Le ciel se couvre de lourds nuages cuivrés et livides. Le vent du soir se lève, chaud et silencieux, et au loin blanchissent de grands tourbillons de poussière. Autour de nous valsent, impalpables, de petites trombes semblables à des fantômes légers qui voudraient nous entraîner là-bas, vers l'horizon mystérieux. Et elles passent, elles tournent, elles s'inclinent, elles s'allongent; puis, tout à coup, elles s'élancent vers le ciel et se fondent dans la nuit qui s'avance. Rouges et blanches, des nuées légères de vapeurs et de sable effleurent presque notre tête et revêtent ces formes bizarres qui expliquent les rares superstitions des Arabes.

Quelques cailloux rangés en tas ovales se détachent çà et là sur le tapis noir de la steppe. Ce sont des tombes. Les épaves de quelque caravane, sans doute? Non, c'est l'avant-garde d'un cimetière que nous traversons bientôt et qui vient ajouter sa grandeur funèbre à la sombre majesté de ces lieux inhabités. Au pied de chaque tumulus s'empilent cinq ou six pierres rondes, blanches et trouées comme des crânes décharnés; à la tête se dresse une petite borne sur laquelle un moellon a été posé à plat, comme un chapeau; on croit voir des spectres sortir de terre pour aller prendre part à la danse des sables et des djénoun. Et rien, rien autour de ce cimetière, que le désert immense.

« Je vois bien où sont les Arabes après leur mort, disons-nous à Ben-Aïssa, pour rompre un instant le silence de cette heure mélancolique. Mais où sont-ils avant? Nous avons rencontré des tentes; çà et là nous avons vu quelques douars; nous avons passé à côté de quelques bergers gardant des troupeaux, mais où se tiennent les autres? On dit qu'il y en a des milliers par ici.

— C'est vrai, seulement ils sont là-bas! Et il nous montre au hasard un point de l'horizon.

— Ma foi, nous disait un gardien de caravansérail à qui nous posions la même question, je vais chasser partout et je ne les vois nulle part.

« Et pourtant, le matin, ils arrivent par bandes effrayantes autour de nos murailles et de nos puits, avec leurs femmes aux trois quarts nues et leurs chameaux crottés. Ils remplissent leurs outres de l'eau trouble dans laquelle nos chevaux ont bu, et ils disparaissent sans qu'on sache où ils vont. Aujourd'hui là, demain ailleurs, ils sont partout ici, et, si on les cherche, on ne les trouve jamais. »

La nuit est profonde quand nous entrons dans les Seba-Rous, et nous les verrions à peine si, par instants, leur masse sombre ne se détachait sur le ciel qu'illuminent des éclairs lointains, si sur leurs flancs ne s'allumaient, de loin en loin, les feux de Ouled-Moktar. Cette solitude lugubre près des Arabes invisibles, cette nuit silencieuse, cette carriole dont on se prend à regarder le conducteur avec méfiance, la route vague qu'on suit, les aboiements éloignés, des détonations, des coups de fusil partis on ne sait d'où, les hurlements plaintifs des chacals et des hyènes qui viennent rôder dans le cimetière abandonné, tout cela impressionne à la fin, et par instinct on met la main dans sa poche, on s'assure que

8.

le revolver y est toujours, et on le caresse comme un ami dont la présence vous rassure.

Par un véritable escalier naturel dont de larges pierres forment les marches, et au prix des plus atroces secousses, on gravit enfin le col des Seba-Rous, et, dans la plaine obscure qu'habitent les Ouled-Sidi-Aïssa-el-Adab, on découvre une masse blanchâtre, c'est Guelt-el-Stel.

La lune s'est levée pendant la dernière partie de notre voyage, et sa lumière blafarde dessine vigoureusement les crevasses noires de la montagne et les masses blanches des rochers. Devant la porte du caravansérail, à quelques centaines de pas, se dresse, contre-fort des Seba-Rous, un grand morne aux flancs à pic. De petits feux qui l'escaladent flambent dans tous ses creux, s'éteignent et se rallument au souffle de la nuit, paraissent et disparaissent comme des feux follets bleuâtres.

Au pied de ce morne se creuse une guelta, une excavation naturelle dans laquelle se rassemblent les eaux de la pluie et celles d'une maigre source qui vient y déboucher. Un figuier s'accroche à ses parois et tord ses branches grises au-dessus du trou sombre.

On se remue, on fait du bruit, on vit autour de Guelt-el-Stel. Nous avons dit trop tôt qu'on ne voyait pas d'Arabes dans ce pays.

Il y en a ici tout un campement, retranché dans un formidable rempart de broussailles hérissées. Les chiens rôdent en grognant autour des tentes, et plus haut, perchés sur un rocher nu, des hommes font la prière du soir avec de grands gestes, de larges déploiements de bras et des envolées de burnous qui leur donnent l'air de gigantesques oiseaux de nuit.

Il y a aussi un autre camp d'indigènes, éclairé, bruyant, plein de cris et de mouvement, celui-là! C'est une sorte de camp militaire, habité par une corvée d'Arabes, que le commandant supérieur du cercle a recrutés dans les tribus errantes, et qu'il a envoyés ici pour y couper la route aux sauterelles. Elles arrivent, en effet, les horribles bêtes qui sont la plaie de l'Algérie ; elles viennent du Sud, et il y en a déjà des milliards de milliards autour de Guelt-el-Stel ; on ne s'en douterait pas maintenant, elles dorment. C'est par l'incendie que la corvée tente d'arrêter l'invasion, et c'est pour cela qu'on a allumé les petits feux qui grimpent sur la montagne. Le service des Arabes consiste surtout ici dans le nettoyage de l'abreuvoir, de la guelta, et, ce soir même, ils en ont retiré je ne sais combien de mesures indigènes qui équivalent à cinquante doubles décalitres. Mille litres de sauterelles noyées en un jour, et dans une mare qui n'est pas plus large qu'un grand puits ! Sans ce nettoyage quotidien, l'eau de la guelta serait vite pourrie, transformée en un bourbier immonde, et tous les chevaux, tous les bestiaux de la région mourraient de soif.

Les Bédouins se pressent en foule à la porte défendue du caravansérail, au moment où nous y arrivons, et ils y mènent grand tapage.

Une vipère de cette espèce terrible si commune dans tout le Sahara et dans le sud des hauts plateaux, une vipère à cornes, est, comme un trophée, accrochée à la muraille. Elle a plus d'un mètre de longueur ; ses reins sont encore souples, et ses petits yeux encore vivants brillent comme des perles de jais. Elle est d'un gris clair tacheté de noir ; son corps, court et volumineux, est brusquement étranglé au bout et se termine par une hideuse queue de rat ; sa tête aplatie, carrée, bossuée, est surmontée de deux petites cornes en crochet, longues d'un ou de deux centimètres ; sa bouche semble petite ; mais quand l'animal attaque, elle se désarticule, bâille horriblement, et s'ouvre comme la gueule repoussante d'un énorme crapaud. Il est de ces serpents qui atteignent deux mètres, dont le corps a la grosseur du poignet, dont la tête est large comme une main d'enfant. Et cela inspire à tous les êtres une terreur panique. Un Arabe décroche avec un bâton la vipère, qui est pendue au mur, la montre de près aux animaux qui nous entourent, et, à son approche, les chevaux hennissent et se cabrent, les moutons s'enfuient en ruant, et, au moment où elle frôle leur nez, les chiens, qui veulent faire les braves, reculent avec un cri de douleur, comme si on les eût touchés d'un fer rouge. Et elle est morte!

C'est elle qui cause la rumeur dans laquelle nous arrivons. Elle a, ce soir, piqué un Arabe qui devrait être déjà mort, puisque sa morsure tue en six heures.

« C'est étonnant, dit-on, cet homme est pourtant un charmeur de serpents; il prend les lefaa, comme on les appelle; il s'en amuse, il les cache dans son sein, et jamais il n'a été mordu. Il est presque aussi fort que l'enchanteur de Laghouat qui en avale de petites, toutes vivantes, et qui en a toujours de grosses dans son capuchon.

— Oh! celles-là, dit quelqu'un, elles ne sont pas dangereuses. Dès qu'il les a prises, il leur arrache les dents.

— Il leur arrache les dents? C'est possible. Mais quel dentiste!

— Et c'est en la prenant ainsi que le pauvre diable s'est fait piquer?

— Non, cette fois la vipère l'a pincé! »

Il n'avait sans doute pas eu le temps de la charmer.

Il coupait de l'alfa pour allumer les feux, et, de temps à autre, il voyait devant lui les lefaa qui s'enfuyaient en sifflant et qui escaladaient les rochers. Elles allaient se cacher dans une grotte qui est là-haut sur la montagne, et qui en est toujours pleine. Celle-là s'était probablement endormie. Il l'a saisie sans la voir en prenant une poignée d'herbes; elle s'est retournée furieuse et elle lui a d'un seul coup mordu trois doigts de la main gauche. Épouvanté, il s'est lié le bras avec la corde de son haïk, il a serré tant qu'il a pu et il s'est mis à courir. Il n'était pas à dix minutes du caravansérail, et pourtant, quand il est arrivé, il avait une main énorme. Sans cette ligature il serait déjà mort. Le toubib de la tribu l'a saigné, il a profondément incisé ses chairs avec le petit couteau qui sert de rasoir aux indigènes, et il a haché et bourré dans les plaies une herbe qui brûle comme de l'ortie. Ce n'est pas tout ; il a, après l'opération, prononcé de ces mots cabalistiques qui ne veulent rien dire en aucune langue humaine, mais qu'Allah entend, et le malheureux s'est laissé faire sans proférer une plainte, sans sourciller. L'Arabe est d'ailleurs d'une résistance incroyable à la douleur.

Il la dédaigne, il la supporte avec une indifférence stoïque.

Mais un mouvement se produit à la porte du poste. Le blessé appartient justement à une tribu voisine, et ses parents prévenus sont venus le chercher et l'emportent sous leur tente. Il passe à demi couché dans leurs bras, le corps enveloppé de burnous sanglants et l'air profondément ennuyé, mais seulement ennuyé de ce qui lui arrive. Le toubib crie encore quelque chose au cortége qui s'éloigne. Il recommande de ne pas oublier de fouler aux pieds le ventre du malade si la fièvre entre dans son corps ; ce sera une façon de l'en chasser, comme on fait sortir le vin du raisin.

« Il mourra quand même, dit un alfatier qui parle et s'agite beaucoup. Il mourra, parce qu'il n'y a qu'un remède, c'est de couper les doigts, mais il faut le faire tout de suite. Tenez, ajoute-t-il, en montrant sa main gauche à laquelle manquent le médius et l'annulaire, j'ai été mordu un jour, j'avais heureusement une hache, et d'un seul coup je m'en suis fait sauter les deux doigts. Aussi, vous voyez que je ne suis pas mort. »

Et il s'en va de groupe en groupe, élevant sa main mutilée et racontant joyeusement son histoire.

Le pauvre mordu n'a pas disparu dans les rochers ébranlés par les cris des femmes venues au-devant de lui, qu'on l'a déjà oublié. Le douar voisin à qui l'on a, d'office, imposé le dispendieux honneur d'offrir la diffa aux chasseurs de sauterelles, vient d'envoyer le couscours, et les hommes courent aux tentes.

« Veux-tu souper avec nous? » nous dit gracieusement un spahi

La diffa est le repas que l'Arabe offre à ses hôtes, c'est le banquet auquel un chef convie ses administrés, c'est enfin tout dîner de cérémonie. Quant au couscouss, il se prépare avec une espèce de semoule grossière, ou avec des grains de blé mouillés, puis séchés au soleil, puis grossièrement concassés, ou enfin avec de la farine qu'on a humectée et dont on a fait de petits grumeaux, en la roulant dans les mains. On met l'une de ces préparations dans une sorte de cône d'alfa tressé, perméable à l'eau, et l'on pose ce récipient sur une marmite à ouverture étroite, comme on met un entonnoir dans le goulot d'une bouteille. Du mouton bout dans la marmite avec des légumes et des épices, et la vapeur qui s'en dégage, traversant le tissu du cône, vient imbiber et cuire le couscouss. Celui-ci est alors disposé en pyramide dans la guessaa, large plat de bois muni d'un pied ; le mouton bouilli est déposé sur le tas doré et appétissant, et le tout est largement arrosé de la margah, sauce safranée, épicée à outrance et dans laquelle nagent des morceaux de viande hachée menu, des carottes, des navets, des aubergines, des poireaux, des cornichons et enfin des felfels, des piments enragés. Une quinzaine d'Arabes sont déjà assis autour du plat dans la tente du chef chez qui nous conduit notre militaire indigène. Ce chef, qui commande la corvée, est un vieux caïd ventripotent et jovial, un Arabe qui rit. Il est flanqué à table, c'est-à-dire sur le tapis, des deux spahis qu'on lui a donnés pour le seconder, les Bédouins ne se soumettant pas sans peine aux réquisitions de l'autorité. Deux des convives tiennent gravement une chandelle dont la cire jaune pleure sur leurs doigts maigres, et dont la clarté douteuse jette des lueurs étranges sur les figures noires et sur les costumes blancs. Et la cuiller en forme de spatule à la main, tout le monde attend et nous regarde.

« Commence, nous dit le spahi, on ne mangera que quand tu auras donné le signal. »

Et je n'ai pas touché au couscouss que trente mains bronzées plongent à la fois dans la pâte où chacun se creuse un petit trou. La margha s'est infiltrée dans la masse et sourd au fond de cette cavité comme dans un puits en miniature. Tout à coup, une dispute s'élève entre deux voisins; des injures s'échangent, on se pousse, on se menace, et cela finirait mal sans l'intervention du caïd.

« Qu'Allah vous jaunisse la face! » s'écrie celui-ci en se levant, et, enjambant le plat dans lequel traîne un pan de son burnous, il applique un vigoureux soufflet sur la joue de l'un des querelleurs. Il paraît que c'est celui-là qui a tort; il a plongé sa spatule dans le trou de son voisin et y a pêché un morceau de graisse qui ne lui revenait pas. Et cet acte de haute justice accompli, le caïd se rassoit digne comme un Salomon. Cette petite scène, en présence d'un étranger, a cependant jeté un froid, et l'on ne parle plus. Chacun est d'ailleurs activement occupé à prendre de la main droite de petits paquets de couscouss, à les mettre dans la paume de la main gauche, à les pétrir en boule et à les avaler furieusement. Il ne faut, pour dérider les fronts, rien moins que l'arrivée du légendaire mouton rôti entier et apporté avec la perche dont on l'a embroché pour le mettre au feu. C'est une diffa complète! Un lit d'alfa est étendu sur le tapis, au milieu du cercle, le rôti y est déposé en cérémonie, et les narines se dilatent à la violente odeur de sa chair brûlée, au parfum des aromates dont on lui a bourré le ventre. Le caïd en déchire un lambeau, et le mouton tombe en pièces, attaqué à la fois par les cent cinquante doigts des convives. Une gargoulette unique fait le tour de l'assemblée, qui s'y désaltère à longs traits.

Puis le café est servi devant la tente, sous le pavillon étoilé du ciel, et un spahi, debout entre les deux Arabes à la chandelle accroupis à ses pieds, se drape fantastiquement dans son vaste manteau rouge et se met à raconter emphatiquement une histoire de bataille. Les gens de la tribu voisine se sont rapprochés, et, respectueusement assis à distance, ils forment dans l'ombre un grand cercle blanc et silencieux.

Et voilà que des cris de désespoir, lugubres comme des plaintes de goules, traversent la nuit et viennent troubler le débit du conteur. Ce sont les femmes qui ramènent au caravansérail l'Arabe piqué par la céraste. Étrangement éclairé par des falots rougeâtres, le cortége blanc arrive à travers les rochers sombres, et le malheureux repasse sous nos yeux, toujours impassible ; on dit seulement qu'il a grossi, que le gonflement gagne la poitrine, et qu'on a décidé de le soumettre à un traitement que peut seul appliquer le toubib.

— Votre dîner est servi, monsieur, vient nous dire le concessionnaire du poste. Nous avons si peu touché aux grosses victuailles de la diffa que nous n'hésitons pas à aller nous mettre à table.

Et, dans la salle à manger officielle, la porte close, on croit être à mille lieues du désert et avoir rêvé tout ce qu'on a vu depuis deux heures. Et toujours des lièvres, toujours des perdreaux d'où s'exhale à longs flots cette odeur de thym qui nous poursuit depuis Boghar. Tout à coup, un hurlement de bête qu'on martyrise vient nous rappeler à la réalité. Que se passe-t-il? Et nous courons nous mêler aux Arabes. Il y en a deux qui tiennent un pauvre gros chien par les pattes, le toubib vient de l'éventrer vivant, et le mordu, à qui l'on a enfin coupé les doigts, plonge sa main ensanglantée dans ses entrailles palpitantes.

Il est minuit, et l'on nous a préparé une chambre d'officier, une chambre excellente, mais qui n'a pas de fenêtres; deux petits trous percés au haut de la muraille servent seuls à donner un peu d'air, et, au besoin, à tirer sur les Arabes. Au mur sont accrochés deux fusils d'ordonnance.

— N'ayez pas peur, nous dit le concessionnaire en nous les montrant; ils sont chargés à balle.

Il y a deux lits dans cette chambre, et l'un des deux est déjà occupé. Par mesure de prudence, dans un but de protection mutuelle, on fait, quand on le peut, coucher les passagers deux à deux. C'est très-bien, mais quel est ce compagnon que le hasard nous donne? Près de lui sont suspendus un sabre à fourreau d'acier et un képi galonné; sur les pieds du lit sont jetés un pantalon garance et une tunique bleu de ciel. Nous pouvons dormir sur nos deux oreilles; c'est un lieutenant de tirailleurs indigènes. Il est arrivé ce soir à cheval, venant de je ne sais quel poste, et il dort à poings fermés, le brave garçon.

Le désert noir nous entoure; les Arabes errent de l'autre côté des murailles; les aboiements du douar répondent furieusement à ceux du caravansérail; au loin, pareils à de longs vagissements d'enfants malades, passent les cris des chacals, et l'on se blottit, on s'endort, comme chez soi, l'hiver, quand le vent pleure aux portes, quand la pluie fouette les vitres.

— Allons, monsieur, il faut partir! Il va être une heure! C'est ce qu'on appelle ne pas voyager la nuit dans le désert.

On arrive au caravansérail entre dix heures et minuit, c'est encore le soir ; on en repart à une heure, c'est déjà le matin. N'importe! on s'est déshabillé et rhabillé, on s'est débarbouillé avec un peu d'eau tiède, les chevaux piaffent dans la cour, et l'on s'en va dispos. Ce n'est que plus tard qu'on sentira la fatigue.

Le spahi qui nous a invité à la diffa se promène encore devant son camp et vient nous souhaiter un bon voyage.

« A propos, lui disons-nous, et l'Arabe de la lefaa, que fait-il ?

— L'Arabe ? Ah ! oui. Eh bien, il ne fait rien ; il est mort. Tiens, si tu veux venir le voir, il est gros comme une barrique.

— Non, merci, je n'ai pas le temps.

— Oh! tu sais, sidi, c'est des vilaines bêtes, ça !

— Les vipères ?

— Non, les Arabes.

— Eh bien, et toi ? tu n'es donc pas Arabe ?

— Oui, mais je suis noble; je suis fils de caïd, moi ! »

Le ciel s'est encore couvert, et si quelques étoiles scintillent çà et là, si la lune se montre, par instants, à travers de gros nuages noirs bordés d'or, lune et étoiles semblent briller pour leur compte. C'est à peine si nous voyons s'abaisser et disparaître dans l'ombre les montagnes qui avoisinent le caravansérail, comme on voit s'évanouir les jetées d'un port qu'on quitte avant le jour. Et nous prenons le large dans les flots calmes et sombres de la mer d'alfa.

« Mais comment vas-tu reconnaître ton chemin, Ben-Aïssa ?

— Mon chemin ? C'est bien simple. Je laisse la lune à gauche et je vais devant moi. »

Et la lumière ne paraîtra guère que dans quatre heures ! Que faire ? On s'assoit, on se cale du mieux qu'on peut ;

on embrasse un des montants de la tente; on s'y enroule comme un liseron autour d'un roseau, et l'on s'endort à moitié.

Lentement cahotée sur le sable qui crie, sur les grandes touffes d'alfa et de thym qui craquent doucement, sur les petits massifs de je ne sais quelle chénopodée grasse qui s'écrasent avec un gémissement humide, la carriole oscille dans un moelleux balancement, un balancement à donner le mal de mer, et l'on rêve qu'on est sur un navire bercé par la houle, et, dans le demi-sommeil, des hallucinations hantent le cerveau déjà surexcité. On rêve qu'on est arrivé. Où? on ne sait pas; mais on voit de grands murs blancs, des maisons informes, des Arabes d'une taille démesurée et qui passent sans bruit. On se réveille en sursaut, et il n'y a rien, rien que l'horizon noir, que le sol qui s'aplatit dans la nuit et, la tête lourde et ballottante, on se rendort pour ouvrir les yeux un quart d'heure plus loin.

Vers quatre heures, enfin, on se réveille tout à fait. *Retrocedite, fantasmata noctium!* Une longue bande rouge s'allume vers l'est, derrière de jolies montagnes dont le soleil déjeunera en se levant. Le crépuscule dure une demi-heure, et voilà le jour.

Il n'y a plus ni route ni piste.

Et l'on marche, on marche toujours! Il serait, d'ailleurs, difficile de faire autre chose que marcher avec du sable jusqu'aux essieux. Et, tout réjoui par l'air frais du matin, par la pureté, maintenant complète, du ciel encore bleu, par les senteurs délicieuses qui s'élèvent de toutes ces plantes espacées en touffes vertes et semées de crottes de gazelle à l'odeur musquée, on saute de son siége et l'on s'en va à pied. Il y a bien quelques vipères par là-dessous, mais elles ne sont pas toutes cornues, et, d'ailleurs, cornues ou non, elles ne piquent, dit-on, que lorsque le soleil a fait comme bouillir leur venin.

Sur les petits tas de sable se posent des moineaux rougeâtres. N'essayez pas de faire comme eux ; le monticule s'effondrerait sous votre poids, vous vous y enfonceriez jusqu'aux genoux et vous feriez fuir, affolée, la répugnante population qui l'habite ; c'est une ville de rats.

Entre les touffes d'herbes, sur le fond blanc du sol, courent de gros coléoptères noirs, bondissent des sauterelles dont les ailes rouges ressemblent à de petits éventails japonais, se poursuivent, enfin, des tarentes mordorées.

De petits lézards gris tachés de jaune, ou jaunes rayés de noir, hauts sur pattes, la tête et la queue levées, courent si vite qu'ils ont l'air de ne pas toucher terre. De tous côtés, des perles noires, grosses comme des noyaux de cerise, brillent, rondes et fixes ; ce sont des yeux de gerboises. De la couleur et de la taille de nos rats d'égout, mais vives et gracieuses comme des pinsons, ces bêtes fourmillent dans le Sahara. Et, à notre vue, elles bondissent sur leurs longues pattes de kanguroo, et la petite houppe blanche qui termine leur queue disparaît dans les trous dont le sable est criblé. Ben-Aïssa n'y résiste pas ; il laisse aller ses chevaux à l'aventure, et nous voilà ensemble, poursuivant à coups de chapeau les agiles et méfiantes bestioles. Je ne peux en atteindre une seule ; Ben-Aïssa est plus heureux. Ce n'est pas étonnant ; il a un si large chapeau !

Sur quelques buissons desséchés et un peu plus grands que les autres, des caméléons qui se réveillent se traînent et s'étirent lourdement aux premiers rayons du soleil. Mais Ben-Aïssa a assez de gerboises, et il remonte sur son siége. De petits serpents à tête noire commencent à passer dans le sable, si vite qu'on ne voit qu'une raie brillante paraître entre deux touffes d'alfa et s'évanouir comme un éclair.

« Vois donc là, sidi ! » me dit l'Arabe, et il me montre quelque chose à dix pas des chevaux.

CARAVANSÉRAIL.

« Eh bien, c'est un morceau de bois.

— De bois? D'abord, il n'y a pas de bois ici. Et puis, tiens, regarde! » Et, d'un coup de fouet, il cingle cet objet près duquel sa voiture est arrivée. Cela se tord, se retourne, bâille horriblement, hésite un instant, puis s'enfuit; c'est une lefaa.

« Tu sais, Ben-Aïssa, c'est une mauvaise plaisanterie, et tu aurais bien pu le laisser dormir, cet animal. »

Et je grimpe dans la carriole; le sable s'échauffe; tout cela va se réveiller.

Et, avec les parfums des plantes aromatiques, la brise qui court sans bruit dans la plaine nous apporte de nauséabondes émanations. Il y a par là quelque bête morte. Tenez, la voici! C'est un chameau, couché sur le flanc, les pattes roides, le ventre gonflé. Il a dû tomber cette nuit. L'odeur de son cadavre va se répandre, et, ce soir, les chacals, les hyènes et les vautours accourront en foule, et de cette pourriture il ne restera bientôt plus que de gros ossements blancs.

Le paysage change un peu; le désert s'accentue; nous allons arriver à El-Messerane.

Là-bas, au pied d'une longue chaîne de petites collines rocheuses, se dessine, comme un soubassement au bas d'une muraille, une longue bande d'un blanc éblouissant, simple illusion d'optique qui confond deux plans en réalité très-éloignés l'un de l'autre.

De grands térébinthes espacent leurs taches noires sur le soubassement, qui est un banc de sable.

La plaine finit, le sol ondule, l'alfa a disparu et a fait place au thym saharien. En avant des dunes s'élève le caravansérail d'El-Messerane, plus animé, plus vivant que les autres. Un puits en ruine, des maisons arabes, un marabout blanc, des tentes fumeuses l'entourent. Des chameaux couchés dans l'herbe verte, des tamaris roses, des Arabes qui dorment à l'ombre chaude des lentisques, tout cela lui donne je ne sais quel faux air de campagne qui fait plaisir à voir.

Il se trouve entre les deux Zahrez, le Zahrez Chergui et le Zahrez Rharbi; il y a quarante kilomètres de l'un à l'autre, nous passons entre eux, et, à notre grand regret, il nous est impossible de les voir.

Voici, après le caravansérail, ce qu'on appelle le bois de Tamaris, composé d'une centaine de buissons.

Et nous arrivons au banc de sable. C'est, large d'environ un demi-kilomètre, une barrière qui semble nous fermer la route, et qui est assez longue pour que nous ne puissions en découvrir le bout, à l'est ni à l'ouest.

Les dunes contiguës qui la forment ont de dix à cinquante mètres de hauteur. Leur surface régulièrement arrondie est soyeuse, veloutée et d'une si chaude teinte de chair que les Arabes les comparent à des seins de femme. Quelques soudes rampantes les sèment de leurs fleurs rouges comme des gouttes de sang. Il en est qui sont ébréchées, d'autres dont la moitié a disparu et dans lesquelles la coulée du sable a laissé de larges coupures à bords tranchants. Leur couleur rose se décompose, à mesure qu'on en approche, en ocre jaune et en rouge brique ou en rouge vif, selon l'incidence de la lumière. Le sable qui les constitue est si fin qu'on ne peut le tenir dans la main; il s'écoule entre les doigts.

La lumière est aveuglante ici, et l'on dit que des soldats y ont perdu la vue; la poussière de sable qui flotte partout est étouffante; il semble que les dunes elles-mêmes vont s'écrouler et ensevelir le passant, et l'on a hâte de les avoir dépassées. Elles sont un des principaux obstacles mis par la nature au chemin de fer depuis longtemps projeté entre Alger et Laghouat. Tant pis! A quoi servirait ce chemin de fer? A mettre le Tell en communication avec quelques oasis qui peuvent à peine se suffire à elles-mêmes? A favoriser la création de nouveaux centres entre la mer et le désert? A faciliter la colonisation des plateaux? Mais nous n'avons pas encore défriché la moitié du Tell!

Après le banc de sable, le terrain, plus accidenté, se couvre d'une couche remuante de petites bêtes grises, serrées comme les feuilles mortes qui tombent sous nos oliviers après les grandes pluies; ce sont les sauterelles. Annoncées depuis longtemps et attendues avec terreur sur le littoral où elles ont causé la famine d'il y a vingt ans et où tout sera ravagé si un vent malheureux les y pousse, elles sont indifférentes aux nomades qui parcourent ces régions. Que leur mangeraient-elles, en effet? Ce sont eux, au contraire, qui les mangent elles-mêmes, séchées, pulvérisées, salées, et ils en font un régal auquel ils trouvent un excellent goût de jaune d'œuf. Ce n'est pas ici le gros de cette armée dont nous avons, la nuit dernière, rencontré l'avant-garde à Guelt-el-Stel, ce n'en est que l'aile gauche; les bataillons les plus serrés passent, nous dit-on, un peu à l'est, dans le territoire du parcours des Ouled-ben-Abdallah et des Ouled-Feradj. Dieu sait pourtant s'il y en a! Elles se lèvent en nuées sous les pas de nos chevaux qui s'impatientent et se cabrent; elles leur entrent dans les naseaux et dans les yeux, et nous en recevons nous-mêmes une telle quantité sur la figure que nous sommes forcés de baisser la tête, de nous protéger avec l'éventail et le capuchon. Du côté d'où vient le jour elles font comme un nuage de poussière brune dont l'ombre se projette sur le sol; du côté opposé, le soleil les éclaire, dore leurs élytres, et l'on croit voir vanner de l'avoine dont la balle volerait au vent. Et, voltigeant comme des papillons maladroits, elles tombent rudement sur leur gros nez, roulent, les ailes entr'ouvertes, et font sur la terre sèche le bruit d'une averse sur les toits. Il y en a d'autres qui n'ont pas d'ailes et qui rampent sur le sol en couche remuante; ce sont les criquets, espèce particulière, selon les uns, sauterelles en voie d'évolution, selon les autres.

Ces criquets sont plus voraces, plus redoutables encore que les premières. Rien ne résiste à leur dent cruelle; feuilles, écorces, tout y passe, et quand ils marchent sur le Tell comme une armée lente, mais puissante et implacable, rien ne peut les arrêter. Creuse-t-on des fossés sur leur route? Les premiers y tombent, et il en vient encore, et il en tombe toujours, et quand le fossé est comblé, l'invasion le traverse. Rencontrent-ils un mur? Les premiers s'y arrêtent, les seconds montent sur les premiers, d'autres grimpent sur les seconds, et leurs corps amoncelés finissent par faire un talus dont la pente conduit l'armée sur la crête de l'obstacle; les premiers arrivés tombent alors de l'autre côté, d'autres tombent sur eux, un nouveau talus se forme au revers, et le mur n'est plus qu'un monticule vivant sur lequel tout passe encore. Allume-t-on des feux? Ils n'hésitent pas un instant, ils s'avancent, toujours du même pas, ils couvrent lentement le brasier, ils finissent par l'éteindre et ils passent toujours. Entre Oran et Alger on les a vus traverser en si grand nombre la voie du chemin de fer qu'ils arrêtaient la marche des trains! La locomotive les écrasait, en faisait une bouillie sur laquelle ses roues glissaient, et il fallait, comme on le fait en hiver pour la neige, déblayer la voie que leur flot recouvrait dès que le train avait passé.

Nous en rencontrons pendant environ deux kilomètres, puis elles cessent; l'invasion ne serait, en effet, pas terrible si elle se réduisait à cela.

Bien après les dunes de sable, dans une plaine aride et sauvage, un nouveau cimetière couvre les flancs d'un monticule que surmontent deux marabouts, premier spécimen de l'architecture du Sud. L'un d'eux porte un tout petit dôme au milieu de son large toit plat; l'autre, qui a comme des cornes aux angles, élève, au milieu de sa plate-forme, un grand pain de sucre surmonté d'un croissant. Ce cimetière annonce l'approche du Rocher de Sel.

Venus de tous les points du territoire, la foule des trépassés s'y presse autour des marabouts. Une lugubre odeur de charnier flotte dans l'air embrasé, les Arabes enterrant leurs morts à très-peu de profondeur, pour qu'ils puissent se lever plus facilement au jour du jugement dernier qu'ils n'attendent pas toujours pour cela. La terre des tumuli se crevasse souvent, en effet, et s'entr'ouvre. Les cadavres se soulèvent alors, et il arrive, quand, par hasard, les hyènes n'en ont pas rongé et dispersé les os, qu'on les retrouve, dormant au soleil, comme des vampires qui, en rentrant chez eux, auraient oublié de refermer leur porte. Simple phénomène de fermentation, de dilatation des gaz, mais phénomène qui a bien fortement impressionné nos soldats autrefois. Le temps leur manquait pour ensevelir ceux de leurs camarades qui tombaient ; ils les mettaient à fleur de terre, comme les Arabes, et lorsque, quelques jours après, ils voyaient, avec terreur, paraître une main, des pieds, une tête décharnée : « Tenez, se disaient-ils, ils veulent s'en aller en France ! »

Après le cimetière, le terrain monte pendant quelque temps, et du haut de la petite côte que nous venons de gravir, apparaît le Djebel-Sahari-el-Attaya, massif montagneux, bordé au nord par une chaîne de collines rocailleuses et brunes. L'une de ces collines, toute différente d'aspect, presque complétement séparée des autres, entourée de myriades de pigeons sauvages qu'elle attire, est le Rocher de Sel. C'est une masse ovale, irrégulièrement hémisphérique, d'un gris de perle taché de noir et de blanc, et qui a cinq ou six cents mètres de longueur sur deux ou trois cents de hauteur. Elle est entourée de débris et de pierres qui ont l'air d'avoir été fondues et agglomérées comme de la lave ; elle est garnie, en guise de contre-forts, de longues crêtes rocheuses tourmentées en tous sens et semblables à des scories volcaniques. Elle est enfin grossièrement mamelonnée, bosselée, boursouflée comme une pâte

9.

épaisse qui se serait figée pendant quelque lourde ébullition. Dans tous ses creux courent, en ruisseaux immobiles, des traînées de cristaux; ses saillies arrondies et grisâtres se marbrent de fissures blanches et de cassures brillantes.

Quelques-unes de ces fissures sont l'orifice béant de crevasses dont on n'a pas sondé la profondeur. Un malheureux capitaine du génie, en allant à Djelfa, a voulu, il y a quelques années, montrer le Rocher de Sel à sa jeune femme qui l'accompagnait. Ils s'y sont aventurés sans guide, malgré les conseils des Arabes, et ils n'en sont pas revenus. Comme ces Anglais qui dorment gelés au fond des glaciers suisses, ils sont là-bas, dans quelque trou blanc, enlacés l'un à l'autre, mis à la saumure par les pluies qui tombent dans leur tombeau, passés à l'état de conserves. Cette colline étrange n'est pas un mélange de pierres, de terre et de sel, c'est un immense bloc homogène, un bloc de cristal, comme d'autres sont des blocs de granit ou de calcaire. Et comme si tout devait être extraordinaire dans cet extraordinaire pays, de la montagne elle-même, du cœur de sa masse salée, jaillit une source d'eau douce, amenée au jour par quelque mystérieux conduit imperméable.

Du pied du rocher, comme les racines d'un tronc gigantesque, sortent et divergent en tous sens des traînées blanches qui sont des ruisseaux dont l'eau coule sous une couche de sel cristallisé, sous une croûte dont la surface éblouissante est couverte de saillies semblables ici à de la mousse de savon qui se serait solidifiée, là aux petites et délicates végétations de pierre de certains madrépores de la Sonde. Épaisse de dix à cinquante centimètres, cette croûte est parfois assez forte pour supporter le poids de notre voiture; d'autres fois, au contraire, elle craque sous les roues comme la glace craque, en hiver, dans nos chemins, et il en jaillit une eau dense, saturée, qui brûle la langue comme un fer chaud et auprès de laquelle l'eau de mer n'est qu'une insipide eau minérale.

On ne peut s'expliquer la formation de ce rocher qu'en supposant qu'il est le sommet de quelque masse énorme repoussée d'en bas par une tentative d'éruption volcanique. Cette masse a, sans doute, crevé la croûte terrestre et a fait au dehors la saillie que nous voyons, mais, trop grosse pour sortir par le trou qu'elle s'était ouvert, elle l'a sans doute bouché elle-même et s'est arrêtée là.

L'exploitation de cette montagne rapporterait, dit-on, des millions, si les frais de transport ne devaient pas dévorer dix fois les bénéfices. Un Marseillais n'avait-il pas rêvé de faire fortune rien qu'avec le guano que les pigeons y laissent tomber ! Après le Djebel-Melah, un abominable semblant de route, plein de pierres roulantes sur lesquelles les chevaux s'agenouillent à chaque pas, nous conduit au caravansérail de Smilah, bâti sur les bords d'El-Haoura, rivière que nous avons déjà vue au nord du Rocher de Sel, où elle s'appelle l'Oued-Melah, et que nous reverrons au sud sous le nom d'Oued-Djelfa.

Des ruisseaux, de petits jardins touffus et verdoyants, des haies de roseaux verts, des rideaux de peupliers, font de Smilah un coin du paradis dans ce pays salé et rôti. Des chevaux blancs, richement harnachés de velours rouge brodé d'or, y piaffent sous les arbres, tenus en main par des domestiques habillés avec recherche. Aux selles en peau de panthère, à côté des fusils montés en argent, pendent des matraques de luxe, dont la tête est garnie de clous dorés, et qui font penser aux vieilles masses d'armes des preux du moyen âge. C'est l'équipage du caïd des Ouled-Abd-el-Kader qui fait la tournée de ses tribus et qui se repose un instant dans le gîte. Le voici d'ailleurs lui-même. Il est vêtu de rouge et d'or, et un grand chapeau que surmontent des plumes d'autruche ombrage sa belle figure brune ; son fils, garçon de douze ou treize ans, mis avec le même luxe, l'accompagne. Et ils montent en selle; les Arabes accourus des environs baisent avec respect le bas de leurs manteaux, leurs chevaux se cabrent et hennissent, et, semblable à la chevauchée de quelque baron féodal, la petite troupe brillante prend au trot le chemin du Rocher de Sel et disparaît bientôt dans le soleil et la poussière.

Ce large espace couvert de galets qui reluisent et au milieu duquel coule une petite rivière tranquille, c'est le lit aux trois quarts vide de l'Oued-Si-Sliman, affluent de l'Oued-Djelfa. Et au galop, au risque de verser cent fois, on descend la pente de sa rive droite; puis l'eau éclabousse, les chevaux barbotent, les pierres roulent et crient sous les sabots, et, au galop toujours, en vertu de la vitesse acquise, on remonte la rive gauche, et l'on respire, l'Oued-si-Sliman est passé.

Les vastes plaines ont disparu, nous parcourons le massif accidenté du Djebel-Sahari, toujours bien sec et bien aride, cependant; nous traversons d'autres affluents de l'Oued-Djelfa, nous escaladons des collines, nous descendons dans des ravins, et nous arrivons enfin aux ruines d'Enchir.

Il y avait autrefois ici un ksar. Il a été abandonné, et il n'en reste, dispersés sur la terre écorchée par le vent, que quelques carrés de murs en pisé et quelques masures à demi rasées, tandis que de l'autre côté de l'Oued-Djelfa, qui coule ici dans des tranchées à pic, se dressent des rochers cubiques qu'on prend pour d'autres ruines, et qui ne sont qu'un jeu de la nature. De loin en loin verdoient quelques bouquets d'arbres, puis apparaissent, sur un plateau de rocher, des taillis, des plantations artificielles, des champs de blé.

Et voici des peupliers, des saules, des abricotiers. Nous sommes-nous trompés de route? Revenons-nous au nord?

« Qu'est ce grand jardin dans ces hautes murailles ? disons-nous à Ben-Aïssa.

— C'est le jardin du Bach-Agha, et la maison que tu vois au milieu, c'est sa maison de commandement.

— Mais de quel Bach-Agha ?

— Eh bien, de celui de Djelfa, puisque nous y sommes ! »

De Djelfa ? O Fromentin ! mais ton Djelfa est horrible ! C'est une toute petite ville française avec cinq ou six rues d'une largeur ridicule, bordées de petits arbres et de petites maisons ; avec un petit rempart qui entoure le tout ; avec un petit bordj bien prosaïque et une petite place poudreuse pour le marché, le tout flottant dans un océan de soleil. A peine une mosquée, à peine quelques Arabes ! Et voilà pourtant ce que deviendra peut-être tout le désert, dans la suite des siècles !

Irons-nous à Laghouat ? On nous dit que la route, pour employer l'expression consacrée, est abominable ; la machine qui va y porter le courrier n'est plus qu'un ignoble char traîné par trois mules, le conducteur a l'air à demi fou. Nous ne pouvons pourtant nous arrêter ici. Et Djelfa est bientôt derrière nous ; empressons-nous de l'oublier. Nous l'avons, d'ailleurs, à peine quitté que nous retombons dans l'alfa et dans les troupes de chameaux, et nous arrivons bientôt à l'Oued-Ceddeur. Une sorte d'hôtellerie mal tenue, une ou deux maisons indigènes et un vieux caravansérail arabe dont les murs ornés de croissants ont l'aspect lugubre de murs de cimetière ; tel est ce poste. Notre véhicule n'a, avec nous, que deux voyageurs : un Arabe taciturne, aussi peu gênant qu'un colis, et le Mozabite avec qui nous sommes partis de Boghar. Intelligent et aimable, comme tous ceux de sa race, ce dernier parle français comme un Parisien. Il ne sait que nous offrir pour nous être agréable, et nous lui ferions trop de peine si, de temps à autre, nous ne puisions dans son sac de dattes ou si nous refusions de boire à la gargoulette sur laquelle il tient ses pieds nus au frais. Il va à Laghouat organiser une petite caravane qui ira chercher dans le Mzab des dattes, des burnous, de la laine et je ne sais quelles autres marchandises qu'il reviendra vendre lui-même dans le Tell.

Plus loin, au milieu d'un vaste pays plat, se dispersent dans les herbes jaunes les débris de Ksar-Timekmeret. Quelques habitants, hâves et silencieux comme des revenants, hantent ces ruines. Contre une muraille, roulé dans un burnous maculé de larges taches brunes, gît le squelette d'un enfant. Des lambeaux de peau noire tiennent encore à la face qui semble rire de ses belles dents blanches, et les ossements sont réunis entre eux par les ligaments desséchés; il ne manque qu'un pied et une main. D'où viennent ces restes sinistres? Des Arabes qui passaient les ont trouvés, là-bas, à côté du squelette d'un âne, et ils les ont recueillis pour les laisser ici, en passant. On les portera au cimetière voisin quand on aura le temps. Le pauvre petit est, dit-on, mort de chaleur, de soif ou de faim. Mais il ne pouvait voyager seul, et les Arabes emportent toujours leurs morts. Pourquoi alors était-il ainsi abandonné? Ses compagnons ont-ils péri comme lui? Le désert seul pourrait le dire.

Juste à la même époque, à la fin de juillet, nous a-t-on raconté plus tard, une petite caravane composée de quatre hommes, quatre femmes, trois enfants, trois chameaux, trois ânes, dix chevaux et une vingtaine de chèvres était partie des Ouled-Djelal pour se rendre à El-Baadj. Et l'on n'en avait plus entendu parler. On avait seulement, près de Yader, rencontré par hasard une douzaine de chèvres presque mortes de soif, et un mois après, à Mader-Nouka, dans le territoire des Arab-Gheraba, des indigènes avaient trouvé sous des buissons de jujubier sept cadavres humains desséchés, méconnaissables, rongés par les bêtes.

Tout cela était mort de soif.

Et c'est tristement qu'on se remet en marche dans la vaste plaine couverte maintenant de melons sauvages et de coloquintes dont les longues tiges rampent sur le sable comme des serpents verts. De temps à autre, passent au loin des caravanes qui s'en vont, silencieuses et somnolentes, à travers les vastes solitudes. Le hasard nous met parfois sur leur route; elles escaladent alors un repli de terrain et elles s'arrêtent, se rangent pour nous voir. Campés sur les chameaux, les jambes à demi repliées sur leur large selle, le fusil en travers devant eux ou appuyé sur la cuisse avec la main placée aussi haut que possible sur le canon, les Arabes nous dominent fièrement de toute la hauteur de leurs bêtes qui, les lèvres pendantes, semblent nous regarder avec un superbe dédain. Le large chapeau sur la tête, le capuchon rabattu sur le front, le haïk remonté sur le nez, rien ne paraît de la figure des hommes que des yeux noirs et profonds qui nous contemplent avec une fixité inquiétante. Ils sont fort beaux ainsi, ils sont imposants et ils font peur. Ils sont cinquante, et nous sommes quatre, ou plutôt je suis seul, et autour de nous, jusqu'à l'horizon enflammé, s'étend la steppe vide et sans écho.

« Sofra mabrouk! bon voyage! » dit une bouche invisible.

Sofra mabrouk? Mais qui a parlé? Rien ne bouge dans la caravane.

« Bonsoir », dit-on à ma vue.

Et, à ce mot français, des rires gutturaux sortent des voiles blancs, mais les yeux noirs nous regardent toujours avec la même gravité.

Et quand nous avons passé, les chameaux poussent quelques cris aigres, reprennent la queue de file, et la caravane repart.

Où vont-ils? Ils vont vers les pâturages du Tell, et plus tard, au commencement de l'hiver, ils regagneront leur

Sahara, et chaque année ils accompliront le même voyage.

Au moment où la nuit va se faire, nous atteignons un café arabe installé dans une masure de terre et flanqué de deux misérables tentes en loques. Près de là, dans la plaine aride et fauve, se dressent des murailles grises que dépassent des touffes de verdure, des peupliers et des maisons blanches. Et cela ressemble ici à des jardins enchantés. Nous nous arrêtons au café et nous avons le temps d'aller voir ce que c'est. Une grande porte en fer à cheval s'ouvre sur une espèce de rue bordée de maisons et de petits murs de jardins, mais il n'y a personne! Les jardins ont encore les arbres qu'on y a plantés, mais les ronces et les liserons les ont envahis. Les maisons, presque neuves, n'ont plus ni portes ni fenêtres, et elles sont vides. Voilà une petite mosquée. Elle est abandonnée! Voici une maison de commandement avec un joli dôme et d'élégantes arcades. Elle est fermée comme une maison à revenants! Voici une autre rue, avec des masures croulantes, des ruines prématurées. Et personne encore! Nos pas résonnent dans un silence funèbre, et çà et là courent sans bruit, comme des ombres, des chats et des chiens maigres, seuls hôtes de cette solitude. Mais où sommes-nous? Dans quelque bourgade enchantée, sans doute. C'est une ville de contes de fées que ce ksar; une ville qu'a endormie la baguette de quelque magicien des *Mille et une Nuits;* c'est un cadavre de ville! C'est donc une terre de désolation, une terre maudite, que celle-ci? Toujours l'image de la mort, toujours des ruines, toujours le néant. Il y a pourtant de l'herbe, il y a de la verdure, il y a de l'ombre, il y a de l'eau, ici! Pourquoi n'y a-t-il personne? Pourquoi? Parce que le nomade du Sahara est un oiseau de passage à qui il faut le vol large et libre dans les grands horizons blancs, et qu'il est aussi naïf de lui bâtir des villages qu'il le serait de mettre dans le désert des cages et des niches, pour que les vautours et les chacals vinssent y élire domicile. Ce ksar est, en effet, l'œuvre de je ne sais quel général bien intentionné qui l'avait fait construire, irriguer, planter, et qui y avait appelé les Arabes. Ils y vinrent, séduits par la nouveauté; ils y passèrent même quelque temps, mais ils laissèrent bientôt les plantes sauvages croître dans leurs jardins, le vent démolir leurs fenêtres, les pluies d'orage défoncer leurs toits, et, tranquillement, ils regardèrent le temps accomplir son œuvre de destruction. Est-ce qu'on répare une maison qui vieillit? Si elle tombe, c'est qu'Allah le veut!

Et un beau jour on ne trouva plus personne au ksar; les oiseaux s'étaient envolés.

« Comment s'appelle cet endroit? demandons-nous à l'un des Arabes qui habitent des tentes déchirées à côté de bonnes maisons vides.

— Aïn-el-Ibel, nous répond-il.
— Mais nous sommes encore assez loin d'Aïn-el-Ibel!
— Ksar-Zeïra, nous dit un autre.
— Mais nous l'avons déjà dépassé! »

Ils ne savent même plus le nom qu'on avait donné à cette tentative de ville.

Et, par les ravins et par les landes, nous arrivons à Aïn-el-Ibel longtemps après la tombée de la nuit. Dans une immense plaine qui, vers l'ouest, s'arrête au pied du Djebel-Sera et du Djebel-Mjaad, mais qui s'étend, vers l'est, jusqu'à l'horizon, une plaine toute couverte de taches noires qui sont des chameaux au repos, se dresse la masse calme et imposante du caravansérail mélancoliquement blanchi par la lune. Quelques grands peupliers l'avoisinent, semblables, dans l'obscurité, à des cyprès funèbres, et de tous les côtés, au son plaintif des flûtes de roseau, arrivent à pas lents de petites caravanes qui viennent se désaltérer à l'abreuvoir, à Aïn-el-Ibel, la fontaine des chameaux, où ils passeront une partie de la nuit autour des murailles. Devant la porte du caravansérail, brillent les bijoux sauvages d'une Ouled-Naïl de passage, et près d'elle un enfant en burnous joue avec une gazelle apprivoisée. C'est bien peu de chose, et cela fait un tableau qu'on s'oublie longtemps à contempler. Malgré sa tristesse morne, ce pays exerce sur l'âme un charme profond dont la source est dans la simplicité des impressions qu'elle en reçoit. La lenteur pacifique des caravanes pour lesquelles le temps semble ne pas marcher, la majesté des grands plis du costume arabe, le vaste silence qui vous environne, la sévérité des caravansérails eux-mêmes, tout s'harmonise avec la largeur des espaces, avec les lignes droites des horizons, avec la profondeur des cieux, et il résulte de cet ensemble comme une symphonie magistrale et calme, comme une sorte de plain-chant silencieux qui engourdit l'esprit, qui l'endort, qui le dispose aux extases des vieux solitaires de la Thébaïde. Il n'en faudrait pas plus pour expliquer cette apathie des indigènes, qui n'est peut-être qu'une philosophie instinctive engendrée par la nature immobile qui les entoure et qui les pousse aux absorptions, à l'anéantissement de la vie contemplative.

A une heure du matin nous repartons, et, comme la veille, nous marchons encore dans la nuit fantastique des steppes. Sur l'alfa, flottent indécises de grandes ombres qui passent et qu'on ne s'explique pas. Notre conducteur menace de nous jeter dans tous les trous qu'il rencontre ; il descend au hasard dans le lit desséché des petites rivières ; il tente sans cesse de causer avec mes voisins à moitié endormis ; il s'assoupit enfin lui-même, il laisse tomber les rênes, et il faut cent fois le rappeler à son devoir. Un Bédouin sort tout à coup de l'ombre, nous suit un instant au pas, puis met au trot son cheval, dont les sabots ne font aucun bruit sur le sable.

— Bonsoir ! dit-il en passant, et il nous devance pour

se perdre dans la nuit. Un peu plus loin, il reparaît au sommet d'une petite dune ; sa silhouette se dessine un instant sur le ciel que son fusil raye d'une barre noire ; il descend de l'autre côté, et l'apparition s'évanouit. D'où vient ce cavalier? où va-t-il à cette heure? A quelque réunion de chasse dans un ksar lointain ou à quelque rendez-vous d'amour dans un douar de la plaine.

Un autre croise notre route au galop et, le manteau flottant, passe comme un grand hibou surpris par l'approche du jour et regagnant son gîte à tire-d'aile.

La pleine lune éclaire heureusement ces visions fantastiques, une belle lune d'or qui nage mollement dans l'azur profond et sombre. Et on la regarde avec reconnaissance ; on lui sourit avec amour comme à une amie qu'on a laissée au pays et qui y est encore, mais qui, cette nuit, a monté très-haut pour voir où l'on est et où l'on va.

Le jour paraît enfin ; nous sommes alors entre le territoire des Oulad-Reggab-Gharaba et celui des Oulad-Yaya-ben-Salem, et voici encore des ruines, des ruines qui datent d'hier cette fois. Moitié arabes, moitié françaises, deux ou trois gracieuses constructions, avec de petites arcades qui entourent une cour charmante, s'écroulent dans un funèbre abandon. Il y a quelques mois à peine, une famille de pionniers perdus était venue s'installer ici. Comme celle d'El-Krachem, elle donnait à boire à ceux qui vont au Sud ou qui en viennent.

Un jour la maison ne s'ouvrit pas. Un caïd qui chevauchait par là avec son goum en fit enfoncer les portes, et l'on trouva des mares de sang figé et des cadavres nus dans les salles bouleversées. Une fenêtre était défoncée ; c'est par là qu'avaient passé les bandits, ceux dont la nuit est la part, ceux qui ne manquent de rien si leur bras est fort, disent les Arabes. Sur le corps d'une pauvre jeune femme dont le cou portait une large plaie béante, pleurait encore un enfant qu'on avait oublié de tuer et qui, de ses pauvres petites mains, serrait le sein refroidi de sa mère.

Cet endroit est Mokta-el-Oust, le gué du milieu, et là-bas retentit, tranquille et sonore dans le silence limpide du matin, la voix joyeuse d'un Arabe qui passe en conduisant ses chameaux.

Il y a près de ces demeures ensanglantées un puits profond dont l'eau potable sert de prétexte à un long arrêt, et à deux pas, au fond d'un petit ravin de terre rouge, passe le lit blanc de l'Oued-Tademit, où de charmantes flaques d'une eau claire, mais empoisonnée pour l'homme, dorment sous de magnifiques lauriers-roses. Les oiseaux accourent en foule autour de ces abreuvoirs. Il y a des gangas criards, des râles d'eau, espèce de merles gris à long bec, et de petits oiseaux rougeâtres si nombreux que mes compagnons de route, adroits comme des sauvages, les abattent à coups de pierres.

« Baroud! baroud! » crie un homme qui semble sortir de terre et qui arrive sur nous le fusil levé. On lui donne ce qu'il demande, un peu de poudre; il charge son arme, et, haletant, il disparaît au pas de course. Il poursuit des outardes, gros oiseaux à moustaches qui ont la taille de nos dindons et le plumage brillant de nos faisans.

« Ghzel, ghzel! » crie un autre, et il nous montre un vol de perdreaux qui rase le sol et qui s'abat à vingt pas de nous, dans les cailloux de l'oued.

Les perdrix, surprises, sans doute, par notre passage, se levaient, d'ailleurs, depuis ce matin, en si nombreuses et si bruyantes compagnies sous les pieds de nos mules que celles-ci s'effarouchaient et se cabraient. Nous n'y pouvions tenir et, sans descendre de voiture, nous tirions presque au hasard, et il en tombait qu'on ne se donnait pas la peine d'aller ramasser.

Les Arabes, pour qui la poudre est une denrée de luxe, ne la gaspillent pas pour si peu. C'est à la course ou grâce à des détours rusés, à des cercles qu'ils décrivent lentement autour de lui, qu'ils s'emparent de ce gibier vulgaire.

Les chasseurs semblent bien connaître l'abreuvoir de Mokta-el-Oust; il en sort de tous côtés. En voici un qui arrive au galop, une longue lance fourchue sur le pied et un faucon chaperonné sur le bras. Le chaperon est une espèce de capuchon noir, orné d'un petit bouquet de plumes d'autruche, noué par un cordon doré, et dans lequel la tête de l'oiseau entre comme dans un fourreau qui l'aveugle. Rien de plus simple que la chasse avec cet auxiliaire. Un lièvre vient-il à passer? L'Arabe déchaperonne le faucon, qui s'enlève aussitôt et qui monte droit dans le ciel, où il se met à décrire de grands ronds; puis, tout à coup, il replie ses ailes et il descend comme un aérolithe; il a vu le gibier, tombe sur son dos, s'y cramponne de ses serres aiguës, et, pendant qu'il lui crève les yeux, l'Arabe arrive à fond de train, pique le lièvre de sa longue fourche, le met dans sa besace, rappelle son oiseau et se remet en chasse.

En voilà d'autres qui passent avec de grands lévriers jaunes dont le cou est garni d'un vrai chapelet d'amulettes.

Ces lévriers sont des slouguis aujourd'hui aussi rares que les faucons; on n'a pas toujours le plaisir d'en rencontrer. Ils ont, d'ailleurs, l'air de chiens absolument abrutis pour le moment; mais qu'un lièvre se montre, et tout change.

« Aï! aï! aï! » crient alors les Arabes, et les slouguis lèvent la tête, regardant autour d'eux, puis partent, comme poussés par des ressorts, et les cavaliers les suivent en tourbillons. Le gibier est bientôt forcé, le chasseur met pied à terre et l'assomme à coups de matraque; le plus souvent, emporté par l'ardeur de la chasse, il se laisse tomber sur lui du haut de son cheval, et il l'emprisonne sous les plis de son burnous. Les slouguis qui arrivent à Mokta-el-Oust ont déjà fourni une longue course, et on leur ouvre la gueule de force pour y jeter des poignées de sable, opération que subissent aussi les chevaux.

« Pourquoi fait-on cette méchanceté à ces pauvres animaux ?

— Parce qu'ils ont soif, nous répond-on. C'est pour les faire boire, pour leur rafraîchir la bouche en excitant la sécrétion salivaire.

— Mais que ne leur donne-t-on simplement de l'eau du puits ?

— Parce que cette pratique a une autre raison, nous explique le Mozabite. Le sable du désert est toujours salé et fait tomber les sangsues. Quand on le peut, on remplace, d'ailleurs, ce sable par un mélange plus efficace de sel et de vinaigre. »

Les sangsues foisonnent, en effet, dans les eaux d'Algérie, et ces chevaux dont on voit si souvent les lèvres ensanglantées, ne sont pas, comme on le croit, des victimes de la brutalité humaine ; ils ont simplement avalé des sangsues imperceptibles qui se sont collées à la muqueuse de leur bouche et qui s'y gorgent de sang au point de devenir grosses comme le pouce. Je les ai comptées, une fois, et j'en ai vu retirer trente-quatre !

Malgré les passoires dont sont ordinairement munies les gargoulettes, malgré les filtres d'alfa dont se servent les Arabes, ces hirudinées sont un danger constant pour l'homme lui-même, et j'ai vu, une autre fois, un pauvre enfant mourir étouffé par l'une d'elles.

Après Mokta-el-Oust commence le sable, le vrai sable du désert cette fois, du désert dont nous sépare une chaîne de collines, et d'où il est venu, apporté par le vent. Nous sommes à dix kilomètres de Sidi-Maklouf.

Mais quand y arriverons-nous ? Nous n'avançons plus

qu'à grand'peine, et les caravanes les plus lentes nous dépassent encore. Des roches déchiquetées, demeure des renards et des hyènes, se montrent çà et là hors du sable. L'œil éteint, le cou soulevé par un dernier effort, un chameau à l'agonie gît sur le sol brûlant. Des chacals l'entourent pour attendre sa mort, tranquillement assis comme d'honnêtes chiens et ne s'éloignant qu'à regret à notre approche. Plus loin, ils sont une demi-douzaine acharnés sur la charogne puante d'un mulet ; des hiboux, perchés sur des pierres et jaloux de cet ignoble festin, les regardent, malgré le grand jour, à travers les lunettes d'or de leurs gros yeux ronds, et les uns et les autres ont tant à faire qu'ils nous laissent passer sans même se détourner ; ils sont chez eux.

Plus loin le vent balaye le sable, et, sur le sol dallé de larges roches plates et grises, notre véhicule courrait comme un patineur au skating, n'étaient les larges et profondes crevasses qui s'ouvrent en tous sens, et dans lesquelles se blottissent de petites chouettes qui nous regardent comme des crapauds du fond de leur trou.

Enfin, au milieu d'un désert nu, entre un marabout éblouissant et une grande bâtisse de neige, crénelée comme un fort, s'élèvent de grands panaches verts. Saluez ! ce sont des dattiers, les premiers que vous rencontrez depuis que vous avez mis le pied sur la terre africaine. Et ce marabout dont l'éclatante blancheur se confond avec le ciel, c'est Sidi-Maklouf. Le fort, flanqué de quelques masures et bordé d'une tranchée qui représente un cours d'eau, est un caravansérail comme les autres. J'y suis seul à table, et le gardien, vieux zouave à barbe grise, me sert deux perdreaux et un lièvre.

« Toujours la même chose, alors !

— Que voulez-vous, dit le brave homme confus, je n'ai pas mieux ! J'ai bien essayé de faire pousser des pommes de terre, mais, comme rien ne venait, je les ai déterrées au bout d'un mois. Elles avaient la peau dure, racornie, et je les ai mangées, le soleil les avait cuites sous le sable. J'ai semé des carottes et je les ai arrosées tant que j'ai pu; toutes les fois qu'elles ont essayé de lever une feuille, le vent du sud la leur a brûlée.

« Si j'avais pu prévoir votre arrivée, j'aurais cependant du poisson.

— Du poisson? à Sidi-Maklouf! Vous moquez-vous de moi?

— Oh! pas le moins du monde, monsieur! Je connais à Tademit un puits où il y en a beaucoup. Ce sont de petits poissons gris qui n'ont pas grand goût, mais cela vous aurait changé un peu. Il y en a aussi à Tadjemout, tout près d'ici, et à Afflou. Il passe par là, non pas une de ces masses d'eau qui s'infiltrent dans le sol mouvant, mais une vraie rivière souterraine dans laquelle on en pêche par des ouvertures creusées sur son parcours.

« Tenez, si vous allez visiter le vieux camp de Laghouat, vous y verrez un trou; c'est la porte d'un corridor qui s'enfonce obliquement sous terre, et au bout de ce corridor vous trouverez l'orifice d'une espèce de citerne au fond de laquelle passe une autre rivière. Il y a encore des poissons aveugles là-bas dedans. Et puis, il y en a dans tout le désert. Je faisais, une fois, partie d'une compagnie chargée de percer des puits artésiens. Eh bien, monsieur, quand l'eau a jailli, elle nous a apporté des poissons et des crabes.

— Des crabes aussi?

— Oui, monsieur, de vrais petits crabes, roses et mous, mais bien vivants.

— Il y a donc une mer, là-dessous?

— Certainement. La Bahr-that-el-Erdh, comme l'appellent les Arabes, qui, pour aller la chercher, font parfois eux-mêmes des puits de cinq à quatre-vingts mètres de profondeur. Ils ont pour cela des ouvriers particuliers qui s'appellent des retassa. Un vilain métier, allez, que celui de ces pauvres diables! Figurez-vous que lorsqu'ils percent la dernière couche de sable, l'eau jaillit souvent avec une telle force qu'elle les entraîne à travers les épontilles embrouillées qui soutiennent les parois, et que le puits les vomit à demi asphyxiés, meurtris, quelquefois morts tout à fait.

— Et l'on trouve des gens pour faire cela?

— Que voulez-vous? Est-ce qu'on n'en trouve pas pour tout? Je garde bien un caravansérail, moi!

— C'est vrai. Enfin, si vous n'avez ni poisson ni pommes de terre, vous avez au moins des dattes.

— Des dattes? Vous en voulez? Mais c'est bon pour les Bédouins! »

Et, comme j'insiste, il m'apporte dédaigneusement, dans une corbeille plate en feuilles de palmier, de belles dattes blondes et dures, mais j'ai baissé dans son estime. Il m'avait cru plus comme il faut que cela!

Il est midi; tout dort, et il faut repartir. Les mules reposées font, dit le conducteur, feu des quatre pattes et de la queue, et, à travers les plantes sèches, à travers les genêts épineux, sur les cailloux décharnés, dans les crevasses profondes, elles volent maintenant, et l'on croit sentir ses viscères secoués se décrocher et tomber pêle-mêle dans son ventre. Le ciel est inondé d'une si éblouissante lumière blanche qu'on semble être sous un soleil immense occupant le firmament tout entier, et le thermomètre marque cinquante degrés dans notre coche! Voici enfin un lac, vaste terrain plat et sec qu'entourent des mornes rôtis. On y brûle plus qu'ailleurs, mais, au moins, on y roule sans peine et sans secousses.

Puis on s'engage entre deux longues lignes de montagnes qui courent parallèlement l'une à l'autre, le Djebel-Lazereg, à droite, et les monts des Ouled-yaya-ben-Salem, à gauche. Ce sont deux remparts de pierres, droits comme des falaises, et dont la base s'élargit en talus rocailleux, tandis que la crête se festonne régulièrement en dents de loup tournées vers le nord, comme si les rochers étaient couchés par le vent qui vient du désert.

Au bout de l'imposante avenue que forment ces deux chaînes se montre le puits de Metlili, dont la maison blanche semble s'éloigner, à mesure que nous en approchons; plus loin, pareille à un nuage d'un brun très-clair, se dresse une colline isolée que sa forme a fait appeler le Chapeau de gendarme, et par delà ce mont, dort comme un flamboiement de fournaise dans lequel on devine les sables éblouissants et surchauffés du Sahara.

Voici enfin Metlili. C'est, isolée, perdue, une maison arabe que précède une galerie à arceaux bleus et à colonnes rouges. Et il y a encore deux pauvres Français qui vivent là dedans, presque sans relations avec leurs semblables, comme des Robinsons dans une île.

Les murailles de la salle sont tapissées de hiboux piqués comme de grands papillons, d'aigles poudreux qui étendent leurs ailes cassées, de gros lézards bourrés de paille et de vipères cornues dont le corps desséché ondule sur des planchettes; un homme et une femme nous y vendent de l'eau rafraîchie dans une outre. La femme, qui nous regarde avec de grands yeux étonnés et tristes, tient sur son sein et caresse avec amour un affreux lézard à queue dentelée et pareil à un gros caméléon teint de vert.

« Quelle vilaine bête vous avez là !

— Cela? une vilaine bête, monsieur? Notre pauvre petit ! » Et, comme s'il comprenait qu'on parle de lui, l'animal roule vers sa maîtresse de vilains yeux mourants.

« Il n'est pas beau, en effet, ajoute-t-elle avec résignation. Mais que voulez-vous, il faut bien aimer quelqu'un ou quelque chose. Nous avions un enfant, autrefois, en France; il est mort.... en France. »

En France! Et elle répète ce mot, comme s'il caressait

délicieusement son oreille, et des larmes lui montent dans la voix.

« Mais nous n'avons pas que ce lézard. Nous avons deux autres gâtés.

« *Adjet! Milok!* appelle-t-elle. C'est le nom des endroits du voisinage où mon mari les a trouvés.

« *Adjet! Milok!* » Et deux sveltes quadrupèdes jaunes, deux chacals, accourent, la queue traînante et le nez tendu.

« Nous avions aussi des cochons, continue-t-elle, mais on nous les a pris. Et je ne les regrette pas, ceux-là. C'étaient des cochons plus sauvages que des sangliers et méchants comme tout ce qu'il y a ici. Ce que je regrette, c'est ma pauvre Meleh, ma pauvre petite chèvre blanche. On me l'a volée hier, monsieur. Nous ne pouvons rien tenir! Mon mari la gardait là-bas, dans un bas-fond où il y a un peu d'humidité et un peu d'herbe. Une caravane a passé, il a causé un instant avec les Arabes, il leur a donné une commission pour Aïn-el-Ibel, et quand ils ont été partis, il n'a plus vu la chèvre. Alors, il s'est mis à courir tant qu'il a pu, il a rejoint la bande, et il a entendu Meleh, qui bêlait à fendre l'âme. Elle était sur un chameau, dans les bras d'un Bédouin qui riait comme rirait un tigre.

— Rends-la-moi! lui a-t-il dit.

« Et tous les autres se sont mis à rire comme le voleur.

— Rends-la-moi, te dis-je. Et il a sauté à la corde du chameau. Alors l'Arabe lui a appuyé sur la tête le canon de son fusil. Que faire? Il est revenu en pleurant. Allez, quelque nuit nous finirons comme ceux de Mokta-el-Oust.

— Pourquoi restez-vous ici?

— Que voulez-vous, il nous est arrivé ce qui arrive à la moitié des Français qui y viennent. Le frère de mon mari était zouave, et quand il eut fini son temps, il ne revint pas au pays, il avait obtenu une concession! Tout le monde disait qu'il avait fait fortune. Il y en a bien qui se font riches en Amérique! L'Afrique, l'Amérique, tout cela était voisin pour nous. Un jour, nous reçûmes un papier nous annonçant que mon beau-frère était mort, et que nous étions ses héritiers. Nous vendîmes le peu que nous avions et nous dépensâmes notre argent en voyage. Et le voilà, l'héritage du zouave! C'est cette masure. Nous n'avons plus rien en France. Metlili nous appartient, il est vrai, et nous pourrions le vendre, mais qui serait assez fou pour l'acheter? Ah! que ne suis-je encore à Vizille!

— Dans l'Isère? Près de Grenoble?

— Vous connaissez mon pays, monsieur? Vous en êtes peut-être! Et elle faillit m'embrasser sur cette simple supposition. Puis elle se mit à pleurer, la pauvre paysanne exilée.

« C'est égal, murmurait-elle, je ne veux pas finir ici, moi! Je m'en irai à pied jusqu'à Alger, s'il le faut, et j'y trouverai bien quelque bâtiment charitable qui me portera en France. Allez, personne ne meurt de faim dans nos villages, et au moins on ne m'enterrera pas dans tout ce sable où les hyènes viendraient me manger. »

En quittant Metlili, nous nous jetons dans une troupe de chameaux qui portent sur le cou une marque imprimée au fer rouge, des chameaux du gouvernement. La peur les prend à notre vue, ils poussent des cris atroces, ils se débandent; notre léger véhicule est à demi renversé par leurs chocs affolés, les mules partagent la terreur qu'elles causent, se cabrent, ruent, puis partent à fond de train, et nous sommes en quelques minutes au Chapeau de gendarme, le pays cher aux vipères à cornes. On ne les voit pas, les vipères, mais çà et là, dans le sable et dans les pierres, on les entend fuir en soufflant.

« Ffou, fffou, fffffffouououou! font-elles.

— Écoute, me dit le Mozabite, ce que disent les lefaa.

— Que disent-elles?

— Que les Français sont fous, fous de venir ici. »

Le Chapeau de gendarme s'élève isolé entre les deux bouts de l'avenue que nous venons de suivre. A l'ouest, entre sa masse brûlée et la fin du Djebel-Lazereg, apparaissent, au loin, les sommets transparents du Djebel-Amour, où, comme dans le Sud oranais, les ksour se perchent sur les sommets, se blottissent dans les brèches de la montagne, se serrent près des aïoun altérés. A l'est s'ouvre la porte par laquelle nous allons sortir.

Encore quelques pas, et l'horizon s'élargit tout à coup; les yeux se ferment à demi; devant nous s'étend comme une mer de lumière, c'est le Sahara.

Et là-bas, sur la gauche, vers le sud-est, derrière de grandes dunes polies comme celles d'El-Messerane, est Laghouat.

La pente des hauts plateaux vient de finir, et nous nous lançons dans les flots de sable. Mais la navigation n'y est pas facile. Les mules ont trop de poids; il faut mettre pied à terre. Il est trois heures après midi; depuis le matin le sol mouvant emmagasine les rayons ardents du soleil, et l'on n'a pas fait cent pas, s'enfonçant jusqu'à la cheville, qu'on sent dans ses bottes une chaleur qui croît rapidement, qui devient intolérable. On saute, on court, et cela brûle toujours. On veut s'asseoir pour donner aux pieds le temps de se rafraîchir un instant, mais on bondit avec un cri et l'on court encore. La voiture allégée a marché plus vite, elle est déjà loin; on la regarde comme un lieu de refuge, et l'on mesure avec terreur la distance qui vous en sépare. On voudrait avoir des ailes. Nos compagnons, habitués à ces choses, s'en vont allègrement, et rien autour de nous que le sable et que ces hommes qui disparaissent! Faudra-t-il cuire ainsi?

— *Ya, M'hamed!* Et le petit groupe blanc s'éloigne toujours. Ils n'ont pas entendu.

— Ya, M'hamed! Un homme à la mer!

Enfin, le Mozabite se retourne, il revient sur ses pas, nous donne le bras, nous porte presque, et nous retombons dans la carriole, les pieds cuisants, rouges comme si l'on y eût appliqué des sinapismes.

CHAPITRE V

DANS LE SAHARA.

— Laghouat! Laghouat! crie joyeusement M'hamed.
Et là-bas, noyée dans les feux du soleil, dans les flamboiements radieux du sable incandescent, flotte une île de verdure compacte, une grande île de palmiers. Des remparts, des maisons blanches ou grises, un minaret s'élèvent du cœur de cette corbeille féerique, c'est l'oasis.

Une masure à demi démolie où nichent les hirondelles et où loge un poste de spahis, gardiens de la prise d'eau, le *sine quâ non* des jardins, précède Laghouat comme une chaloupe amarrée à l'arrière d'un vaisseau. Il passe entre cette maison et les dernières montagnes des hauts plateaux une rivière qui va de l'ouest à l'est, du Djebel-Amour aux chotts de Biskra; nous venons de la traverser sans nous en douter. Cette rivière, l'Oued-Mzi ici, l'Oued-Djeddi plus loin, est, en effet, aujourd'hui, ce qu'elle est d'habitude, une mystérieuse rivière souterraine qui court à travers le sable. De loin en loin, sa nappe liquide se rapproche de la surface du sol, ou plutôt cette surface se déprime et se rapproche de l'eau, et il a été facile de creuser en ces points des puits qui ont donné naissance à El-Aoueta, à Tadjemout, à Assafia, à El-Aïran, à Laghouat. L'eau, ainsi obtenue, est ici conduite et emmagasinée dans des bassins, larges mares aux bords mouvants, mais munies de barrages, et un canal ombragé de saules pleureurs la conduit à l'oasis. C'est l'ensemble de ces travaux qu'on nomme la prise d'eau.

Il y a maintenant une vraie route, j'allais presque dire un boulevard, qui suit le côté ouest de Laghouat, avec des murs à gauche et le désert à droite, et qui, tournant brusquement vers l'est, ne tarde pas à s'enfoncer dans les jardins pour courir sous les palmiers, entre deux longues murailles de terre, et aboutir à une jolie porte percée dans les petits remparts de la ville. L'avenue devient alors une rue qui monte au milieu de maisons arabes, et qui se termine par une élégante mosquée bariolée de rouge et de blanc, et surmontée d'un gracieux minaret octogonal.

Au milieu de cette rue, à gauche, s'ouvre, toute resplendissante au grand soleil, une place délicieuse dont le pinceau pourrait seul donner une idée. Des palmiers majestueux qui balancent leur tête dans la lumière s'y élèvent dans le plus artistique désordre. Des maisons curieuses, drôles dans leur étrangeté, la bordent sur deux côtés; de toutes parts errent ou dorment des ânes en liberté et des chameaux à l'entrave; partout, au pied des dattiers, contre les maisons, s'accroupissent, se couchent dans la poussière chaude les Arabes noblement paresseux, tandis que les nègres, assis en longue rangée dans l'ombre étroite des murailles, tressent l'alfa et les palmes en nattes ou en corbeilles.

Une fanfare joyeuse éclate à notre apparition; ce sont les clairons des zouaves qui, sonnant à pleins poumons, parcourent les rues au pas de charge et annoncent aux soldats l'heureuse arrivée des lettres du pays. Un gamin déluré qui, sans savoir pourquoi, est déjà allé deux fois à Alger avec des caravanes de passage, se charge d'être notre guide dans cette ville étrange. Il s'appelle Ahmed, comme tous les Laghouati, et il a rapporté de ses voyages une connaissance à peu près suffisante de notre langue. Chose extraordinaire, d'ailleurs, le français est plus répandu dans les oasis que dans le Tell, et, chose plus curieuse encore, ce sont les nègres qui le savent le mieux. Peut-être les autres, dans leur fierté nationale, affectent-ils seulement de l'ignorer.

« Il y a un hôtel ici ! » me dit Ahmed avec orgueil.

Et il me conduit dans une sorte de taverne, où, au milieu de soldats qui boivent de l'absinthe, va et vient, souriant à tous, une jeune femme en corsage rouge. Elle a, en effet, deux ou trois chambres qu'elle loue, mais elles ne sont pas pour les voyageurs. Voilà une petite dame qui fera vite fortune ! songez donc ! C'est la Française de Laghouat !

« Puisqu'il n'y a pas de place à l'hôtel, dit gravement Ahmed, il n'y a plus que la mère Henri. »

Celle-ci est une abominable vieille cantinière qui se grise comme un calfat, et qui, venue à la remorque d'un zouave mort depuis longtemps, n'a plus voulu quitter Laghouat et y est devenue propriétaire.

Sa maison est, dit-elle, la plus belle du Sud. C'est une vieille case arabe, en terre, mais rajeunie par un crépi habile.

Dans un coin de la cour centrale habitée par un chien qui devient enragé au coucher du soleil, et dont l'hydrophobie intermittente dure jusqu'à l'aurore, grimpe un escalier bleu conduisant à la galerie du premier. Et, à travers des arcades en cœur, par des terrasses plates qui sont des toitures, par des soupentes poudreuses, par des couloirs informes, par un vrai labyrinthe elle me conduit à son plus beau logement. Quatre murailles blanches, un grabat couvert d'une natte. Et voilà !

Elle a une autre chambre à nous offrir. Celle-là est au rez-de-chaussée, en contre-bas de la rue sur laquelle elle s'ouvre directement, comme un magasin. Elle est voûtée et pavée de larges dalles gluantes ; c'est une cave, un intérieur de sépulcre, et dans un angle, au ras du sol, s'ouvre la bouche d'une citerne dans laquelle des plâtras tombent avec un lugubre clapotis. Le lit est semblable à celui du premier ; la paillasse qui le constitue est seulement étendue sur des caisses, à cause de l'humidité ; il y a encore deux autres caisses, une grande qui représente la table et une petite qui sert de siége.

Décidons-nous pour la cave. Un chant tapageur remplit la maison ; c'est notre femme de chambre qui arrive. Un bonnet rouge sur la tête, les bras nus jusqu'aux épaules, la chemise largement ouverte jusqu'à la ceinture, elle entre avec un jovial salut militaire.

Ne vous scandalisez pas ; c'est un tirailleur qu'Ahmed est allé chercher à la caserne.

« De quoi monsieur a-t-il besoin ? dit le soldat en riant devant le mobilier.

— D'eau d'abord. »

Il sort et revient bientôt avec un baquet, une ficelle et une bouteille vide. Il attache la bouteille à la ficelle, la jette dans la citerne et la retire pleine. C'est très-commode.

La maison de la mère Henri a gagné une chose à être francisée ; c'est que notre chambre a une porte vitrée, comme à Boghar. Il fallait bien suppléer aux fenêtres qu'avait oubliées le maçon indigène. Il est vrai que ce vitrage a un volet intérieur, mais ce volet ne ferme pas. Nous le consolidons avec des clous et des cordes, et nous voilà logés !

Reste à savoir où nous mangerons.

« Il faut demander cela au vieux zouave, nous dit-on.

— Encore ! mais il n'y a que de vieux zouaves ici ?

— Et qui voulez-vous qu'il y ait ? »

Celui-ci possède un jardin où il donne à boire aux soldats. Et il est ravi d'avoir un pékin à qui il racontera ses campagnes, devant qui il célébrera à son aise la gloire du 1er zouaves, son régiment ! La prise de Constantine !

Le siége de Laghouat! L'assaut de Malakoff! Oui, monsieur, il y était, lui qui vous parle! Et il a reçu deux blessures : l'une à la cuisse gauche et l'autre à Inkermann! Et pour nous être agréable, il nous servira des perdreaux, naturellement, des outardes, des gangas, des cuissots de gazelle qui ont un goût de chevreuil musqué ; puis des piments et des tomates de son jardin ; il nous fera même manger des truffes du Sahara, espèce de champignon mou qu'on trouve dans le sable, et qui ressemble à une boule de pâte cuite dans une sauce quelconque. Il nous versera même du vin fait dans l'oasis ; que demander de plus ?"

Et maintenant, allons visiter Laghouat. Nous avons, en arrivant, vu l'extérieur de la mosquée ; l'intérieur de ces monuments ne varie guère. Il y a seulement, dans un coin de celle-ci, une large flaque d'eau qui rougit comme du sang à la clarté des vitraux de couleur. Cette eau tombe goutte à goutte d'une peau de bouc suspendue à la voûte comme un lustre, à la portée de la main. Accrochées au bout d'une barre de bois qui sort du mur, nous retrouverons des outres semblables dans toutes les rues de Laghouat, à la porte des cafetiers, des merciers, des forgerons, des marchands de couscouss.

Une tasse de fer-blanc y est attachée. Je désaltérerai ceux qui ont soif, dit la charité musulmane. Buvez, passants! On ne vous demande que deux choses. La première est de dire : Bismillah! Au nom de Dieu, avant de boire. La deuxième est, après avoir bu, d'imprimer à l'outre un balancement qui favorise l'évaporation du liquide filtrant à travers la peau brute. C'est la gargoulette du Sud.

Rafraîchir l'eau est une des grandes préoccupations du pays. On la met dans des sacs, dans des cartables de toile serrée et épaisse, dans de grandes bourses de cuir, dans des bouteilles doublées de drap, emmaillottées de linges mouillés ; dans des vases en alfa, et l'on suspend ces récipients dans tous les courants d'air, on les balance, on souffle dessus, on les arrose, et l'on finit par avoir une boisson dont la température ne varie plus qu'entre trente et quarante degrés.

Un bon vieil aveugle nous guide à travers la spirale obscure du minaret, dont il est le muezzin, et nous arrivons au sommet.

Un tableau éblouissant se déroule à nos yeux émerveillés : le ciel, l'oasis, le désert !

Sur la vaste étendue du sable flamboyant, l'oasis ovale s'étend du nord au sud comme un gigantesque lézard dont la ligne de verdure qui va aboutir à la prise d'eau serait la queue ondoyante. Sous nos pieds, le ksar, couleur de liége, s'aplatit semblable à un vaste nid d'abeilles avec les trous carrés de ses cours dans lesquelles le regard surprend tous les mystères de la vie indigène.

Des jardins touffus lui forment une première ceinture verte autour de laquelle court un large chemin de ronde que les palmiers sèment de grandes taches d'ombre découpées en étoiles bleuâtres et où, comme de gros insectes blancs, rouges ou gris, passent des hommes et des chameaux. Un rempart de terre brune borde le côté extérieur de ce chemin; au delà, enfin, comme une mer de palmes, se pressent les dattiers des jardins extérieurs. Puis la terre cesse tout à coup, l'oasis se dessine nettement comme une île, et le sable commence.

Au nord, la vue est bornée par les montagnes des Hauts-Plateaux et par des mornes nus et désolés, faits d'une pierre blanche, calcinée comme de la chaux. Au sud, jaune d'abord, blanche plus loin, bleue à l'horizon, se déroule la mer de sable, imposante dans son immensité, effrayante dans l'immobilité de son sommeil, limitée au loin par une implacable ligne droite semblable à celle de l'Océan; c'est le Bled-el-Atteuch, le pays de la soif.

Si nous visitons la ville, la première chose que nous signalent les Arabes, avec la bonne intention de nous faire plaisir, est une place dite française qui s'appelle même du nom d'un général. C'est un carré planté d'arbres malingres, garni d'une balustrade en simili-pierre, entouré de maisons en simili-mortier dont le revêtement naïf tombe par places et montre la terre qu'il fardait maladroitement.

Là se trouve le bureau arabe, toujours assiégé de malheureux ouleds qui, la peur ou l'étonnement sur le visage, s'efforcent de déchiffrer les grimoires administratifs qu'on vient de leur remettre.

« Où est la prison ? » nous dit l'un d'eux.

Il a un papier à la main ; c'est une simple invitation à payer l'impôt ; mais il ne sait pas le français, et, prenant cela pour un ordre d'incarcération, il obéit avec une placidité toute musulmane, sans se plaindre, sans demander pourquoi.

La plus longue des rues de Laghouat, ressemblant un peu à une rue française où, sans rire, chacun se serait habillé en Arabe pour quelque carnaval sérieux, est bordée de maisons sans étages et à toits plats. De petites galeries en garnissent toute la longueur et servent de rendez-vous à la population masculine, population désœuvrée, cela va sans dire, un Arabe qui se respecte ne travaillant jamais, et les Laghouati se respectant tous. Voulez-vous en étonner un ? Demandez-lui ce qu'il fait.

« Ce que je fais ? vous répondra-t-il, comme un homme qui ne comprend pas.

— Oui, de quoi vis-tu ? Quel est ton métier ?

— Mais, je ne fais rien. J'ai un jardin ! »

Et, si ce n'était un détail trop intime, il pourrait ajouter qu'il a deux ou trois femmes.

Elles ne sont pas larges, ces arcades. Un Arabe qui s'y couche en travers y interrompt la circulation ; deux amis qui s'y accroupissent en face l'un de l'autre, pour se regarder sans rien dire, les obstruent totalement, et, le plus souvent, c'est sur la route poudreuse, sous le soleil de feu, qu'il faut passer. Il est d'usage de ne pas déranger ces messieurs, de ne pas troubler leur quiétude sereine, leur *farniente* de fakirs. On est bien heureux quand leurs réunions silencieuses n'empiètent pas sur la chaussée elle-même, ce qui arrive souvent. Voyez-les devant ce café maure. Il y en a deux qui ont étalé une large natte ovale, une taberma, dans la baie étroite d'une arcade; ils ont placé entre eux un damier informe, et, tout en chassant les mouches avec une queue de mouton desséchée, ils se livrent à une partie taciturne qui, commencée à midi, durera jusqu'à ce que le soleil descende derrière les palmiers. Huit ou dix flâneurs, une narine bourrée de basilic, s'accroupissent autour d'eux, le menton sur les genoux, le capuchon sur les yeux, les mains jointes sur les tibias, et, indifférents aux chevaux des spahis qui les poudrent à blanc, aux chameaux qui les heurtent flegmatiquement de leurs larges pieds, ils forment, dans la poussière du chemin, un demi-cercle somnolent dont le damier est le centre.

Dans cette rue uniforme s'élève une belle et mystérieuse maison arabe, précédée d'un péristyle et dont les fenêtres sont solidement grillées. Là vivent, dit-on, des odalisques du désert, des femmes merveilleuses que personne n'a jamais vues. Il y a toujours foule sur la porte; ce sont des cris perpétuels, des disputes bruyantes, des horions prodigalement donnés et jamais rendus, de pauvres diables à qui l'on fait rouler le perron à coups de pied. De grands nègres vêtus de blanc font là une police active, et reçoivent ainsi les mendiants qui viennent importuner leur maître. Tout le monde n'est pourtant pas accueilli de la sorte. Il y a, par terre, assis contre des murs, du côté de l'ombre, une longue ligne d'Arabes, graves et impassibles. Cheiks, caïds ou marabouts, ce sont des clients qui assiégent le portique et qui attendent patiemment leur tour d'audience.

Une brillante chevauchée s'arrête à la porte. Un grand chef au chapeau emplumé, quelque bach-agha, sans doute, descend gravement de sa haute selle, jette, sans rien dire, sa bride rouge aux mains noires d'un Bédouin, et, relevant ses longs manteaux qui découvrent des bottes de maroquin brodé, il monte, laisse à peine tomber un regard noblement distrait sur les caïds, dépose au contraire un baiser respectueux sur le gros turban de quelque santon, et entre sans attendre. Cette demeure féodale est la maison de commandement de Laghouat, la maison du bach-agha.

C'est par le canal de ce chef indigène que, modifiée, appropriée aux mœurs du pays, allégée enfin, notre autorité s'exerce sur les Arabes.

Le territoire de commandement de la province d'Alger, qui, commençant à Boghar, n'a vers le sud qu'une limite bien vague, compte trois cent soixante-dix Français pour cent soixante-seize mille Arabes. Plus pauvre en colons que celui d'Oran, qui a huit cent trente-huit Français pour quatre-vingt-dix-huit mille indigènes, il est cependant plus riche que celui de Constantine, qui n'a que cent vingt-sept chrétiens contre deux cent seize mille musulmans. Quelques précieux échantillons de ces trois cent soixante-dix compatriotes algériens ont, d'une façon plus ou moins provisoire, élu domicile ici, et, comme il fallait donner satisfaction à leurs instincts électoraux et politiques, on a fait de Laghouat ce qu'on appelle une commune mixte. Mais une commune suppose un conseil municipal, et un conseil municipal suppose un maire. Où trouver cela? C'est bien simple. Le commandant supérieur est maire de droit; le commandant de place, le chef du bureau arabe et je ne sais plus quel autre fonctionnaire de l'armée, constituent le conseil; un sergent d'administration joue le rôle de secrétaire, et le tour est joué. Pour la forme, on a ajouté cependant à ce conseil de guerre un Juif aussi honnête que possible, un Arabe et quelque mercanti européen. Ce dernier est un vieux zouave, naturellement. Et l'on se figure ce que sont les délibérations de cette assemblée.

« Je propose, dit le maire, de détourner le petit canal qui passe entre le jardin de Mohammed-ben-Salah et celui d'Ahmed-el-Akhoua. Qu'en pensez-vous?

— Pourquoi faire? dit le soldat en retraite.

— Est-ce que cela te regarde, l'ancien? murmure le secrétaire en le poussant du coude.

— Mais, dit le Juif à voix basse, si l'on dérive ce canal, mon jardin qui est à côté.....

— Tais-toi! s'écrie le zouave. Le commandant a raison.

— Iaoudi, grogne l'Arabe dans sa barbe.

— Qu'est-ce que c'est, ça, Iaoudi? s'exclame le Juif.

— Silence dans les rangs, dit le maire-commandant, dont le projet, mis aux voix, emporte tous les suffrages.

— Il faudrait aussi, dit l'Israélite.....

— Macach qu'is qui dit Abraham! Ça pas bon! Macach! hurle le conseiller musulman.

— Voyons, Ahmed, laisse-le parler, tu ne sais pas seulement ce qu'il va demander.

— .....Il faudrait, continue l'autre, faire un réservoir près de la synagogue. Cela servirait à tout le monde.

— Il a raison, dit le conseil.

— Oui? ajoute le maire à qui ce réservoir déplaît. Eh bien, au vote! »

La proposition du Juif est adoptée à l'unanimité moins deux voix, celle du maire qui s'est abstenu et celle d'Ahmed, qui se démène en répétant : Macach! Macach!

« C'est comme cela? dit le commandant, qui n'a pas voulu influencer les opinions. Eh bien, comme maire je me soumets à la volonté de la majorité, mais comme commandant supérieur : Veto! On détournera le canal et l'on ne fera pas le réservoir!

— Colonel, vous avez raison », murmure le conseil en chœur.

UNE RUE A LAGHOUAT.

Mais revenons aux rues de Laghouat. Vous avez vu la plus belle. Voulez-vous vous figurer toutes les autres? Prenez de la terre, tamisez-la, battez-la longtemps avec de l'eau, ajoutez-y, si vous voulez, un peu de paille hachée menu, et faites-en une pâte épaisse dont vous remplirez de petites caisses sans fond. Retirez ensuite ces moules et faites sécher au soleil les cubes qu'ils auront formés. Vous aurez ainsi fait des briques à la mode des oasis, des toubas. Avec ces toubas que vous relierez simplement entre elles au moyen de terre délayée, faites quatre murs disposés en carré autour d'un petit espace qui sera la cour et inscrivez ce carré dans un plus grand que vous ferez de la même manière. Avec des moitiés de troncs de palmiers comme poutres, avec des palmes sèches en guise de chevrons, avec une couche de terre, enfin, étendue sur ces palmes, couvrez l'espace qui reste entre ces deux carrés concentriques, et votre maison sera faite.

— Mais, direz-vous, nous avons oublié les portes et les fenêtres!

Qu'à cela ne tienne! Nos murailles sont faciles à entamer; nous n'avons qu'à y pratiquer, à coups de pioche, une ouverture plus ou moins régulière que nous fermerons avec une menuiserie grossière, avec un rideau, avec un vieux burnous, que nous ne fermerons même pas du tout, et nous aurons notre porte. Quant aux fenêtres, il est inutile de s'en préoccuper; il n'en faut pas. Quelques lucarnes, quelques ouvertures dont on perce les murailles au hasard, les représentent à peine çà et là.

Telle est la maison de Laghouat, type sur lequel chaque propriétaire brode des variations, selon ses goûts, ses besoins et ses moyens. Quelques caisses, quelques tapis, des peaux de bêtes, de grossiers ustensiles de cuisine, des paniers en alfa pour aller chercher de l'eau et des plats de bois pour y mettre le couscouss, et voilà le logis meublé.

L'une des pièces, pleine d'enfants et de chiens, est réservée aux femmes. C'est là que, à demi nues, accroupies dans une sorte d'alcôve élevée au-dessus du sol, elles font tourner leur petite meule de pierre; là qu'elles font leur cuisine; là que, sur un grossier métier aux montants à peine équarris, elles tissent avec des laines de couleur les tags qui sont des tapis ornés de dessins bizarres, les tellis qui servent à faire des tentes et des sacs, les moquettes à gros poils, les frachs en bandes longues et étroites, enfin les burnous, et les haïks qui serviront à vêtir la famille.

Les plus misérables de ces maisons se réduisent à quatre murailles contre lesquelles s'adossent, à l'intérieur du carré qu'elles forment, quelques niches dans lesquelles on peut, à la rigueur, se mettre à l'abri du soleil et de la pluie. D'autres, au contraire, ont un étage, un escalier, de vraies fenêtres, et finissent par ressembler aux maisons mauresques d'Alger.

Supposez maintenant des rues si étroites que vous ne pouvez les parcourir qu'en enjambant les Arabes qui y dorment, que vous devez changer de route, si vous y tombez sur cinq ou six causeurs assis en rond ou si vous y rencontrez un chameau chargé. De chaque côté de ces rues auxquelles la roche nue et glissante tient lieu de pavé, alignez irrégulièrement des maisons comme celles que nous venons de décrire; supposez que la pluie a arrondi les angles de ces masures, a effacé la jointure des briques et leur a donné je ne sais quel gris velouté, doux à l'œil; faites, enfin, de toutes les façades, sortir pour aller presque toucher les maisons d'en face, des troncs de palmiers qui sont les extrémités des poutres trop longues et d'autres troncs creusés en tuyaux qui sont les gargouilles informes par lesquelles s'écoulent les eaux des terrasses : tel est Laghouat.

La plupart de ces rues sont désertes et silencieuses;

d'autres, au contraire, sont peuplées de curieuses boutiques où les Mozabites et les Juifs travaillent pour les Laghouati.

Entre quatre murs de terre, resserrés, noircis par la fumée, sur le sol couvert d'une boue noirâtre et durcie, un artisan, affublé de cet éternel burnous dans lequel l'Algérien naît, vit et meurt, est accroupi devant un établi grand comme un tabouret. Trois pierres disposées autour d'un trou où brûlent des charbons constituent une forge; au fond de ce terrier, enfin, s'amoncellent en tas puants des cornes de mouton dont la destination est inconnue. Et, dans l'obscurité grise de ce taudis, de longs fusils plaqués d'argent et garnis de corail brillent à côté de tubes rouillés, grossièrement montés sur une crosse mal taillée; de beaux et riches pistolets se suspendent à côté de fusils de chasse de provenance française. C'est la boutique d'un armurier. Plus loin on fabrique des couteaux. Comme un enfant qui s'amuse, l'ouvrier armé de petits outils est assis devant une petite enclume, et, à froid, martelant à petits coups une lame de fer, il en fait un instrument plus ou moins tranchant, avec lequel les Arabes trouvent le moyen de tout faire et même de couper la tête aux roumis vaincus. Celui-ci ne fait que les lames, c'est à côté qu'on fait les manches, dans une autre boutique où s'entassent encore des cornes de mouton, mais en si grande quantité cette fois, que cela devient un véritable charnier d'où s'exhalent de nauséabondes émanations.

Passons vite. Voici un autre atelier. Il y a encore du feu, dans un trou, mais avec un soufflet fixé sur le sol cette fois ou au moins avec une outre chargée d'une grosse pierre et qui fonctionne comme celle du vieil Éole. C'est qu'il faut plus de chaleur pour fondre les métaux précieux que pour rougir le fer. Les Arabes apportent des pièces d'or ou d'argent à l'Israélite de céans, qui en fait des plaques, façonnées ensuite, au moyen de ciseaux froids et d'emporte-pièce, en boucles de ceintures, en diadèmes, en bracelets de bras ou de jambes. Celui-ci ne travaille à Laghouat que par intermittence. Il passe le reste du temps à errer de tribus en tribus, d'oasis en oasis, où, alchimiste habile, il transmute en l'or qu'on lui confie le cuivre que, avant de partir, il a eu soin de cacher dans sa besace.

Ailleurs, sont installés des restaurateurs. Le jour qui s'efforce d'y entrer par une porte étroite et le fourneau qui y brûle dans un coin, ne parviennent qu'à jeter une lueur douteuse dans leurs hideux réduits où tourbillonnent la fumée et les mouches. Et l'on y boit de l'eau claire et du lait aigre; on y trouve des dattes et du couscouss, de l'herbe hachée et de l'orge grillé, du mouton bouilli et des rôtis de vieux chameau, *mangearia bezef,* comme on dit en français d'Algérie.

Il y a encore des magasins de comestibles où des Mozabites débitent tous les produits étranges de l'épicerie saharienne, et des boucheries où des nègres vendent des têtes de mouton. Mais il y a surtout des cafés, hôtelleries ordinaires des Arabes du dehors qui ont à passer la nuit à Laghouat. On s'y assoit sur des bancs, devant la porte, pendant les heures chaudes de la journée, et l'on y prise du tabac parfumé et réduit en poussière impalpable; on y fume en cigarettes ou dans des chibouques de bruyère incrustés de cuivre, du tabac aromatisé avec une plante du désert qu'on appelle le chih; on y met deux heures à vider une tasse de café grande comme un verre à liqueur; on s'y livre, enfin, à la contemplation des passants.

Voici, errant à l'aventure, la tête renversée par le poids de leur coiffure biblique, des Arabes avec leurs manteaux largement rejetés sur une épaule et des Mozabites avec leurs gandouras rayées, lourdes et roides comme des chasubles. Voilà des Juifs, le front ceint de leur mince turban noir, et des Juives en fourreaux de soie, avec des plastrons d'or.

De charmants gamins, bruyants comme un vol de moineaux, le turban en désordre, passent à la course. Puis ce sont de gracieuses petites filles aux grands yeux, à peine vêtues de robes rouges, jaunes ou bleues dont les fentes laissent voir leurs hanches brunes, veloutées comme des pêches. Et, effarouchées à notre vue, elles s'enfuient en criant, et l'on entend sonner les anneaux d'or ou de cuivre qui chargent leurs oreilles. Elles ont, de chaque côté, jusqu'à cinq ou six de ces bijoux énormes, dans des trous percés sur le bord du pavillon, l'un au-dessus de l'autre, comme des œillets sur le bord d'un corset.

De temps à autre, la figure le plus souvent découverte et encadrée dans de grosses tresses, s'avancent lentement des femmes très-brunes qui ont des dents très-blanches et des yeux très-noirs. Les unes ont une robe largement ouverte sur une chemise légère et laissent flotter en arrière un long voile blanc qu'un turban de soie noire fixe sur leur tête. Les autres, les négresses surtout, n'ont que le haïk, simple draperie ouverte du haut en bas, sur le côté, et découvrant parfois à l'œil étonné le profil cambré de leur corps de bronze ou d'ébène.

Et elles s'en vont, traînant leurs sandales par les rues tortueuses, un enfant sur l'épaule, ou la main droite faisant tourner, la pointe en bas, le gros clou de bois qui leur sert de fuseau, tandis que la gauche élève gracieusement la quenouille au-dessus de leur tête. Cette quenouille est un simple bâton long comme une baguette de tambour et orné d'un petit bouquet de plumes d'autruche.

Puis, tout à coup, sur le sol sonore retentissent des pas de chevaux, et, casqué de blanc, botté de rouge à la mode arabe, passe, comme au vieux temps, un cavalier devant qui chacun s'écarte avec respect, c'est le commandant supérieur du cercle. Deux goumiers, dont les chevaux couleur de chair ont la queue et les pieds teints en rose, l'escortent en caracolant, le sabre d'acier sous la selle, et, sur son passage, du milieu des groupes, se lèvent, blancs et rouges, les spahis qui portent gravement la main à leur gros turban de cordes.

Les spahis! C'est ici surtout qu'il faut les voir, ces fiers cavaliers indigènes, ici qu'il faut les admirer lorsque, encapuchonnés dans le vaste burnous écarlate qui couvre l'homme et le cheval, ils passent au galop dans les palmiers verts. C'étaient autrefois des volontaires, souvent des fils de grande tente, apportant à notre service leurs montures et leurs armes, et, pour ces raisons, considérés comme une classe supérieure au commun des mortels, comme une espèce d'aristocratie militaire. Cela n'existe plus aujourd'hui que pour certains escadrons; les autres sont formés de simples engagés qu'attirent sous nos drapeaux l'amour du cheval et de la poudre et le prestige de l'armée. Bien qu'encadrés le plus possible dans des Français, les spahis indigènes peuvent arriver jusqu'au grade de capitaine et même de capitaine commandant, s'ils ont passé par Saumur. Plus libres à Laghouat qu'en territoire civil, ils n'y ont pas de caserne et ils y vivent réunis en smala avec leurs femmes et leurs enfants, un peu comme nos gendarmes. Ils ne se séparent ainsi qu'à demi de la population indigène; ils sont le trait d'union entre elle et nous; ils se mêlent à sa vie de chaque jour; ils sont de toutes ses fêtes, et il en est même qui tiennent de petits magasins comme les anciens janissaires de l'Odjeac.

L'un d'eux, entre autres, a ici un café à kiff, curieuse boutique analogue aux fumeries d'opium de l'extrême Orient.

C'est à l'est de la ville, dans une ruelle que bordent, d'un côté, les parois blanches d'un monticule de rochers sur lequel le soleil se réfléchit d'une façon atroce, de l'autre, une rangée de masures basses, branlantes, ridées, lézardées, et dont la solidité inspirerait des craintes si, en cas d'écroulement, on était exposé à recevoir sur la tête autre chose qu'une inoffensive avalanche de mottes de terre, qu'une averse de poussière grise. Le café occupe une de ces maisons, et l'occupe en entier. Nous appelons cela un café, parce que c'est l'usage. C'est une tanière de quelques mètres carrés, étouffante et pleine d'une odeur âcre. Elle n'a qu'une ouverture que ferme une porte vermoulue, fendue, calcinée par le soleil et roulant simplement sur l'axe formé par le prolongement d'un de ses côtés. Aux murailles noires sont suspendus, sans ordre, des guitares en courges, des étagères grotesquement peintes, des haïks et des turbans. Sur le sol de terre battue, dans un coin, on a installé une espèce de petit meuble à tiroirs et à étagères puériles, et une petite table basse sous laquelle on fait un petit feu qu'on cache comme si l'on craignait que quelqu'un ne l'éteignît en crachant dessus.

Il y a deux fumeurs en extase au fond du café, ce sont les garçons de l'établissement. Ils n'ont qu'une pipe pour deux. C'est une grosse boule de terre à demi pleine d'eau et dans laquelle s'enfoncent deux longs tuyaux de roseau. L'un de ces tuyaux va jusqu'au fond de la boule et porte un fourneau de narghilé à son extrémité libre; l'autre tuyau s'adapte au récipient sans y pénétrer; c'est celui par lequel on fume.

Le moins ivre charge la pipe de haschich, y dépose un charbon ardent, en tire deux bouffées qu'il avale avec volupté, la passe à son confrère, et tombe dans une immobilité béate. L'autre, sorti un instant de sa somnolence, ouvre de grands yeux et aspire la vapeur empoisonnée comme un asphyxié aspirerait l'air pur qui lui rendrait la vie. Puis, son bras maigre et tremblant écarte les plis de son burnous, et, d'une main hésitante, il sort d'une gamelle pleine d'eau une petite bouteille qu'il y tenait au frais, et, méticuleusement, amoureusement, il verse dans une tasse un peu de son contenu verdâtre. Il y ajoute goutte à goutte de l'eau qu'il puise dans la peau de bouc suspendue à la poutre, et il boit cela avec une profonde expression de bonheur. Mais c'est de l'absinthe!

Le malheureux! Comme si le kiff ne devait pas le tuer assez vite! Et, les yeux éteints, noyés dans le vague comme ceux des agonisants, il regarde à trois pas devant lui et, ramassé contre le mur en paquet informe, il écoute les mouches, avec un sourire ravi, comme si leur bourdonnement sourd était l'écho lointain de quelque musique céleste. De temps à autre, il lève lentement sa tête fatiguée, il les suit dans leur vol et il leur sourit comme s'il voyait en elles des esprits de l'air, des sylphes gracieux dansant sur des ailes d'or. C'est un spectacle lamentable que celui de cet homme, et Ahmed le contemple tristement, avec des larmes aux paupières.

« Qu'as-tu donc, Ahmed? Est-ce la fumée qui te fait pleurer?

— Oh! non. Tu sais, celui-là, c'est mon pauvre cousin M'hammed. Il a vingt-quatre ans, et c'est comme s'il était mort. »

Et Ahmed a raison. Dans un an, dans six mois peut-être, il sera mort tout à fait. Il y a longtemps déjà que, le kiff accomplissant son œuvre homicide, le malheureux ne vit plus que dans les régions fantastiques des rêves incohérents. Et il mourra sans souffrances, il ne sentira pas arriver l'heure de la décomposition dernière, et la mort ne sera pour lui que l'effacement d'un songe confus.

M'hammed ne suit plus les mouches, maintenant; il fixe avec stupeur un petit chat noir aux yeux verts, un maigre chat de sorcière, qui le suit lui-même avec un regard d'halluciné, un pauvre chat à qui l'on fait manger du kiff. Puis c'est moi que le fumeur regarde, et la sueur perle sur son front nu, sur son crâne rasé; son œil s'anime; sa bouche s'ouvre dans un étonnement bestial; sa respiration devient haletante et entrecoupée. Que voit-il donc? Qu'y a-t-il de si effrayant dans ma personne? Et l'on finit par avoir peur de la fixité de cette pupille dilatée. Un troisième qui n'a pas trop fumé aujourd'hui, mais qui est encore dans les nuages de la veille, se met, en fredonnant d'une voix chevrotante et plaintive, à jouer avec un long couteau de boucher. L'étymologie orientale de notre mot *assassin* hante ma mémoire, et je me rappelle que le Grand Turc Abd-ul-Hamid vient d'échapper par miracle au poignard d'un haschichin. Les hallucinations qui font d'un chat noir une bête apocalyptique et d'une mouche un aigle ou un oiseau de paradis, vont-elles faire de moi un sultan?

« Ne crains rien, dit Ahmed. Avec cela, tu les fais tomber tous les trois. »

Et il donne une chiquenaude méprisante à l'homme au couteau, qui recule avec terreur.

« Fais-nous du madjoun », lui dit Ahmed.

Et l'homme se met à travailler comme le ferait un somnambule. Il étale sur une planche du kiff, sommités de chanvre indien séchées au soleil et grossièrement pilées, et il le hache, il le broie jusqu'à en faire une poudre fine qu'il tamise avec soin. Il pile ensuite ensemble, dans un petit mortier de fer, deux noix muscades et un peu de cannelle. Kiff et épices, tout est mélangé dans un plateau de cuivre et porté sur le feu qu'on active avec un éventail en feuilles de palmier. Le mélange ne change pas d'aspect, et, au bout d'un quart d'heure, l'Arabe en fait, sur sa planche, un petit tas conique, dans lequel il pratique comme un petit cratère où il verse du miel fondu. Puis il pétrit le tout, et quand il a ainsi obtenu une pâte qui ne colle plus aux doigts, il en fait une grosse boule; son travail est fini, et il retombe en extase. C'est cette pâte qui est le madjoun. Il suffit, paraît-il, d'en avaler une pilule grosse comme une cerise pour être aussi heureux que si l'on avait trouvé la clef d'or des palais enchantés.

Des habitués, qui marchent comme des spectres, arrivent et s'entassent dans le taudis. Ils disent que le haschich calme la faim et la soif; c'est l'excuse de l'opium, du tabac, du bétel, de toutes les aberrations du goût et des nerfs, mais ce n'est qu'une excuse; ce que cherchent les haschichins, c'est l'ivresse.

Nous voulûmes en essayer, un soir, à Alger, et avant de nous coucher nous prîmes consciencieusement une quarantaine de grammes de madjoun. Un engourdissement agréable s'empara peu à peu de notre être; nous ne sentions plus le lit sur lequel nous reposions; il nous semblait voler. Ce n'était pas une extase complète; nous avions toujours conscience de nous-même et de nos erreurs, mais notre cerveau alourdi transformait, animait, embellissait toutes les sensations que lui transmettaient nos yeux et nos oreilles. De grossiers petits tableaux indigènes dont les arabesques dorées ne représentaient rien du tout, nous semblaient s'être démesurément agrandis et reproduire des paysages magnifiques. Les fresques informes des murs se changeaient en guirlandes de fleurs et en oiseaux brillants. Le bruit des voitures qui roulaient dans la rue Bab-Azoun nous semblait le son mélodieux d'une musique. Nous éteignîmes alors la bougie, mais une ligne de lumière, qui, venue du dehors, passait par la fenêtre entr'ouverte, suffît à entretenir longtemps les demi-hallucinations qui nous hantaient. Cette raie brillante était une colonne d'or qui montait très-haut et qui allait se perdre dans une obscurité bleue et flottante. Nous faisions un effort sur nous-même, la fenêtre nous apparaissait un instant avec ses proportions véritables, puis la colonne se reformait, elle montait encore, et, avec obstination, elle se reproduisait toujours. Des vêtements pendus au mur, vaguement éclairés par cette lumière douteuse, devenaient un ami aimable que nous regardions avec plaisir; puis, le long de notre lit, silencieuses, mais belles, souriantes, pleines de séductions, passèrent des Mauresques que nous avions rencontrées, par hasard, dans la journée, mais que nous n'avions regardées qu'avec indifférence. Puis cette vision sembla prendre un corps ; l'une de ces femmes nous toucha, sa figure se pencha sur la nôtre, et nous sentîmes un baiser, mais un baiser si matériel qu'il nous réveilla en sursaut. Tout était fini, les hallucinations s'étaient effacées, et nous nous endormions d'un sommeil lourd et sans rêves. Le lendemain nous éprouvâmes, durant tout le jour, une gaieté sans cause qui dura jusqu'à la nuit suivante. Cette épreuve nous suffit ; nous en savions assez pour comprendre comment et pourquoi l'on succombe aux tentations du kiff, assez pour nous en méfier.

Les vapeurs qui obscurcissent l'atmosphère du café étroit, la chaleur suffocante qu'y concentre le mur blanc d'en face, la contemplation des figures ravies qui nous entourent, le bourdonnement persistant des mouches, tout cela, à la fin, nous étourdit et nous oppresse. Ahmed lui-même est tout pâle sous sa peau bronzée.

Nous avons besoin d'air, et, marchant comme des gens un peu ivres, nous enfilons au hasard une rue tortueuse, un vrai dortoir dont les Bédouins jonchent le sol dans toutes les poses de l'abandon.

On dirait qu'un combat s'est livré par ici et qu'ils en sont les victimes, victimes tuées sans effusion de sang, par quelque souffle mortel, par quelque sortilége magique.

Nous atteignons ainsi la place de Bab-Zeg-el-Sog, disait Ahmed, ou quelque chose dans ce genre. D'un côté de cette place se dresse un mamelon aride et blanc que pointillent des chèvres accrochées à toutes les saillies de la roche, de l'autre un mur de terre gris-perle. Ici s'entassent des Arabes du dehors, amenés à Laghouat par leurs affaires et attendant la nuit pour partir.

Dans l'encoignure délabrée d'une porte vermoulue qui donne sur un jardin, à l'ombre des palmes et des régimes qui dépassent le mur, deux petites filles de cinq ou six ans, maigres à faire pitié, se sont endormies dans les bras l'une de l'autre.

« Tu vois les pauvres petites, me dit Ahmed, qui s'arrête rêveur devant ce paquet de misères.

— Et que font-elles là?

— Elles meurent, peut-être! Elles n'ont plus ni père, ni mère, ni personne. On leur donne un peu de couscouss, un peu de lait, mais, c'est égal, quelque matin, on les trouvera mortes comme cela. »

Et elles sont si jolies avec leur petit turban, avec leur pauvre petit corps brun et maigre dans le haïk rouge qui les couvre à peine, si jolies avec leurs petits pieds encore jaunis du henné dont les teignait la coquetterie maternelle, qu'on voudrait les emporter avec soi.

Ahmed les réveille; elles nous regardent de leurs grands yeux noirs étonnés, et, se serrant l'une contre l'autre, elles ont l'air de se demander ce que peuvent bien être les sous que nous mettons dans leurs mains. Nous n'avons pas fait vingt pas qu'un grand loqueteux, quelque farouche bandit du désert, se précipite vers elles, leur prend cette monnaie et s'enfuit vers la ville.

« Est-ce que tu connais ce voleur, Ahmed?

— Non. Ce n'est pas un Laghouati, c'est un homme des tribus. Mais cachons-nous et attendons un peu. »

L'Arabe revient bientôt tout essoufflé, et il tire de son capuchon des galettes, des dattes, un morceau de mouton et du miel dans du papier. Il est allé acheter cela avec nos sous, et il le dépose aux pieds des orphelines, il s'agenouille devant elles, il effleure leur turban d'un baiser et il s'en va se rouler et s'endormir dans la poussière.

« Ah! tu vois, dit Ahmed triomphant. Je savais bien qu'un Arabe ne volait pas des enfants ni des pauvres. »

Mais pourquoi de pareilles infortunes dans un pays qui nous appartient, après tout? Pourquoi ces misères que nous avons un peu faites? Et il y a, pendant ce temps, de bonnes âmes qui, par aberration de charité, donnent des sous pour sauver de petits Chinois imaginaires et des écus pour protéger les chiens malades et les chats impotents!

Nous voici, au bout de quelques pas, sur la lisière de l'oasis, au bord du cours d'eau qui vient de la prise, et qui, contournant la moitié orientale de Laghouat, se distribue directement aux jardins qui le bordent, puis, par des canaux secondaires, des seguias, s'en va en tous sens arroser les autres. Il s'élargit ici, et forme une véritable rivière peu profonde, qui passe doucement et qui se fait, sur le sable, une plage humide et brillante, sur laquelle sautillent de petites grenouilles et des crapauds gros comme l'ongle, tout tachetés de points rouges. Des coups de fusil retentissent derrière nous, des cavaliers caracolent autour d'un chameau qui porte un palanquin, des piétons poussent devant eux de petits ânes chargés de grossiers ustensiles de ménage. C'est une noce qui vient de chercher la mariée et qui la ramène au douar. En tête du cortège, chantant et jouant du tambour de basque, marche l'ouali qui, comme le bazvalan breton, est le poëte de la fête, le porte-parole de l'époux. Et tout cela passe la rivière au gué, s'enfonce dans le désert et disparaît dans la direction d'Assafia. Demain matin, le marié jettera aux femmes de la tribu le sanglant témoignage de la pureté de sa nouvelle épouse, et l'on sera en fête.

« Il paraît que les femmes de Laghouat lui plaisent, à celui-là, dit Ahmed. C'est la quatrième qu'il vient prendre ici.

— Vraiment? Eh bien, il est heureux que le Koran ne lui permette pas d'en épouser une cinquième, une sixième, que sais-je? Tout le ksar y aurait passé. »

Cette polygamie qui nous étonne a cependant plusieurs excuses, peu solides, il est vrai. La première est l'ardeur du tempérament des Arabes, c'est la plus mauvaise. La deuxième, qui ne vaut guère mieux, est la vieillesse précoce qui, dès l'âge de vingt ou vingt-cinq ans, afflige les femmes de ce pays. La troisième, enfin, est que l'homme étant libre de se marier, tandis que la loi religieuse défend le célibat aux femmes, le nombre des épouses doit l'emporter sur celui des maris. Pourvu qu'une fille soit honnête et d'une beauté suffisante, elle trouve, d'ailleurs, toujours un preneur ; la question de la dot, qui chez nous vaut une si belle collection de coiffes à sainte Catherine, n'existe pas chez les musulmans, le mari étant censé prendre sa femme toute nue. C'est lui, au contraire, qui doit verser entre les mains de son futur beau-père une somme qu'on appelle le don nuptial, et qui demeure acquise à la femme en cas de divorce ou en cas de mort de l'homme. C'est lui qui dote sa fiancée.

Des troupeaux traversent en même temps la prise d'eau. Des femmes et des hommes se retroussent jusqu'à la ceinture et les suivent en pataugeant; cela va à Laghouat. Sur le bord, des nègres en chemise, armés de ces longs pétioles de palmier dont l'extrémité s'élargit et s'épaissit en un lourd battoir, frappent à tour de bras des tas de laine qu'ils viennent de laver. Plus loin, des chameaux errent sur le sable, et là-bas, vers le nord, les collines bleues festonnent le ciel clair. Nous suivons un instant le canal pour nous enfoncer bientôt dans les jardins, masse de verdure serrée, forêt épaisse, fouillis de feuilles que le soleil inonde d'une douce lumière verte. Comme de petits tunnels, y circulent, tortueux et formant un inextricable réseau, des sentiers qui se coupent, se bifurquent, se divisent en tous sens, et que des murs de terre, percés çà et là de petites portes mystérieuses et jalouses, transforment en ruelles, en couloirs étroits. Comme les dragons de porcelaine qui grimacent sur les murailles chinoises, d'horribles chiens hargneux, le poil hérissé, se tiennent sur le faîte des clôtures et nous poursuivent d'aboiements forcenés.

Un ruisseau vif et limpide, séguia dérivée du grand

canal, coule au milieu du sentier dont il occupe le plus souvent presque toute la largeur, si bien qu'on ne peut le suivre que dans la pose incommode du colosse de Rhodes.

Des femmes à demi nues lavent, à l'ombre des palmes, dans les petites mares que forme à chaque pas l'entre-croisement des cours d'eau ; des chameaux viennent y boire ; des négresses y remplissent leurs outres ; des Arabes y puisent de l'eau avec des paniers. Partout, les figuiers, les grenadiers, les poiriers, les abricotiers allongent leurs branches touffues par-dessus les murailles, comme pour vous tendre leurs fruits ; les vignes, les courges, les liserons grimpants passent d'un jardin à l'autre et s'embrassent, s'étreignent, se confondent au-dessus de vous. Et de cet amas embrouillé d'arbres et de murs, s'élancent les troncs rugueux de vingt mille palmiers dont les têtes empanachées font sur les jardins comme une tente verte qui les protége contre la rage du soleil. Dans tous les fourrés enfin, chantent les oiseaux de nos bocages, tandis que là-haut, dans l'azur et la lumière, passent, à larges coups d'ailes, les vautours et les aigles, grands voyageurs du ciel qui vont du désert au Djebel-Amour, et qui laissent à peine tomber un regard sur l'oasis, simple tache sombre dans l'immensité blanche.

Ces jardins ont jusqu'à trois étages de végétation. C'est d'abord une couche épaisse de plantes potagères sous lesquelles murmurent les ruisseaux et que les tomates et les piments piquent de leurs fruits de corail. Au-dessus s'étendent, emmêlant leurs branches et leurs feuilles, les figuiers, les cerisiers, les bananiers, les cognassiers, les poiriers, les grenadiers et les vignes qui poussent comme des folles, avec des allures de lianes dans les forêts vierges. Les têtes serrées des palmiers forment enfin le troisième étage. Quelques-uns de ces derniers arbres sont mutilés ; on leur a coupé le cœur comme on coupe un cœur de salade.

Un panier de jonc coiffe leur cou sans tête et le garantit de la poussière et du sable; un bidon de fer-blanc est attaché à l'extrémité du tronc auquel il est accolé. Une rigole, creusée au couteau dans la surface de section et prolongée par un morceau de roseau, conduit enfin dans ce bidon la séve qui s'écoule par la blessure et qui sert à faire le lakmé, le vin de palmier. C'est avant la maturité des dattes, au moment où cette séve monte avec le plus d'abondance, qu'on pratique cette opération qui dure deux ou trois mois. Un palmier peut, dans une saison, donner la quantité énorme de huit à neuf cents litres de lakmé. L'arbre, ainsi maltraité, n'est pas perdu pour toujours. L'année suivante, du milieu de la coupe, comme germerait un noyau de datte semé dans un vase, sortent deux petites feuilles simples. C'est comme un nouveau dattier qui pousse et dont le tronc se développe bout à bout avec l'ancien, de sorte qu'après neuf ou dix ans, l'arbre décapité ne diffère plus des autres que par un étranglement indiquant le point où sa première tête avait été tranchée. Le liquide ainsi recueilli est livré à une fermentation sucrée qui le transforme en un vin blanc, aigrelet et frais; mais c'est surtout tel quel que le boivent les Arabes et que le vendent, à grands cris, des enfants qui s'en vont dans les rues portant en bandoulière une outre qui en est pleine. C'est alors une sorte de sirop opalin, à reflets jaunâtres, aigre-doux, qui laisse un arrière-goût de dattes vertes, et qui, mélangé à l'eau fraîche, constitue pourtant une assez agréable boisson.

Le palmier suffirait presque aux besoins de l'heureux habitant des oasis. Il l'ombrage; il lui fournit un breuvage utile; il lui donne un bois de construction susceptible d'un certain poli, un bois peu solide, par exemple, mais dont la faible résistance elle-même est un avantage pour sa paresse : fendre un tronc de palmier, il le peut encore; s'il lui fallait scier un chêne, il aimerait mieux s'en passer toute sa vie. Le palmier prête encore un gibier à sa cuisine, c'est ce vilain lézard que nous avons déjà vu à Metlili; enfin et surtout, il lui dispense sa nourriture.

Cet arbre fructifie à Laghouat dès qu'il a atteint l'âge de cinq ans, et il est en plein rapport à dix ans. Chacun de ses régimes donne alors de vingt à vingt-cinq kilogrammes de fruits.

La récolte des dattes se fait en octobre. Un palmier en produit, en moyenne, de quatre-vingts à cent kilogrammes, c'est-à-dire pour vingt à vingt-cinq francs par an; on n'estime pourtant qu'à cent francs la valeur moyenne d'un de ces arbres, qui représente encore ainsi un capital rapportant environ le 25 pour 100. Quant au travail qu'il nécessite, il se réduit à la coupe des régimes et à la fécondation des fleurs femelles au moment de la floraison. Un palmier mâle suffit, en effet, à un nombre considérable de femelles, et, pour ne pas s'encombrer de pieds inutiles, on coupe tous les mâles d'un jardin, moins un qui en devient le pacha. Au printemps, un Arabe cueille délicatement un brin du rameau masculin chargé de sa précieuse poudre d'or, il le porte avec précaution, escalade le tronc d'une femelle, entr'ouvre la fente longitudinale de sa spathe, et y introduit la fleur fécondante sur laquelle elle se referme avec amour. Et quand elle s'ouvrira, un gros régime sortira de son sein. Il neige, il gèle même en hiver dans quelques parties du Sahara. Comment se fait-il alors que les dattes y mûrissent, quand elles arrivent à peine à éclore dans le Tell? C'est que, pour achever ses fruits, le palmier a besoin d'une certaine moyenne annuelle de chaleur dont les extrêmes lui importent peu. Le thermomètre tombe parfois ici à zéro en janvier, mais en août il s'élève à 80° et plus, au soleil, et la moyenne est ainsi de 40°. C'est plus qu'il n'en faut, mais c'est ce que le Tell ne peut donner, malgré la douceur de son climat.

Tous les jardins sont habités. Dans leur verdure, semblables à des blocs de roche dans une forêt, se cachent des cubes gris qui sont des maisons de terre. Sur les toits plats courent, comme de gros insectes brillants, les petites filles en robes voyantes ; au pied des murs des femmes négligemment drapées dans leurs voiles blancs préparent le couscouss de la famille. Dans une de ces maisons, disposée en cour, des femmes légèrement vêtues, les haïks défaits découvrant jusqu'à la ceinture leurs torses bruns et nerveux, se groupent dans les poses les plus pittoresques et filent la laine blanche ou tissent les tapis multicolores. Dans une autre, un vieil Arabe, l'oncle d'Ahmed, coule doucement une vie solitaire au milieu de ses chiens, de ses palmiers, de ses enfants et de ses livres, vieux Korans qu'il a tracés de sa main sur un parchemin aujourd'hui jauni et qu'il nous montre avec fierté.

Et les hasards de notre promenade nous ramènent sur le bord de l'oasis.

Arrêtons-nous un instant près de ce ruisseau qu'ombragent des peupliers. Des oiseaux invisibles gazouillent dans les branches, des hochequeues au plumage jaune sautillent sur les pierres, dans l'herbe fraîche courent des sauterelles vertes. Derrière nous, longue et irrégulière, s'étend la muraille que dépassent les palmiers. Notre tête est à l'ombre, mais nos pieds sont dans le désert. Et des points noirs paraissent sur l'horizon blanc. Il y en a cent ; il y en a cinq cents ; il y en a mille. Ils forment une longue ligne qui s'étend, qui s'allonge et qui s'avance sur la plaine, comme l'ombre d'un nuage. Ce sont des chameaux. Ils viennent de là-bas où il n'y a rien que le soleil sur le sable éblouissant. Ils ont marché toute la nuit ; ils sont pressés et ils courent, soulevant la poussière en nuages rouges. On voit maintenant des choses blanches au-dessus de leur masse brune, ce sont des Arabes accroupis sur leur bosse. Ils sont arrivés, ils s'arrêtent, ils se poussent, leurs cris rauques nous arrivent à travers le silence embrasé, et ils s'alignent sur les bords d'une mare qui vient de la prise d'eau : c'est leur abreuvoir.

Il en arrive ainsi quatre ou cinq mille quotidiennement, et ils boivent longtemps, tant qu'ils peuvent. Ce n'est que dans trois ou quatre jours qu'on les ramènera, et ils font des provisions. Puis, d'un autre côté, une autre ligne se forme, plus basse, mais plus grouillante; ce sont des moutons qui viennent de bien loin, aussi, et que, comme les chameaux, on a habitués à ne boire que de temps à autre. Puis tout s'éloigne, la poussière soulevée retombe, l'espace se vide, et le désert reprend sa morne immobilité. Ahmed, né pourtant dans ces pays grandioses, ne parle pas, et, le menton dans la main, le coude dans la cuisse, il contemple l'horizon du Sahara comme nous contemplons celui de la mer, que nous connaissons si bien et que nous regardons toujours.

« Viens, me dit-il tout à coup, comme quelqu'un qui se réveille. Viens voir une chose amusante maintenant. »

Et nous rentrons dans les jardins, nous longeons un instant la muraille qui les protége contre le vent et le sable, puis nous escaladons des décombres, et par-dessus le mur, à travers une brèche étroite, nous regardons hors de l'oasis.

Il y a là, dans un angle inondé de clarté, des femmes drapées de blanc et affaissées au soleil, des négresses qui ne sont vêtues que de leur peau noire et luisante, et, çà et là, des torses nus, des bustes de femmes sortant du sable comme les animaux sortent de terre dans ces images naïves qui représentent la création du monde. Par une porte grossière ouverte dans la muraille grise, d'autres femmes arrivent avec d'autres négresses habillées de bleu. Elles vont et viennent un instant, elles causent en riant avec les bustes ensablés, puis elles dénouent lentement leur grosse ceinture, dégrafent le haïk qui tombe à leurs pieds, apparaissent un instant au grand jour, nues comme des statues de bronze, et s'accroupissent dans un trou que leur domestique vient de creuser dans le sol ardent. C'est le bain de sable. Ce bain, à en croire les Laghouati, guérit les femmes de toutes les maladies présentes et futures spéciales à leur sexe ; il est, en outre, comme le bain maure d'Alger, un prétexte à réunion et à caquetages. On se demande comment des créatures humaines peuvent supporter une pareille chaleur. Nous sommes au cœur de l'été, et il est trois heures de l'après-midi. Le thermomètre, à l'ombre, oscille entre 40 et 45°, il atteint souvent 50°, et on l'a vu, dans les maisons, s'élever jusqu'à 63°. Quelle doit être la température au soleil? J'y ai mis mon thermomètre une fois, et il a monté à 82° ! J'ai, avec mon vieux zouave, fait, cela va sans dire, l'expérience banale qui consiste à enterrer un œuf dans le sable ; une demi-heure après, il était dur, il était cuit.

Chacun dort maintenant ; les turcos font la sieste dans leur caserne ; les magasins se ferment à demi ; les Arabes, roulés dans leurs burnous, se blottissent partout où ils trouvent un peu d'ombre. Le sol des rues est si chaud que les chiens qui s'y brûlent les pattes les traversent en courant, avec de petits aboiements de douleur. On éprouve une soif terrible, on y résiste d'abord, puis, oubliant toute prudence, on y succombe et, avec une volupté indicible, on vide à grandes gorgées une gargoulette d'eau fraîche. Bien que les oasis ne soient pas malsaines, une pareille température ne s'endure pas impunément. Au début du séjour dans le Sud on est encore plein de force, on transpire à outrance et l'on ne souffre pas. Au bout de quelques mois, de quelques semaines, tout change. L'anémie naît et se prononce, l'appareil digestif ne fonctionne plus qu'imparfaitement, on maigrit, on s'affaiblit ; le retour vers le nord devient indispensable. L'eau froide dont on s'abreuve ; les pluies qu'on reçoit avec bonheur, comme des douches providentielles ; les courants d'air qu'on recherche sont autant de causes de maladies. Malgré l'élévation de la température, les bronchites sont ici d'une fréquence déplorable, et la phthisie elle-même y fait de trop nombreuses victimes.

Vers quatre ou cinq heures du soir, la chaleur augmente, le temps est lourd, l'atmosphère est morte; l'air semble irrespirable; la transpiration devient plus abondante, et la sueur, ne s'évaporant plus qu'avec peine, ruisselle à flots sur le corps. On est sans force, sans énergie. C'est, comme presque chaque jour à cette époque de l'année, un orage qui va s'abattre sur nous.

Le ciel, en effet, se couvre de gros nuages rouges et poudreux. Le vent se lève; il vient de tous les côtés à la fois, poussant des trombes de poussière qui arrivent du fond mystérieux de l'horizon et qui font autour de l'oasis assombrie une immense et fantastique ronde.

Une masure abandonnée nous sert de refuge. L'orage redouble, et le vent du désert, ce vent qui n'a pas de nom, hurle avec désespoir aux fenêtres à demi ruinées. A son souffle, les dattiers plient, leurs palmes se hérissent comme des voiles en lambeaux, et le sable s'abat sur nous comme les embruns des vagues. Le firmament est maintenant couleur de sang pourri. Puis la poussière le cache, et tout devient gris, tout devient noir. De larges éclairs illuminent la nuit qui arrive avec une effrayante rapidité, et, à leur clarté blafarde, les ondulations du sable paraissent et disparaissent comme les moutons d'une mer phosphorescente. L'oasis, si belle il y a quelques heures, vous fait peur à présent; il vous semble qu'elle va chasser sur ses ancres, comme un navire battu par la tempête, qu'elle va s'engloutir, et vous voudriez la voir marcher, gagner la terre ferme, le rivage des plateaux. L'orage grandit encore, la foudre tombe sur les mamelons rocheux qui s'élèvent çà et là, et tue des Arabes qui y avaient cherché un abri. Puis un ouragan de pluie s'abat sur les palmiers qui fléchissent; l'eau entre à torrents dans notre cabane, qui n'a pas de toit; les murailles de terre se transforment en une boue noire et gluante; notre asile n'en est plus un. La maison du vieux zouave n'est heureusement pas éloignée.

Quand nous sortons de chez lui, tout est fini, et la nuit, splendidement étoilée, est d'une transparence, d'une pureté de cristal sombre.

Les Laghouati, attirés hors de leurs trous par la fraîcheur humide de l'air, fourmillent sur la place de la porte du Sud. Une petite rue qui aboutit à cette place est illuminée de lanternes suspendues au-dessus de chaque porte, au-dessous de chaque fenêtre, et il en sort une rumeur confuse d'appels, de chants gutturaux, de cris et de musique sauvage.

Au milieu de la foule blanche, les reins cambrés, les épaules effacées, les bras ballants, la poitrine en avant, la tête droite et immobile tenant en équilibre l'échafaudage d'une coiffure énorme, circulent lentement des femmes qui ont des figures foncées et sauvages avec des traits d'une régularité parfaite, avec de grands yeux noirs et fixes. Leurs lèvres épaisses sont plus rouges que si elles avaient bu du sang; leurs joues fardées sont marquées de tatouages bleus; leur costume enfin est une orgie baroque de couleurs, de bijoux et de dorures.

Ces femmes sont des Ouled-Naïls, et cette rue est leur quartier. La tribu des Ouled-Naïls dont le territoire de parcours s'étend vaguement des Ouled-Sidi-Cheik aux Zibans, de Boghar au Mzab, et dont le bach-agha réside à Djelfa, est l'une des plus nombreuses de l'Algérie, et presque toutes les hétaïres du désert sortent de son sein, ce qui n'a rien d'étonnant. De là à dire que ces femmes se livrent à la prostitution pour amasser une dot et pour se marier, quand elles regagnent le douar natal, il y a loin. Il y en a qui de leurs honteux bénéfices achètent deux ou trois chameaux, quelques moutons et une tente, une guéïtoun, et qui viennent achever de vivre dans la fraction qui les a vues naître; il y en a qu'un *mesquino* avili épouse malgré le Koran, qui défend le mariage avec les femmes de mauvaise vie, mais c'est tout.

La toilette étonnante des Ouled-Naïls est celle que portent toutes les femmes arabes les jours de fête.

Le premier vêtement, souvent oublié d'ailleurs, est une courte chemise en mousseline transparente. Par-dessus se met le haïk, partie essentielle du costume. C'est une pièce d'étoffe rectangulaire qu'on plie en deux dans le sens de la hauteur et dans laquelle on se place comme on enferme une image entre les deux feuillets d'un livre, les bras demeurant libres, au-dessus de ce vêtement d'une simplicité antique qu'on retient sur les épaules au moyen du richett, large épingle d'or ou d'argent en forme de broche plate. Ce voile est, en général, assez grand pour que, avant de l'appliquer, il soit nécessaire de le plier en deux dans le sens de la largeur, cette fois, de sorte que la femme qui le porte semble couverte de deux haïks superposés, l'un tombant jusqu'aux pieds, l'autre s'arrêtant à la ceinture et formant, en avant, comme une sorte de péplum, en arrière, comme un manteau souvent relevé sur la tête en guise de capuchon.

Une large écharpe rouge ou noire, à grandes franges, cerclée souvent elle-même d'une étroite ceinture d'or, serre le haïk à la taille et lui donne l'aspect d'une robe fendue sur le côté à la manière des robes néo-grecques du Directoire. Sur le dos se jette, en forme de manteau carré, un grand mouchoir plus ou moins riche.

Vient ensuite, en soie de couleur voyante, quelquefois même en drap d'or, la robe, espèce de peignoir sans manches et sans taille, très-étroite et engaînant comme un fourreau le corps dont elle dessine vigoureusement les formes. Placée presque sous les bras, une nouvelle ceinture d'or soutient la gorge, mais laisse toute leur liberté à la cambrure des reins et à l'élégante ondulation de la taille. Plus rarement, enfin, on met sur cette robe la fouta des Mauresques, pièce de soie roulée en jupe autour des hanches et relevée sur les côtés par des épingles d'argent grosses comme des fuseaux.

Voulez-vous, maintenant, pour compléter cet accoutrement exotique, coiffer une femme à la mode arabe? Divisez ses cheveux en deux masses et faites de chaque masse une seule tresse qui devra être grosse comme le bras et tomber au moins jusqu'à la ceinture ; si vous n'avez pas assez de cheveux pour obtenir ce volume, vous n'avez qu'à y ajouter de la laine. Mettez ensuite un serre-tête de soie noire sur lequel vous ramènerez les extrémités des tresses, qui encadreront ainsi la figure dans deux anses volumineuses, et que vous serrerez au moyen d'un ruban passant sur les tempes, de manière à donner à cette coiffure l'aspect de celle qu'on portait chez nous au quinzième siècle. Ceci fait, appliquez en turban une ou deux ceintures de drap d'or ; recouvrez-les d'un voile de mousseline mouchetée d'argent qui descendra jusqu'aux talons et que retiendra un foulard lamé dont les bouts frangés flotteront sur le dos comme une queue brillante, et il ne vous restera plus qu'à appliquer le machbac en bandeau pour avoir transformé cette femme en almée du désert. Ce machbac est un diadème composé de sept ou huit plaques d'or juxtaposées, grandes comme la main, ciselées, ajourées, ornées de pierreries, de pendeloques, et enfin de chaînes garnies de sequins qui y sont attachées en jugulaires flottantes et qui enferment la figure dans un scintillement de dorures sauvages.

Puis il faut à toute la bizarrerie de ce costume d'idole ajouter des bijoux à profusion ; au cou, des rubans noirs mis en collier de chien et garnis de pièces d'or ; sur la poitrine, des rivières de sequins qui y forment comme un plastron étincelant ; à chaque oreille, trois ou quatre anneaux plus larges que des soucoupes et ornés de grosses fleurs en métal qui ont des cœurs en rubis; du poignet au coude, des bracelets lourds et massifs qui ont des reliefs énormes; aux bras, des cylindres d'argent semblables à des pièces d'armures; aux doigts, des bagues si nombreuses qu'elles ne laissent plus paraître que les ongles rouges; aux chevilles, enfin, de véritables manilles de forçats en argent ou en or, tombant sur des mules pailletées. Et il faut y ajouter encore des amulettes ouvragées; des croissants; des étoiles piquées çà et là dans la coiffure ou sur la robe; des étuis d'argent qui contiennent un petit poignard ou de la poudre noire pour les yeux; de petites boîtes à jour pleines de parfums, des cœurs, des triangles, des mains, et tout cela suspendu à des chaînes. Puis encore des foulards brochés d'or, passés par un bout à la taille et, par l'autre, rattachés aux épaules au moyen d'épingles à têtes démesurées; des cordelières rouges ou dorées qui font cent fois le tour des hanches; une ceinture, enfin, dont la boucle d'argent repoussé cuirasse le ventre de la gorge aux cuisses.

Et, comme chez les Mauresques d'Alger, ce qui étonne plus encore que les accumulations exagérées de ce luxe sauvage, c'est sa réalité. L'or et l'argent, sauf tromperie de la part des orfèvres juifs, entrent seuls dans la fabrication de ce pesant attirail. Le diadème le plus simple, le plus mince, le moins orné, coûte un millier de francs, et le moindre collier se compose d'au moins cinquante louis. L'Ouled-Naïl la plus pauvre a sur elle pour trois ou quatre mille francs de bijoux, et la plupart en promènent pour huit ou dix mille dans cette foule nocturne, où le vol serait si facile, et où, chose étonnante, il est si rare. Tout le métal employé à cette orfévrerie baroque sort de notre hôtel des monnaies; les trois quarts de nos pièces ne font que traverser l'Algérie et s'en vont au désert pour y être fondues, ou au moins percées et démonétisées.

« Ce sont ces brigands d'Arabes qui abîment ainsi notre argent! » me disait à Médéah un Juif furieux de ce qu'on lui refusait une pièce de dix francs trouée. Et, un instant après, il me confiait qu'il rentrait à Gardaïa venant d'Alger, où il n'était allé que pour se procurer vingt pièces de cent francs. Il les lui fallait pour confectionner les premiers rangs du collier de sa fille qui allait se marier.

Et, chargées de ces parures qui brillent à la lueur des lanternes, marchant d'un pas lent et cadencé, les Ouled-Naïls accomplissent dans la rue leur promenade mécanique, et la musique résonne toujours.

Il y a par là un vaste café indigène, grande et longue salle nue et voûtée comme une église. Aux murs est adossé un massif de maçonnerie qui sert de siége et au pied duquel sont rangés des bancs de bois, et sur le sol, sur les bancs, sur la bâtisse, une triple file d'Arabes accroupis s'étage autour du local plein de fumée et d'odeurs fauves. Le rouge des spahis et le bleu des turcos détonnent violemment dans la blancheur uniforme des rangs serrés d'où émergent des bras maigres et bronzés, des haïks énormes ceints d'un gros paquet de cordes noires, des têtes spectrales avec un pan du burnous rabattu sur les yeux, des figures magnifiques et féroces, des crânes nus que surmonte le Mahomet flottant et des faces grimaçantes de noirs. Deux quinquets fumeux projettent des clartés douteuses sur les fronts luisants et profilent des ombres fantastiques sur les murailles blanches.

Un grand nègre, tête nue, drapant dans un majestueux burnous sa superbe carrure d'athlète, souffle éperdument dans un hautbois; un Arabe, armé de deux baguettes, frappe à coups redoublés sur des cymbales en poterie; deux autres, enfin, battent avec un enthousiasme frénétique des ben-daïrs qui rendent absolument le son d'une caisse de bois. Un grand coup suivi de deux coups plus faibles, comme si la main jetée contre l'instrument rebondissait et retombait d'elle-même, et cela fait au tapage assourdissant du hautbois et des cymbales un accompagnement ininterrompu semblable aux claquements d'un métier de tisserand, au bruit monotone d'une mécanique quelconque. C'est la musique.

Le cafetier affairé distribue à l'assistance recueillie ses petites tasses fumantes; les garçons, en longue chemise de laine, déposent des morceaux de braise sur le foyer des chibouques, et dans l'espace laissé vide au milieu de la salle, leur haut et large diadème jetant des étincelles d'or, se promènent des Ouled-Naïls.

Puis on fait place à l'une d'elles, et elle danse. Est-ce bien une danse? C'est à peine une marche cadencée. Jugez-en plutôt. Le pied gauche est d'abord glissé en avant, et le droit vient se placer sur la même ligne, pendant que la hanche gauche se cambre vigoureusement et fait ballonner la croupe dorée de la danseuse. Puis, c'est le pied droit qui s'avance, tandis que le gauche vient le rejoindre et que la hanche droite se cambre à son tour ; puis le pied gauche repart ; puis le droit, et ainsi de suite, et, toujours avec la même claudication voluptueuse, n'avançant que par demi-pas, l'Ouled-Naïl passe comme une automate. Sa figure peinte, immobile, figée comme celles des musées de cire, ne vit que par les yeux ; sa tête est droite, fixe, comme si l'on y eût posé un vase d'eau qu'elle craindrait de renverser ; ses bras sont portés en avant de toute leur longueur, les poignets à la hauteur du front, et, au cliquetis des bracelets, la paume tournée vers le sol, les mains s'agitent lentement, se ploient et s'étendent tour à tour comme pour imiter la reptation d'un serpent, le vol tranquille d'un oiseau. Quand l'Ouled-Naïl est parvenue ainsi à l'extrémité du café, la danse est finie.

Quelquefois deux femmes partent en même temps des deux bouts de la salle, marchent l'une vers l'autre, et, quand elles sont poitrine contre poitrine, se livrent pendant un instant à une indescriptible pantomime dont la lasciveté arrête la respiration dans la gorge des spectateurs. Mais tout à coup un cri de douleur, un cri de rage longtemps contenu, traverse le silence. C'est un Arabe qui n'en peut plus, et d'autres crient comme lui, et l'orchestre fait rage. On descend des gradins, on se mêle, on se pousse, et le plus fort de ses admirateurs entraîne la danseuse. Le calme se rétablit, de nouvelles Ouled-Naïls entrent en scène, et cela dure ainsi pendant toute la nuit.

De temps à autre, la clarinette haute, la tête renversée, le musicien noir fait le tour de l'assemblée. De ses joues enflées comme le ventre d'une cornemuse, sort un souffle extraordinairement continu, et, sans interrompre jamais sa musique, il se plante successivement devant chaque spectateur qu'il assourdit de son abominable vacarme. On colle des pièces de monnaie sur son front ruisselant de sueur, et il souffle, il souffle toujours, et, les yeux hagards, il vient, après sa tournée, s'agenouiller devant le joueur de cymbales qui recueille la recette. Les curieux qui ne peuvent entrer se serrent à la porte et se tassent en silence. Seul, un nègre qui cède à la gaieté de sa race parodie grotesquement la danse des Ouled-Naïls, et ses grimaces n'amusant personne, il prend le parti d'en rire lui-même comme un fou, et il va s'écrouler dans un coin en se tenant le ventre, qui lui en fait mal. Mais il est temps de rentrer. La nuit est profonde, et dans les impasses louches, dans la forêt de palmiers, partout hurlent des chiens; dans les masures sombres, les chats amoureux pleurent avec des voix humaines, et au loin glapissent, par intervalles, les chacals qui viennent rôder autour de l'oasis. De temps à autre, des cris et des aboiements désespérés retentissent, et un chien qui semble avoir le diable à ses trousses traverse la rue comme un éclair; il a reçu un coup de matraque dans quelque maison noire où il s'est introduit en voleur nocturne. De loin en loin, comme une lampe de sanctuaire, papillote la clarté sépulcrale de la lanterne des cafés où résonnent les petits bruits secs des damiers, tandis qu'une bougie jaune y éclaire des joueurs infatigables et des Arabes qui, surpris ici par la nuit, fument en attendant le jour.

« Bonsoir, mon capitaine », crie une voix joviale. Et nous reconnaissons le Mozabite avec qui nous sommes arrivés à Laghouat.

« Tiens, c'est toi, M'hamed? Et que fais-tu là, à cette heure?

— Tu vois, je prends du café. En veux-tu?

— Volontiers. Mais je te croyais reparti?

— Non, je reste. J'ai organisé la petite caravane dont je te parlais en route, et j'attendrai son retour ici.

— Et forme-t-on souvent des convois comme cela?

— Non. Habituellement nos produits vont directement vers le Tell sans passer par les oasis. Le plus souvent même les caravanes évitent l'Algérie et gagnent le Maroc ou la Tunisie; tu comprends, elles conduisent des noirs, et elles ont peur des Français.

— Et la tienne est prête?

— Oui. Elle s'en va cette nuit. Je l'accompagne au départ, et quand elle sera en route, je reviendrai. Veux-tu venir avec moi? Nous partons à deux heures, de la porte des caravanes. Va vite dormir un peu. »

Il est minuit, et Laghouat a maintenant quelque chose de bien triste.

Ma rue, une fort belle rue qui a au moins deux mètres de largeur et dont le sol de terre se creuse en gouttière glissante, est bordée de maisons sans toits, sans rebords, sans fenêtres, mais crépies de blanc, et, dans l'obscurité, cela prend l'aspect lugubre d'une allée du Père-Lachaise. Une seule saillie dépasse la ligne horizontale des terrasses d'en face, et cette saillie se remue lentement : c'est un Arabe qui se promène sans bruit à la clarté des étoiles.

Cette rue descend d'un côté et monte de l'autre. En bas, elle aboutit aux jardins, profonde masse obscure pleine d'aboiements et d'où s'élancent des palmiers qui se peignent en noir sur le ciel d'un bleu sombre; en haut, elle s'abouche à une rue transversale remplie d'un silence aussi menaçant que les hurlements d'en bas. Ahmed, qui devait me guider, ne paraît pas, il se sera endormi sur les nattes d'un café. Et j'attends sur ma porte.

« *Aïaou el sallat! Aïaou el fellat!* » crie-t-on tout à coup sur ma tête. La silhouette du promeneur aérien s'est arrêtée, et, les bras au ciel, c'est lui qui se lamente ainsi. Est-ce un somnambule, un fou? C'est simplement un muezzin sans minaret. Et quand il se tait, un murmure confus traverse le mur de sa maison. — Ya, Mohammed! Ya, Mohammed! disent des voix. Puis elles marmottent des paroles sourdes et inintelligibles; puis encore : Ya, Mohammed! Ya, Mohammed! et répétés après chaque phrase sur le ton de nos *ora pro nobis,* les Ya, Mohammed, bourdonnent mystérieusement dans la solitude de la rue déserte, et Ahmed n'arrive toujours pas.

Faut-il se renfermer et laisser partir la caravane? Puis, hésitant un peu, le bâton ferré en avant, comme un halluciné qui irait à la baïonnette contre des spectres, je me mets en marche dans les ténèbres. Et toujours des chiens, des chiens qui n'aboient pas, et qui passent comme des ombres, des chiens jaunes et des chiens blancs qui ont l'air de chiens fantômes. Derrière chaque porte, dans les rues dont mes coudes touchent les deux côtés, ronflent des gens endormis; dans les trous noirs des murailles sont couchés des tas blancs qui se retournent avec des soupirs; ce sont des propriétaires qui, de leur corps, font une clôture vivante à leurs demeures. On enjambe des dormeurs, on les heurte du pied, et ils grognent. Mais voici trois hommes qui causent sur un banc. — Eh, l'ami? Ya, ouled? sais-tu d'où part la caravane? leur disons-nous pour parler, comme les enfants chantent dans les corridors sans lumière pour se prouver qu'ils n'ont pas peur.

« Manarf. Je ne sais pas; que sais-je? dit l'un d'eux.

— La caravane? répond un autre en français. Quelle caravane?

— Celle de M'hammed le Mozabite. Tu sais? Elle part de la porte des caravanes.

— Ah, oui! Oh! c'est à l'autre bout, cette porte; c'est là-bas, là-bas! »

Décidément, je n'irai pas plus loin, et je prends place sur le banc. Mais voilà qu'ils se lèvent et qu'ils se baisent le bout des doigts.

« Bonsoir, sidi, dit le plus aimable des trois.

— Tu t'en vas?

— Oui, maintenant je vais me coucher. »

Et me voilà encore errant à travers la solitude et le silence, encore au milieu des chiens de mauvaise humeur et des dormeurs qui se fâchent.

Enfin, au delà des murailles basses, apparaît le rocher des Chiens, blanc et nu, avec la grande dune de sable qui s'y adosse, et voici la porte!

La place est couverte de tentes ; l'une d'elles, celle de je ne sais quel chef appartenant à la noblesse religieuse, est surmontée d'un grand bouquet de plumes d'autruche. De tous côtés, des Arabes qui s'étirent, se remuent autour des bêtes de somme; d'autres sommeillent encore, adossés aux chameaux qui rêvent, le cou allongé sur le sable : c'est la caravane. M'hammed me reconnaît et vient amicalement me prendre par la main. Il est près de deux heures, et l'on va bientôt partir. Pas un souffle dans l'air assoupi; au loin s'étend le désert qui paraît déjà blanc, qui semble lumineux par lui-même, et les grandes lanternes que promènent des nègres jettent une clarté presque inutile.

— Fissa! fissa! crie M'hammed, qui s'agite comme un capitaine sur sa passerelle au moment de l'appareillage. Et l'on répond partout à sa voix, et les chameliers et le kebir, conducteur de la bande, font pleuvoir les coups de bâton sur la bosse des chameaux.

Brutalement réveillées, les pauvres bêtes, déjà au désespoir, se lèvent lourdement; elles ont une patte repliée, attachée avec une corde d'alfa, entrave qui doit les empêcher de fuir, et debout sur les trois autres, elles s'en vont de droite et de gauche, boitant comme des chiens blessés.

— Balek! balek! me crie M'hammed, au moment où je passe derrière l'une d'elles.

Est-ce que les dromadaires ruent? Non; mais la nature fantasque les a, pour certains détails, conformés à l'envers des autres quadrupèdes, et si l'on se tient trop près de leur arrière-train, on s'expose aux arrosages les plus inattendus et les plus désagréables.

Les chameaux se lamentent de tous côtés, et un concert discordant s'élève dans l'air calme. L'un imite le gloussement des dindons; l'autre pousse des grognements de porc mêlés à des hennissements rauques; celui-ci lance des cris saccadés qui ont quelque chose de troublant et auxquels on se retourne comme au rugissement de quelque bête féroce; celui-là, un prodigue qui fait déjà passer d'un de ses estomacs dans un autre une partie de la provision d'eau faite la veille en prévision de la route, se gargarise avec des glouglous sonores.

— Châââ! châ! Châââ! crient les chameliers qui les frappent aux genoux et se suspendent à leur col; ils se recouchent en maugréant, et on leur attache les deux jambes de devant. Ils ne peuvent même plus se lever cette fois. Quatre hommes font, à grand'peine, rouler une lourde balle; ils la poussent sur la queue d'un chameau, la font monter sur son dos, comme sur un plan incliné, et l'y assujettissent avec des cordes. Et, plus immobile qu'un sphinx de granit, l'animal se contente de pousser des clameurs aigres et déchirantes; il proteste de toutes ses forces. Hargneux comme un difforme qu'il est, il proteste d'ailleurs toujours et quand même. Mettez seulement la main sur sa bosse, et, prenant cette caresse pour une moquerie, il protestera déjà avec d'horribles cris et d'horribles grimaces.

— Saïa-haha! Saïa-haha! crient maintenant les hommes. Toutes les bêtes sont chargées et déliées; elles ont sur le dos des poids énormes, et, une à une, sans se presser, elles se lèvent comme si elles ne portaient rien, et elles s'en vont, au trot, rejoindre le groupe qui se forme. Il y a toute une légion de gens qui vont partir. Il y a des Arabes de Laghouat, des nègres, des Arabes du Sud, qui ont des sandales au lieu de babouches. Il y a surtout des Mozabites, reconnaissables à leur cafetan rayé, espèce de compromis entre le burnous et la gandoura. Tous ces hommes ne sont pas à la solde de M'hammed; ce sont de simples voyageurs qui se réunissent à la caravane pour faire, avec elle, un voyage plus sûr et plus agréable. Notre costume européen ne fait pas tache longtemps dans ce monde algérien. Le complaisant Mozabite veut nous préserver du soleil de la journée, et il nous affuble déjà d'un burnous et d'un haïk. Ce haïk n'est pas comme celui des femmes: c'est une longue pièce de laine dont on se couvre la tête, dont on s'encadre la figure et dont le bout enfin s'enroule comme un turban autour du front, quand on ne porte pas la corde en poils de chameau.

Et nous nous hissons sur la monture qui nous est destinée et qui s'est accroupie pour nous recevoir. Elle a une selle en couronne, une espèce de rond de cuir d'employé, dans laquelle s'enchâsse la bosse qu'on embrasse de ses jambes repliées.

— Saïa-haha! Saïa-haha! Et le chameau se lève, et l'on manque passer sur sa tête à son premier mouvement, sur sa queue, au second; puis on se demande si c'est à droite ou à gauche qu'on tombera, et enfin, grâce aux poignées de bois placées sur le devant de la selle et auxquelles on se cramponne de toutes ses forces, on finit par ne pas tomber du tout. Et l'animal marche. Il va l'amble; il projette simultanément en avant les deux pattes du même côté, et il résulte de cette allure bizarre un roulis et un tangage des plus incommodes.

Enfin, chacun est prêt. Il est quatre heures; nous n'avons que deux heures de retard, et M'hammed est enchanté de cette exactitude.

La nuit est claire; il fait presque frais, et ce serait charmant si notre monture ne nous donnait de graves inquiétudes. Le sol est bien bas vu d'ici, et nous sommes bien empêtrés dans notre accoutrement à demi indigène! Enfin, il est trop tard pour reculer. Un Arabe conduit notre bête par sa corde; nous prenons les devants avec M'hammed et nous nous arrêtons un peu plus loin pour voir défiler le convoi, qui n'est déjà plus derrière nous qu'une grande masse sombre et remuante.

Et lentement, avec des cris d'hommes et de bêtes, il s'avance, et le voilà qui passe. Un nègre sur un âne, ses pieds touchant presque le sol, tient la tête de la troupe et souffle à pleines joues dans une longue flûte bourdonnante. Puis, voici des Arabes à pied, traînant par le licol des chameaux paresseux; puis d'autres chameaux qui suivent à peu près en liberté, aiguillonnés, harcelés cependant par des gens qui courent autour d'eux, les bras et les bâtons levés. Puis, avec un grand bruit de casseroles, en voilà trois autres chargés d'attatich qui s'en vont comme des barques à la voile balancées par les vagues, et, derrière ceux-ci, un quatrième escorté de deux cavaliers et portant un attouch plus frangé, plus orné que les autres. L'attouch, mot dont attatich est le pluriel, ressemble au berceau arabe dont nous avons déjà parlé:

c'est un large cerceau sur lequel, comme la peau sur un tambour, est fixée une toile couverte de tapis épais. Des deux extrémités d'un diamètre de ce cerceau s'élèvent deux demi-cercles de bois, qui s'écartent l'un de l'autre comme les mors d'un piége à renards et sur lesquels sont jetés des rideaux formant une sorte de tente. Cette machine légère contient les enfants et les femmes ; les maris suivent à cheval ou à pied. S'il est une chose qu'on a exagérée, c'est l'infériorité de la femme arabe. Elle est tout simplement à sa place ; elle ne demande pas à faire partie de la djemàa, elle ! Elle ne veut être ni électrice, ni éligible ; elle se contente du rôle plus noble de mère de famille, et si l'on en fait une bête de somme, c'est peut-être chez les nègres de l'intérieur, mais ce n'est pas en Algérie.

Il y a dans la caravane une pauvre femme malade, qui est venue dans le Tell consulter un toubib français. Eh bien, les prévenances dont son époux l'entoure, les ménagements avec lesquels il la place dans son attouch, la surveillance qu'il exerce autour d'elle, le masque de gaieté dont il couvre sa figure triste quand il entr'ouvre ses rideaux rouges pour lui demander si elle est bien, pourraient servir de modèle à plus d'un mari français. Après les attatich, affolés et bêlants, trottent des moutons noirs et blancs que chassent des bergers aux jambes nues, armés d'un long bâton recourbé en crosse pastorale. Puis arrivent des Arabes qui ne portent rien et qui s'en vont d'un pas joyeux, les mains sur la matraque mise en travers de la nuque ; puis des cavaliers, le fusil en bandoulière, de beaux Arabes du désert, méprisant les hadars, les badauds qui habitent les villes ; puis des bourricots qui ruent et qui folâtrent ; puis de la poussière soulevée en grand nuage, et la caravane a passé.

Le soleil se lève, un large soleil rouge, déformé, aplati sur l'horizon plat, et les derniers chameaux projettent sur nous de longues ombres bossues qui traînent sur le sable déjà brûlant.

« Eh bien, marchons-nous, M'hammed?

— Attends un peu, je ne vois pas venir El-Hakem. Ah! le voilà qui arrive. »

El-Hakem est un homme de la tribu des Chaamba, qui exerce la profession de courrier. Il monte un grand et beau dromadaire blanc qu'on nous a montré, la veille, dans la cour d'un caravansérail, un méhari. Les méhara, les chameaux de course, ne constituent nullement une race à part; ce ne sont que des animaux choisis, dressés et entraînés.

On obtient par cette sélection et par des croisements surveillés avec soin des dromadaires qui courent mieux que les autres, comme on produit des chevaux pour le turf, mais c'est tout,

El-Hakem va suivre la caravane jusqu'au Mzab, et, quand elle sera arrivée, M'hammed en sera informé le lendemain. Il n'y a qu'une centaine de kilomètres de Laghouat au Mzab, et c'est une promenade pour un méhari. El-Hakem se serrera dans sa large ceinture pour empêcher son ventre d'être trop brutalement ébranlé; il remontera son voile jusqu'aux yeux pour ne pas être étouffé par la poussière; il ne dirigera qu'avec le bâton son intelligente monture qui n'a pas de bride, et en quelques heures il sera revenu. Un méhari parcourt aisément de cent cinquante à deux cents kilomètres par jour, sans boire ni manger, et il recommence le lendemain. Il y en a un qui fait régulièrement le service de la poste entre Laghouat et Ouargla, et qui, sans se fatiguer ni se presser, accomplit en deux jours le trajet de trois cent vingt kilomètres qui sépare ces deux villes. Quel est le pur-sang qui ferait cela?

Nous partons enfin, et nous marchons longtemps, rudement secoués par notre bête, les poignets fatigués, mais sans éprouver aucun des symptômes de ce mal de mer dont on accuse le navire du désert. Les collines des hauts plateaux et les palmiers de Laghouat ont disparu au nord ; les dunes que nous laissons sur la gauche se sont aplaties, et un lac imaginaire, effet de mirage, interrompt seul vers l'occident le rond vide du Sahara qui nous entoure.

Aucune bête, aucune plante ici, pas même de l'alfa. Le sol sablonneux a fait place à une terre stérile, un sol de silex sur lequel résonnent les sabots des chevaux, et à quelques centaines de pas devant nous s'avance la caravane sur laquelle se balancent les petits dômes des attatich, et d'où nous arrivent des chants somnolents et monotones.

On est déjà fatigué, un peu étourdi par la poussière et par le soleil ; on ramène les bords du haïk sur sa figure ; on s'endort à demi et l'on rêve, devant cette immensité que l'imagination des anciens peuplait d'êtres si étranges. Le soleil monte cependant. La chaleur devient torride ; les Arabes ont jeté la bride sur le cou de leurs chevaux, et ils s'en vont comme une procession de Mauresques voilées ; on ne voit plus que des yeux noirs entre les haïks remontés et les capuchons rabattus. Et combien nous savons gré à M'hammed de nous avoir affublé de ces draperies qui nous semblaient ridicules au départ ! Ne les oubliez pas quand vous irez dans le Sahara. Vous n'êtes, d'ailleurs, nullement obligés de vous faire photographier ainsi.

Puis le pays change un peu, bien peu. Nous traversons par intervalles de petits bancs de sable et des dunes basses croulant sans bruit sous le large pied que les chameaux y posent avec la gravité calme et tranquille de gens qui se sentent chez eux. C'est encore un sable rouge, semblable à de la brique pilée ; c'est du quartz en poudre, semé de petits galets brillants comme des rubis et si jolis que les Arabes en ramassent au passage et me les apportent en riant, comme si je devais les prendre pour des pierres précieuses. Il y a au musée d'Alger des boîtes pleines de ce sable, avec l'étiquette : Sable aurifère du Sahara! Aurifère? Cela amuse M'hammed, et les Arabes qu'il interroge là-dessus ne comprennent pas ce qu'il veut dire.

Il y a quelques bêtes ici, de bien vilaines bêtes, d'ailleurs. Il y a d'énormes scarabées fouisseurs, aux grosses pattes dentelées en larges scies ; il y a des scorpions noirs, grands comme la main ; il y a, sous les pierres, des araignées velues et vemineuses ; il y a même des hommes, et nous croisons deux fois de petites caravanes de Larbaa, qui errent du nord au sud, de l'est à l'ouest.

Les chameaux, toujours ahuris, ne s'occupent plus les uns des autres. Ceux-ci tournent le dos à la direction que nous suivons, ceux-là s'arrêtent pour promener autour d'eux des regards lents et étonnés, comme s'ils voyaient pour la première fois ce désert dans lequel ils ont toujours vécu. Glou, glou, glou, glou, glou ! Et les bâtons tombent avec des bruits secs sur leurs cuisses maigres et osseuses, et, à la fin du compte, tout cela marche, et marche même très-vite.

Des cris de gangas arrivent jusqu'à nous ; ils sortent d'un bouquet de verdure qui nous apparaît là-bas, vers le sud-est. Il y a là comme un îlot de genêts, de coloquintes rampantes, de dyss, de drinn, de chih, espèce d'absinthe que les Arabes emploient en infusion contre la fièvre ; et, au-dessus de ces herbes sèches, s'élèvent quelques térébinthes rabougris.

Les animaux deviennent plus fréquents à en juger par les traces nombreuses qu'ont laissées sur la poussière les gazelles et les ouranes.

Ces derniers, fort communs dans tout le Sahara, sont de grands lézards ventrus, qui ont la peau lisse et le museau pointu comme un bec d'oiseau. Ce sont les ennemis les plus acharnés des vipères à cornes, et les combats que ces reptiles se livrent dans un trou, où on les met à dessein en présence, sont, paraît-il, un spectacle des plus attrayants. Il y a encore, par ici, un autre lézard, ressemblant à nos lézards verts, mais plus long, plus svelte, qu'on mange rôti et qu'on appelle le poisson du Sahara.

Nous atteignons enfin le bouquet de lentisques. On sait qu'il abrite un puits; on n'a porté que peu d'eau pour la route, et l'on voudrait en ménager la provision. C'est, hélas! impossible : le puits est plein de pierres et de sable. Des Arabes errants l'ont, selon leur déplorable habitude, comblé aux trois quarts pour en faire monter le contenu et y puiser plus commodément avec leurs casseroles. L'eau y a baissé maintenant, et il faudrait le déblayer pour l'atteindre.

A partir de ce point vert commencent les dayats. Sur les hauts plateaux ce mot ne signifie plus que terre arrosable, ici il a gardé sa vraie signification. Il indique une dépression du sol dont le niveau se rapproche assez de la masse d'eau souterraine pour que les plantes puissent en ressentir la bienfaisante humidité. Les oasis, on le voit, ne sont que de vastes dayats, ou les dayats de petites oasis, comme on voudra.

Il y a neuf heures que nous marchons à travers le territoire de parcours des Larbaa, des Maamra et des Harazlia. Si notre caravane ne s'était composée que de chameaux, elle aurait, selon la moyenne ordinaire, fait déjà une soixantaine de kilomètres; mais elle comprend des moutons, des piétons et des ânes, et il est une heure après midi quand nous atteignons la Daya-Zohra. Nous avons parcouru quarante kilomètres depuis notre départ de Laghouat, et c'est énorme si l'on tient compte du soleil et des difficultés de la route. Il est vrai que la caravane a à peu près fini sa journée; elle ne fera plus qu'une dizaine de kilomètres ce soir.

La Daya-Zohra est comme une petite île de verdure qu'ombragent une cinquantaine de pistachiers et dont le sol se tapisse d'herbes rases, de coloquintes, d'alfa, de graminées et de jujubiers sauvages, de sedras. Au centre de la dayat, entre des bords vaseux où vivent des crapauds microscopiques et des moustiques énormes, dort une flaque d'eau bourbeuse et verdâtre, grouillante de têtards et de sangsues, c'est le r'dir. L'oasis minuscule est envahie; les chameaux, qui sont toujours fatigués et qui marchent toujours, se couchent d'un air ennuyé et beuglent sans savoir pourquoi ; des Arabes courent faire au marais un semblant d'ablutions, d'autres prient sur leur burnous étendu, la plupart se hâtent d'ouvrir leurs sacs et leurs musettes. On donne quelques poignées d'orge aux chevaux, les moutons broutent l'herbe sèche, et les chameaux ruminent et broient lentement une nourriture mystérieuse remontée de leur estomac ; selon l'expression arabe, chacun songe à rassasier son ventre.

Un grand bétoum nous sert de salle à manger ; il a, comme les autres, une tête parfaitement hémisphérique qui laisse tomber autour de lui une ombre épaisse, ronde comme celle d'un parasol. La forme géométrique de ces arbres vient de ce que les chameaux, friands de leurs jeunes branches, les tondent en dessous, aussi haut que leur bouche peut atteindre. La même raison fait qu'on ne voit jamais de petits bétoums ; ceux qui grandissent ont eu la bonne fortune de pousser au milieu d'un amas de sedras dont les épines ont protégé leur croissance. Les Arabes qui tirent une teinture jaune de leur fruit ont, à leur sujet, une singulière théorie botanique ; ils prétendent que ce sont des oliviers dégénérés.

Un tapis déroulé sur le sol remplace la table, et des sacs de laine grossière, des tellis, nous servent de siéges. Quant au repas, il est d'une frugale simplicité : des galettes déjà dures, des dattes tassées en bloc dans une petite peau de bouc retournée et encore garnie de ses poils, du miel enfin enfermé de grossiers pots de terre, et c'est tout. Le lait d'une chamelle qui suit la caravane avec son petit, et une espèce de petit lait aigre conservé dans des outres, nous tiendront lieu de boisson. On préférerait autre chose, mais cela vaut encore mieux que l'eau chaude dont s'abreuvent les Arabes.

Quant à ceux-ci, leur déjeuner se réduit à moins encore. Ils tirent de leurs musettes une poignée de rouïna, grossière farine de blé torréfié ; ils en font une pâte épaisse qu'ils avalent par boulettes pétries dans leurs mains poudreuses, et ils s'endorment contents.

M'hammed, bien que n'usant ni du tabac, ni même du café, en sa qualité de Mozabite, m'offre gracieusement l'un et l'autre, et harassés de chaleur, nous nous couchons sous l'ombre tiède de notre arbre. Autour de nous, chauffé à blanc, flamboie l'horizon en feu ; à travers les interstices du feuillage sombre, le ciel se montre par petites taches éblouissantes, et, distrait, à moitié endormi, j'écoute, comme dans un rêve, mon nouvel ami qui me parle de son pays.

« C'est, me dit-il, vers le sud-est, dans les rochers de la Chebka, près d'ici, mais à vingt jours de marche d'Alger, que se trouvent nos oasis de palmiers. Nous avons là un idéal de république formée de villages indépendants les uns des autres, mais réunis en confédération. C'est que nous sommes laborieux et honnêtes, nous autres ; nous sommes des Berbères ! Nous n'aimons guère les Arabes, et ils nous le rendent. C'est, tout le temps, entre nous, comme une petite guerre sourde. Nos compatriotes établis à Tiaret viennent, par exemple, de pétitionner pour être justiciables de vos juges de paix et non des cadis, qui, tous malékites ou banéfites, nous condamnent sans cesse sous le prétexte inavoué que nous appartenons à une secte à part. Nous préférons encore les magistrats français. N'allez pas en conclure que nous vous aimions, au moins. Le Mzab ne vous appartient guère, allez ! Nous vous payons un petit tribut, et vous avez installé à

Gardaïa, notre capitale, un pauvre officier qui est censé commander ce que vous appelez pompeusement notre cercle; mais, à part cela, nous nous administrons à notre manière, nous faisons ce que nous voulons. Nous vendons et nous achetons même encore des esclaves, malgré vos défenses. Tu en doutes? Eh bien, allons-y, et tu verras si je ne te fais pas donner un négrillon pour deux ou trois cents francs, ou une négresse pour cinq cents, si elle est jeune et jolie.

— Eh bien, pourquoi n'aimez-vous pas les Français, s'ils vous laissent si libres?

— Pourquoi? Parce que, facile ou méchant, nous ne voulons aucune espèce de maître. Qu'il nous vienne quelque bon marabout, et nous aurons vite débarrassé notre beau pays de votre commandant et de ses spahis!

— Mais si vous tenez tant à votre Mzab, pourquoi le quittez-vous si aisément? On ne voit que vous dans toute l'Algérie.

— Oui, oui, je sais. On dit même que nous sommes des Juifs que vous avez oublié de franciser. Nous nous expatrions, parce que nous aimons le travail, mais, quand nous avons amassé assez d'argent, nous revenons toujours dans nos oasis. Pour nous ôter jusqu'à l'envie de n'y plus rentrer, nos lois nous défendent d'emmener nos femmes, quand nous en sortons. Et puis, même en pays étranger, nous ne nous séparons pas. Nous y formons des corporations que dirige un amin élu par nous, et si un de nos compatriotes se conduit mal, il est chassé de notre société et il ne peut même plus revenir dans sa ville.

« Et là-bas, là-bas, bien plus loin que Gardaïa, il y a d'autres oasis, il y a Metlili, Touggourt; il y a Ouargla, où j'ai vu inscrits sur la muraille le nom des Français qui accompagnaient le colonel Flatters.

— Tu es donc allé jusqu'à Ouargla?

— Plusieurs fois. C'est un voyage qu'on ne peut faire

qu'à cheval ou en chameau, mais qui est très-facile et très-sûr. Un guide mozabite; une tente pour passer la nuit; trois bêtes, une pour le guide, une pour toi, une pour les provisions, et tu y es dans une semaine.

— Et peut-on aller aussi facilement jusqu'à El-Golea?

— A peu près. Ce n'est que plus loin. Vos soldats sont bien allés s'y promener encore, il y a quelques mois. Ils sont partis de Biskra, et ils n'ont guère mis qu'une trentaine de jours pour y arriver.

— Et plus loin?

— Ah! ma foi, plus loin il n'y a que du sable, il n'y a que des guerriers plus redoutables que leur désert et qui passent, rapides et terribles, comme le souffle brûlant du simoun. »

Plus loin, en effet, invisibles et insaisissables, errent, comme le fantôme de la peur, des hommes de proie dont le nom seul est une épouvante. Nous en vîmes une fois, il y a plusieurs années, arriver une douzaine à Alger. On les avait pris et on les menait voir notre capitale africaine et notre civilisation. Ils étaient coiffés d'un grand bonnet rouge que surmontait un gland bleu effarouché et que ceignait un mince turban blanc. Ils portaient une longue blouse blanche et, par-dessus celle-là, une blouse bleue, plus courte; ils avaient une ceinture blanche et de larges pantalons bleus qui leur tombaient jusqu'aux chevilles. Deux écharpes blanches en baudrier se croisaient sur leur poitrine. Leur visage était caché sous un voile noir dessinant la saillie de leur nez maigre comme un bec de vautour. On racontait que, chez eux, ils couchaient sous de petites tentes de cuir, qu'ils portaient des boucliers grossièrement taillés dans des peaux de bœuf mal tannées, qu'ils avaient de larges et de longues lances, et l'on disait des merveilles de leurs mehara. C'étaient des pirates du désert, des Touareg.

« Des Touareg, en effet; encore des Berbères, comme

nous! ajoute M'hammed avec un certain sourire d'orgueil. C'est le Targui qui est le maître du grand désert.

« Les caravanes arabes le prennent pour guide, lui payent un tribut, et il les laisse aller; mais vous, vous ne passerez jamais chez lui, tant que vous ne vous y prendrez pas autrement. Vos missions, vos envoyés, vos explorateurs, seront toujours volés et massacrés.

« Vous avez élevé et instruit à votre manière, au lycée d'Alger ou dans les colléges arabes, de jeunes indigènes qui deviennent ce que vous appelez des savants, et vous songez peut-être à les envoyer en éclaireurs dans le Sud; vous espérez qu'ils vous aideront à faire la lumière sur les mystères noirs de notre pays, qu'ils dresseront pour vous une carte du Soudan et de la route qui y mène. N'y comptez guère. Vous pouvez en faire des officiers, des médecins, des ingénieurs; vous n'en ferez jamais des Français. Ils seront toujours musulmans! Si vous tenez absolument à pénétrer jusqu'au centre de l'Afrique, c'est en troupe nombreuse, c'est avec un corps d'armée que vous devez tenter l'aventure. Et encore, attendez que vos chimistes, qui sont, dit-on, des sorciers, aient trouvé le moyen de faire du couscouss avec le sable et de l'eau avec le vent. »

Et M'hammed a raison. Laisser partir seuls, ou avec des escortes dérisoires, des Flatters, des Palat, des voyageurs plus téméraires que courageux, c'est les laisser aller follement au-devant d'une mort glorieuse, mais stérile. Que la France, maîtresse des deux bouts d'une route qu'elle ne peut sans honte laisser couper plus longtemps par quelques bandes pillardes, fasse un effort sérieux. Qu'on donne à des officiers une carte marine des côtes de l'Afrique; qu'on les mette à la tête d'une compagnie de débarquement de cinq, de dix mille hommes, s'il le faut; qu'ils aient à leur disposition toutes les ressources techniques, hygiéniques, militaires, dont la science dispose, et aller d'Alger à Tombouctou et de Tombouctou au Sénégal ne sera pour eux qu'une promenade militaire, qu'une navigation, une traversée de deux ou trois mois.

Et, après tout, quel serait le résultat de ce voyage? La route serait-elle ouverte pour cela? Les marchands passeraient-ils où les soldats auraient passé? La question de haute fantaisie du chemin de fer transsaharien aurait-elle sérieusement avancé d'un pas?

Mais le soleil descend. Il est trois heures. La caravane se réveille, repart et n'est bientôt plus qu'un nuage de poussière rouge qui s'éloigne lentement vers le Sud.

Il ne reste dans la Daya que M'hammed et deux Arabes qui doivent nous accompagner; nous remontons sur nos chameaux et nous reprenons la route de Laghouat. A peine nous arrêtons-nous une fois pour boire du café, une autre fois pour manger quelques dattes à l'abri d'un bétoum, et à minuit nous voyons enfin reparaître le rocher des Chiens. Nous tombons de fatigue, et puis, avouons-le, dans cette nuit remplie de cris étranges et de lueurs fantastiques, avec ces trois hommes qui marchaient sans rien dire, le fusil en travers de la selle, nous n'étions qu'à demi rassurés.

« Méfiez-vous des Mozabites, nous avait une fois dit un officier. Ils sont intelligents, polis, serviables, et, au fond, ils seraient enchantés de trouver une bonne occasion pour nous jouer quelque mauvais tour. » M'hammed est pourtant un excellent homme jusqu'au bout. Il défend même à ses Arabes d'accepter ce que je leur offre en arrivant.

« Mon cher cousin, me dit-il en riant, tu as été notre hôte pendant cette promenade; nous avons mangé le pain et le sel ensemble, tu es maintenant notre ami et tu ne nous dois rien. Je ne te demande qu'une chose, c'est le plaisir de t'accompagner jusqu'à la porte de ta maison. » Bon M'hammed! Je ne l'ai plus rencontré depuis.

Il est temps, d'ailleurs, de revenir à Alger.

Ce n'est pas Ben-Aïssa qui nous ramène ; c'est un Espagnol jovial, répondant avec empressement au nom de Pedro.

Il est deux heures du matin ; l'orage quotidien a considérablement retardé hier, et le ciel est encore voilé de gros nuages sombres que la lune perce à peine çà et là. Les masures endormies, les palmiers, les murailles noires, tout revêt des aspects fantastiques et menaçants. Mais quelle est donc cette ville étrange à la porte de Laghouat? Et comment ne l'avons-nous pas vue en arrivant? Deux ou trois cents petites maisons, blanches comme des sépulcres, s'éparpillent sans ordre sur une vaste plaine nue. Elles sont lézardées, éventrées, à demi ruinées, et les trous noirs de leurs entrées et de leurs fenêtres s'ouvrent comme des yeux, comme des bouches grimaçantes, sur leurs façades livides. Et il y en a de toutes les formes : de cubiques comme des marabouts et de rondes comme des tours ; il y en a qui sont de simples dômes, hémisphériques ou pointus, posés sur le sol, comme des huttes de sauvages, et d'autres qui sont demi-cylindriques, comme de grandes tuiles, ou prismatiques, à la manière des tombeaux romains ; il y en a des coniques comme des pains de sucre et d'autres en cônes tronqués, en pyramides, et dans le désert silencieux, à la clarté pâle de la nuit, aux hurlements plaintifs des chacals, on croit voir une nécropole où vont errer des fantômes, une ville de nains où vont arriver des sorcières et danser des gnomes bossus. C'est comme une cité baroque, entrevue dans un rêve tour à tour effrayant et ridicule. Puis un gros nuage passe, l'obscurité s'épaissit, la vision se fond et s'évanouit dans l'ombre, et quand la lune reparaît, il n'y a plus que le sable blanc, comme si quelque génie de la nuit eût d'un souffle moqueur renversé cette ville ainsi qu'un château de cartes.

Ce sont tout simplement les ruines du vieux camp. Un camp ne laisse ordinairement pas de ruines, mais celui-ci, installé en 1852 après la prise de Laghouat, a servi pendant plusieurs années, et nos soldats ont eu le temps d'en remplacer peu à peu les tentes par des constructions de terre, dans lesquelles ils ont donné carrière aux fantaisies architecturales les plus capricieuses et les plus imprévues.

La silhouette de Laghouat s'est depuis longtemps effacée, et nous commençons à sommeiller dans notre voiture de toile, quand nous sommes tout à coup réveillés par un clapotis sinistre. Nous sommes dans l'eau jusqu'aux essieux! Et cette eau marche avec un courant de foudre, et, devant, derrière, à droite, à gauche, il n'y a qu'elle! Où sommes-nous? Ce n'est plus un rêve comme celui du vieux camp, c'est un cauchemar maintenant. Mais ce n'est pas possible! Nous venons à peine de quitter l'oasis, et il y a quelques jours, quand nous avons passé par ici, nous n'avons traversé que des espaces secs et brûlants. Et pourtant nous sommes bien dans l'eau, une eau lugubre, noire dans la nuit noire, une eau qui bouillonne sourdement comme dans une ébullition froide et qui, en petits flots rapides et pressés, roule une écume blanche, épaisse, chargée de sable et de limon. On dirait un torrent de pâte grise et liquide. Et nos mules pataugent, et l'eau monte et le courant devient plus violent. On se sent pâlir et, avec anxiété, on regarde devant soi; rien que cette eau et la nuit! Enfin, le bruit cesse : nous sommes sur une rive.

« Ah çà! Pedro, qu'est-ce que cela? s'écrie-t-on, en sautant en bas du véhicule.

— Ça, señor? c'est la prise d'eau; c'est l'Oued-Mzi.

— L'Oued-Mzi? Mais quand nous sommes venus il n'existait pas.

— Tiens, je crois bien. Hier non plus il n'existait pas; mais il est arrivé cette nuit. »

Ce sont les flots versés par les orages dans les ravins du Djebel-Amour qui, de temps à autre, descendent ainsi en masses impétueuses, s'étendent sur le sable en larges nappes torrentielles, contournent l'oasis comme une armée au galop et constituent cette rivière, brusquement, violemment, intermittente comme toutes celles du Sahara.

« L'Oued-Mzi aurait bien fait de rester chez lui ; nous ne tenions pas à faire sa connaissance.

— Ne plaisantez pas, monsieur.

— Pourquoi ? Il y avait donc du danger ?

— Du danger ? mais un danger terrible !

— Eh bien, il est passé.

— Oui, grâce à moi ! Vous avez vu comme je menais mes mules, hein ? Si nous pouvions traverser la rivière comme cela !

— Comment, il y a encore une rivière ?

— Hélas ! toujours l'Oued-Mzi. Ici on l'appelle la prise d'eau ; là-bas on l'appelle la rivière parce qu'il a un lit, ordinairement vide, mais c'est toujours lui.

— Tu sais, je n'entre plus dans ta machine ; je monte avec toi. »

Et l'attelage repart pour s'arrêter bientôt en frissonnant, les oreilles pointées vers le nord, d'où vient un grondement sourd, comme celui d'une cataracte lointaine.

« La voilà, la rivière ! » dit Pedro à voix basse.

Nous y sommes. C'est d'une désolation navrante. La lune s'est cachée ; il fait nuit comme dans un four, et nous ne distinguons que trois choses : un petit rond de sable autour de nous ; à côté, un monticule sombre, isolé, menaçant, et, en face, l'eau blanche qui roule en longs cylindres écumeux.

« Faut-il passer ? me dit Pedro en s'arrêtant.

— Est-ce que je sais, moi ? Il vaudrait peut-être mieux attendre le jour.

— Attendre ! s'écrie-t-il ; mais l'eau monte ; j'ai déjà les pieds mouillés. C'est avant la prise qu'il fallait attendre, mais pas ici. Nous sommes à présent enfermés

A TRAVERS L'OUED-MZI.

dans les lacets de l'Oued ; nous sommes pris sur une île qui sera bientôt noyée elle-même, et nous n'aurons que ce monticule pour refuge, et nous y serons avec les ouranes, et les vipères à cornes qui fuient devant l'inondation !

— Passons alors !

— Oui, oui ! Et passons vite ! Voyez, ça grossit à vue d'œil. Allons !... Tenez-vous bien. »

On se cramponne, on ne respire pas. Pedro fait un signe de croix, pousse un juron formidable, et les mules entrent à l'eau. Elles n'ont pas fait dix pas qu'elles s'enfoncent ; leurs têtes dépassent seules les ondes grises, et l'on ne sent plus les cahots des roues sur le fond.

« Mais les bêtes se noient, Pedro !

— Non, non ! Elles nagent. »

C'est vrai ! Elles nagent, et la voiture flotte comme une barque en dérive, et, autour de nous, l'eau bourbeuse tournoie toujours en larges tourbillons, se roule toujours en longues vagues qui passent avec des gargouillements épais. Et le corps en avant, la poitrine haletante, les yeux tantôt sur les mules, tantôt sur la rive, attentif comme l'homme de barre au milieu de la tempête, Pedro fait claquer son fouet à tour de bras, et sa voix couvre le bruit des eaux.

« Hue, Maboul ! Allons, Caïd ! Eh ! va donc, Aouda ! »
Et les braves bêtes nagent toujours. Le courant nous entraîne ; nous gagnons pourtant, et tout à coup une embardée, un coup de roulis, manque nous jeter en bas du siége. Nous chavirons ? Non, c'est une mule qui a pris pied et qui monte, tandis que les autres sont encore dans le creux ; puis une secousse, un bruit de sabots sur des pierres, et nous touchons ; nous sommes sur le bord.

« Caramba ! soupire Pedro en arrêtant son équipage. Nous l'avons échappée belle. Si j'avais eu une femme dans la voiture, nous étions perdus. Tiens, et votre chapeau, où est-il ?

— Mon chapeau? Tu l'as envoyé à l'eau d'un coup de fouet.

— Et vous avez bien fait de ne rien dire. La dernière fois que la rivière est venue, elle a surpris un charretier et son aide qui portaient des provisions. Vous savez? De ces grosses charrettes à larges roues qui font le voyage de Boghar à Laghouat. Les chevaux n'auront pas su ou n'auront pas pu nager; la charrette aura tourné; bref, on n'en sait rien. Mais le lendemain, chevaux, charrette et charretiers, on a tout retrouvé qui séchait au soleil, là-bas vers le Sud. La rivière avait tout noyé, tout emporté, puis laissé tout à sec en s'infiltrant dans le sable.

— Et c'est ce qui va arriver à mon couvre-chef. Pauvre camarade! Venir du pays d'An-Nam pour finir sur les sables du Sahara, où il étonnera demain quelque chameau errant! Allons, c'est encore une fin glorieuse pour un casque de voyage. Ne le plaignons pas; il est mort au champ d'honneur.

— Bah! vous en trouverez peut-être un autre à Djelfa; et puis vous avez un capuchon, en attendant. Mais quelles bonnes bêtes! Et quelle excellente voiture! Vous comprenez maintenant pourquoi elle a la forme d'une caisse; elle flotte au moins. Tenez, elle a à peine fait un peu d'eau; il n'y en a pas un pied dans le fond.

— C'est égal, sais-tu qu'ils ne sont pas gais, tes voyages dans le désert! Veux-tu me donner du feu?

— Tout à l'heure! Montez, montez vite maintenant!

— Quoi? Qu'est-ce qu'il y a encore?

— L'eau qui arrive.

— Mais elle est enragée, cette eau-là! »

Et en effet, le courant a grossi; il passe comme une tempête; on dirait qu'on vient de lâcher une écluse formidable, et pas n'est besoin de fouetter les mules pour les faire partir ventre à terre.

« Si du moins c'était fini ! murmure Pedro.

— Il y en a une troisième, n'est-ce pas ? disons-nous avec résignation.

— Oui, à dix minutes d'ici, et plus mauvaise que les deux autres. Je crois que nous ne la passerons pas, celle-là, et qu'il faudra attendre la fin de la crue.

— Et combien de temps faudra-t-il attendre?

— Ma foi, quelques minutes ou plusieurs heures ; cela dépend. En hiver, il arrive aux charrettes de rester pendant quatre jours sur le bord ; et alors on dort comme on peut et l'on mange ce qu'on a.

— Et si l'on n'a rien ?

— On ne mange rien. Ou bien l'on monte à cheval, et l'on s'en va, si c'est possible, chercher des vivres au caravansérail le plus proche. »

Voici la troisième rivière. Eh bien, elle est vide, et nous la traversons à sec comme si une baguette mosaïque en eût partagé les eaux. Elle coulait pourtant à flots il y a quelques heures, et les bords à pic de son lit sont encore ruisselants : le courant a dû passer ici comme un ouragan.

Le jour se lève quand nous revoyons Metlili, qu'assiègent, en beuglant, les chameaux d'un convoi surpris par l'orage dont nous avons vu les effets. Les Arabes nous entourent ; Pedro leur raconte à grands gestes les péripéties de notre voyage aquatique ; et tout à coup, il s'interrompt avec un éclat de rire, pour montrer notre voiture.

— Tiens ! s'écrie-t-il, et celui-là ? Nous l'avions oublié !

Et, beau de laideur, avec son nez large, ses petits yeux rouges, ses grosses lèvres tombantes, sa face de suie tailladée de vieilles cicatrices, un grand nègre écarte les rideaux mouillés et en sort dans un abrutissement majestueux et grotesque. C'est le seul passager que nous ayons pris à Laghouat. Il s'est, en partant, roulé comme un cloporte sur un banc de la carriole, et il n'en a plus bougé.

« Et si nous avions versé dans l'eau, lui dit Pedro, comment te serais-tu sauvé?

— Inch'Allah! » répond le nègre en soulevant largement son burnous dans un lent et dédaigneux haussement d'épaules, et il va s'accroupir contre un mur, en attendant qu'il nous plaise de nous remettre en route.

Voici, après Metlili, le lac dans lequel nous avons si bien galopé en venant. C'est maintenant un horrible océan de boue, où nos roues tracent des ornières profondes commes des tranchées.

Et il en est des lacs comme des rivières. Après celui-là, il y en a un autre dont le soleil a déjà desséché le fond et où la boue, en se durcissant, a laissé des crevasses énormes.

« Mais, Pedro, nous ne suivons pas la bonne direction. Ce lac était moins long quand nous sommes venus.

— Caraco ! vous ne voyez pas qu'avec toutes ces fentes, la terre s'est allongée! » Et il rit à grand bruit de cette vieille plaisanterie de régiment, ce qui ne l'empêche pas de s'exaspérer comme nous. Quant au nègre, cela lui est égal; il a trouvé une distraction à laquelle vous ne songeriez certes pas. Il s'est tranquillement déchaussé, et il passe le temps à gratter la plante de ses larges pieds noirs.

Vers neuf heures du soir, l'orage recommence.

« Vous savez, dit Pedro en guise de consolation, il y a cinq ans qu'il n'avait pas plu ! » Et dans la steppe déserte, la tempête est encore plus lugubre que dans l'oasis. Les éclairs mettent dans le ciel noir de grandes lueurs silencieuses, font comme des déchirures éblouissantes dans l'horizon sombre, descendent enfin en larges zigzags bleuâtres et tombent quelque part sur la terre plate. Une clarté s'allume là-bas, vers l'ouest; puis des flammes s'élancent.

« C'est un endroit où il n'a pas plu, dit Pedro, et le tonnerre vient de mettre le feu à l'alfa desséché ! »

A grands pas, une pauvre caravane de quelques chameaux passe sans bruit, nous distance et disparaît dans l'ombre. Elle aura trouvé un abri avant nous.

La tempête se rapproche; les mules ont peur, quand, enfin, une grande muraille blanche nous apparaît au loin dans la clarté des éclairs. C'est Aïn-el-Ibel! Nous devions aller ce soir jusqu'à l'Oued-Ceddeur, mais nous sommes trop heureux d'arriver ici. Le fracas de la foudre redouble. Nous allons atteindre l'abri, quand, dans une lueur fugitive, apparaît un Arabe, debout contre une roche qui borde la route. Quelque chose comme un coup de canon éclate, et l'éclair qui accompagne cette détonation électrique nous montre encore cet homme, mais il est par terre maintenant.

« Arrête, Pedro; il est peut-être blessé? »

Et Pedro fouette ses mules. Près de nous courent des moutons affolés et des chameaux qui vont à grandes enjambées et en allongeant le cou; tout cela passait la nuit à la belle étoile et vient chercher un refuge au caravansérail. Le vent arrive; il tombe comme une avalanche; il renverse presque notre équipage, et le sable qu'il soulève en tourbillons nous enfonce des milliers d'épingles dans la figure. Non, décidément, ce voyage est par trop complet!

Enfin, la porte s'ouvre. Les molosses armés de colliers à pointes ne pensent même pas à aboyer; ils partagent la terreur générale.

« Va voir, disons-nous à un spahi qui se trouve là de passage; il y a un Arabe qui vient de tomber près d'ici. Il a peut-être besoin de secours.

— Et est-ce qu'il ne vient pas d'arriver une petite caravane? demandons-nous au gardien.

— Non.

— Nous venons pourtant de la voir passer devant nous. Où peuvent-ils être maintenant?

— Ah! ma foi! quelque part dans le désert, la tête sous le ventre des chameaux couchés. »

Il y avait, avec le spahi qui vient de sortir, un pauvre soldat malade et un Arabe déjà installés dans une salle du caravansérail.

Ils arrivent de Laghouat, d'où ils sont partis deux jours avant nous. Mais pourquoi sont-ils encore ici?

« C'est bien simple, nous raconte le militaire. Nous avons versé à mi-chemin, entre Sidi-Maklouf et Aïn-el-Ibel; le courrier qui nous portait a été démoli dans la chute. Notre conducteur a dételé une mule, y a sauté avec le sac des lettres et s'en est allé au galop. Et nous sommes restés naufragés dans l'alfa.

— Mais c'est un scélérat que ce Bédouin!

— Pas du tout; c'est la règle. Il répond de ses dépêches, mais pas de ses voyageurs.

— Et qu'avez-vous fait?

— Nous avons dételé les deux mules qui restaient; le spahi et l'Arabe en ont pris une pour eux deux, en se remplaçant, et ils m'ont laissé l'autre, parce que je suis convalescent. Et nous avons marché, marché tout le jour, au soleil, sans boire ni manger, et, clopin-clopant, tout poudreux, n'en pouvant plus, nous sommes arrivés ici. L'Arabe connaissait heureusement la route.

— Eh bien? disons-nous au spahi qui revient du dehors, et notre homme? L'as-tu vu?

— Oui, mais ce n'est pas la peine d'aller le chercher; le tonnerre l'a tué. »

Et l'on écoute, en frémissant, la foudre qui gronde et le vent qui hurle, qui tombe par instants sur le toit plat du caravansérail, comme si l'on y versait des tombereaux de pierres, qui en ébranle les portes et qui passe par les fentes avec des plaintes déchirantes, avec de longs cris de désespoir.

Il y a là une pauvre famille indigène, qu'on a recueillie par pitié, et, à chaque coup de tonnerre, à chaque rafale, les enfants pleurent et crient de peur, et les femmes s'efforcent en vain de les rassurer.

A deux heures du matin, l'orage a cessé, et nous nous remettons en marche avec trois compagnons de plus, les épaves du dernier courrier.

Voilà encore Djelfa, Smilah, le Rocher de Sel, El-Messerane, et voici Guelt-el-Stel, où nous passons quelques heures de la nuit suivante. De Guelt-el-Stel à Boghari, les dernières tempêtes ont été plus violentes qu'ailleurs, et le télégraphe qui va à Djelfa en a gardé les traces. L'étincelle électrique, nous dit-on, en parcourait les fils en longues lignes de flammes, et le feu Saint-Elme s'allumait au bout des poteaux maintenant brûlés. Il y a des mâts qui ont disparu, d'autres qui sont fendus en deux et d'autres qui, étrangement coupés au pied et suspendus aux conducteurs que retiennent encore les montants voisins, se balancent lamentablement dans le vide. Les chameaux errants ont déjà brisé les fils qui traînaient dans l'alfa, et l'on sera au moins pendant quinze jours sans nouvelles du Sud.

Pourquoi se reposer à Boghari? La diligence, qui nous semblait horrible en venant, nous paraît à présent délicieuse, et nous passons dans son coupé une des meilleures nuits de notre vie. Il y a une route à partir d'ici, une bonne et large route sans cahots ; il y a des fermes de loin en loin ; il y a des auberges où l'on trouve de l'eau fraîche, et nous n'avons pour voisin dans notre boîte admirablement rembourrée, qu'un beau chef en brillant costume, un agha, aimable comme un homme du meilleur monde.

A deux ou trois kilomètres de Boghar, quelques cavaliers descendent au galop les flancs d'une colline et, arrivés près de la diligence, déchargent leurs fusils, dont la détonation fait cabrer les chevaux; d'autres paraissent au bout de la route, se précipitent sur nous et tirent dans les roues.

« Ne crains rien; c'est un peu de fantasia. Les sauvages! dit l'agha en bon français, c'est pour moi qu'ils frappent ainsi la poudre. Je me cache dans une voiture publique; je voyage de nuit pour qu'ils me laissent tranquille; impossible! L'un d'eux m'aura vu monter à Boghari, et il sera allé prévenir les autres. C'est encore bien heureux qu'ils ne nous mettent pas des poules sur les genoux; si je les laissais faire quand je passe chez eux, ils m'apporteraient toute la tribu. »

A mesure que nous avançons, les Arabes disparaissent; il n'en reste qu'un qui nous suit obstinément comme une ombre. Tantôt, lancé à fond de train, il nous devance, il semble fuir et il disparaît; puis il revient comme s'il chargeait nos chevaux, il passe à la portière comme un boulet et il s'évanouit en arrière. Et quand on le croit parti, il surgit tout à coup sur la crête d'un monticule et il roule sur nous.

« Mais que fait-il ainsi? disons-nous à l'agha.

— Oh! celui-là, ce n'est pas pour moi! Tu as vu à Boghari cette charmante petite qui avait un turban rouge plein de boudjous dorés et qui est là-haut sur l'impériale? Eh bien, c'est pour elle.

— Mais c'est une femme de tout le monde, cela!

— En effet; mais qu'importe? *qué fazir?* Elle est jolie, et vois-tu, pour une jolie fille, l'Arabe tuerait son père et sa mère. Ah! une belle femme! »

Et là-dessus, notre grave compagnon se plonge en souriant dans je ne sais quelle songerie agréable et s'endort en fredonnant à voix basse : *Trabajar la moukhera, trabajar bono!*

Le jour se lève quand nous approchons de Médéah.

Quel contraste avec le pays désolé que nous venons de parcourir! La rosée brille sur les feuilles vertes; les oiseaux gazouillent dans les buissons; des hussards bleus passent en chantant. Nous avons fait un rêve fatigant; nous sommes en France!

Mais l'agha salue notre réveil de son plus gracieux sourire, et voici des laboureurs indigènes qui s'en vont au travail, les jambes nues, la pioche sur l'épaule, la gargoulette hémisphérique au flanc; et voilà un cavalier qui nous suit au trot de son cheval fatigué! C'est encore celui de Boghari! Il nous a escortés toute la nuit!

Le soir, après une journée de repos sous les arbres de Médéah, au moment où nous allons repartir, quelqu'un nous interpelle; c'est notre compagnon de route que le hasard nous fait rencontrer.

« Eh bien, monsieur, tu t'en vas à Alger?

— Oui, sidi. Tu ne viens pas?

— Non, je partirai demain. Mais, dis-moi, sais-tu ce qui s'est passé ce matin ici?

— Non.

— Eh bien, tu sais, l'amoureux? Il a suivi la femme; elle est allée dans une de ces maisons que tu devines; il y est entré avec elle, par force, et il lui a donné quarante coups de couteau. Il paraît que c'était sa maîtresse: *Trabajar la moukhera, trabajar, bezef!*

— La pauvre fille! Elle était bien jolie avec son costume écarlate!

— Allons, monsieur, en voiture! Nous manquerons le train à la Chiffa. »

Et le soir du même jour, nous arrivons à Alger.

CHAPITRE VI

DANS LA PROVINCE D'ORAN.

— En avant doucement! En route! Et sur la mer limpide notre navire file comme un traîneau sur la glace. Les hautes falaises de la pointe Pescade et les murs branlants de sa batterie turque, puis les bords rocailleux du cap Caxine, puis les hauteurs de Staoueli disparaissent derrière nous, et la côte s'éloigne; nous sommes en pleine mer. Quelques heures plus tard, la terre reparaît à bâbord devant; c'est le sommet du Djebel-Chenoua. L'après-midi est splendide, et rien ne peut peindre le charme des longues heures de contemplation passées sous les tentes d'une dunette, à deux pas des rives accidentées qui courent le long du bord et dont tous les détails se montrent avec une netteté ravissante. Voici la petite ville de Cherchell, voilà les falaises qui forment les derniers contre-forts du Zaccar, et là-bas, vers l'ouest, ce feu qui s'allume, c'est le phare de Tenez; le lendemain, nous sommes à Arzeu, dont la rade s'ouvre au nord-est, orientation défectueuse qui est celle de presque tous les ports d'Algérie. Le village de Saint-Leu, des meules d'alfa sur la plage, la gare, la ville avec quelques grands palmiers, enfin la jetée et le phare, tel est, de l'est à l'ouest, le panorama de cette rade.

Arzeu est, hélas! une ville bien plate et bien fade, et elle a cela de commun avec presque toutes celles de la côte. L'élément indigène s'y réduit à peu près à des turcos et à des décrotteurs qui sont la gaieté de ses rues monotones, comme les moineaux francs sont la gaieté de nos squares ennuyeux. C'était pourtant le centre d'un grand mouvement commercial à l'époque où des traités maladroits avaient donné tant d'importance à Abd-el-Kader. L'émir s'était réservé ce port, qu'on appelait la Merza, et, d'après ses ordres, c'est par là que devait se faire tout le transit du beylik d'Oran, opération dont il s'était, pour ainsi dire, réservé le monopole. L'embarquement de l'alfa est aujourd'hui la seule raison d'être des quais d'Arzeu qu'un chemin de fer particulier relie aux hauts plateaux. Dans les autres villes du littoral, c'est au marché que se réfugie le pittoresque traqué, chassé de partout; il n'y a ici qu'une grande halle en fer avec des places numérotées ! Nous avons pourtant quelque chose à voir autour de la ville. C'est d'abord le village nègre, comme on appelle les villages indigènes voisins de nos centres. C'est, comme partout, une réunion désordonnée de grands gourbis, de cabanes faites de planches, de broussailles et de paille. Des toits de chaume ébouriffés, affaissés, éplorés, coiffent à la chien ces demeures primitives qui n'ont qu'une ouverture, une porte grossièrement fermée par des traverses de bois ou par des claies de roseaux. Des buissons épineux croissent autour des cabanes avec lesquelles ils se confondent si bien que le village a, de loin, l'air d'un vaste tas de ronces. Les cactus poussent, çà et là, à l'aventure; les burnous blancs des hommes, les robes rouges ou bleues des femmes, piquent de couleurs gaies la teinte brune de l'ensemble; les canards, les poules, les chevaux et les ânes errent partout en liberté, et de tout cela s'élève un tapage confus de cris et de disputes que dominent les aboiements des chiens.

C'est à l'entrée de ces bourgades sauvages qu'on devrait surtout écrire le : *Cave canem* des Romains. Et les chiens arabes n'ont même pas pitié de leurs frères à quatre pattes; ne les avons-nous pas vus, malgré les efforts de deux tirailleurs, ses propriétaires, déchirer à belles dents un malheureux lévrier venu chez eux en visiteur?

Quelques minutes de chemin de fer nous conduisent d'Arzeu à Saint-Leu. Il y a encore là un village arabe. Celui-ci est bâti avec des débris de ruines romaines; ses huttes s'adossent à de vieux pans de mur; des voûtes à demi écroulées, des caveaux qui ont fait partie de quelques thermes, abritent des familles entières, et tout cela est encore si bien envahi par les cactus et par les buissons aux épines féroces que le village entier disparaît sous leur inextricable enchevêtrement. Il y a quatre mille Bédouins, Botiouas et Hamians, qui vivent là comme des lézards dans la broussaille.

A une vingtaine de kilomètres de ces ruines habitées, une éminence pelée porte le village de Port-aux-Poules. Au fond d'un golfe où moutonne la mer, au bord d'une lande rasée par le vent du large, sur une plage désolée, se pressent les tombes du cimetière chrétien. Encore un cimetière navrant comme à Bordj-Menaïel, comme partout ici ; un misérable petit cimetière, sans clôture, triste et poétique comme ceux des côtes bretonnes, battu par les vagues qui viennent de France et qui apportent aux pauvres morts comme un écho de la patrie perdue.

Et, après un grand repli de terrain sablonneux, nous entrons dans la Macta. Les buissons et les palmiers nains sont plus blancs que s'il était tombé de la neige ; on dirait des pétrifications de Sainte-Allyre, et aussi loin que la vue peut s'étendre, pousse cette étrange végétation de pierre. C'est que tout est couvert, absolument, littéralement, couvert, d'escargots de cette espèce que les conchyliologistes appellent l'*helix lactea* et qu'on nomme vulgairement la limace blanche, ce qui veut dire la même chose. Une brindille que nous rapportons à bord comme une curiosité ressemble à une énorme épi de maïs dont chaque grain serait une coquille. Les Arabes respectent les escargots, et disent même que ce sont des animaux marabouts parce qu'ils ne font de mal à personne. Il est vrai que s'ils ne les respectaient pas, ce serait la même chose ; ils ne les détruiraient pas plus qu'ils ne détruisent les mauvaises herbes qui envahissent leurs champs et leurs villages. A la grâce d'Allah, et puis il faut bien que tout vive !

La plaine de la Macta est une des plus belles de l'Algérie. L'affaissement des dunes de sable et le peu de hauteur des collines qui l'entourent contribuent sans doute à lui donner son aspect grandiose, mais elle semble plus étendue, plus importante que la Métidja. De loin en loin, quelque campement fumeux en mamelonne le sol, et des maisons européennes y apparaissent comme de grands canards sur un vaste lac verdâtre.

Il y a environ cinquante ans, des Arabes envahissaient cette plaine et la parcouraient en tous sens au triple galop de leurs chevaux enragés ; les goums, qui se ralliaient autour des étendards de la guerre sainte, y arrivaient en tourbillons. Les bataillons à pied, les réguliers au court caban, passaient au pas de course, et sur une hauteur, au milieu d'une légion de cavaliers rouges, calme et le regard inspiré, se tenait l'émir Abd-el-Kader. C'est son armée qui occupait ainsi la plaine, et, formés en carrés que criblaient les balles arabes, des bataillons français sombraient sous les vagues des burnous, comme des navires battus par la tempête disparaissent sous l'écume des flots.

Et aujourd'hui, nos colons la défrichent, cette plaine ; nos routes la parcourent, et au milieu de sa verdure s'élève le village récent de Debrousseville. Des champs de vigne entourent ce village, des champs qui s'étendent à perte de vue et devant lesquels on s'arrête étonné comme devant une puissante manifestation du travail et de la richesse. Et c'est si beau, qu'en voyant ce qui vient on regrette moins ce qui s'en va.

Une courte traversée ; le cap Carbon, puis le cap Ferrat qui passent à bâbord, et nous sommes à Mers-el-Kebir.

Mers-el-Kebir n'est pas un village. C'est, à l'ouest d'une rade que ferment, de l'autre côté, le cap de l'Aiguille et le Djebel-Kahar, la montagne des Lions, un ensemble de forts et d'établissements militaires bâtis entre deux collines rocailleuses, hérissées de palmiers nains.

Une route pittoresque en part, qui côtoie l'ouest de cette rade et se dirige vers le Sud. Taillée en corniche sur de hautes falaises que percent des grottes marines, elle court entre la mer et la plaine des Andalouses, traverse le village de Saint-André, le hameau de Sainte-Catherine, les bains de la Reine, et enfin, après huit ou dix kilomètres, atteint Oran, au fond du golfe.

Une ville européenne regardant le nord ; bâtie sur les deux versants d'un ravin ; dominée, à l'ouest, par les hauteurs abruptes du Mourdjajo, dont un pic, l'Aïdour, porte le vieux fort espagnol de Santa-Cruz, et, à l'est, par les murailles blanches du fort Châteauneuf et par les jardins d'Aïn-Rouina : telle apparaît Oran.

Son ensemble a grossièrement la forme d'un triangle dont la base, terminée au couchant par le fort de la Moune, et au levant par celui de Sainte-Thérèse, se confond avec les quais où s'entasse l'alfa, tandis que le sommet se couronne du fort Saint-Philippe.

La rivière qui coule au fond de son ravin médian, l'Oued-Rehhi, aujourd'hui voûtée presque partout et transformée en un vulgaire boulevard, la divise en deux parties : la Blanca, ancienne ville espagnole, du côté de Santa-Cruz, et la nouvelle ville du côté de Karguentah. Il y a bien aussi un quartier arabe, situé près de la Blanca ; mais il est invisible de loin, et il faut aller à l'ouest d'Oran pour en découvrir dans leur ensemble les maisons basses, badigeonnées de blanc et de rouge. Les musulmans qui n'ont pas fui le centre de la ville se logent dans des maisons françaises dont la cour centrale, plafonnée de plantes grimpantes, est le seul sacrifice fait aux habitudes locales.

Et Oran n'a guère plus d'originalité de près que de loin. Des maisons qui s'élèvent jusqu'à cinq étages, sans souci des tremblements de terre si terribles ici; des avenues ombragées, mais poudreuses; des rues souvent impraticables aux voitures et escaladant les deux pentes de la ville; des magasins, des entrepôts commerciaux, des buvettes, des casernes, enfin des négociants très-bruns, et des colonels devant les cafés, et c'est à peu près tout. Quelques boutiques sans devanture et dans lesquelles travaillent, sous les yeux des passants, des brodeurs, des tailleurs et des cordonniers indigènes, rappellent seules qu'on est sur la côte africaine. Les rares Mauresques qu'on rencontre encore éprouvent d'autant plus le besoin de se cacher qu'elles se trouvent plus perdues dans la foule chrétienne, et si à Blidah elles ne montrent qu'un œil, ici elles n'en risquent plus que la moitié d'un. Et, le dos bossué par leur enfant qu'elles portent dans une espèce de besace, la tête coiffée d'une toque conique qui donne la forme d'un pain de sucre au voile qui les enveloppe, elles se glissent sans bruit le long des murs comme si elles avaient volé quelque chose.

Une belle mosquée, la Djama-Racha, avec des murs dentelés à la mauresque, avec une grande cour à galeries, avec une charmante fontaine de marbre blanc pour les ablutions, avec, enfin, un curieux minaret octogonal affectant légèrement la forme d'une pyramide tronquée; l'élégante tour de la mosquée d'El-Haouri; la promenade de Létang, ombragée de grands bellombras qu'on appelle ici des bellasombras; quelques débris de la vieille enceinte espagnole; des pans de murs et des restes de tours qui portent encore l'écusson aux armes de Castille; un monument religieux, enfin, qui, tour à tour mosquée, église et synagogue, a fini par devenir cathédrale, et l'on a à peu près tout vu. Mais si cette ville n'est plus arabe, elle n'est pas bien française non plus. Ce ne sont partout que gens en bras de chemise, chaussés d'espadrilles en sparterie ou de guêtres déboutonnées, sanglés dans une large ceinture de laine noire qui les emmaillotte des aisselles au bas-ventre, couverts enfin d'un large chapeau de feutre noir sur un serre-tête rouge et quelquefois drapés dans une mante de couleur sombre. Ce sont des Espagnols. Maîtres d'Oran à deux reprises, on pourrait dire qu'ils le sont encore. « Et que viennent, disent nos colons avec amertume, faire dans nos possessions ces pépés batailleurs et turbulents, dont les sérénades nous cassent la tête, qui rossent nos agents, qui n'ont pas perdu l'habitude de faire damner les alcades? S'ils ne jouaient que de la guitare! Mais ils jouent aussi volontiers de la faça, ce petit couteau avec lequel ils savent si bien mettre du rouge sur les chemises blanches! Qu'ils aillent donc coloniser leurs Carolines! »

Il y a aussi, à côté de ces trop nombreux Andalous, des hommes qui portent notre costume, mais qui parlent arabe; ce ne sont encore pas des Français, ce sont des Juifs. Les musulmans perdent à s'habiller comme nous, les Israélites y gagnent. Aussi les longues robes blanches et rayées et les grands bonnets noirs dont le fond tombait sur la nuque comme celui des anciennes casquettes de nos postillons disparaissent-ils chaque jour. Leurs femmes les devancent en cela, et si les vieilles sont demeurées fidèles à leurs socques de bois et à leurs châles sang de bœuf frangés d'or, les jeunes s'enorgueillissent de nos robes à falbalas et de nos chapeaux à plumes. C'est un vendredi, une veille de sabbat, que nous parcourons leur quartier malpropre, plein de chiffonniers, de savetiers immondes et de fabricants de nougat qui annoncent leurs produits avec des cris lamentables.

Demain l'on ne fera rien, absolument rien, on ne fumera

même pas; aussi s'agite-t-on aujourd'hui, et on lave, on frotte, on blanchit partout. Comme le musulman, le Juif algérien a l'amour de la chaux et va jusqu'à blanchir le trottoir devant sa porte, à y faire un large carré blanc bordé de rouge. Et, son travail fini, le barbouilleur plonge la main dans le seau et la placarde sur la muraille où elle s'imprime en rouge, en blanc ou en bleu. Comme les Arabes, il attribue aux doigts écartés de cette empreinte grossière la propriété d'éloigner les maléfices et de crever le mauvais œil.

Au sud d'Oran, isolé, affaissé dans la poussière chaude, se trouve le quartier des Djalis, la ville noire, ville parfaitement blanche d'ailleurs, mais habitée par des noirs. Des maisons sans étages et sans fenêtres, des cases grossières et à toiture plate, simples cubes blancs, constituent ce village qui a l'air d'un entrepôt d'énormes pierres de taille. Des rues étroites, sablonneuses, sales, jonchées de bouc et de fumier, glissent entre ces étranges demeures. Des chiens faméliques poursuivent des poules déplumées et se roulent dans les tas d'ordures; de grands diables noirs vêtus d'une courte chemise très-déchirée errent comme des gens qui n'ont rien à faire; des négrillons, nus comme des vers, font briller au soleil leur tête pointue que surmonte une touffe laineuse et leur gros petit ventre rond qui reluit comme une boule d'ébène; des femmes, enfin, accroupies devant les portes, pilent le blé pour le couscouss. Elles ont une toque conique en velours rouge; leur cou est encombré de colliers, de verroteries et d'amulettes; leurs pieds et leurs mains s'embarrassent dans mille bracelets de métal ou de corne; leurs oreilles enfin sont chargées d'anneaux si gros et si lourds qu'il faut les soutenir au moyen de ficelles attachées sur le crâne.

Une petite excursion maritime nous conduit rapidement jusqu'à la frontière est de l'Algérie.

Voici, en effet, le cap Falcon, et, en face de lui, l'île Plane; voici plus loin les îlots d'Habibas, puis les falaises du cap Figalo, puis la petite ville de Rachgoun. Cette coupure que nous voyons dans la côte, c'est l'embouchure de la Tafna, dont le nom rappelle le malheureux traité que le maréchal Bugeaud conclut avec Abd-el-Kader, traité qui donna à l'émir une importance si longtemps fatale à nos armes. Plus loin apparaissent les maisons blanches de Nemours, Djema-Rhazouat, la mosquée des pirates. Chaque pas qu'on fait sur cette terre d'Afrique rappelle un souvenir triste ou glorieux. C'est au marabout de Sidi-Brahim, à quelques kilomètres dans le sud de cette ville, qu'Abd-el-Kader vint faire sa soumission au duc d'Aumale.

« Prends-le, dit-il au général en lui présentant la bride de son cheval noir; je ne le monterai plus dans les batailles! »

Et le Français, serrant avec émotion la main valeureuse du prince des croyants, lui promit la liberté. Les Chambres l'envoyèrent à Amboise!

Près de Nemours est la petite ville de Nedroma, qui a une célébrité d'un autre genre. Elle n'est habitée que par des gens qui se regardent comme les descendants directs des Maures andalous, et chaque famille y garde encore précieusement pour l'avenir une clef qu'elle dit être celle de sa maison d'Espagne.

Voici enfin la bouche altérée de l'Oued-Kiss. L'Oued-Kiss est un ruisseau de galets qui forme la limite entre l'Algérie et le Maroc, mais limite de convention; l'Algérien et le Marocain ramassent leur burnous et sautent par-dessus pour le moindre prétexte. C'est surtout quand il s'agit de payer l'impôt qu'on se livre à ce petit exercice. Arrive-t-il le percepteur français ou l'employé du bureau arabe qui en remplit les fonctions? Les riverains de ce ruisseau font un bond et tombent dans le Maroc.

« Je suis oiseau, voyez mes ailes! »

Paraît-il le collecteur marocain? Les riverains sautent encore, et ils sont en Algérie.

« Je suis souris, vivent les rats! »

Et il en est ainsi de la mer à Figuig. Le mal ne serait pas grand, après tout, s'il ne s'agissait que de quelques tributs plus ou moins difficiles à prélever; mais les révoltés, les insoumis, les bandits des deux côtés en font autant, et ceci est plus grave.

A l'Oued-Kiss cessent nos possessions algériennes. Le dépasser serait sortir du cadre de ce livre; revenons donc à Oran.

En voiture, maintenant. Les portefaix arabes qui remplacent déjà le burnous national par la blouse bleue de nos charretiers, crient et tempêtent; les postillons jurent; les fouets claquent; les chiens aboient, et, emportée par son bouillant attelage, la lourde diligence jaune s'enlève, à grand bruit de grelots, à grand fracas de ferrailles, et disparaît dans un tourbillon de poussière. Il est quatre heures du soir, et, bien qu'en plein mois de juillet, le thermomètre n'oscille heureusement qu'entre vingt-huit et trente degrés. Voici le village français d'Ekmühl. A droite de la route, le Mourdjajo se coiffe de nuages; à gauche, se développe une plaine verdoyante semée de maisons de campagne. Des Espagnols fument la cigarette, assis en rond autour d'une gargoulette qui se balance à une branche de figuier, et, plus loin, jambes et bras nus, des nègres en gaudouras et en turbans blancs nous interpellent au passage et rient de leurs trente-deux dents d'ivoire. De lourdes meules de pierre, mues par des chevaux, écrasent des feuilles de palmier nain et en font du crin végétal, une manière de tirer parti de cet arbuste envahisseur. Ailleurs, de hautes cheminées surmontent des usines où l'on distille les racines d'asphodèle, pour en extraire de l'alcool; encore un moyen d'utiliser les produits naturels du pays. Et les agaves bordent la route de leurs grands candélabres verts dont les fleurs jaunes sont comme les flammes pâles, et aux champs de vigne succèdent les landes incultes dont les buissons de chamœrops sèment comme des milliers de grosses pelotes d'aiguilles le sol désséché, crevassé, rougi par le soleil.

L'horizon s'élargit tout à coup vers le sud, et là-bas nous apparaît un grand espace blanc, bordé de collines vaporeuses ; une mer figée que ne ride aucun souffle, sur laquelle aucun bateau ne promène sa voile, dont aucune maison n'anime les bords endormis. C'est la Sebka, le lac salé, à demi desséché, qui occupe le milieu de la grande plaine de la Mleta et qui a cinquante-deux kilomètres de long sur douze de large.

Et la diligence dont le tapage redouble descend la côte avec des cahots fous, bousculant et secouant les voyageurs haletants qui, par instinct, se cramponnent aux montants des portières.

Au-dessous, entre la Sebka et la pente que nous parcourons ainsi, s'étend une large plaine parée, çà et là, de grandes touffes de verdure, peuplée de maisons, de chapelles et de couvents. Au milieu, blanchit Misserghin, ancienne résidence d'été des beys d'Oran qui y avaient leurs villas de plaisance. On dirait un gros village de Normandie. Il n'y manque ni les vastes champs de blé, ni les hauts peupliers qui balancent leur tête verte à la brise, ni les troupes d'oies le long des haies poudreuses. Dans les jardins monastiques passent des moines blancs et des religieuses noires. Les premiers sont les Pères d'un orphelinat où vivent encore quelques Arabes qu'on a, lors de la famine de 1867, recueillis enfants et mourant de faim, qu'on a baptisés et qu'on retient à grand'peine. Les autres sont des Trinitaires qui dirigent un établissement analogue où elles rassemblent et instruisent les petites filles indigènes qu'elles arrachent à la misère. Elles marient leurs pupilles avec les garçons de l'orphelinat de Msilah, quand elles le peuvent, mais le plus souvent, hélas! leurs élèves s'échappent et, comme celles de l'ouvroir musulman d'Alger, s'en vont, dans les villes, grossir le contingent de la prostitution.

Voici le village avec son auberge de rouliers, une véritable auberge comme celles qui florissaient en France à l'époque où sur les routes royales roulaient lourdement les grands véhicules de Lafitte et Caillard. Les voyageurs dînent dans une salle plus ou moins réservée; à côté, les conducteurs font casse-croûte, selon l'expression consacrée, et demandent des glorias, des cafés, des mazagrans, des champoreaux, toutes choses que le patron du lieu tire de la même cafetière. A quoi tient la célébrité! Un médecin militaire, un certain docteur Champoreau, a eu l'idée d'ajouter de l'eau aux infusions de café qu'il prenait, et cela a suffi pour rendre son nom plus immortel que s'il eût été de l'Académie française.

Ce n'est plus par six, c'est par sept chevaux que notre voiture est emportée maintenant, et à gauche fuient, dans une sarabande échevelée, le lac et la lande, tandis que, à droite, passent des collines et d'interminables vignobles. Puis, voici encore les palmiers nains et les lentisques foncés, les lauriers-roses en fleur et les caroubiers tordus. Les fermes disposées en carré autour d'une cour n'ouvrent plus sur la campagne que quelques fenêtres étroites et méfiantes, et ont déjà l'aspect de petites forteresses. C'est que les escalades et les meurtres, comme les arrestations de la diligence et les vols commis sous sa bâche, pendant que le conducteur sommeille, ne sont pas rares dans ces parages. Faut-il bien accuser les indigènes de tous ces méfaits, dans ce pays espagnol?

Encore quelques kilomètres, et un marabout apparaît, dorant au soleil couchant son cube de maçonnerie blanche; un autre arrondit plus loin sa kouba pareille à l'œuf d'un épiornis gigantesque; un autre encore se cache dans un repli de la colline, comme un Bédouin à l'affût; nous entrons en pays arabe.

Sur une côte sèche, jaune comme une brique, tigrée de buissons épineux, couverte, par places, de grands fenouils desséchés, se montre le premier douar avec ses tentes qui fument, ses gens en burnous et ses chevaux à l'entrave. La nuit descend. Des moutons que gardent des bergers farouches encombrent la route, lèvent la tête à notre vue, hésitent un instant et tout à coup, cornes baissées, bondissent effrayés et disparaissent dans l'ombre, tandis que des ânes qui errent, les deux pattes de devant liées l'une à l'autre, s'enfuient à pieds joints, avec les allures les plus drôles.

Neuf heures. Le mince croissant de la lune brille comme un coup d'ongle sanglant dans le ciel encore rose; des feux marquent sur les montagnes la place des douars lointains, et nous traversons Bou-Tlelis, puis le Chabet-el-Lam, le défilé de la viande, ainsi nommé parce que les Bédouins y faisaient jadis des boucheries de voyageurs. A minuit nous sommes à Aïn-Temouchent, où l'on nous ajoute encore des chevaux. Ils sont neuf maintenant qui de leur carillon assourdissant bercent le sommeil laborieux d'une longue nuit en voiture, et dont nos lanternes blanchissent la croupe qu'on voit, comme en rêve, danser devant soi, dans des nuages de poussière, au tintement des grelots.

L'air est frais, et le matin, à travers la buée humide qui ternit les vitres fermées, apparaissent vaguement, dans la clarté grise de l'aurore, des silhouettes de collines, puis des tentes qui s'éveillent, des Arabes qui passent comme des apparitions, des Espagnols, moins rassurants, chaussés de hautes guêtres, coiffés d'un foulard rouge, et qui traversent la route un fusil sur l'épaule.

« Mais, cocher, nous avons donc relayé depuis Aïn-

Temouchent? Nous en sommes partis avec des chevaux noirs, et nous avons maintenant des chevaux blancs!

— Non, monsieur, ce sont les mêmes, mais c'est la poussière. » Çà et là se lèvent des perdrix qui, sans trop se presser, s'enfoncent sous les buissons de jujubiers sauvages. Des alouettes traversent la route, si bas et en si grand nombre, que, comme on gaule les chauves-souris, le conducteur en envoie, à coups de fouet, rouler dans les fossés, battant des ailes. De beaux oiseaux gros comme des merles, la tête rouge, la poitrine blanche, le dos d'un magnifique vert métallique, passent comme des joyaux animés; ce sont les guêpiers, les chasseurs d'Afrique.

Le jour brille; il n'éclaire que des champs desséchés où poussent des chardons de toute espèce. Il y en a qui sont bleus comme si la plante entière eût été plongée dans la cuve d'un teinturier; d'autres dont la grosse tête ressemble à un oursin grisâtre; d'autres qui ont de petites fleurs jaunes au bout de longues tiges minces; d'autres encore qui portent d'énormes artichauts violets; d'autres enfin dont les pieds munis de côtes saillantes ressemblent à de petits cierges du Pérou. Plus loin les chardons disparaissent et font place aux touffes élégantes des fenouils grêles et parfumés; puis, enfin, les fenouils cessent à leur tour, et le sol s'inonde d'une mer d'ombelles blanches, fleurs de ces carottes sauvages qu'on appelle des férules. Et chardons, fenouils ou carottes, tout pousse comme si la terre n'avait pas été faite pour autre chose.

A cinq heures, nous descendons dans un bas-fond verdoyant, fleuri, cultivé à souhait. Le Tell de la province d'Oran passe d'ailleurs pour la partie la mieux irriguée et la mieux cultivée de l'Algérie, comme elle en est la plus riche en chemins de fer.

Une charmante rivière, l'Isser, qu'on appelle occidental pour le distinguer de celui que nous avons déjà traversé en Kabylie, arrose ici un village bâti à l'européenne, mais tout blanc d'Arabes qui s'y rassemblent pour un grand marché, naturellement ; et tout le long du chemin, nous allons rencontrer les troupeaux de bœufs qu'on mène à la foire.

— Harri, harri ! Balek ! crie notre cocher qui siffle comme une locomotive.

— Haou ! haou ! aboient les Arabes, singuliers pasteurs qui ont un burnous en loques, mais un riche poignard à la ceinture et, au côté, un pistolet magnifique dans une suspension en cuir brodé d'or.

— Haou ! haou ! Et les bœufs se rangent. Pas tous, cependant. En voici deux qui font tête à la diligence. Les chevaux hésitent ; le conducteur les lance avec un énergique juron, et, rudement heurtés, les bœufs prennent la fuite en plein champ.

— *Chitâne-ben-Chitâne!* Diable, fils du diable ! crient les bergers qui ne rient plus. Et une autre de leurs bêtes, prise par le travers, s'en va rouler dans le fossé. L'exaspération est à son comble ; les Bédouins arment leur pistolet et font mine d'ajuster la voiture.

— Ah ! caramba ! hurle le cocher, et, tirant un revolver du coussin sur lequel il est assis, il le braque sur les Arabes. Et nous qui, pour mieux voir le pays, avons eu la malheureuse idée de quitter notre place pour grimper sur le siége ! Tout se réduit heureusement à des injures et à des menaces, et nous passons au grand galop ; les bœufs en fuite reviendront quand ils voudront. C'est égal, on est plus en sûreté dans le coupé, et nous y revenons au premier arrêt. Le pays reprend bientôt son aspect sauvage. Des tortues se collent comme de grosses patelles sur les talus fangeux qui forment ici les rives de l'Oued-Isser et font briller au soleil leur carapace humide et luisante. Dans les taillis épineux se cachent, on le dit du moins, les hyènes et les chacals, tandis que, les ailes largement étendues et presque toujours immobiles, les aigles décrivent lentement de grands ronds dans le ciel. Il y a même encore des panthères par ici, et l'on prétend qu'il n'est pas rare de les voir, au crépuscule, boire dans la rivière jaune, sous les branches fleuries des lauriers.

Des collines entières se mettent parfois en locomotion dans cet étrange pays d'Algérie, et c'est, en petit, ce qui s'est passé ici. La route qui suit un remblai de terre argileuse a, en effet, sous l'influence des pluies torrentielles tombées au printemps, glissé par places jusqu'au fond des ravins, et à peine en reste-t-il une corniche qui a juste la largeur de la voiture. Et, sous prétexte que les chevaux auraient peur si on leur laissait voir le danger, c'est toujours au triple galop qu'on franchit ces mauvais pas. Cette allure est, du reste, la seule que connaisse le conducteur algérien; aussi n'en est-on pas à compter les accidents. Une diligence qui verse est un incident si banal que les journaux d'Alger ne se donnent même pas la peine d'en tirer un fait divers. Et, pendant qu'on détourne ainsi l'attention des chevaux, les voyageurs, réduits à l'état de colis passifs, s'efforcent de leur côté de penser à autre chose.

— Diable, s'écrie à chaque instant, le nez à la portière, un général qui occupe le coupé avec son aide de camp et nous; diable, messieurs, voici venir un endroit périlleux. Faisons vite une cigarette. Cela nous occupera, et quand elle sera allumée, nous aurons passé sans nous en apercevoir.

Vers huit heures, du haut d'une dernière côte, on découvre le pont de l'Oued-Saf-Saf, et là-bas, dans le sud-ouest, du milieu d'un vert fouillis de grands arbres, surgissent les maisons de Sidi-Bou-Médine et celles de Tlemcen, au-dessus desquelles les mosquées élèvent leurs minarets rougeâtres.

Tlemcen! Peu de noms évoquent d'aussi poétiques souvenirs que celui de cette ancienne capitale de presque toute l'Algérie. Tlemcen, c'est la cour luxueuse et policée des sultans Abd-el-Ouadites ; c'est cette civilisation mauresque qui brillait d'un si vif éclat, quand l'Europe était encore plongée dans les ténèbres du moyen âge ; c'est le charme de cette société qui enrichissait l'Espagne de ses merveilles ; c'est, plus près de nous, la guerrière épopée de l'émir dont on croit voir les chevaux galoper encore dans la plaine. On s'arrête une dernière fois au pont du Saf-Saf, le pont des trembles. Des soldats et des Arabes fouillent la rivière avec de longues perches. Ils cherchent un chasseur d'Afrique qui y est tombé la veille. Il y a pourtant bien peu d'eau ! C'est vrai, mais on nous montre un point où elle tourbillonne avec des remous sinistres ; c'est là qu'il a disparu, et beaucoup d'autres y ont péri avant lui. Il existe, paraît-il, au fond, une grotte profonde dans laquelle l'eau s'engouffre comme dans un entonnoir, une grotte qui aspire les noyés et qui les engloutit comme la gueule d'un monstre. Et il y a, à Tlemcen, un Espagnol qui a le courage de plonger dans les flots glauques de ce gouffre et d'aller, dans l'obscurité liquide, chercher à tâtons les corps qui y ont disparu ; il s'est fait comme une spécialité de ces sauvetages funèbres, et on est allé l'appeler.

Le pont est dans un bas-fond, comme celui de l'Oued-Isser ; il nous reste encore une rude montée à gravir, et c'est pourquoi nous avons un nouveau cheval de renfort. Trois en avant, quatre au milieu, trois dans les brancards ; ils sont dix maintenant, couverts de grelots et de roses, et à leurs oreilles flottent de petits drapeaux qui font comme un essaim de papillons au-dessus de leurs têtes ; on les dirait parés pour quelque bataille de fleurs. Et, turbulents, impatients, ils piaffent, ils hennissent, ils se mordent, et les palefreniers qui crient et se démènent ne peuvent les contenir. Mais le conducteur pousse un glapissement qui est comme le Lâchez tout ! d'un aéronaute ; les Arabes reculent ; le fouet enveloppe les dix chevaux à la fois ; ils ruent, ils se cabrent, ils bondissent ; puis leurs quarante fers mordent la route pierreuse, les cailloux volent avec des étincelles, et ils partent comme un escadron en révolte, sautant et se mordant de plus belle. Nous n'avons pas fait cent mètres que deux d'entre eux ont déjà les pattes de derrière par-dessus les brancards, s'exaspèrent, s'embarrassent dans les traits et s'abattent. Les autres ruent, et c'est là dedans une cohue, une confusion, un bruit de grelots et de cris indescriptibles.

« Ce n'est pas étonnant, dit tranquillement le général, ce sont des bêtes que nous avons réformées parce qu'on ne pouvait rien en faire ! Tenez, celui-ci, le meilleur de la bande, le limonier, je le reconnais bien, c'est Maboul. Il était fou. Et celui-là, c'est Shadi, il est enragé ! »

Les portières s'ouvrent, les voyageurs descendent, les Arabes sautent du haut de la voiture et unissent leurs clameurs à celles du postillon, et, pour comble de désordre, arrive sur nous le courrier qui vient de Tlemcen, plein d'indigènes, hommes et femmes ; c'est tout blanc dans l'intérieur, tout blanc sur l'impériale d'où pendent des jambes noires. Nous barrons la route ; les deux attelages se mêlent, leurs chevaux s'embrouillent, tout le monde hurle. C'est une mêlée, une rencontre de cavalerie.

Le désordre se répare pourtant, et, les drapeaux brisés, les fleurs écrasées, nos chevaux se remettent à piaffer d'impatience. La main gauche armée d'un clairon dont il sonne de toutes ses forces, la droite agitant le fouet qui crépite comme une fusillade, les talons frappant le marchepied à coups redoublés, le conducteur entonne une marche assourdissante ; les dix croupes s'abaissent, les vingt oreilles pointent en avant, et, au fracas des grelots, la côte est enlevée.

Des vignes folles et des vergers touffus font une magnifique ceinture à Tlemcen, l'antique *Pomaria* des Romains.

La route s'enfonce sous de verts fourrés qu'enlacent les lianes et les clématites, dans des massifs épais, entre de grands arbres dont les branches forment sur nos têtes comme des arceaux de voûtes. Partout s'étendent, à l'ombre, de riches potagers où carottes et choux poussent d'eux-mêmes et où, philosophiquement appuyés sur leurs pelles, les jardiniers semblent n'avoir d'autre souci que de voir l'eau couler dans les mille ruisseaux de leurs champs. Il y a cependant le long du chemin des Arabes qui travaillent sérieusement et qui cassent des pierres, mais ce sont des Marocains. Plus laborieux que les Algériens, ils viennent dans la province d'Oran, comme les Belges viennent en France à l'époque des moissons, et, par bandes poudreuses, vêtus d'une chemise en haillons, la faucille au côté, les mains sur le bâton en travers du cou, ils s'en vont à grands pas à la recherche du travail.

Nous courons toujours. Les lourds chariots traînés par des bœufs se rangent placidement pour laisser passer le dangereux tourbillon de notre véhicule, et nous couvrons de poussière les voitures et les chars pleins de Maures et d'Arabes qui gagnent la ville en habits de gala. Nous avons, en effet, la bonne fortune d'arriver à Tlemcen un jour de fête musulmane.

Devant nous s'ouvre une rue montante, la rue de France, avec des cafés borgnes, des marchands juifs francisés, des maisons à l'européenne. Nous entrons dans la ville par son plus vilain quartier. Mais cette rue s'élargit bientôt, s'ombrage de grands arbres, et forme enfin la place du Méchouard, que bordent, d'un côté, des maisons arabes transformées, de l'autre, les murailles de la vieille citadelle, et que peuple une fourmilière de Maures en gaieté. Les burnous blancs, les haïks sans corde et encapuchonnant simplement la tête, les manteaux noirs ou bruns, voltigent de toute part sur les vestes jonquille, amarante, roses, rouges, citron, que sais-je? C'est un bouquet de fleurs. Les Arabes sont aujourd'hui d'une propreté éblouissante, et les Juives qui, par je ne sais quelle heureuse coïncidence, sont aussi en joie, mettent leurs bras nus aux fenêtres, leurs turbans au soleil, et mêlent à cette fanfare de couleurs les notes éclatantes de leurs toques rouges et de leurs robes dorées. Des zouaves, des turcos, des chasseurs d'Afrique rappellent seuls la France dans cette foule bigarrée. Sur vingt-deux mille habitants que compte Tlemcen, il n'y a, d'ailleurs, guère que trois mille Européens, et encore je crois que, pour leur être agréable, on fait entrer les Juifs dans ce nombre.

La première chose qui frappe les yeux est le Méchouard. Ancien palais des sultans, il fut jadis splendide. On y donnait des fêtes éblouissantes ; des meubles et des curiosités de grand prix en garnissaient les salles, et l'on se rappelle encore son fameux arbre d'argent. Chacune des branches de cet arbre portait des oiseaux d'émail ; la plus haute servait de perchoir à un faucon. On pressait un ressort caché dans le tronc, et chaque oiseau chantait à sa manière ; puis tous, battant des ailes et ouvrant le bec, entonnaient un morceau d'ensemble ; mais tout à coup, le faucon poussait un cri, et, à sa voix sinistre, les musiciens ailés se taisaient ; il paraît que c'était un travail miraculeux.

Le Méchouard n'est plus aujourd'hui qu'une vaste enceinte de hautes murailles moroses, découpées en créneaux hargneux et que dépassent seuls quelques toits de casernes et un minaret affublé d'une croix. Une porte surmontée d'une tour rébarbative y donne accès. N'y entrez pas, l'arbre d'argent n'y est plus, et la garde des sultans magnifiques a fait place à nos canonniers.

— Ya Kawadji ! On est mieux ici, en face de cette même porte. C'est le premier café maure de Tlemcen. Trois rangées de caisses renversées forment devant l'établissement un grand carré sans cesse arrosé, orné de beaux lauriers, magnifiquement ombragé par les arbres de la place, et les consommateurs en burnous se serrent sur ces caisses, le café fumant devant eux, sur les nattes en sparterie.

Les minarets abondent à Tlemcen. Ce sont des tours carrées, couleur de brique ou revêtues par le temps et la poussière d'une douce teinte grisâtre; gaufrées d'arabesques en relief ou tapissées de faïence; émaillées de bleu ou de vert. Tous se terminent par une plate-forme que surmonte une lanterne carrée, espèce de petit minaret posé sur le grand. Aucun mât de pavillon ne les dépasse, et ce n'est qu'à de rares intervalles que les muezzins y montent pour psalmodier leurs lamentables appels à la prière. Aux angles supérieurs de ces vieux spécimens de l'architecture hispano-mauresque s'accrochent des balles de foin, des fagots de broussaille mal liés; ce sont des nids de cigogne. Il y en a partout; nous en avons compté jusqu'à huit au sommet d'une seule tour. Et, sérieux comme des derviches, les gros oiseaux, perchés sur une patte, découpent sur le ciel bleu leur silhouette blanche, font claquer leur long bec, et regardent les gens d'un œil indifférent; ils ont la conscience de faire partie de la population qui les entoure. Le matin, ils quittent leurs demeures aériennes et ils vont chasser les serpents dans les prairies humides, ne se détournant même pas pour voir les passants. Autour de leurs amas de branchages voltigent en rond les moineaux et les hirondelles qui nichent à leur abri, sous leur haute protection, comme jadis le paysan bâtissait sa chaumière au pied du donjon féodal.

Au fond d'une place que des fruitiers arabes bordent de leurs pittoresques échoppes encombrées de légumes, protégées par d'épaisses corniches blanches ou par de grossiers auvents de bois vermoulu, s'élève la grande mosquée. Quatre-vingt-dix-huit colonnes, qui soutiennent des arcades en fer à cheval à tranche unie ou cannelée, en divisent l'intérieur en treize galeries parallèles, coupées par six galeries perpendiculaires ; des nattes en tapissent le sol dallé d'onyx translucide, et, dans la forêt sombre des colonnes et des arcades, se suspendent, par centaines, des veilleuses en verre et des lustres grossiers qui ont l'air de grands parapluies entr'ouverts. Le mihrab et le mimbar, comme à Alger et comme partout, décorent le temple de leurs colonnes en bois peint, de leurs niches byzantines, de leurs arabesques bariolées. On ne sait qui a bâti cette mosquée, la Djama-Kebir de Tlemcen.

— Mets-y ton nom, disait-on au sultan qui le fit.

— Pourquoi? répondit-il. Dieu le sait !

Le quartier juif est, sans contredit, le plus curieux. La pioche française a, à travers ses constructions compactes, percé de véritables tranchées, qui sont des rues, et si on les a à peu près pavées, on ne s'est pas encore donné la peine de réparer les maisons qui les bordent. Et ce ne sont partout que des demeures ouvertes, éventrées, montrant leur intérieur comme dans des plans en coupe. Ces maisons ont rarement plus d'un étage, mais, comme si, dans leur besoin de se cacher, les Israélites avaient préféré demander à la terre la place qu'ils n'ont pas osé prendre en l'air, les rez-de-chaussée sont en contre-bas de la rue, et les cours s'ouvrent comme des fosses sombres et humides, dans lesquelles on descend par plusieurs marches de pierres glissantes. Tout un côté de ces atriums a souvent disparu ; les trois côtés qui sont demeurés à peu près intacts sont formés d'arcades pointues ou de simples murailles. Et murs, colonnes, arcades, tout est badigeonné de bleu, avec des mains blanches ou rouges, grossièrement peintes çà et là au-dessus ou à côté des portes. De toute part s'ouvrent des lucarnes, des entrées sans forme définie, des soupiraux qui semblent avoir été faits par des coups de canon, de grandes fenêtres en ogives mauresques ou en fer à cheval, et, à travers ces ouvertures, l'œil curieux découvre de petites galeries qui ont quatre pas de longueur, des portes intérieures en cèdre sculpté, des chambres grandes comme des cabinets, des cabinets larges comme des boîtes, et souvent aussi des morceaux de ciel bleu, quand la partie de la maison située en arrière de la muraille s'est écroulée, et, ce qui est la règle, n'a pas été refaite. Il est de ces cours qui sont plus gaies. Des poutrelles leur forment comme un plancher à claire-voie, et les vignes qui leur font de verdoyants plafonds accrochent leurs festons aux murailles en ruine et en cachent les lézardes sous les enroulements de leurs pampres. Guidé par un jeune Israélite au teint pâle, nous descendons dans une de ces maisons branlantes, à la recherche d'une Juive assez civilisée pour poser devant la chambre noire que nous avons eu la naïveté de traîner jusqu'ici.

Un escalier étroit, une voûte basse, et nous arrivons dans une petite cour obscure. Dans un coin de cette cave la margelle bleue d'un puits obstrue à demi un trou percé dans la muraille et à travers lequel on ne peut passer qu'en se traînant sur les genoux. C'est l'entrée de la cuisine, antre nauséabond qui n'a pas d'autre ouverture, et où, vautrée sur un grabat, une vieille à demi nue allume un fourneau au beau milieu de la pièce; un mineur s'asphyxierait là dedans; elle y fait du café. Dans un autre coin de la cour, deux autres vieilles immondes, accroupies entre des tas d'argile grise, fabriquent elles-mêmes les grossières poteries de leur ménage et les blanchissent sérieusement à la chaux. Un petit escalier, roide comme l'échelle de Jacob, rampe contre le mur et aboutit à une porte aux mille panneaux vermoulus. Une odeur fade de moisi; ces ombres bleues et livides; l'humidité qui suinte des dalles gluantes; ces sorcières en haillons, tout cela nous écœure, et nous allons sortir, quand la petite porte s'ouvre tout à coup au haut de l'escalier; un large rayon verse ses flots d'or dans le réduit subitement transformé et, avec le soleil, descend sur nous une cascade de frais et joyeux éclats de rire qui remplissent la maison. Belles à ravir; éblouissantes dans leurs atours pailletés; laissant, sous des robes étroites qui tombent sans plis sur les hanches libres, deviner des formes dont l'élégance ignore les artifices du corset, trois jeunes Juives apparaissent là-haut, en pleine lumière. Et, appuyant leurs bras nus et bruns sur la rampe de bois, elles nous adressent nous ne savons quelles plaisanteries, dans leur langue gutturale et pleine d'un charme sauvage. « Ce sont tes sœurs? disons-nous à notre gamin. Eh bien, dis-leur si elles veulent me laisser faire leur portrait. » Notre demande n'est pas traduite, que les jeunes filles jettent un cri, comme si nous leur avions fait faire la proposition la plus saugrenue, et elles s'enfuient effarouchées. La petite porte retombe, et rien ne peut rallumer le rayon de soleil qui vient de s'éteindre.

Comme leurs compatriotes musulmans, les Juifs de Tlemcen ont, paraît-il, encore en horreur la reproduction de la figure humaine, et les vieilles, qui certes n'étaient pas personnellement en cause, poussent des glapissements indignés. L'une d'elles, exaspérée, se lève en furie, et les gifles pleuvent sur les joues de notre guide qui n'en peut mais. Une autre regarde avec rage notre pauvre sac de toile grise; elle en briserait volontiers le contenu si elle n'avait peur d'en voir sortir le diable, et elle nous menace presque nous-même de ses griffes malpropres.

Le quartier arabe ressemble au quartier juif, mais au quartier juif nettoyé. Les rues, dont la propreté étonne, y sont d'une largeur raisonnable; les maisons, scrupuleusement blanchies, y ont des cours entourées de petites, mais charmantes galeries de marbre, des portes encadrées de délicieuses sculptures et des ornements intérieurs qui représentent des feuillages ou des arabesques. Quand ces maisons sont intactes, elles se couronnent d'une terrasse plate et blanche, sans corniche, ou se coiffent comme les nôtres d'une toiture rouge. C'est que Tlemcen est bâti à une assez grande altitude, et que, en hiver, les pluies y sont presque aussi abondantes et aussi fréquentes qu'en France. Les étages n'empiètent pas ou n'empiètent que très-peu sur les rez-de-chaussée, et les rues conservent la même largeur dans toute leur hauteur. Les murailles blanches de ces logis toujours mystérieux n'ouvrent à l'extérieur que leurs portes méfiantes, que de petites boutiques à peu près pareilles à celles du vieil Alger. Un réduit cubique; un comptoir grossier mis en travers de l'entrée, pour l'interdire aux acheteurs; un fouillis de marchandises; sur des bancs placés au dehors, des paresseux dont une lampe fumeuse fait, la nuit, briller le front poli, et qui causent avec le marchand retranché derrière la table, tel est l'aspect d'un de ces magasins, et tous se ressemblent. En voici un pourtant qui diffère un peu du type général; des Arabes le remplissent; gravement accroupis, l'un contre le mur de droite, l'autre contre celui de gauche, sur de larges fauteuils à dossiers droits et à accoudoirs en forme de petites galeries bariolées, ils se regardent, ils fument en silence, et, devant eux, deux hommes, solennels et sérieux commes des juges, dansent sans bruit ni musique.

Mais que d'enfants ici! Les races indigènes ne sont pas près de disparaître. C'est à peine si un bambin européen fusionne avec les moutards du cru, mais c'est par bandes tapageuses, par vols innombrables et bruyants, qu'on se heurte à ces derniers, petits Maures en burnous blanc et en bonnet écarlate, petites Juives aux cheveux rougis par le henné, petites Mauresques aux grands yeux, à la large ceinture d'or, à la toque en pain de sucre couverte de broderies et de sultanis. Les Arabes, toujours désœuvrés, errent lentement, se couchent contre toutes les murailles, et, frôlant leurs tibias nus, passent, craintives et toujours pressées, les Mauresques blanches qui, finissant par ne plus montrer d'yeux du tout, se contentent de voir la silhouette des choses à travers la trame plus ou moins transparente de leur voile.

Au bout de ce quartier se dressent, sans ouvertures et sans meurtrières, de hautes murailles intactes ; puis des remparts garnis de tours et sur lesquels on reconnaît des arceaux de portes romaines bouchées ; puis des pans de murs croulants, s'entrecoupant comme au hasard, et ne semblant avoir jamais eu de relations les uns avec les autres ; puis encore des fossés à demi comblés ; puis enfin des amas de ruines qui forment des lignes parallèles entre elles, et tout cela, fait il y a des siècles, avec de la terre mouillée, dure encore comme des constructions de pierre. Tlemcen avait, dit-on, sept enceintes; il serait, aujourd'hui, aussi difficile de justifier cette prétention, qu'il le serait de la combattre en présence de ces restes désordonnés.

Une allée ombreuse, pleine de fraîcheur et de mystère, nous conduit, hors des remparts, à de vieux petits monuments rougeâtres, qui achèvent de s'écrouler sous la poussée des troncs d'arbres sortant de leurs fondations. L'un de ces monuments qu'entourent des tombeaux faits de quatre petits murs, comme des réservoirs qu'on aurait comblés jusqu'au niveau du sol, est sévèrement gardé par une famille de marabouts. C'est la kouba, le tombeau d'un certain Sidi-Yacoub, qui pourrait tout aussi bien s'appeler Sidi-Jacob. Ce santon, nous raconte un Israélite, était Juif, en effet, mais, comme il faisait beaucoup de miracles, les Arabes se le sont approprié, ont prétendu qu'il était musulman, et les fils d'Abraham ne peuvent plus l'invoquer que de fort loin. On pourrait même l'appeler saint Jacques, car les dévots espagnols atteints de la fièvre viennent, eux aussi, le prier quand la quinine ni la Madone n'ont pu les guérir. Ce saint universel ne borne pas sa spécialité à la fièvre ; comme Sidi-Abd-er-Rhaman-el-Tsaalebi, il a encore le pouvoir plus intéressant de rendre mères les femmes stériles qui viennent lui sacrifier des poulets, et les mauvaises langues prétendent que cette réputation lui vaut la visite fréquente des jeunes Maures, qui aiment à rôder sous ses ombrages touffus, si favorables aux galantes aventures. N'oublions pas enfin qu'on ne jure par ce nom de Sidi-Yacoub que lorsqu'on dit la vérité, et que celui qui ferait ainsi un faux serment verrait la terre s'ouvrir sous ses pieds et l'engloutir sur l'heure. C'est une faveur que le Très-Haut a accordée au ouali, et il n'y a qu'une femme qui ait pu affirmer un mensonge malgré lui. C'était, dit-on, une jolie Mauresque qui n'avait pas su résister aux prières d'un élégant cavalier du sultan. Son mari, vieux thaleb, ennuyeux comme un savant qu'il était, se doutait de la chose, et, au lieu de demeurer dans cette douce incertitude, avait la sottise de vouloir être éclairé sur son sort.

« Tu jures que tu m'as toujours été fidèle, ô Fatma-Zehra ? dit-il un jour à son épouse.

— Oui, mon seigneur, je le jure.

— Tu le jures ! Le jurerais-tu par Sidi-Yacoub ?

— Eh bien... oui ! dit la dame après un instant d'hésitation, si court que le mari ne s'en aperçut pas.

— Oui ? Dès demain nous irons à sa kouba, et nous verrons si tu feras ce serment sur sa tombe. »

La nuit suivante, la belle ouvrait la porte à son Roméo déguisé en femme et lui disait l'exigence de son mari.

« Cela te fait peur ? ajouta-t-elle. Eh bien, sois demain sur le chemin du marabout, avec un mulet et habillé comme un paysan qui vient du marché. Je ne t'en dis pas davantage, mais tu verras. »

Le lendemain, le thaleb et la Mauresque s'acheminaient vers le lieu terrible; ils étaient à pied. Le spahi était à son poste.

« Ah ! mon Dieu, s'écria la femme en le voyant, je viens de faire un faux pas ; je ne peux plus marcher.

— Allons, je te suis, se dit le mari. Elle recule.

— Tu crois peut-être que je dis cela pour revenir? fit alors la traîtresse. Tiens, voilà justement un paysan qui a un mulet; qu'il me le prête, et tu verras si je ne vais pas à la kouba. »

Le paysan, naturellement, prêta sa bête; la femme y monta, et, suivie de son mari et de son amant, elle se remit en marche.

« Je suis sauvé! se disait le premier. C'est un lys de pureté. Irait-elle si gaiement sans cela?

— La malheureuse, murmurait le second, elle est folle; elle est perdue! »

Et tout à coup, sans raison apparente, le mulet fit un écart, la femme poussa un cri, et elle tomba de si étrange manière que sa robe, accrochée à l'arçon de la selle, découvrit jusqu'à la ceinture des charmes qu'il serait inconvenant de décrire. Le mari ne put se fâcher, parce que le voile qui cachait la figure de Fatma ne s'était pas dérangé dans cette chute extraordinaire, et l'amant s'était pudiquement couvert la face du pan de son burnous, ce qui prouve qu'il avait tout vu.

« Pourvu que la terre n'aille pas me ravir de si belles choses! » se disait le mari encore ébloui de cette blanche apparition, et il avait envie de ne pas pousser plus loin son épreuve périlleuse.

On arriva cependant. Le thaleb et le spahi tremblaient de tous leurs membres, chacun pour son compte. Fatma-Zehra seule était souriante.

« Je jure, dit-elle alors solennellement, je jure par Sidi-Yacoub qu'aucun autre homme que mon époux et que ce jeune muletier n'ont vu... ce qu'ils ont vu tout à l'heure! »

Et le mari triomphant, la prenant dans ses bras, rentra au logis fou de joie et rajeuni de trente ans. La terre ne s'était pas ouverte; Sidi-Yacoub était joué.

Mais notre objectif suscite ici de nouveaux cris; le gélatino-bromure n'est vraiment pas heureux en Algérie!

« Pourquoi viens-tu mesurer la terre de Sidi-Yacoub? nous crie le gardien du tombeau qui prend notre appareil pour un outil d'arpenteur.

— Mais il ne mesure pas la terre, lui répond notre Juif; il veut faire le portrait de la kouba et le tien. »

Le portrait? C'est bien pis, alors! Et les cris redoublent. Servons-nous du crayon. Et l'on hurle encore plus.

Mais quand nous entrons dans le marabout, la colère du bonhomme ne connaît plus de bornes, et les horions pleuvent dru comme grêle sur les épaules de notre cicerone. Des gifles chez ses parents, des coups de poing ici; le malheureux embrasse une carrière qui n'est pas semée de roses. Et c'est sa juiverie qui lui vaut cette deuxième correction.

« Lui roumi! Lui roumi! crie-t-il en se cachant derrière notre dos.

— Toi roumi? Toi bono! « dit l'ermite musulman, et il baisse la tête avec un respect affecté, mais, en tournant autour de nous, il rattrape Isaac, et les soufflets de tomber de plus belle. La femme, les enfants du marabout viennent à la rescousse; des mahométans, attirés par le bruit, accourent furieux, et le calme ne se rétablit que lorsque l'Israélite a déguerpi, et que, bousculant notre chambre noire qui ballotte sur son dos, il s'est enfui à toutes jambes loin de ce temple qui, pour lui, n'était pas un lieu d'asile.

Dans une autre direction, à travers un bosquet d'oliviers plus ou moins sauvages qu'on appelle grotesquement le bois de Boulogne, un chemin difficile, jonché de cailloux qui déchirent les pieds, nous conduit dans des champs ensoleillés et qui ont l'air d'être cultivés, mais cultivés à l'arabe. Partout, sur la terre sèche, se dressent des marabouts en briques rouges et calcinées; puis, le chemin serpente vaguement à travers les tombes d'un cimetière qui n'a pas de clôture; puis il s'enfonce sous des massifs désordonnés de chênes et de sureaux, sous les entrelacements épais d'une végétation libre ; puis enfin, après une montée âpre comme un calvaire, il aboutit au curieux village d'El-Eubad, ou mieux de Sidi-bou-Médine. Les ruines de ce village occupent un si large espace qu'il semble avoir été, au temps de sa splendeur, plus grand que la capitale du pays elle-même.

Des maisons en débris, quoique habitées, des rues cailloutées et montantes ; voilà le village. Pas un seul Européen ici, pas même un soldat. Rien que des Arabes silencieux qui passent tout blancs au milieu des murailles blanches, et qui ont des têtes admirables, avec des figures d'ascètes. On dirait une population de marabouts.

Le Bou-Médine, parrain de ces lieux, est un théologien musulman dont le vrai nom est, je crois, El-Haloui, et qui naquit à Séville il y a sept ou huit cents ans. Il était juge dans sa ville natale, quand, poussé par l'ambition, il embrassa le métier de mendiant ; il est vrai que c'était une ambition de sainteté. Nul n'est prophète en son pays. El-Haloui, qui ne réussissait pas en Espagne, passa le détroit, et, appuyé sur un bâton de fenouil, traversa le Maroc et arriva à Tlemcen. La carrière de la mendicité, très-encombrée dans cette riche cité, ne put suffire à son existence, et il dut joindre à cette profession libérale celle de marchand de nougat à la rose. Ce n'était pas encore assez ! El-Haloui, nous l'avons dit, était un ambitieux ; il se fit fou. Pour le coup, il touchait au but ; il était à demi saint. Et il débitait, en même temps, des sucreries et des discours aussi pieux qu'insensés qui lui valurent un grand renom. On accourait pour déguster ses confitures et ses paroles, et il parlait si bien que les musulmans laissaient, en l'écoutant, le soleil fondre et faire couler sur leurs doigts en larmes poisseuses le nougat qu'il venait de leur vendre. Il mourut à Tlemcen, et on l'enterra à El-Eubad.

La mosquée où il repose est une des curiosités de l'Algérie. Elle remonte au douzième siècle. On y entre par une belle porte en cèdre sculpté, revêtue de cuivre et de bronze ciselé ; on descend quelques marches et l'on arrive dans une cour entourée de galeries dont les arcades ont cette forme d'as de pique si chère à l'architecture mauresque, et sont soutenues par des colonnes d'onyx.

L'intérieur de la mosquée s'enorgueillit de son luxe, de sa fontaine de marbre et de son minaret aux colonnes d'onyx et aux arabesques d'or. Dans la grande nef s'ouvre la kouba tapissée de faïence, percée de petites fenêtres aux vitraux de couleur, surmontée d'une coupole gaufrée d'entrelacs, encombrée, enfin, de drapeaux de soie aux boules d'or, d'œufs garnis de glands, de lanternes, de cages, de miroirs, de tout un fouillis d'objets étranges et dépareillés. Sous cette kouba s'élève un cénotaphe entouré d'autres plus petits. Des tapis de Damas et de riches étoffes le recouvrent ; dans des cassolettes suspendues à la voûte fume le benjoin odorant ; c'est le tombeau de Sidi-bou-Médine ; près de lui dorment ses successeurs. Et, vue du dehors, la mosquée a l'air d'une ruine. Elle est cependant encore le siége d'une médersa célèbre entretenue par une sorte d'impôt volontaire qu'elle prélève sur la générosité des croyants. Une médersa est comme une Faculté indigène, un établissement d'enseignement supérieur, où l'on est censé tout apprendre, mais où l'on n'apprend que la haine du roumi et la théologie musulmane, c'est-à-dire le Koran, avec le moins de commentaires possible.

La route qui nous a conduit à Sidi-bou-Médine va, vers l'est, aboutir à Sidi-bel-Abbès. Suivons-la au moins jusqu'aux cascades du Saf-Saf. Taillée en corniche sur des précipices, serpentant avec des tournants brusques et imprévus, cette route est pleine d'intérêt et d'émotions. Et elles sont charmantes, ces cascades d'El-Ourit, du Saf-Saf. C'est comme un des sites les plus pittoresques et les plus tourmentés de nos montagnes. Des collines de roches déchiquetées, aux flancs perpendiculaires et aux sommets inaccessibles, forment, en cet endroit, un demi-cirque dont la concavité regarde le nord, et la route qui contourne ce cirque s'y suspend à mi-hauteur, entre le fond et la crête des rochers. En bas, dans la verdure, s'éparpillent des points noirs qui sont des moutons, des points blancs qui sont leurs bergers, et, çà et là, au milieu des arbres, de soi-disant maisons formées de quatre murs sans toitures, comme des enclos de jardins minuscules. En haut, se dressent les dentelures aiguës du roc, et, plus haut encore, les aigles tournent lentement dans le ciel bleu. A mi-chemin de sa courbe, la route s'élargit et s'étend en une petite plate-forme sur laquelle s'ouvre une grotte. Un Espagnol a installé là une guinguette délabrée à souhait et a fait de la caverne une sorte de café maure, où des Arabes s'accroupissent en rond autour d'un petit trou dans lequel ils plongent et replongent leurs tasses de fer battu. Ce trou est comme un regard naturel ouvert sur un ruisseau souterrain qui roule, en murmurant, une eau fraîche comme la glace, limpide comme le cristal. Ils ont l'air très-heureux sous cette voûte humide, lambrissée de capillaires diamantés, et pourtant, à notre vue, un nègre en sort pour nous harceler, ennuyeux comme un taon.

« Moi mesquino, sidi! Dounar sourdi, Mousir! Ouad sourdi, mon liotenant! »

Devant l'auberge, des Maures venus en partie fine chantent et jouent de leur petite guitare, tandis que, amenée pour cela, une femme tatouée et dorée exécute devant eux la danse du ventre.

D'autres, des Arabes, obéissant à leur goût le plus naturel, s'offrent, comme grande réjouissance, la joie de tirer des coups de feu contre les rochers tout bleuis des traces de leurs balles. L'Espagnol a pour cela des armes à la disposition des amateurs.

— *Ya, Kawadji! Kawa, mokala ve baroud!* Holà! cabaretier! du café, un fusil et de la poudre! Et sans cible, sans but, on fusille la montagne, pour le seul plaisir de tirer!

Il y a aussi à voir à Tlemcen, vers le nord-ouest, cette fois, les ruines de Mansourah. Un certain Lekhal, au temps des sultans, vint une fois assiéger Tlemcen, et, comme celui de Troie, ce siége dura dix ans, si bien que le camp fortifié des assaillants eut le temps de devenir une ville, la ville de Mansourah. Il n'en reste guère aujourd'hui qu'une enceinte de murs hauts de dix mètres, enceinte entourée de campagnes et n'entourant plus elle-même que des jardins plus ou moins cultivés. Au milieu, quelques restes informes marquent à peine la place où fut la mosquée dont la tour s'élève encore jusqu'à quarante mètres. Cette tour n'est pas un minaret, c'est la moitié d'un minaret. Un coup de foudre l'a, en effet, partagée du haut en bas, l'a fendue, comme la hache fend un tronc d'arbre, et tandis qu'une moitié est demeurée intacte, l'autre s'est écroulée et gît en débris sur le sol.

— La raison de ce phénomène est bien simple, disent les Arabes. Le sultan Lekhal avait confié à deux maçons la construction de cet édifice, et il avait eu l'impiété de choisir l'un d'eux parmi les Juifs. Le musulman et l'Israélite, se tenant toujours aussi loin l'un de l'autre que possible, travaillèrent chacun de son côté, et firent chacun la moitié de la tour; leurs échafaudages s'élevèrent de concert, et ils posèrent ensemble les pierres du couronnement. Mais il était évident que cela ne pouvait plaire à Allah, et quand le minaret fut fini, il y lança la foudre; le travail du Juif fut pulvérisé; celui du musulman resta debout. Et cette moitié de bâtisse a traversé les siècles pour attester la puissance de Dieu et la haine des Juifs.

Il y a aussi les ruines d'Agadyr. Et ce sont des ruines bien poétiques, avec leurs petits marabouts rouges, percés de portes en trèfles, avec leurs murs faits de débris romains, de gros moellons sur lesquels on lit encore le D. M. des pierres tombales; mais nous ne les décrirons pas, pas plus que les fameuses citernes, de peur que notre livre ne ressemble à un Bædeker, à un Joanne quelconque.

Nous repartons de Tlemcen à cinq heures du matin, et nous sommes à midi dans la plaine de Zidour, où se trouve Aïn-Temouchent. Nous avions, en venant, traversé cette ville de nuit, et nous n'avions rien perdu. C'est, au milieu de terrains plats, où charrettes, ânes et mulets stationnent et dorment parmi des baraques disjointes et des aloès blancs de poussière, un horrible village français, composé de petites maisons et de cinq ou six grandes routes poudreuses et ardentes qui se coupent à angle droit sous le pseudonyme de rues. Il y a une cinquantaine de magasins dont trente, au moins, sont des buvettes, et le long des trottoirs blancs et tristes, dépaysés, le grand chapeau sur le dos, errent lamentablement les Arabes venus des douars voisins. Une dizaine d'entre eux attendent la voiture de Beni-Saf; elle arrive enfin; c'est un char à bancs disloqué, dans lequel trônent deux ou trois colons qui le remplissent. A son arrière, comme ces coffres qu'on attachait à nos anciennes berlines de voyage, est suspendue une vraie cage à poules, et c'est là dedans qu'ils s'entassent! Sous prétexte de rempart, Aïn-Temouchent est emprisonné dans un mur de jardin qu'on renverserait sans peine à coups de pied.

Un vent sec et brûlant soulève des nuages de poussière; les montagnes sont chauffées au rouge sombre; la terre reçoit du soleil et renvoie du feu; les Algériens crient au siroco, et pourtant le thermomètre ne marque que 33° à l'ombre.

Nous sommes bientôt aux mines d'Aïn-Tekbalet. Ce sont, tout près de la route, des carrières à ciel ouvert, d'où l'on extrait de l'albâtre et de l'onyx. Cette dernière pierre est une espèce de calcaire translucide, opale, jaune, vert ou rouge, à longues veines colorées, et qui a l'air d'un marbre ordinaire qu'on aurait imbibé d'huile.

On en tire ici des blocs de dix mille kilogrammes, des blocs qui ont jusqu'à quatre mètres de longueur, dont la coupe a un mètre de côté, et dont on peut faire de magnifiques piliers, comme ceux que nous avons vus à Tlemcen. L'exploitation en est aujourd'hui bien restreinte, et c'est à peine si l'on en envoie quelques quintaux à Paris, au Marais, où l'on en fait des guéridons, des socles, des statues, des coupes et des pendules. Les débris servent tout simplement à empierrer la route, et, les jours de pluie, ils percent la boue en arêtes brillantes que les voyageurs recueillent et emportent soigneusement.

Nous voici enfin au Rio-Salado, l'Oued-Melah en arabe, la rivière salée, dont le nom désigne en même temps un village français, où nous rejoignons la ligne de l'Ouest algérien et où nous reprenons le train qui doit nous conduire à Oran.

CHAPITRE VII

DANS LE SUD ORANAIS.

La gare de Kerguentah ; des plaines altérées où la moisson a fait le vide ; des champs de tabac ; des marécages à demi desséchés, avec des montagnes piquées de marabouts, au sud, et, au nord, des collines basses qui nous cachent la mer, et nous arrivons à Perrégaux.

Perrégaux est encore un village plat et insignifiant, entouré d'eucalyptus et qui, comme Arzeu, n'a de joli que les huttes de castor de son village nègre. Ce sont de vrais noirs qui grouillent dans celui-ci. Le train le frôle, et l'on a, à sa vue, comme un pressentiment des dernières stations qu'on traversera quand, sous un ciel de feu, on entendra crier : « Tombouctou ! Buffet ! Dix minutes d'arrêt ! Les voyageurs pour Stanleypool et Brazzaville changent de voiture ! »

Le chemin de fer de la Compagnie franco-algérienne coupe à Perrégaux celui qui va d'Oran à Alger. Il dessert les hauts plateaux et n'est guère employé qu'au transport des militaires et de l'alfa. Il a pour hommes d'équipe des indigènes coiffés d'un fez rouge, et pour employés supérieurs des Français à qui les vestes blanches et les casques donnent un air colonial et militaire qui fait plaisir à voir ; des Marocains, enfin, travaillent le long de la voie. Laissons filer notre train sur Alger et tournons au Sud.

Nous suivons longtemps une rivière verte, l'Oued-Habra,

dans laquelle plongent comme des grenouilles des enfants couleur de suie. Bientôt, au fond du paysage, entre de petites montagnes capricieusement découpées, une haute muraille ferme le lit de la rivière qui est blanc et sec au-dessous d'elle. C'est le barrage de l'Oued-el-Fergoug, nom que l'Oued-Habra porte jusqu'ici. Ce barrage soutient un véritable lac qui dort entre des collines mortes, et dont l'eau est une richesse pour la plaine. Elle en est aussi parfois la ruine, et les habitants du pays parlent encore avec terreur du fracas horrible qu'ils entendirent une nuit, il y a quelques années. Le barrage venait de s'écrouler sous la poussée de la masse liquide, et la région entière était inondée ; les maisons de Perrégaux, qui est pourtant à douze kilomètres de là, avaient de l'eau jusqu'au premier étage ; des fermes étaient emportées ; des troupeaux et des hommes étaient noyés ; c'était un vrai déluge.

Après le barrage s'étendent de nouvelles plaines ; puis le sol ondule en collines verdoyantes, mais la végétation se rabougrit, s'abâtardit bientôt et ne tarde pas à disparaître. Nous sommes encore au milieu du Tell, et la terre est déjà brûlée, et ce ne sont de tous côtés qu'éminences fauves, d'un brun clair ou d'un blanc laiteux, ou revêtant, comme les arènes de Nîmes, la teinte rougeâtre des pierres calcinées par un incendie. Moutonnées, arrondies, pelées par le vent, semblables à des dunes d'argile cuites par le soleil, mais demeurées friables, elles s'enchevêtrent les unes dans les autres, et entre elles se forment des coulées de débris. On dirait des amas de terre et de pierres transportées ; on dirait, parfois, des tas de cendres et de scories comme il s'en forme au voisinage des volcans. Ailleurs, les flancs en pentes douces de ces collines inhospitalières se pavent de larges dalles qui leur donnent l'aspect d'un cimetière fantastique. De loin en loin, dans le paysage morne, blanchit un cube de maçonnerie ; c'est une maison arabe. Ici, affaissés sur le sol poudreux dont ils prennent la couleur, ce sont de misérables gourbis qui abritent de malheureux Bédouins ; là, dans un espace parsemé de palmiers nains et de petits roseaux, dorment des tombes grossières. A travers les pierres sépulcrales se tordent, grands comme des arbres, des cactus féroces, et au milieu s'élève, funèbre et solitaire, un grand marabout dont la blancheur éblouit sous le soleil ardent. Seul, l'Oued-Fergoug met dans ce champ des morts la gaieté de ses lauriers-roses, sourire de ces lieux désolés.

Fait-il bien chaud? Le thermomètre ne marque encore que 33°, et pourtant on gémit. Les officiers, nos compagnons de route, sont affaissés dans tous les coins du wagon qui est disposé comme un petit salon ; ils dorment, la bouche ouverte ; ils s'épongent et geignent. La sueur ruisselle ; nous en sommes littéralement inondés. Le thermomètre est un instrument trompeur dont les indications ne répondent pas toujours aux sensations qu'on éprouve. Nous avons eu à Laghouat des températures de 50° et plus, et nous en souffrions moins.

Quittons le chemin de fer à Tizi. Mascara est trop près pour ne pas nous arrêter. Une voiture plus épouvantable encore que celle de Tlemcen, battue par un roulis violent et par un tangage désordonné, va nous y transporter en une heure.

La route blanche et ensoleillée traverse, droite comme une flèche, une partie de la grande plaine d'Eghris. On part, et des deux côtés, avec une rapidité vertigineuse, se déroulent des guérets bruns et des champs jaunes sur lesquels se courbent les glaneuses arabes ; au galop, passent de beaux cavaliers à qui le gros bonnet rouge, le turban blanc et le burnous qui flotte donnent l'air de Maures du vieux temps ; des cantonniers marocains en chemise courte cassent des cailloux le long de la route et se cuirassent de cuissards, de jambards et de genouillères habilement faits avec des feuilles d'agave.

Bientôt, le sol se relève, s'accidente, se pare de vignes, se hérisse de hampes d'aloès, et nous arrivons au village européen de Saint-André.

Encore quelques kilomètres sous un soleil torride, et, dans un repli du Djebel-Chougran, nous apparaissent les murs de Mascara dépassés par de hideux bâtiments français.

C'est ici qu'Abd-el-Kader-Ouled-Si-Mahhi-ed-Din, le serviteur du Très-Haut, nommé prince des croyants, Émir-el-Moumenin, établit le siége de son gouvernement. C'est ici que commença sa puissance, ici qu'il rêva la conquête de l'Algérie, rêve qui faillit devenir une réalité.

Mascara, ou du moins la partie qu'enferment les remparts, n'est guère qu'une ville française, habitée par des Arabes, par des Juifs fidèles à leurs vieux costumes, par des Juives qui, de nos modes, n'ont guère adopté encore que le châle-tapis de Lyon.

Faisons rapidement le tour de la ville nouvelle; de ses places quelconques où de magnifiques officiers indigènes se livrent, hélas! aux douceurs de l'absinthe sur la porte des cafés; de ses carrefours où des gendarmes maures tout de noir vêtus et de blanc galonnés, comme des spahis de la couleur de nos pandores, donnent la chasse à des nuées de petits Arabes turbulents; de ses rues chaudes où les Bédouins traînent leurs babouches dans la poussière. Contre les remparts tombent en ruine quelques vieilles maisons blanches, basses et plates, qui ont de gracieuses portes encadrées dans une arcade en ogive pointue ou en fer à cheval, arcade enfermée à son tour dans un carré de pierres sculptées et blanchies que surmonte un lourd auvent de tuiles.

Aucun bruit dans ces rues que le bourdonnement des mouches qui valsent dans le soleil; une seule femme hermétiquement voilée apparaît en silence, et, par la porte de sa maison qu'elle a laissée entr'ouverte, l'œil étonné plonge dans des cours ombragées de vignes, où dorment, fument et même travaillent des femmes ornées de gros bijoux dorés et vêtues, comme à Tlemcen, de robes et de casaquins aux couleurs éclatantes.

Au centre de la ville s'élève une pittoresque mosquée où nichent les cigognes, mais dont l'intérieur ne se distingue de celui des autres que par un plus grand luxe de tapis, simples étoffes du Maroc et riches tissus de Turquie, vieilles moquettes de Smyrne et descentes de lit de Paris, placés côte à côte et formant une mosaïque bariolée.

« C'est ennuyeux de se déchausser encore, disons-nous au gardien. Nous respectons nos églises presque autant que vous respectez vos mosquées, et pourtant nous y entrons avec nos bottes.

— C'est vrai, dit-il, mais il n'y a pas de si beaux tapis dans vos églises ! »

Hors des remparts, sur le sol jaune d'une colline rocailleuse, au milieu de vieux cactus, croulent des pans de mur ; c'est tout ce qui reste de l'Al-Beïda où l'émir prêchait la guerre sainte.

D'un autre côté, sur un terrain accidenté, s'étend le jardin public, espèce de forêt naturelle et charmante que percent des allées touffues, que parcourent les sinuosités capricieuses de l'Oued-Toudman.

Autour de ce jardin, se cachent dans la verdure des maisons arabes toujours poétiques dans leur pauvreté, dans leur aspect résigné de ruines blanchies. De petits marabouts les dépassent çà et là de leur petit dôme, et des fillettes aux brillants costumes s'enfuient à travers les murailles éblouissantes des ruelles désertes ou voltigent sur les terrasses comme des papillons sur des buissons d'anthémis en fleur ; des femmes aux jambes nues et tatouées grimpent et disparaissent dans les impasses rapides. La partie la plus curieuse de Mascara est, sans contredit, le faubourg de Bab-Ali, le quartier indigène.

Franchissons la porte qui y conduit et que les Arabes encombrent de leur pittoresque et bruyant mouvement, et nous sommes tout à coup transportés dans la capitale d'Abd-el-Kader. Des mendiants des deux sexes invoquent à grands cris la protection de Sidi-Abd-el-Kader, pas l'émir, un autre ; dans les terrains vagues, sous des tentes trouées, s'installent les cafetiers, les cordonniers, les ferblantiers, les marchands de galettes, tous ces négociants cocasses qu'on rencontre partout ici. Et toujours ces chapeaux extraordinaires, ces chapeaux qui nous poursuivent à travers l'Algérie comme un cauchemar grotesque.

Bab-Ali comprend un quartier juif qui ne diffère de l'autre que par la teinte bleue de ses maisons et un quartier arabe tout rempli des plus curieuses échoppes. Cela ressemble à la ville nègre d'Oran, mais avec une population nombreuse, avec un fourmillement animé de burnous, de gandouras, de haïks, de turbans et de foulards lamés d'or. Et l'on s'arrête à chaque pas.

Voici, par exemple, une maison dont la porte est du plus charmant style mauresque. Sa grande cour centrale est entourée d'arcades de trois côtés et, de l'autre, se termine en terrasse au-dessus d'un ravin accidenté ; un palmier magnifique s'y balance dans un coin. Sous l'ombre fraîche de ces galeries, fument et s'assoupissent avec béatitude des Mauresques en costume de fête ; d'autres, toutes scintillantes d'or, traversent la cour d'un pas traînant, la cigarette dans leurs doigts rouges de henné ; d'autres, enfin, dansent à la manière des almées devant un Maure assis contre une colonne et qui les regarde ravi. Si ce tableau si original vous séduit, n'hésitez pas, entrez. Vous serez toujours le bienvenu ici.

Voilà dans une boutique enfumée l'installation primitive d'un tisseur. Les ateliers de ce genre abondent à Mascara, qui a la spécialité de la fabrication des burnous, et en particulier de ces burnous noirs qu'on nomme des zerdanis.

A côté, des brodeurs, assis sur des ruines toujours blanchies avec un soin scrupuleux, décorent les mêmes burnous de broderies en laine blanche. Ils travaillent deux à deux, accroupis en face l'un de l'autre : l'un est le brodeur, l'autre est le métier vivant, et dans ses mains dont les doigts écartés forment comme des peignes à cinq dents, celui-ci tient les fils qu'il entre-croise à mesure et dont il fait une trame à travers laquelle le premier fait passer et repasser son aiguille.

En un carrefour s'étend, sans étage, une longue maison dont les deux façades sont une série de boutiques. Celles d'un côté, hideusement enguirlandées de têtes de mouton, sont occupées par des bouchers qui, horriblement ensanglantés, se vautrent dans la viande, au milieu des peaux pantelantes et souillées; celles de l'autre, singulier rapprochement, sont habitées par des prostituées de bas étage, et, à leur porte, des Arabes roulés dans la poussière boivent le café d'un kawadji qui fait, près de là, le naïf étalage de ses fresques maladroites et de sa ferblanterie puérile.

Dans les taudis voisins, à cheval sur des espèces de chevalets de bois, des Maures hachent du tabac au moyen d'un grand couperet, et, plus loin, des nègres armés d'un long pilon chantent en chœur des complaintes nasillardes et, dans des trous creusés en terre, pulvérisent en cadence du kermès pour teindre les peaux en rouge, et je ne sais quel sumac, quelles feuilles sèches et odorantes, destinées à quelque industrie bédouine.

Mais reprenons notre excursion vers le Sud. Nous avons à peine quitté Tizi que la chaleur recommence. Chaque fois que le train s'arrête, on se précipite hors des wagons comme on s'échapperait d'un four, et l'on court, sous de petites tonnelles couvertes de liserons et de pommes de terre grimpantes, s'abreuver à la hâte d'un verre d'eau tiède qu'on trouve délicieuse. Un coup de vent qui nous enveloppe d'épais nuages de poussière rouge nous apporte heureusement un peu de pluie. Le thermomètre a dû baisser de plusieurs degrés. Pas du tout. Il marquait 33°, quand nous haletions ; il est à 36°, maintenant que nous respirons à l'aise.

A une cinquantaine de kilomètres après Tizi, nous atteignons le village colon de Franchetti, dans la région des Ouled-Khraled.

Les collines au sol rouge se mouchettent des térébinthes ; les champs, couleur de rouille, se couvrent de céréales dont l'or est çà et là taché de vert par de grands buissons de lentisques, et des torrents à sec sillonnent la terre de leurs profondes crevasses pleines de lauriers-roses.

Mais les palmiers nains et les marabouts ne tardent pas à reparaître, et, de temps à autre, comme des fantômes en fuite, les talons aux flancs de leur bête, la tête au niveau de ses oreilles, des cavaliers arabes passent au galop dans la lande déserte.

Puis les chamærops font brusquement place aux thuyas. Espèces de cyprès désordonnés, dont le port ressemble à celui de vieux pommiers ébranchés par la foudre, ces arbres ne se serrent pas en forêt, mais dispersent de tous côtés leurs troncs grisâtres, contournés, crevassés, tourmentés, surmontés à peine de quelques rameaux d'un vert funèbre. Plus serrés sur les pentes des collines, ils finissent par se rapprocher au sommet et par avoir, enfin, l'aspect riant de nos bois de pins maritimes.

Plus loin on les a impitoyablement détruits pour semer du blé, mais on s'est contenté de les couper à une certaine hauteur, et l'on travaille aujourd'hui à l'extraction de leurs énormes souches. Leur bois, qui se vend très-cher, sert à faire des petits meubles, des tables, et surtout se débite en feuilles de placage qui ont jusqu'à un mètre cinquante de largeur.

Le train s'arrête au milieu de ces régions inhabitées. C'est la dixième fois que cela arrive. Quelques têtes paraissent aux portières. Qu'y a-t-il encore? Oh! moins que rien. Un Arabe qui veut monter ou descendre, et l'on fait pour lui ce qu'on nomme un arrêt en pleine voie.

Et après le village de Nazereg commencent des champs dont la culture soignée laisse voir la main des Européens, des jardins verdoyants, des potagers bien tenus; nous arrivons à Saïda, entre les monts des Yagoubia et ceux des Djafra-ben-Djafeur.

Un employé et un colon contemplent en souriant une mare de sang figée sur la voie.

« Qu'est cela? a-t-on écrasé quelqu'un?

— Oh! non, ce n'est rien. C'est un nègre voleur qu'un gardien a tué cette nuit en tirant par une meurtrière de la gare.

— Eh bien, voilà un Arabe qui doit être un fin tireur! ne pas manquer un nègre dans une obscurité profonde, c'est très-fort.

— D'autant plus, ajoute le colon, qu'il a bien fait les choses. Il lui a mis sa balle entre les yeux, comme s'il avait eu affaire à un lion. Le nègre a dû être foudroyé; il avait encore ce matin un poignard entre les dents, un long couteau dans une main et une matraque dans l'autre.

— Bah, ajoute l'employé, le hasard est un grand maître. Tenez, l'autre nuit, nous avons tiraillé pendant une heure, et nous n'avons pas pu en tuer un! Et personne n'est venu à notre aide. Vous nous avez entendus cependant, dit-il au colon qui a sa maison près de la gare.

— Tiens, dit celui-ci, je croyais que vous défendiez vos melons contre les chacals.

— Les melons, les melons! Et vous ne vous êtes pas levé. Le plus fort, c'est que nos coups de fusil n'ont pas même fait peur aux brigands, et que, le matin, nous avons trouvé éventrés tous les ballots que nous avions reçus la veille.

— Et qu'y avait-il dans ces ballots?

— Des effets militaires, monsieur. Ils n'ont pas pris les tuniques, mais ils ont arraché les galons de celles qui en avaient, et ils ont enlevé cent cinquante sabres et cent cinquante revolvers. On n'a jamais rien retrouvé.

— Et qu'ont-ils pu faire de cela?

— Oh! les armes sont parties pour le désert, et la première fois qu'un Si-Hamza quelconque croira encore avoir à se plaindre de nous, on les verra reparaître dans les mains des Ouled-Sidi-Cheik ou d'autres. »

A Saïda finit le Tell, l'Algérie des colons. Chacun sait que notre possession se divise en trois régions, en trois bandes parallèles à la Méditerranée, divisions marquées par la ligne de partage des eaux. La bande littorale, cultivée et très-habitée, est le Tell, dont les rivières vont à la mer ; la bande moyenne constitue les hauts plateaux dont les eaux, quand il y en a, vont se jeter dans les Chotts; la bande méridionale enfin, presque illimitée au sud, est le Sahara, dont les cours d'eau vont se perdre dans les sables. Saïda n'est encore qu'une ébauche de petite ville. C'est, tracé sur le terrain, un plan que traversent de longues rues avec quelques petites maisons clair-semées, avec des jardins et des champs plus ou moins incultes.

Tout est à peu près français dans l'enceinte; les Juifs y ont même, pour les besoins de l'armée et des alfatiers, installé des magasins qu'on ne s'attendait certes pas à y trouver. Les trains s'y arrêtent et y passent la nuit avant de gravir les hauts plateaux, et ceux qui descendent du sud y font la même halte avant de repartir pour la mer. Quant aux Arabes, ils habitent autour de la ville.

Au milieu de Saïda, fort loin de la gare, s'élargit une petite place plantée de petits arbres, et sur laquelle s'élève une formidable redoute rouge, espèce de camp fortifié qui rappelle que, malgré son air un peu bourgeois, Saïda a été et est encore un de nos postes avancés. Cette place est le grand promenoir de la ville. Au moment où nous arrivons, une troupe de nègres s'y réjouit à grand renfort de tam-tams et de hautbois, et y exécute des danses grotesques au bruit assourdissant des tambours et des kerakebs.

Autour d'eux se pressent spectateurs et spectatrices, Bédouins et femmes arabes dont les coiffures ressemblent à la mitre biblique du grand prêtre Aaron. Comme celles de Laghouat, toutes ces femmes sont découvertes; elles ne portent guère le voile que du jour de leur mariage au jour où elles ont leur premier enfant. Sont-elles bien jolies, ces filles du soleil? Oui et non. Parfois incontestablement belles, elles ont pourtant avec leurs tatouages, leurs grands yeux noirs et fixes, leurs lèvres un peu renversées, je ne sais quel aspect sauvage qui étonne et qui embarrasse.

Au milieu d'une place voisine, une mosquée, rouge et blanche, élève un petit minaret copié sur ceux de Constantinople; c'est un cadeau que nous avons fait aux musulmans. Le marché indigène étale autour d'elle ses tomates, ses aubergines, ses figues de Barbarie et ses courges grosses comme le pouce, mais plus longues que le bras et se tordant comme les couleuvres du caducée. Et une flûte de canne, un djouak, se met tout à coup à ronfler au milieu des marchands accroupis; une darbouka grossière retentit sous des coups redoublés, et un cercle de curieux en burnous se forme autour d'un âne pelé, d'un affreux cynocéphale et d'un Arabe en guenilles. Tête et oreilles basses, l'âne s'abandonne stoïquement aux légions de mouches qui l'assaillent; le singe danse lourdement sur ses quatre pattes et montre ses gencives aux spectateurs; le Bédouin, enfin, découvre à grands gestes un pot de terre qu'il tire d'un couffin, et en fait sortir une demi-douzaine de longs serpents qui s'embrouillent les uns dans les autres. Il se fait mordre la langue, le nez, les oreilles, les paupières par les hideux ophidiens qui y restent accrochés en ondulant, comme des anguilles prises à la ligne, et, baissant vers le sol sa face saignante, il fait, avec des cris effroyables, le tour de l'aimable société.

Une concurrence s'établit malheureusement à côté, et, soutenu par un assourdissant tapage de clarinettes et de tambours de basque, un conteur qu'il est presque impossible d'entendre s'égosille à débiter solennellement quelque chose qui ressemble à un sermon emphatique.

Le soleil touche le sommet de Djebel-Tendfeld, et, à ces dernières heures du jour, la chaleur redouble et devient insupportable.

La température est loin d'être toujours aussi élevée à Saïda. Il y a, au contraire, un véritable hiver, et, chose qui trouble un peu les idées reçues, on y voit souvent alors de la neige. On y passe du froid extrême au chaud excessif, et ainsi s'explique la fréquence des fièvres qui affligent cette partie de la province d'Oran.

Le soir, on se dit qu'il doit faire moins chaud; on sue pourtant toujours à torrents, tout ce qu'on touche est tiède, et l'eau des gargoulettes n'a pas moins de trente degrés.

On sort cependant pour respirer ce qu'on est convenu d'appeler l'air frais de la nuit. On se réunit en cercles nombreux et animés, devant une baraque décorée du nom pompeux de brasserie ; on y fume comme des volcans, on s'y abreuve de bière, et la conversation vagabonde vers le Sud, toute hérissée de noms étranges qui éveillent comme des visions vagues de régions mystérieuses, de noms inconnus, qui sont pourtant ceux de pays où flotte notre drapeau.

« Je vais prendre le commandement du poste d'Aïn-

Sefra, nous dit un lieutenant de spahis. Voulez-vous y venir?

— Suivez-moi plutôt, dit un capitaine du bataillon d'Afrique. Nous irons à Aïn-ben-Khelil. C'est un pays charmant ! »

Et un éclat de rire général accueille cette assertion paradoxale.

« Allons donc ! ajoute un officier du génie. Partez demain avec moi. Nous irons relever le Djebel-Talbouna et étudier le tracé de la route qui doit nous mener à nos nouvelles possessions de Figuig. »

Il faut avoir beaucoup d'empire sur sa volonté pour ne pas accepter ces invitations d'autant plus sincères qu'un compagnon autre que des soldats serait pour ces braves officiers une bonne fortune.

Et, quand le muezzin a chanté minuit, on va finir la soirée dans des cafés indigènes où les Arabes s'entassent dans une atmosphère lourde et odorante, où des femmes dorées dansent sur place ; dans des maisons dont les cours ont des toits de pampres et où, couvertes de soie et d'or, des moukhères tatouées boivent de l'absinthe et jouent du tambourin.

Le matin, après une courte nuit, troublée par les aboiements furieux des chiens, par les hurlements lamentables des chacals qui se disputent avec eux ; après un sommeil tourmenté, dans un lit brûlant, il faut songer au départ.

Il est trois heures, et la nuit est si noire qu'on y voit à peine pour se guider. Nos compagnons de route ne se sont pas couchés, sous l'étonnant prétexte que Saïda est un lieu de délices et qu'ils partent pour le Sud; aussi sont-ils déjà à la gare. Les retrouverons-nous? Voici, cependant, avec son minaret pointu, la silhouette vague de la mosquée; c'est la place du marché arabe; le chemin de fer est par là. Mais que sont ces formes noires? Et nous nous heurtons contre l'une d'elles. Cela se remue et cela grogne. Ce sont des chameaux dont nous venons de troubler le sommeil. Passons ailleurs. Bon! nous voilà au milieu d'autres bêtes dont les grandes oreilles se dressent dans la nuit comme des cornes! Et, en revenant sur nos pas, nous trébuchons sur une masse indécise dont la blancheur fait une tache vague sur le sol noir. C'est un Arabe qui dort; il y en a d'autres à côté de lui et d'autres plus loin. Ils se retournent en murmurant, et ils parlent comme dans des rêves. Pourquoi ne sont-ils pas dans leurs maisons de toile qui forment là-bas comme des tumuli sombres? L'une de ces tentes, dont l'intérieur est éclairé, a l'air d'une grande lanterne vénitienne que le vent aurait aplatie par terre et qui brûlerait toujours, et, comme des soupirs, il en vient les sons étouffés d'une musique sauvage. Quel mystère peut s'y célébrer à cette heure de la nuit? Mais nous ne sortirons pas d'ici! Après les chameaux, les ânes; après les ânes, les Arabes; et voilà maintenant les chiens qui se réveillent. Ils grognent déjà dans l'ombre, ils aboient; dans dix minutes nous en aurons trente à nos trousses. Et, battant en retraite avec une sage lenteur, nous regagnons définitivement l'hôtel où nous avons passé la nuit.

« J'ai voulu aller seul à la gare, disons-nous au patron, et je me suis perdu dans le marché arabe.

— Seul? Pourquoi vous aventurer ainsi? Vous voulez donc vous faire dévorer par les chiens ou dévaliser par quelque rôdeur de nuit? Enfin! vous avez bien fait de revenir. Je vais vous faire accompagner. » Et il pousse un coup de sifflet qui remplit la rue. Deux hommes se détachent d'une muraille et s'approchent.

« Conduisez ce capitaine au chemin de fer, leur dit-il. Tu sais, Mohammed-ben-Kaddour, quand vous serez de retour, tu viendras me le dire. »

Ces gens sont des gardes de nuit. On fait, à Saïda, faire aux Arabes ce que jadis, à Alger, on faisait faire aux biskris. Tous les jours cinquante indigènes sont requis pour surveiller la ville pendant la nuit suivante et sont responsables de tous les méfaits qui pourraient s'y commettre.

Et je me place entre mes deux gardiens drapés dans des burnous noirs. Ils ont des pistolets à la ceinture et de formidables matraques dans les mains.

La matraque joue un rôle si prépondérant dans les relations algériennes de l'intérieur qu'il en faut dire un mot. C'est un bâton de bois dur, long comme le bras, terminé d'un côté par une tête renflée en massue et souvent armée de clous comme une boule ferrée ; de l'autre, par un bout bien en main et garni d'une courroie de cuir en guise de dragonne. On assomme fort proprement un homme avec ce casse-tête.

Et nous traversons encore une fois le marché. Les chameaux crient, les Arabes grognent, les chiens aboient et pleurent ; mais quand ils viennent trop près, un bruit sourd retentit, suivi d'un hurlement de douleur ; c'est la matraque qui a fonctionné.

Je suis très-brave maintenant entre mes gardes du corps, si farouches que lorsque nous sommes seuls dans les terrains inhabités, c'est d'eux-mêmes que j'ai presque envie de me défier. Mais le maître d'hôtel les a appelés par leur nom, et ils répondent de moi. Et toujours des chiens dans les chemins noirs ! Des formes jaunes qui passent, des têtes blanches qui surgissent tout à coup dans l'obscurité, des cris furieux qui sortent d'un angle de muraille. Des aboiements, des hurlements, des lamentations ! Nous y voici enfin ! Nous repartons de Saïda au petit jour. Le chemin de fer qui nous porte est un chemin stratégique. Il a été fait par l'armée et, sous certaines charges, concédé à la Compagnie franco-algérienne, qui l'exploite pour le transport de l'alfa.

On côtoie d'abord l'Oued-Saïda au milieu de jardins

frais et fleuris, mais cela ne dure pas. Toujours le même village nègre avec sa population grouillante qui se livre ici au productif élevage des cochons que mangeront les Espagnols, et plus loin, sur une colline nue, des murailles à créneaux, restes de ce qu'on appelle à Saïda la smala d'Abd-el-Kader, ruines d'une enceinte que l'émir avait bâtie pour y cacher provisoirement cette smala toujours errante. Le paysage se vide. De loin en loin, dans les replis du Djebel-Krenifer, se montrent encore quelques fermes, vraies forteresses ceintes de fossés, garnies de ponts-levis, et autour desquelles des laboureurs européens, le fusil en bandoulière, surveillent les métayers indigènes. Çà et là, au milieu des champs de blé ou d'avoine, quatre poteaux plantés en carré soutiennent un plancher couvert d'un toit de paille et sur lequel dort ou feint de dormir un Arabe couché avec son fusil; il surveille les récoltes comme, du haut de leurs miradores, les Annamites gardent les rizières.

Fermes et laboureurs s'évanouissent bientôt. Il n'y a plus qu'un pays sauvage, plus qu'une terre sèche et rouge, que des pierres calcinées, que des squelettes de collines, et la voie monte vers les hauts plateaux, en se tordant comme une vipère blessée.

Il y a une demi-heure que nous suivons les dangereux lacets de cette route, quand, au-dessous de nous, comme dans un cirque, apparaissent des maisons.

« Quel est donc ce village?

— Cela? mais c'est Saïda!

— Comment! encore Saïda! Nous sommes donc revenus sur nos pas? Et ces morceaux de chemins de fer qui jouent à cache-cache là-bas, dans les ravins, où vont-ils donc?

— Ils vont où nous allons nous-mêmes. C'est la voie que nous venons de parcourir. »

Et le train, qui monte toujours, décrit des courbes si rapides qu'il prend d'inquiétantes inclinaisons et qu'involontairement on se rejette d'un bout à l'autre de son compartiment, comme si l'on craignait de passer par la portière du côté opposé et de tomber là-bas au fond des précipices sur lesquels on est suspendu.

Et lentement, péniblement, son gros tuyau en entonnoir soufflant comme un asthmatique, la petite locomotive se traîne à grand effort, et à sa suite le train rampe comme un ver sur les côtes embrasées. Un cheval au galop le dépasserait sans peine.

« Je pars, il y a quelque temps, avec ce train-là, nous raconte un officier. Mon ordonnance, un spahi, bon cavalier, il est vrai, m'accompagne à la gare, et, le convoi disparu, il revient au camp.

« — Tiens ! mon capitaine qui a laissé cela ici, se dit-il en entrant dans ma tente.

« Et, tranquillement, il prend son cheval, lui met ses gros éperons au ventre, et il nous rejoint au bout de quelques kilomètres.

« — Qu'est-ce que c'est, Abdallah ? lui dis-je en le voyant arriver.

« — Rien, mon capitaine ! C'est ton revolver que tu as oublié à Saïda, et je te l'apporte. »

Il y a mieux que cela. Pendant notre voyage même, un chasseur d'Afrique, remplissant les fonctions de gendarme, monte dans le train avec un prisonnier militaire qu'il devait conduire quelque part. Dans le trajet de Tafaraoua à Khralfallah, le captif s'approche de la portière d'un air indifférent, et, tout à coup, l'ouvre, saute sur la voie et prend la clef des champs. Le cavalier n'hésite pas un instant. Il déboucle son sabre, saisit son revolver, saute à son tour par la portière restée ouverte et se met à la poursuite du fugitif. Le train continue sa route, et on les perd bientôt de vue.

« Bah ! disait-on, le chasseur cassera la tête au zéphyr, et il gagnera le poste voisin en fumant sa pipe. »

A Khralfallah, c'est-à-dire à environ six kilomètres plus loin, au moment où le convoi s'arrête, arrivent au pas gymnastique deux hommes qui ont l'air de deux honnêtes voyageurs en retard. C'étaient eux. Le chasseur avait rattrapé son prisonnier et son train !

Et toujours plus mornes, se succèdent les collines jaunes et rouges, des collines mortes, semées de rochers rouillés et de grosses pierres tombées je ne sais d'où ; un vrai paysage lunaire.

Là-bas, dans les ravins arides, passent tranquillement des animaux qui ont la tournure de gros et vilains chiens à qui l'on aurait coupé la queue ; le museau au sol et traînant leur croupe, ils s'en vont d'un air préoccupé, comme de braves bêtes allant à leurs petites affaires. Ce sont des hyènes.

De loin en loin, pourtant, verdoient de petits groupes de buissons et de thuyas rabougris que les cartes militaires appellent pompeusement des forêts.

Puis voici Aïn-el-Hadjar, la fontaine de pierre, et, comme au coup de baguette d'une fée, s'ouvre un village plein de mouvement, de bruit et de vie. C'est comme une immense cité ouvrière, avec une mairie et une école qui ont des raisons d'être. Il y a là de grands établissements, de vastes hangars, ruches immenses où, brunes et bourdonnantes, cinq cents Espagnoles travaillent en chantant, au son joyeux des guitares. C'est ici que l'alfa, recueilli plus loin, est soumis à la presse hydraulique, qu'il est mis en ballots, qu'il est préparé enfin pour l'expédition. Autour des ateliers bruyants s'étendent des cultures et se dressent des fermes placides et gaies où, la gargoulette sur la table, des hommes en grandes ceintures noires dînent sous des berceaux de fleurs.

Plus loin, ce sont l'oued Fallette, Bou-Rached, Tafaraoua, et nous arrivons à Khralfallah. C'est moins gai par ici. Une petite gare, deux entrepôts de bois, des pyramides d'alfa, deux gargotes, quelques maisons en terre et une grossière redoute, voilà le pays. Quant aux Arabes qui en semblent les seuls habitants, on n'en voit pas les demeures. Khralfallah éveille de récents et bien sanglants souvenirs : en juin 1881, Bou-Amema y a massacré quatre cents personnes.

Un être bien étrange que cet insaisissable et légendaire champion de la liberté de son pays ! C'était un thaleb nègre de Moghar, un pauvre diable, en apparence, quelque grand-orient, en réalité, affilié puissant de quelque terrible secte religieuse. Il leva l'étendard de la guerre sainte en 1880, entraîna à sa suite les Abrar-Cheragas, les Hamyans, les Trafis, puis toutes ou presque toutes les tribus du Sud oranais, et, se cachant dans l'immensité des chotts, il poussa ses sanglantes incursions jusqu'à Géryville, à Fremda, à Afflou, à Saïda même, et le vent de sa révolte souffla jusqu'au sud d'Alger, jusque dans la province de Constantine.

Nous avons vu à Saïda, où elle tient une boutique d'aubergines et de concombres, une nommée Mercédès, ancienne captive du sanguinaire marabout. C'est une brune Andalouse qui parle de son aventure avec des éclairs si étranges dans ses yeux de feu, qu'on se demande de quelle nature complexe sont les souvenirs qu'elle en a gardés.

Elle avait épousé un alfatier, avec qui elle vivait dans une sorte de gourbi, près de Khralfallah. Ses lèvres rouges lui valaient plus d'un adorateur, et elle était surtout en butte aux entreprises galantes d'un jeune Arabe. Le musulman, à ce qu'on dit, ne déplaisait pas à la chrétienne, mais il disparut tout à coup. Bou-Amema tenait alors la campagne.

Un jour, des cavaliers apparurent comme un nuage blanc sur l'horizon vert du Sud, et, plus rapide que l'ouragan, une trombe vivante s'abattit sur les Espagnols. Mercédès courait éperdue dans la fumée des cabanes en flammes, lorsque, enlevée par un bras solide, elle fut mise en travers sur une selle. Et au galop, maintenant! Un Arabe l'emportait au désert ; elle sentait sur ses joues son haleine brûlante, et le cheval volait sur la steppe. Quand il s'arrêta, elle reconnut son amoureux ; il avait passé à Bou-Amema. Une heure après, elle vit arriver un lamentable cortége. Hommes et charrettes, ânes et chameaux, les pillards avaient tout pris, et tout cela venait à pas lents. Et l'on repartit. On marcha longtemps, et les Arabes chantaient. Le soir, on rencontra un convoi d'alfatiers, et ce ne fut pas long. Les vainqueurs avaient à présent trop de butin ; les hommes furent mis à nu ; on les lia aux roues des charrettes ; on mit le feu à l'alfa qu'elles portaient, et l'on s'en alla. On entendait de loin crier les Espagnols qui brûlaient avec leurs ballots, et puis plus rien ! Mais les charrettes flambaient toujours, et une fumée épaisse montait en colonne noire sur le ciel rouge du soir.

« Enfin, dit Mercédès, nous arrivâmes au camp. Partout gisaient des corps sans tête au-dessus desquels tournoyaient les vautours qui, parfois, venaient hardiment plonger leur cou nu et sanglant dans le ventre des morts. Et il arrivait d'ailleurs d'autres prisonniers et d'autres femmes. Il faisait nuit depuis longtemps, quand une grande rumeur se fit entendre. Nos ravisseurs couraient de tous côtés avec des touffes d'alfa allumées, et nous entendions un grand bruit de galop dans la plaine ; puis un goum arriva, bride abattue, les burnous flottants, le fusil sur la cuisse. Il escortait un cavalier dont les yeux brillaient à la clarté rouge des torches qui mettaient comme des taches de sang sur sa figure noire.

« — *Maraba-bik! maraba-bik! Sebane Allah!* criaient les Arabes. Bienvenu! Gloire à Dieu!

« C'était Bou-Amema lui-même, le père du pardon! Il donna quelques ordres, but une gorgée d'eau sans mettre pied à terre ; puis ses cavaliers se couchèrent sur leurs selles, donnèrent de l'éperon et disparurent avec lui. Il avait dit de renvoyer nos hommes, après leur avoir administré une dernière bastonnade, et le mien partit avec les autres. Il aurait dû rester, se battre, mourir pour moi ; mais non ! Ah ! lâche ! lui criai-je, tu m'abandonnes ! Eh bien ! tu n'auras que ce que tu mérites. Vous comprenez, je savais ce qui allait m'arriver.

— Et vous vous êtes livrée à ces bêtes fauves ?

— Des bêtes fauves ? D'abord, celui qui m'avait prise était un fort bel homme, et puis vous en parlez à votre aise. »

Mercédès passa une semaine au camp. Puis son maître partit pour une razzia lointaine, et il ne revint pas ; la balle d'un spahi l'avait couché dans la lande.

« J'en pleurai, monsieur, dit-elle avec franchise, et je pleurais autant sur moi que sur lui. C'était un protecteur, après tout, et, lui mort, je tombais aux mains de tout le monde ; ce que j'eus à subir ne peut pas se raconter. Quelques jours après on partit pour aller massacrer et s'installer ailleurs, et on nous laissa. Je n'avais, depuis longtemps, plus que ma chemise ; un bandit trouva qu'elle ferait une belle gandoura pour sa femme et me l'arracha. J'avais comme compagne d'infortune une jeune fille de mon pays, une nommée Conception, enlevée quelques jours après moi. Dépouillée elle aussi, elle vint se jeter dans mes bras, et, atterrées, les yeux fixes et secs, nous regardâmes longtemps la bande qui s'en allait. Et quand nous fûmes seules, nous promenâmes un regard de désespoir sur le désert, et nous nous mîmes à pleurer.

« — Marchons, dis-je la première. Les restes du camp vont attirer les chacals, les hyènes, les vautours, et ils nous prendraient peut-être pour des mortes. Et nous restions affaissées, découragées, attendant la fin.

« Mais quand nous vîmes la première bête jaune arriver en rampant, nous eûmes peur, et, nous serrant l'une contre

17.

l'autre, la peau brûlée par le soleil, les pieds cuisant sur la terre embrasée, nous marchâmes au hasard vers le nord.

« — Je ne peux plus aller, me dit bientôt Conception en sanglotant, et elle se laissa tomber dans l'alfa. Le corps endolori, l'esprit perdu, je me mis à ses côtés, et nous nous embrassâmes pour mourir. Le soleil venait de se coucher, et nous n'avions plus conscience de rien, quand nous entendîmes des voix. On parlait français !

« Des soldats passaient en éclaireurs ; la Madone les avait conduits près de nous !

« Ils vêtirent notre nudité de leurs capotes, nous emportèrent comme des enfants malades, nous firent passer la nuit dans une tente d'officier, et, le lendemain, ils nous ramenèrent ici ; nous étions sauvées ! Mon mari n'était pas à Saïda, et je n'ai jamais su ce qu'il était devenu. Conception resta longtemps chez des amis, et, un jour, trois mois après, elle vint, en pleurant, me faire une affreuse confidence. Pauvre fille ! Elle emportait de sa captivité un souvenir bien plus terrible que les miens. Et elle s'en retourna au pays, en Andalousie. J'ai eu de ses nouvelles il y a peu de temps. Elle travaille, m'a-t-on dit, et elle élève avec amour un enfant brun qui ressemble aux sauvages de Bou-Amema. »

Bou-Amema, à qui l'aman a été refusé, est aujourd'hui caché dans l'oasis de Deldoul, près de Figuig, où il vit dans des transes mortelles ; il se figure que les Français, qui n'ont pu le prendre par la force, veulent s'en défaire par la ruse, et il voit partout le poignard et le poison. Pourvu qu'il ne veuille pas un jour sortir de cette situation et qu'il ne reparaisse pas !

Après Khralfallah commence l'alfa qui s'étend déjà en vastes prairies sèches où de larges traces de feu font des plaques noires sur le fond vert, comme des taches sur la robe d'un serpent. De loin en loin, blanches et grises, se montrent les tentes des alfatiers.

L'alfa est un scirpe dont les longues tiges grêles sortent de terre en bouquets lâches et portent de minces épis blanchâtres. Ses touffes ne se touchent pas ; elles tigrent seulement le sol plat et sablonneux, à un pas l'une de l'autre, et s'alignent avec une telle régularité qu'elles semblent être le résultat d'un semis artificiel.

Voici les alfatiers. La tête couverte d'un chapeau arabe et, souvent, un burnous sur les épaules, ils vont, prenant aux cheveux les touffes vertes dont ils attachent l'extrémité sur un bâton qu'ils font tourner et sur lequel s'enroulent les tiges qu'ils arrachent ainsi. Quand ce bâton est garni comme une quenouille, ils en retirent l'alfa et le lient en paquets, en manoques. Et chantant au soleil comme des cigales grisées par la chaleur, les suivent des femmes, coiffées de fichus blancs et roses, qui recueillent ces manoques, en font des bottes et en chargent les ânes qui les portent à l'entrepôt.

Vert quand on le cueille, l'alfa jaunit en séchant, et on le blanchit, on le teint avant de l'employer. On l'expédie surtout en Espagne, où il était cultivé jadis, en Portugal, en Allemagne et en Angleterre. Ici il sert à faire des corbeilles et des vases si habilement tressés qu'ils sont imperméables à l'eau ; en Espagne, on en confectionne des cordages et des sparteries ; en Allemagne et en Angleterre, on en tisse des tentures et même du linge aussi fin que la batiste ; on en fait, enfin, du papier, celui qui sert à l'impression du *Times*, par exemple. L'alfa occupe, en Algérie, environ deux millions d'hectares ; Oran et Arzeu en exportent, en moyenne, deux millions de tonneaux par an. Et presque tout ce commerce est aux mains des Espagnols !

Cependant la locomotive qui grince a gravi toutes les rampes, et nous atteignons enfin le désert d'Angad, les hauts plateaux, le Serressou des Arabes. Suivant une pente très-douce, invisible, ces hauts plateaux vont, maintenant, descendre jusqu'au Sahara, au Balad-al-Djerid, le pays des dattes, dont les séparent au sud les collines du bourrelet saharien. Ce n'est qu'après ce bourrelet que commence le grand désert, et nullement, comme on le dit souvent, à une ligne passant par Saïda, Fremda, les lacs du Hodna, Batna et les monts Aurès. Tant pis pour les touristes qui, séduits par la mystérieuse magie de son nom, veulent avoir entrevu le Sahara quand ils ont poussé leurs excursions jusqu'à Saïda ou à Boghar! Ils n'auront même pas vu les hauts plateaux.

Les postes de Bordj-el-Moulaï-Abd-el-Kader, d'El-Beïda, de Mosbah passent à nos yeux, et nous entrons définitivement dans les flots de la mer d'alfa, mer surprenante et d'un effet saisissant, mer plus déserte, plus imposante que l'Océan lui-même. Les replis qui, après Khralfallah, arrêtaient encore la vue se sont affaissés, et partout s'étend une immensité plate et d'un vert bleuâtre, une immensité ronde dont nous sommes toujours le centre. Un vent brûlant comme un souffle de feu y fait courir des frissons, en moire la surface, et passe sur les tiges sèches avec des gémissements, des plaintes douces, qui font entrer dans le cœur toute la tristesse navrante de ces lieux. On a comme le sentiment de quelque danger inconnu. Et cela s'étend jusqu'au point où la plaine touche le ciel, un ciel qui n'est pas bleu, un ciel étrange, tout blanc, et qui forme là-haut comme une calotte d'argent dont l'éclat fatigue les yeux.

Et cela dure ainsi pendant de longues heures de chemin de fer. Partout, dans les tas glauques des plantes, blanchissent des humérus difformes, d'énormes omoplates, des fémurs contournés. Ici, comme un dragon cabalistique, une longue colonne vertébrale déploie sa dentelure décharnée; ailleurs, un crâne allongé mord le sable de sa mâchoire nue et nous regarde de ses orbites vides où se cachent des lézards gris. Ce sont des restes de chameaux abandonnés par les caravanes.

Mais voilà des collines ! Nous avons donc marché bien vite en quelques minutes !

Il y a, en effet, une espèce de petite mer à l'horizon, tout près de nous, et nous allons arriver dans un pays charmant. Il y a une grande île au milieu de cette mer. Et voici une côte plantée d'arbres, de grands arbres d'une forme indéfinissable, bien qu'ils ne soient pas loin. L'île se rapproche ; elle est bordée de falaises rougeâtres qui se reflètent dans des eaux tranquilles et éblouissantes. Voyons ; cela doit figurer sur notre carte ! Non, rien ! Et pourtant il y a bien là un lac, des terres, des rochers !... Tiens, cela n'y est plus ! L'avons-nous rêvé ? Ah ! non ; le voilà, notre paysage. Mais, c'est étonnant, il était à l'ouest, il y a un instant, et il a passé à l'est. Et puis il n'a plus le même aspect. Ce sont des marais, à présent, des marais avec des roseaux gigantesques, avec des éminences brunes qui sont des rochers ou des massifs de verdure, avec de grands animaux bossus, sans forme définie et flottant comme des bateaux sur une eau faite de lumière condensée. Voyons encore cette carte ! Toujours rien ! Je ne me suis pourtant pas trompé cette fois ! c'est là... Allons, bon ! Ni à droite, ni à gauche ! Plus que le désert qui fume, affaissé dans les flots du soleil ; plus que l'alfa qui semble se tordre dans les flammes transparentes et légères d'un incendie blanc et invisible. Et un officier suit nos mouvements avec un bon sourire.

« Ah ! ah ! docteur, vous y voilà pris aussi ! nous dit-il en riant.

— Comment ! C'est le mirage ? Mais ce n'est pas possible !

— Ce n'est pourtant pas autre chose. »

Il est midi, l'heure des visions, des illusions, et l'aveuglante fantasmagorie continue.

A l'horizon rouge, reflétant leur image dans les eaux de lacs qui n'ont pas de bords, passe une procession de choses vagues.

« C'est une caravane », nous dit l'officier.

Et plus loin naît un autre pays indécis, confus comme un rêve flottant. Il ne disparaît pas, celui-ci; au contraire. Les contours de ses hauteurs s'accusent nettement; les eaux se meuvent; les arbres se dessinent.

« Cette fois, capitaine, ce n'est pas le mirage!

— Non? Eh bien, regardez toujours! »

Je fixe le paysage avec toute l'attention dont je suis capable, et, par déformations insensibles, par degrés dont je ne peux me rendre compte, il change lentement, il s'éloigne, il m'échappe, il s'évanouit sans que je puisse saisir le moment où je cesse de le voir. Ai-je le vertige? Est-ce le soleil qui m'étourdit? Y a-t-il du haschich dans le tabac de Mascara? Et je me frotte les yeux, et je regarde encore. Toujours l'étendue immense et uniforme du plateau embrasé!

Excitée, exaltée, l'imagination des soldats et des voyageurs va quelquefois jusqu'à la folie en présence de ces phénomènes, et ils voient apparaître des palmiers, des maisons, des villes entières où il n'y a rien, et ceux qui en reviennent racontent les visions de leur cerveau malade à des physiciens naïfs qui les dessinent dans leurs traités classiques. Le mirage agrandit, rapetisse, déforme, éloigne, rapproche, efface ce qui existe, mais ne crée pas de ces images féeriques. Si vous les voyez apparaître, ces palmiers et ces villes, hâtez-vous de revenir, ou vous êtes perdu comme les marins qui voient le vaisseau fantôme; c'est que le sang bout dans votre tête, et que l'insolation est proche.

Les illusions du mirage sont, chacun le sait, de simples effets de réfraction dus aux différences de température qui existent entre le point où l'on est et le point plus ou moins rapproché où elles apparaissent.

Que le sol de ce dernier point soit, par sa nature, plus facile à s'échauffer que le premier, et l'air y sera plus chaud, moins dense, surtout au niveau du sol. Supposez un monticule en cet endroit. Les rayons lumineux émanés de sa base seront réfractés en passant dans le milieu où vous êtes; ils seront déviés, ne rencontreront pas votre œil, et le monticule vous semblera flotter sur le vide, chose fréquente sur mer où, souvent, le matin, les côtes, les îles, les navires sont comme suspendus au-dessus de l'horizon. La base de votre colline vous apparaîtra cependant par instants fugitifs, selon les tremblements de la couche aérienne qui vous en sépare, ces apparitions rapides vous donneront la sensation d'un objet réfléchi dans une eau mouvante, et l'illusion n'en sera que plus complète.

Soyez au contraire dans le milieu le plus chaud, et le phénomène inverse se produira; au lieu de monter, les images descendront, et vous ne les verrez plus, chose très-commune encore sur le bord de la mer, lorsque s'enfonce, disparaît, derrière l'horizon, la coque de navires qui viennent à peine de partir.

Si le phénomène de réfraction de rayons passant d'un milieu plus réfringent dans un milieu qui l'est moins se répète sur tous les rayons émanés d'un objet, ceux-ci s'écarteront les uns des autres, et l'objet qui les envoie semblera grossi. C'est ce qui se passe pour la lune, en été, quand elle se lève dans l'Orient déjà refroidi et qu'on la voit d'un lieu que le soleil vient de quitter à peine. Ces trois phénomènes, ascension, descente et grossissement des images, suffisent à expliquer toutes les surprises du mirage.

La solitude des hauts plateaux s'anime pourtant un peu dans le voisinage des stations et des points qui servent de demeure passagère à quelque tribu errante. Alors, dans le lointain, errent à l'aventure des chameaux qui s'en vont par centaines, lentement, broutant l'herbe dure ou buvant l'air chaud à pleines narines. Si nous passons près d'eux, ils lèvent bêtement leur tête d'autruche aux lèvres pendantes, et ils nous regardent comme étonnés de voir quelque chose qui va si vite.

Parfois, à travers la steppe verte, chemine lentement, comme si elle avait sur le dos tout le poids du soleil, une petite caravane du gouvernement conduite par des spahis rouges, coquelicots énormes de ces prairies démesurées.

Ailleurs passent, comme balancés par le roulis, de prodigieux ballots de verdure qui ont quatre pattes. Ce sont d'autres chameaux qui disparaissent sous leur charge et qui portent de l'alfa à la gare de Tin-Brahim ou à celle d'Hassi-el-Madani.

Ces gares elles-mêmes sont des enceintes farouches, de petits forts crénelés, dont les fenêtres étroites sont des meurtrières, dont les portes sont en fer, et devant lesquelles le train s'arrête tout simplement un instant, comme en pleine voie. Pas un arbre, pas un jardin autour de ces bâtisses; l'alfa commence au pied de leurs murs blancs comme la mer au pied d'un quai, et, partant de là, s'étend uniforme jusqu'à l'horizon flamboyant.

Une seule de ces gares a coûté plus de travail que la route entière. Il a été très-simple, en effet, de faire ici une voie ferrée. Des traverses sur le sol plat, des rails sur les traverses, et c'est aussi vite établi qu'un chemin de fer de comédie sur la piste de l'Hippodrome. Cela ne servira pas beaucoup, il est vrai, le jour où nous serons encore en guerre avec les Arabes. Une traverse déplacée à bout de bras, un rail bousculé d'un coup de pied, et la voie sera coupée.

Quelquefois, dans le voisinage de la gare, s'élève, à hauteur d'homme, une redoute de pierres et de terre, avec des murs à demi détruits, des créneaux ébréchés et de grossiers bastions. Ce sont des blockhaus qui ont servi à l'époque de Bou-Amema et que des spahis gardent encore, comme s'ils devaient être utiles au moment où l'on y pensera le moins.

Il y a souvent aussi une baraque en planches, habitée

GARE DE CHEMIN DE FER SUR LES HAUTS PLATEAUX.

par quelque bandit espagnol et servant de buvette. De la terre transportée dans des moitiés de tonneaux y nourrit quelques plantes grimpantes qu'on arrose parcimonieusement avec l'eau économisée sur la ration journalière. Nous sommes maintenant entre la Dayat-Kereb et l'Oued-Fallette qui reparaît. Des essaims de mouches enragées nous envahissent, venus on ne sait d'où, et des fourmis ailées qui piquent comme des abeilles nous harcellent à travers nos vêtements de toile.

Voilà, à droite, les ruines grises de Sidi-Krelifa, et voici, cachées dans quelques arbres rabougris, les constructions misérables de l'abreuvoir de Hassi-el-Arbi-el-Madani, autour duquel s'éparpillent par milliers des chameaux dont la silhouette agrandie se dessine étrangement sur le ciel blanc. Il y a un peu d'eau ici ; ailleurs, elle est transportée par des wagons-citernes.

Le train s'arrête devant une construction blindée, ceinte de hautes murailles blanches, percée de meurtrières. Toujours le même aspect de forteresse menaçante.

« El-Kreïder ! crie en riant un officier qui nous attend sur la voie.

— Où cela? demandons nous.

— Là-bas ! » Et, vers l'ouest, sur une éminence rôtie que surmonte une vieille tour dorée par le soleil, son doigt nous montre les murs et les masures d'un ksar abandonné.

Deux ou trois maisons espagnoles qui se distinguent à peine, noyées dans la lumière éclatante, cuisent au pied du monticule autour duquel s'étendent de grands espaces couverts de sable cru, de terre blanche et de sel en poudre.

— En voiture pour Géryville! Les voyageurs pour le Ouled-Sidi-Cheik en voiture! crie le même officier facétieux. Il y a là, en effet, une carriole dont les roues fracassées sont consolidées avec des cordes d'alfa, et cela va porter le courrier à la capitale de Si-Hamza.

La redoute qui sert de gare contient, en même temps, le

logement, le mess des officiers de ce poste perdu. Il y a fête chez eux, on donne au commandant qui s'en va un somptueux dîner d'adieu dont les conserves forment la base et les fruits secs le couronnement.

On a décoré les murs et l'escalier. Pas une fleur, mais partout des guirlandes d'arroches grisâtres et de je ne sais quelle plante verte cueillie à l'abreuvoir; partout des touffes d'alfa et des plumets de roseaux. Et l'on festine gaiement dans la salle à manger commune. OEuvre d'un artiste devenu soldat au bataillon d'Afrique, de larges peintures décorent la muraille de cette salle, et cela représente des femmes déshabillées qui se baignent au milieu de grandes cascades, sous des arbres très-verts. Il y a aussi un tableau dans lequel est piquée une collection de cafards, insectes emblématiques au milieu desquels agonise un cancrelat plus gros que les autres et qu'on y ajoute le jour même. Quand un officier, dit-on, vient au Kreïder, à El-Abiod, à Aïn-Khelil, un cafard ne tarde pas à élire domicile dans sa cervelle, qu'il remplit d'idées saugrenues. Mais quand l'ordre de départ arrive pour l'exilé, la joie qu'il en éprouve chasse cette bête de son repaire, et on la pique là, au moment des adieux, en souvenir de celui dont elle occupait la tête. Celle qui agite encore ses élytres sort de chez le commandant qui va partir.

« Et nous avons aussi un jardin », nous dit un lieutenant avec orgueil.

En effet, à quelque cent mètres du poste, une misérable source pleure un peu d'eau saumâtre, et les larmes de cette maigre naïade forment un semblant de ruisseau dont on peut suivre le cours pendant quelques pas, avant que le sol altéré l'ait bu. C'est là qu'on a obtenu un peu de verdure, et que, à force de soins, à force de surveillance contre les chameaux à la dent vorace et contre les Arabes à la main voleuse, le chef qui part a fait pousser quelque chose. Il y a aujourd'hui des carottes et des choux, il y a même des pensées et des giroflées d'or, de bonnes et pauvres petites fleurs de France!

Et, à côté de la rosette de la Légion d'honneur gagnée dans les batailles, le commandant étale avec fierté la croix du Mérite agricole.

Nous repartons. Des joyeux et des spahis rangés le long de la voie font le salut militaire au train qui passe, et nous prenons notre course vers le chott El-Chergui.

Les chotts sont d'immenses, mais légères dépressions de terrain dont les bords sont pourtant plus ou moins taillés à pic, ce qui les distingue des sebkas, dont les rives sont en pente douce. L'eau des pluies qui tombent sur les hauts plateaux se rend dans ces dépressions et s'y accumule. Que devient-elle ensuite? La plus grande partie s'évapore, le reste s'infiltre dans le sol et donne naissance à des cours souterrains qui se montrent au jour les uns au nord, les autres au sud. Les premiers forment les rivières du Tell qui se jettent dans la Méditerranée, les autres cheminent longtemps en dessous, paraissant quelquefois, et vont enfin se perdre dans les sables sahariens ou donner naissance au Niger.

L'eau de ces bassins est salée, et, quand ils ne contiennent pas d'eau, ce qui est la règle, ils sont remplis du sel qu'y ont accumulé les desséchements successifs.

Voici l'un des plus grands de l'Algérie, le chott El-Chergui. C'est plus triste, plus étonnant encore que la mer d'alfa.

La côte ne se distingue nulle part, l'horizon paraît à peine; quelque chose de rouge qui poudroie au loin marque seulement la séparation du ciel et de la terre. Et sur cet espace qui semble infini, sur ce miroir plat comme la surface d'un lac glacé, pas une goutte d'eau, rien qu'une épaisse croûte blanche, éblouissante au soleil. Rien ne vit ici, c'est le néant, c'est la grandeur funèbre, c'est la majesté puissante des steppes de neige. L'étendue incommensurable, la solitude, le silence de cette mer figée dans son calme de mort donnent le frisson. On n'ose pas regarder le chott en face. Le ciel est bas et cuivré, le soleil y semble immense, et le sol brillant le réfléchit avec une telle intensité qu'il n'y a d'ombres nulle part, et que plongés dans une atmosphère de lumière intense, enveloppés de rayons de tous côtés, nous n'en projetons aucune nous-mêmes. Écrasé d'abord sous le sentiment de sa petitesse devant cette grandeur, on relève bientôt la tête. Nous sommes encore plus grands que cela! Le chott El-Chergui? Nous le traversons en chemin de fer, et notre locomotive, qui n'éveille pas d'écho, jette à l'immensité morne son coup de sifflet moqueur qui vole jusqu'à l'horizon de feu. Une simple chaussée haute de quatre doigts porte la voie, et nous courons sur le sel comme un vaisseau sur une mer tranquille. Tout est blanc autour de nous, et les raies noires des rails se fondent dans la clarté comme des barres de fer qu'on aurait jetées dans un métal en fusion.

Le chott dort aujourd'hui, mais il a des réveils terribles quand un orage l'inonde ou quand le sirocco y soulève des tempêtes de poussière. Sous la nappe cristalline s'étend une profonde couche de sable et de fanges mouvantes, et malheur à l'imprudent qui s'y aventurerait au hasard; la croûte blanche craquerait sous ses pieds, et il serait dévoré par l'abîme.

L'épaisseur de la couche saline diminue à mesure que nous avançons; elle est maintenant craquelée comme du verre de Bohême. Nous descendons toujours vers le Sud, et le Djebel-Antar, qui vient au-devant de nous, forme au loin comme une muraille de cristal bleuâtre. La côte apparaît et se découpe en falaises, simples dunes d'alfa que le mirage exhausse et agrandit. Puis le chott n'a plus l'air d'une plage humide, laissée à découvert par la marée basse, et des marabouts lointains passent sur l'horizon comme des voiles blanches. De nouvelles dunes surgissent sur le bord ; elles marchent, celles-là, puis elles se dessinent plus nettement : ce sont des simples troupeaux de moutons, mais, comme il faut toujours qu'il y ait quelque chose de bizarre ici, ces animaux n'ont pas de pieds, et la masse de leur foule flotte sur une couche de vapeurs transparentes. Nous sommes encore dans le pays du mirage et des bâtons flottants.

Au moment où nous sortons du désert blanc passe un coup de sirocco brûlant, si violent qu'il semble devoir nous repousser vers les espaces salés. Comme un ressort qui se détend, le thermomètre monte subitement jusqu'à cinquante degrés à l'ombre. Le tonnerre éclate dans le ciel jaune, et ses détonations que ne suit aucun roulement ressemblent à de formidables décharges d'artillerie. La pluie raye de ses hachures l'horizon qui se rétrécit, et, tout à coup, l'averse nous enveloppe de ses tourbillons ; le vent la pousse avec une telle force que, entrée par une portière, elle passe horizontalement et ressort par l'autre ; puis elle cesse brusquement pour recommencer aussitôt après, et, dix fois dans un quart d'heure, elle tombe en cataractes successives, comme si, l'un après l'autre, Allah vidait des arrosoirs sur son jardin. Et avec la pluie, le thermomètre affolé tombe à vingt degrés. Il accuse une différence de trente degrés en une demi-heure !

Le chott a disparu vers le nord, et le cercle d'alfa se reforme. L'orage s'est dissipé, et le Djebel-Antar reparaît à l'horizon limpide. Il s'est rapproché ; sa ligne bleue se veine maintenant de grandes taches roses qui sont des collines de sable pur au milieu des collines de pierre. Elles sont étranges, elles aussi, ces chaînes de montagnes du Sud, sans contre-forts, sans connexion apparente entre elles, posées sur le rond vert des plateaux comme des chenilles sur une feuille de nénufar.

Nous avons dépassé Bou-Gueloul et Regaïna, et nous

sommes encore loin de Bir-Senia, quand le train s'arrête
en plein désert. Deux portières s'ouvrent, et les voyageurs,
toujours sur le qui-vive, sautent en foule sur la voie. Ils
sont huit en tout, cinq officiers, deux spahis, et nous
sommes le huitième. Des cris aigus, des gémissements de
bêtes et des clameurs d'Arabes remplissent l'air. Qu'y a-
t-il donc? Rien encore. Il n'y a que deux ou trois cents
chameaux qui encombrent la voie et qui, tout ahuris sous
les coups de leurs gardiens, tournent sur place et ne comprennent pas ce qu'on leur veut. La locomotive pousse un
coup de sifflet suraigu; un chameau, plus qu'étonné, cette
fois, la regarde un instant, puis se met en fuite; les autres
le suivent avec un trot lourd et secoué, et bientôt ils
errent au hasard dans le lointain, ressemblant à d'énormes dindons, les jambes noyées dans le chatoiement on-
doyant du sol surchauffé, tandis que, plus loin encore,
bondissent comme des balles élastiques des gazelles qui
détalent de toute la force de leurs jarrets nerveux.

Voici El-Abiod et enfin Mécheria.

Nous sommes au fond des hauts plateaux, au point où
commence la région des Ksour, au pied de cette barrière
montagneuse qui, formée par le Djebel-Antar et le Djebel-
Amour, sépare le Sahara des steppes.

Mécheria, disent plaisamment les officiers, se divise en
Mécheria-Gare, Mécheria-Ville et Mécheria-Camp.

Mécheria-Gare est une gare fortifiée comme celles que
nous voyons depuis Kralfallah.

Mécheria-Ville est une grande place carrée pleine de
soleil, de poussière et de traces de chameaux. Deux des
côtés de cette place sont bordés de maisons basses et de
masures en planches qui se sont crépies de blanc comme
les Arabes se couvrent de burnous pour se défendre contre
les morsures du soleil. Sur le troisième côté, s'alignent et
dorment je ne sais quels bâtiments officiels destinés à des
usages indéfinis. Sous le prétexte que Mécheria peut, dans

la nuit des temps, devenir un village français, l'autorité n'y a-t-elle pas, d'ores et déjà, bâti une mairie dont l'inauguration a, au 14 juillet dernier, mis en grande joie les soldats et les officiers du poste !

« Les Français s'amusent, disent tristement les grands chefs arabes. Et voilà pourtant à quoi leurs administrateurs civils emploient l'argent de nos impôts ! »

A quelques pas de cette mairie fermée s'étend le cimetière toujours ouvert où les cadavres de nos pauvres soldats se momifient dans la terre chaude et salée.

Mettez des chameaux abrutis autour de ce village lamentable ; lâchez, au milieu de ses taudis, des chiens jaunes et menaçants ; peuplez-le d'Arabes, d'Espagnols, plus effrayants que ces chiens, d'alfatiers en rupture d'alfa, de gargotiers sans aveu, de mégères venues on ne sait d'où ; là-haut, dans le grand ciel bleu, faites tournoyer des vautours dont la voix sinistre laisse tomber comme des cris de douleur à travers l'atmosphère lourde, et vous aurez vu Mécheria-Ville.

Quant à Mécheria-Camp, c'est un camp retranché dans des murailles, et dont les tentes ont, pour la plupart, fait place à des baraques et à des maisonnettes. Les premières servent de casernes, les autres logent les officiers. Et ceux de ces derniers qui ont l'amour du *at home* trouvent le moyen d'orner ces demeures monastiques. L'aumônier, par exemple, car il y a encore ici un aumônier militaire heureusement oublié, sans doute, l'aumônier, dis-je, a même fait pousser des liserons devant sa porte, et d'autres ont avec des caisses à biscuits fait des jardins d'un mètre carré où fleurissent je ne sais quelles plantes sauvages prises dans le désert et tout étonnées de se sentir arrosées chaque jour. Une baraque plus grande est occupée par le cercle militaire.

« Joseph, de l'absinthe, commande l'officier qui nous y accompagne.

— Joseph ? Pourquoi ce nom à un Arabe ?

— Un Arabe, ce turco ? Mais c'est un Auvergnat ! Seulement, il y a deux ans qu'il est dans le Sud oranais.

— Pierre ! crie un autre à un tirailleur nègre.

— Et Pierre ? Ce n'est pas un indigène, celui-là ?

— Certes non. Pierre est un Normand. Mais il était ici un an avant Joseph, voilà tout.

— C'est parfaitement vrai, nous dit le major. La lumière réfléchie par le sol de ce pays nous noircit dix fois plus que le soleil lui-même, et ma femme qui n'y est que depuis six mois a déjà l'air d'une moukhère.

— Sa femme !

— Mais oui, sa femme qu'il a traînée jusqu'ici. Et il y a trois autres officiers qui ont fait comme lui. Nous avons quatre dames à Mécheria ! Des dames qui se font belles le dimanche, pour aller à la messe et au théâtre.

— Au théâtre, maintenant ? De plus fort en plus fort !

— Venez voir ! » Et dans une baraque voisine, on nous montre une vraie scène, avec de vraies coulisses. Un jeune zéphyr imberbe est en train d'épousseter la rampe ; c'est la jeune première. Actrices, acteurs, machinistes, décorateurs, musiciens, tout est fourni par la compagnie. Et il paraît que c'est charmant.

« Puisque vous avez vu le théâtre, il faut voir aussi le jardin », nous dit un autre.

Et nous sortons du camp.

« Voilà ! » dit l'officier. Et il étend la main vers un grand carré de terre blanche entouré de petits murs en pierres sèches, et où des pénitenciers distribuent quelques gouttes d'eau à de pauvres choux qui s'efforcent de pousser sous des tentes.

« Et ces Arabes, que font-ils là-bas sur cette place ?

— C'est notre goum. Les goumiers sont nos auxiliaires indigènes ; requis selon nos besoins, ils se nourrissent eux-mêmes et ne nous coûtent rien. Ils nous servent de soldats, de guides, d'éclaireurs; ils font même le service de la poste. Avons-nous une lettre à envoyer quelque part? Un goumier met une poignée d'orge dans son sac, le pli dans sa djébirah, et il part au galop; quelques heures après, nous avons la réponse. Ce sont d'excellents hommes, mais il ne faut pas trop s'y fier. Au premier combat qui fut livré à Bou-Amema, le goum du colonel Innocenti passa à l'ennemi dès le début de l'action. Que voulez-vous? Il faut un peu se mettre à leur place. Allons les voir de près.

— Tiens! Que sont ces grands trous grillés?

— Des silos. » Les silos sont des espèces de puits en forme de carafe, et dont le fond qui a deux ou trois mètres de diamètre est dallé de grosses pierres. Les Arabes en creusent partout, y déposent leurs grains, en bouchent l'ouverture, la recouvrent de terre et s'en vont. Des repères pris sur l'horizon, des marques insignifiantes en apparence, leur permettront de retrouver leurs provisions quand ils en auront besoin. Mais qui a parlé? Que sont ces voix rauques qui sortent d'en bas? Et nous regardons curieusement dans un de ces trous. Il y a là-bas trois hommes accroupis qui lèvent la tête pour nous voir, comme feraient des fauves pris au piége. Au milieu d'eux est un baquet ignoble d'où s'exhalent des odeurs horribles. Et il doit faire une chaleur atroce dans ces oubliettes! On doit y brûler vif quand le soleil de midi y darde d'aplomb ses rayons de feu, auxquels il est impossible de se soustraire! Et pas d'eau pour étancher sa soif! Rien qu'une ration au moment où l'on apporte le pain, ce qui n'arrive qu'une fois par jour, les prisonniers étant, en outre, mis à ce qu'on appelle le régime.

« Mais il y a de quoi mourir là dedans!

— Mon Dieu, oui, dit l'officier; quelquefois là dedans, plus souvent quand on en sort. Une semaine de silo vaut presque une condamnation capitale. C'est affreux, je le sais bien; mais il le faut. Vous ne savez pas à quelle espèce de militaires nous avons affaire ici. Nous avons d'abord la légion étrangère. Excellents comme soldats, les légionnaires sont fort panachés comme hommes; la plupart sont des déserteurs de leur pays, et c'est encore le dessus de notre panier. Nous avons ensuite les disciplinaires, les zéphyrs, la lie de tous les régiments. Nous avons enfin pis que tout cela, nous avons le bataillon d'Afrique, le bataillon des joyeux, formé de ceux qui sortent des disciplinaires et d'hommes venus des maisons centrales. Et que veut-on que nous fassions avec des troupes pareilles? On les soumet à une discipline de fer, et, cela ne suffisant pas, nous avons imaginé l'emploi des silos. Il fallait bien inventer quelque chose. Et les silos eux-mêmes ne les retiennent pas toujours! Croiriez-vous que nos gredins trouvent le moyen de s'en évader? Nous ne demandons pas mieux, au surplus : un condamné qui s'échappe est un bandit de moins; le désert le mange, selon l'expression consacrée. Il a fallu, dis-je, trouver quelque chose de plus effrayant que ces puits, et il est de nos camarades qui se voient encore forcés de faire mettre des hommes à la crapaudine. Savez-vous ce que c'est que la crapaudine? On couche le coupable à plat ventre, on fait un paquet de ses mains et de ses pieds qu'on lui attache sur les reins, et on va le déposer dehors, la face contre terre.

— Il vaudrait mieux le tuer tout de suite.

— Nous ne demanderions pas mieux, mais il faudrait des conseils de guerre, des paperasseries, des avocasseries, et cela ne servirait plus d'exemple. Et puis, vous savez, entre nous, c'est ce que nous faisons quand rien ne peut dompter un de ces brigands. « Vous irez faire huit jours de silo à El-Abiod, par exemple, disons-nous à notre homme. Bel-Kassem, monte à cheval, fais marcher ce soldat devant toi et conduis-le. »

« Le spahi à qui l'on donne cet ordre a compris. Il part

avec le prisonnier, et, deux heures après, il revient seul.

— Eh bien, et le zéphyr?

— Ah! mon lieutenant, le zéphyr, il est dans l'alfa. Quand nous avons été loin d'ici, il a voulu s'échapper, et alors je lui ai cassé les reins d'un coup de pistolet.

— C'est bien. »

La nuit arrive quand nous revenons de voir le goum. Nous n'avons pas voulu abuser de l'hospitalité pressante que les officiers nous offraient dans le camp, et nous avons pris une chambre en ville. Une chambre en ville! C'est encore une masure isolée, plus immonde que celles de Boghar et de Laghouat.

L'homme qui nous la loue est un vieux repris de justice, forban andalou à demi Arabe. Les Espagnols s'assimileront aux indigènes, mais ne se les assimileront pas; ils s'habillent déjà presque comme eux, ils prennent leur langue, ils se logent dans les mêmes gourbis; on croirait qu'ils se retrouvent ici chez eux. C'est peut-être un simple phénomène d'atavisme.

— Avez-vous votre revolver? dit à haute voix l'officier qui nous accompagne.

Et, sous les yeux de l'aubergiste, bien ostensiblement, il en fait jouer la batterie, il en tire et il y replace les cartouches. « Tiens, Pedro, dit-il en lui donnant l'arme, mets cela sous le coussin de monsieur. »

Mais que sort-il ainsi des crevasses de la muraille? Des bêtes qui ont un ventre comme une noix, hideuses, avec des pattes velues terminées en crochets et des mandibules noires, dentelées en scie. Il en tombe une sur notre grabat! Ce sont des araignées. Je voudrais bien m'en aller, mais il est minuit, et la redoute est fermée. Le mieux est de ne pas dormir.

Des coups violents retentissent à notre porte.

« Qui frappe? Qu'estar? nous écrions-nous, réveillé en sursaut.

— Allons, docteur, debout! Il est six heures. Et l'on reconnaît la voix du camarade de la veille. C'est le matin.

— Tiens, qu'avez-vous là? disons-nous à un joyeux que nous rencontrons en sortant, et qui porte gravement, piqué sur une planchette, un animal que nous reconnaissons pour l'avoir vu cette nuit.

— Cela? Je vais le mettre dans du rhum et l'envoyer au pays.

— Mais qu'est-ce que c'est?

— Eh bien, c'est une tarentule. Si cette bête vous pique, vous dansez la tarentelle pendant deux heures, en souffrant comme un damné, et, quand vous avez bien dansé, vous êtes mort.

— Une tarentule? Et l'on couche avec des êtres pareils ici? Allons, mieux vaut s'en aller au plus vite.

— Pas avant d'avoir déjeuné avec nous, nous dit l'officier. Vous êtes ici en territoire de commandement, et vous êtes notre prisonnier. Et puis, nous avons une excursion à faire là-haut, sur le Djébel-Antar. »

Et par une piste rocailleuse, des mulets du train nous transportent au poste où a été établi le télégraphe optique. Vers le nord, entre le pays des Trafis, à l'est, et celui des Hamyans, à l'ouest, s'étend la plaine immense, et au loin, comme une mer d'argent, les chotts brillent aux premiers rayons du soleil; autour de nous se creusent des ravins desséchés et ondulent des croupes nues. Encore une courte ascension, nous atteignons un sommet, et, tout à coup, un horizon immense s'étend à nos yeux; c'est le Sud, le Sud dans sa lumineuse splendeur.

« Voyez, dit notre compagnon, là-bas, sous nos pieds, c'est la grande plaine d'El-Bahar, encore une mer d'alfa, avec son chott, la Sebka-en-Naama. A l'ouest se dresse le Djébel-Guettar; à l'est c'est le Djébel-Amour, et là-bas, tout à fait au midi, cette chaîne bleue, c'est le Djébel-Aïssa, où sont nos oasis d'Aïn-Sefra, d'Aïn-Sûsifa, de Tiout. Derrière ces montagnes s'étendent, à l'est, le pays des Ouled-Sidi-Cheik; au sud, le Beled-el-Baroud, le pays de la poudre; à l'ouest, les oasis de Figuig, qui n'étaient jusqu'à présent ni françaises ni marocaines, mais que l'ambassade de Si-Hamza vient d'annexer à l'Algérie. C'est par là que des songe-creux, ajoute-t-il en riant, prétendent faire passer le chemin de fer du Sénégal ! Tous ces points blancs que vous voyez à l'horizon, ce sont Haci-bou-Hadjem, Messif, Haci-Sedra, Magrouw, Timedmekr, ksour bâtis sur des dunes qui ont jusqu'à deux ou trois kilomètres de longueur, sur des monticules d'un sable solide qui ne s'écroule pas sous les pieds des chameaux.

« Ces ksour sont des villages indigènes et de bien singuliers villages. Figurez-vous un pâté de maisons qui se touchent toutes ; celles qui occupent la périphérie tournent le dos à la plaine, n'ont pas une seule ouverture de ce côté, et, par leur accolement, constituent une véritable forteresse dont celles qui sont aux angles forment les bastions. On entre dans le ksar en passant à travers une maison, et l'on y circule, non par des rues, mais par de vrais corridors absolument obscurs ; on ne peut y marcher qu'avec une lampe, ou, au moins, avec un guide qui connaisse les lieux et qui puisse s'y conduire à tâtons. Il n'y a pas un seul magasin dans ces catacombes ; les habitations reçoivent le jour par l'intérieur, et c'est à peine si, par une porte entr'ouverte, l'œil du passant peut, de loin en loin, plonger curieusement dans une cour éclairée à la Rembrandt. Chaque ksar s'élève au milieu d'une oasis plus ou moins étendue et s'entoure d'un peu de verdure entretenue par de l'eau qu'on va chercher parfois à des distances énormes. On creuse, pour cette irrigation, un premier puits à vingt ou trente kilomètres du ksar, puis un second à cent mètres du premier, un troisième à cent mètres du second, et ainsi de suite, de cent mètres en cent mètres, en se rapprochant de l'oasis. Un canal souterrain réunit ensuite tous ces puits les uns aux autres, et le résultat de cette sorte de grand drainage qu'on appelle une feggara est l'arrivée d'une quantité d'eau qui est à peu près suffisante si on la garde, si on la distribue avec soin, et l'on n'y manque pas.

« Les ksouriens qui sont sédentaires, et dont les jardins ne pourraient suffire à la vie, exercent quelques industries primitives, tissent des tapis et des burnous, et se chargent surtout, moyennant une redevance, de garder les provisions des nomades qui passent. Leurs villages fortifiés servent d'entrepôts aux tribus du Sud.

« Et il y a encore des officiers qu'on exile là-bas. Ils y chassent, heureusement, et ils y mangent des gazelles et des outardes. Le gibier abonde dans ces collines, comme, d'ailleurs, autour de Mécheria. Les amateurs y trouvent aussi des hyènes, des panthères, des antilopes, des mouflons à manchettes, des bœufs sauvages, enfin des bœufs ouach, qualificatif des animaux qui ne sont pas véritablement des fauves et qui vivent ailleurs en domesticité.

« Et puis il y a la grande chasse, la chasse à l'homme, les expéditions en petites colonnes, les razzias sur les tribus insoumises, plus amusantes que les rallies-papers les plus joyeux.

« Peu ou prou, on se bat toujours ici, de Fremda à Géryville, de Mécheria à Figuig. Quand elles n'ont rien à faire contre nous, les tribus qui parcourent ces territoires se battent entre elles, se razzient mutuellement, et nous avons à y mettre l'ordre. Ce sont les Ouled-Sidi-Cheik qui nous donnent le plus à faire ; ils se croient toujours indépendants, ceux-là ! Avant 1860, ils avaient pour chef un certain Si-Hamza, que le maréchal Randon fit khalifa, quelque chose comme lieutenant général, comme vice-sultan de tout le pays qui s'étend d'ici à Metlili et à Ouargla.

« Si-Hamza fut, à sa mort, remplacé par son fils Si-Sliman, qui était sénoussiste et qui n'attendait qu'une occasion pour lever contre nous l'étendard de la révolte. Un officier de bureau arabe s'oublia un jour jusqu'à lui donner un soufflet. Les goums indignés s'armèrent comme un seul homme, et la guerre éclata. Si-Sliman fut tué, mais Si-Mohammed-ben-Hamza et son frère Si-bou-Bekr lui succédèrent, et cette fois la rébellion devint générale; le Sud oranais était en feu. Un marabout influent, Si-Lala, se joignit bientôt à Si-Hamza, et la lutte, un instant apaisée, recommença pour durer jusqu'en 1869. Il y eut alors un an de calme, puis, en 1870, un nouveau Si-Hamza, Ben-Kaddour-Si-Hamza, frère du précédent, remit le feu aux poudres, et c'est toujours la même chose. L'ambassade de 1885 terminera-t-elle tout cela ? Espérons-le. Mais, franchement, ce serait à laisser à ces fiers marabouts leurs pierres et leurs sables, dont, en fin de compte, nous n'avons que faire. »

Cependant nos mulets reprennent la route de Mécheria, et le lendemain nous sommes de retour à Perrégaux.

Ce n'est plus, à partir d'ici, sur un chemin de fer stratégique à voie étroite que nous courons, c'est sur un chemin de fer véritable, le banal P. L. M. d'Oran à Alger.

Jusqu'à Relizane, où les voyageurs en diligence avaient encore, il y a vingt ans, le plaisir de contempler, au passage, les ruines romaines de la Mina, il n'y a pas grand'-chose à voir ; des plaines, des collines basses, des blés jaunes, des prés fanés, au total une Beauce, mais une Beauce assoupie sous un soleil ardent.

« Tenez! nous dit un voyageur en passant près d'Orléansville, voilà là-bas, dans la montagne, les cavernes de Numaria dans lesquelles les Ouled-Riab se laissèrent enfumer et rôtir plutôt que de demander l'aman. Ce sont tout de même de rudes hommes que ces Arabes!

— Et ce fut un crime honteux que l'incendie des grottes!

— Bah, dit un autre voyageur, ces gens-là n'eurent pas grand mérite à se laisser rôtir. Avec la chaleur qu'il fait ici, ils devaient en avoir l'habitude. Et puis c'étaient des insurgés! »

Des insurgés! Singulière façon que nous avons là, nations civilisées que nous sommes, de qualifier nos ennemis quand ils appartiennent à un peuple que, dans notre orgueil, nous regardons comme inférieur. Les Arabes se battent contre nous? Insurgés! Les soldats du Mahdi défont les armées d'Albion? Insurgés! Les Annamites et les Tonkinois nous repoussent hors de leurs marécages? Encore des insurgés! Les Birmans ne veulent pas accepter le joug britannique? Toujours des insurgés! toujours des rebelles! Et qu'eussions-nous crié si les Prussiens nous avaient appelés insurgés quand nous défendions l'Alsace? si, nous traitant comme tels, ils nous eussent brûlés, décapités, fusillés, spoliés, comme il faut bien avouer que nous le faisons nous-mêmes, quand Arabes, Égyptiens, Annamites ou Birmans résistent à la civilisation dont nous voulons leur imposer les bienfaits, dans l'intérêt de notre petit commerce?

Nous traversons maintenant les plaines du Cheliff. A la barrière d'une gare s'accoudent, en curieux, des hommes qui portent gauchement un costume de paysan. Ils sont bruns, noirs, et quelques-uns ont des tatouages bleus sur la figure. Mais ce sont des Arabes travestis! Nous arrivons, en effet, à Sainte-Monique et à Saint-Cyprien des Attafs.

En 1865, Mgr Lavigerie, évêque d'Alger, recueillit, pendant la famine, le plus qu'il put de petits indigènes mourant de faim. Il les mit d'abord à la Maison-Carrée, les baptisa, et, quand ils furent grands, il les maria entre eux, et il poussa ses charitables tentatives jusqu'à les vêtir à la française.

En 1874, il fonda pour eux les villages que nous venons

de nommer. Il espérait faire de ces musulmans plus ou moins convertis un noyau autour duquel viendraient s'en grouper d'autres. Sainte illusion! Ce n'est pas par la croix que l'Algérie sera vaincue. Ici, *cedat armis toga!* Le groupe des Attafs se fond au soleil de Mahomet; les tournis, les renégats qui le constituent rougissent de leur apostasie et s'en vont peu à peu. Il en reste encore cent cinquante; dans quelques années il n'en restera plus.

« Il y a pourtant, disons-nous à un voyageur, des indigènes qui ont embrassé notre religion. J'en ai vu dire et servir la messe à Notre-Dame d'Afrique, à Alger.

— Ceux-là, des Arabes? Mais ce sont des Français! De bons et excellents moines, établis à la Maison-Carrée, mais qui ont eu l'idée extraordinaire de troquer leur calotte contre une chachia et de jeter un burnous sur leur robe blanche. »

Que cet insipide voyage de Perrégaux à Alger est donc long! Voici pourtant, enfin, Affreville. Là se termine ce qu'on nomme la belle vallée du Chéliff sans qu'on sache pourquoi cette épithète lui a été octroyée.

Et elles sont horribles, ces petites gares d'Algérie qui meurent de soif sous l'ombre hypothétique de leurs gommiers bleus. Regardons plutôt dans le train, et pour mieux voir, allons, d'une station à l'autre, bravement nous asseoir dans un wagon de troisième. Il est bondé d'Arabes. S'il est une chose que l'indigène a acceptée, adoptée avec enthousiasme, c'est la locomotive, dont la vitesse le grise.

« Où vas-tu, toi? disons-nous à un Bédouin heureux de vivre.

— Moi? En Algier!

— Et pourquoi?

— Pourquoi? Pour rien. Pour aller! chimin di fi andar plus vite que cheval. Hou! hou! hou! » fait-il pour imiter la respiration essoufflée de la machine, et ses yeux expriment une joie d'enfant.

Après Affreville, le pays change; les collines se couvrent de lentisques, de thuyas, d'oliviers sauvages, de genévriers, de tamaris, et toujours, au fond des ravins, au milieu des roches humides et moussues, rougissent les lauriers-roses dont les émanations embaument l'air. Tout cela est charmant, et il a suffi de franchir un tunnel sous l'Atlas pour se trouver transporté dans un monde nouveau.

Et plus haut, sur un piédestal de montagnes jaunes et vertes, le Zaccar imposant arrondit sa tête bleue, comme un nuage tombé sur la terre, et domine le territoire berbère des Béni-Menasser. Sur un de ses contre-forts, une ville gracieuse apparaît comme un nid dans les arbres; c'est Milianah.

Puis, à gauche, après El-Affroun, sur un long repli de terrain se détache, comme une pyramide lointaine, le tombeau de la Romaine, mausolée de Juba II, roi de Mauritanie, et devant nous s'ouvre une vaste plaine; c'est notre vieille amie la Metidja. Une heure plus tard nous sommes à Alger.

CHAPITRE VIII

D'ALGER A CONSTANTINE.

Encore à la mer. Nous piquons vers le nord-est, cette fois, tandis qu'à tribord fuient les côtes du golfe d'Alger et les sommets transparents de l'Atlas et du Djurjura.

Voici déjà les petites falaises jaunes du cap Matifou. La mer bleue; un fort blanc sur une éminence boisée; un autre sur le rivage; quelques maisons; quelques baraques à toits rouges; des navires espagnols tristement pavoisés du petit drapeau de la quarantaine, et le cap est doublé.

De l'autre côté commence la côte kabyle que nous suivrons jusqu'à Bougie. Des embouchures de torrents, des roches, des plages de sable, des bois de chênes alternent et se découpent sur le fond tourmenté des montagnes berbères.

Vers quatre heures apparaît un promontoire nu, le cap Bengut, dont un rempart escalade les flancs rocailleux. A l'ouest de ce cap se dresse un phare semblable à un minaret; un autre s'élève à son extrémité; sur son versant est, enfin, s'étage gracieusement Dellys, tournée vers l'orient et étalant sur de charmantes falaises que tapissent, en cascade, les agaves et les cactus, ses jardins, le groupe blanc de ses maisons françaises et la masse grise de ses masures kabyles.

« Il doit y avoir beaucoup de serpents dans ces aloès, disons-nous à un officier qui fait route avec nous.

— Des serpents? Non, monsieur; ils meurent d'ennui à Dellys. »

Puis la grande mer. Des Arabes assis dans un coin du navire promènent vaguement leurs yeux rêveurs sur le large horizon vide; d'autres se sont réunis au pied d'un mât et chantent des complaintes, monotones comme le bruit des vagues. Sous la passerelle, des Mauresques voilées ont étendu une natte, se sont enfermées entre leur caisse dorée et un berceau bariolé où dort un enfant brun, et ont étalé devant elles une gargoulette, leurs babouches et des pastèques. Et l'Algérie un instant oubliée à bord reparaît attrayante et pittoresque dans ces groupes somnolents.

La nuit s'est faite. Le bourdonnement de la machine et le clapotis des flots en remplissent le grand silence, et notre cheminée tache seule de ses nuages noirs les splendeurs du ciel embrasé. On ne peut cependant demeurer toujours sur le pont.

Nous sommes au mois d'août, la chaleur est étouffante, un roulis assez fort s'est établi; bon gré, mal gré, il faut fermer les hublots de notre chambre, et cela nous rappelle les jours brûlants de la mer Rouge.

Le lendemain matin, nous sommes en vue du cap Carbon, et nous arrivons bientôt à Bougie, limite entre la Grande-Kabylie, que nous venons de côtoyer, et la Petite-Kabylie, qui s'étend à l'est.

Le simoun règne quand nous entrons en rade; il passe comme un souffle de flamme sur la figure; il met comme un manteau de feu sur les épaules; on croit respirer l'air brûlant et raréfié d'une étuve, et l'on ouvre la bouche comme un poisson hors de l'eau; on cherche un abri derrière les rouffes, derrière les embarcations, et l'on se demande, avec anxiété, comment on fera pour vivre quand le soleil sera levé.

Et vers l'est, derrière la mer teinte en rose foncé, dans un horizon rouge sombre comme un fer chaud, un astre couleur de sang, large, déformé, monte lentement dans une brume ardente qui ressemble à la flamme pâle d'un four; c'est lui.

Et à mesure qu'il s'élève, tout change, au contraire. La brise souffle, et une fraîcheur relative ramène à bord la vie et la gaieté.

Nous débarquons et nous pénétrons dans Bougie par une belle vieille porte en briques, pittoresquement flanquée d'un palmier. Nous aurions pu, aussi bien, passer à côté d'elle; le rempart turc dont elle faisait partie a presque partout disparu, et elle s'élève maintenant isolée comme un arc de triomphe. Près de là s'écroulent, vieux massif percé de grilles, les restes du fort d'Abd-el-Kader, fort qui résista si longtemps à nos armes, lors de l'expédition qui, en petit, reproduisit celle d'Alger; çà et là enfin demeurent debout quelques morceaux des fortifications ottomanes, quelques pans de murs crénelés en queue d'aronde, quelques débris de l'enceinte romaine et de l'enceinte sarrazine. Et tout cela répand encore comme un parfum du vieux temps, tout cela est encore charmant. Il est question de le démolir.

Bougie était jadis une délicieuse ville arabe. On ne s'en douterait guère aujourd'hui; ce n'est plus qu'une petite ville française habitée par des Italiens comme Oran l'est par des Espagnols. A l'ouest de notre colonie, on parle la langue de Cervantès; à l'est, on parle celle de Dante. Je dis de Dante en vertu d'une licence littéraire dont l'antithèse est la seule excuse. Si le chantre de la *Divine Comédie* débarquait ici, il serait aussi embarrassé pour comprendre le charabia italo-arabe des Maltais que les Italiens sont embarrassés pour le comprendre lui-même.

Il y a pourtant, au haut de la ville, autour de la casbah, des maisons indigènes assez curieuses, faites de briques nues posées à plat, et dont la teinte rouge ne manque pas d'un curieux cachet d'originalité. Mais elles sont si misérables, si malpropres, que, malgré le plus vif amour de la couleur locale, on a hâte de s'en éloigner et d'en fuir les habitants en guenilles chez qui l'on apprend à ne pas confondre les parfums d'Arabie avec les odeurs des Arabes. Il y a aussi, dans ce quartier, des Israélites dont les masures de briques ont les portes et les fenêtres encadrées d'un badigeon bleu, mais mieux vaut n'en rien dire.

Nous préférons le quartier kabyle qui s'étend hors des remparts, à l'ouest de Bougie. Ce sont encore des maisons de briques sans crépi ou blanchies à la mode arabe, ou, enfin, tachées de bleu comme celles des Juifs, mais ce sont surtout des baraques détraquées où l'on vend du pain et des pastèques ; des échoppes croulantes où des cordonniers en chemise fabriquent des babouches ; des cafés maures plus étroits, plus enfumés que jamais. Alignés contre un vieux mur poudreux, des Berbères en guenilles mettent chacun en vente un pot de terre dont le couvercle est bâti avec du plâtre et qu'ils cachent jalousement sous leur burnous crasseux, entre leurs jambes repliées ; ces pots contiennent du miel. Plus loin une vieille fontaine arrondit sa petite coupole blanche sous un grand caroubier touffu, et, autour d'elle, des indigènes, couchés ou assis dans les poses les plus variées, jouent des airs de tambour sur la caisse de fer-blanc qui leur sert de bidon. Sur la route grossièrement cailloutée passent des Kabyles en vieux chapeaux à anses, des bourricots pelés et des femmes dévoilées, plus que dévoilées, dans leurs haïks indiscrets. Elles sont vêtues de jaune, de bleu, de vert, de couleurs indéfinissables ; elles ont des tatouages sur le front et autour du cou, elles n'ont enfin pas de souliers, mais elles ont de gros anneaux d'argent aux chevilles. Et de temps à autre, le cabas au bras, courbés par la rude manœuvre des avirons, s'en vont aussi de vieux marins barbaresques qui viennent du port et qui ressemblent à des matelots de chez nous qu'on aurait habillés en Maures. La mer est comme une patrie commune, et les marins se rassemblent tous.

On dit que le mont Gouraya fourmille de singes, et à travers les massifs de lentisques odorants, à travers les panaches verts des grands fenouils, nous escaladons ses flancs abrupts.

Le Gouraya s'élève au nord de la rade de Sidi-Yaya, qui étend à nos pieds sa large nappe moirée de rouge et de bleu sur laquelle notre navire se balance comme un goëlan au repos. Au delà de cette rade, vers le sud, se déroule une vaste plaine grise et jaune où coule l'Oued-Sahel, et plus loin se découpent les dentelures capricieuses d'une longue chaîne de montagnes. A droite, comme dans une gorge, s'étagent les maisons de Bougie. Et nous battons avec ardeur les buissons épineux; nous découvrons les ruines blanches du marabout de Lalla-Gouraya, ensevelies sous de formidables amas de cactus; plus loin, une petite fontaine desséchée; plus loin encore, des pans de murs lézardés; des restes de remparts romains; mais pas la plus petite macaque. Revenons au quai.

Les curieux se pressent autour de nous; les manteaux écarlate des spahis de l'escorte volent au vent; les carabines appuyées sur les cuisses brillent au soleil; les fourreaux des grands sabres sont collés, sous la selle, aux flancs noirs des chevaux, et, dans une épaisse poussière de grand galop, dans un joyeux cliquetis de fer et d'acier, des voitures nous emportent vers la plaine. Nous accompagnons le général qui va faire une tournée d'inspection. Partout sur le sol pierreux rampent les tiges des câpriers sauvages; partout les Romains ont semé leurs traces. Toujours les Romains! Après la rivière de la Summam, commencent les forêts de ces caroubiers dont les gousses nauséabondes suffiraient à alimenter le commerce de Bougie.

Des coups de fusil retentissent; de petits nuages de

fumée blanche sortent des fourrés verts, et bientôt, burnous flottant et fusil levé, des Arabes qui crient fondent sur nous, bride abattue. C'est la fantasia obligatoire; ce sont les hommes d'un douar voisin que quelque courrier zélé est allé prévenir de l'arrivée du *djeninar*. L'un d'eux, ventre à terre, arrive comme un boulet, s'arrête sec devant nous, tire dans les jambes de nos chevaux, fait pirouetter sa monture sur les pattes de derrière, jette son fusil en l'air, le rattrape comme un tambour-major fait de sa canne et, gravement, se met à trotter en tête de notre cortége; c'est le caïd.

Et, à mesure que nous avançons, les bois de caroubiers font place à des forêts d'oliviers énormes, bossus, noueux, fendus, creux, avec des troncs comme des tours, avec des racines prodigieuses.

De tous côtés des porcs menaçants poursuivent des truies féroces, de vraies bêtes sauvages.

Voici enfin le but de notre excursion. C'est un village de création récente; on y a installé des colons alsaciens à qui l'on a donné de l'argent, des outils, des semailles. Cela doit être magnifique! Mais il n'y a que cinq ou six maisons, dans ce village, et elles sont inhabitées! Voilà cependant les autorités qui arrivent. Un gendarme et un garde champêtre!

« Eh bien? Et les colons?

— Les colons, mon général? Je ne sais pas. Ils ont vendu leurs bêches aux Arabes, ils ont dépensé leurs avances, ils ont mangé leurs grains et ils ont dit qu'ils s'en allaient. Et, effectivement, mon général, ils s'en sont allés! »

Le caïd rit dans sa barbe, le gouvernement est furieux, et, au bruit des fusils qui ont l'air de se moquer de nous, nous reprenons au grand trot la route de Bougie.

Continuons notre course maritime vers l'est, et, derrière le cap Cavallo, stoppons devant Djijelli. C'est extraordinaire, mais on peut débarquer ici aujourd'hui ; la mer veut bien le permettre.

La ville, précédée de rochers qui portent un phare, est encore à l'ouest de la rade, cela va sans dire. Djijelli n'est rien, et c'est pourtant charmant de loin. Un fort, quelques établissements militaires, une petite jetée encombrée de tas de liége, au premier plan; puis, sur la côte, au milieu des arbres, semblable à une rocaille artificielle, une petite falaise noire que les cactus escaladent en désordre; plus haut, une jolie butte de roches rouges, couverte de plantes et toute hérissée de hampes d'aloès, avec un clocher ou un minaret, je ne sais lequel, une tour, enfin, qui a l'air d'un joujou ; sur le rivage même, en fourrés épais d'où s'élancent des palmiers et un autre minaret, des figuiers, des eucalyptus, des mûriers qui ont les pieds dans les vagues et d'où, comme un écho du pays, le vent nous apporte le chant des premières cigales que nous entendions en Afrique. C'est comme un gracieux village maritime que les flots auraient arraché aux plages de la Provence pour le jeter sur la côte algérienne. Il n'y a même pas d'Arabes ici ; rien que quelques Maures en turbans blancs et jaunes, en vestes bleues ou rouges, véritables Turcs d'opéra-comique.

Pendant la nuit nous doublons un grand promontoire, le massif montagneux du Sahel de Collo, et nous nous arrêtons un instant devant le port de ce nom. Un phare qui brille dans l'ombre, les bourdonnements sourds d'une mer obscure entrevue un instant par un hublot bien vite refermé, tel est Collo pour nous. Le matin, après le cap El-Djerda, nous apparaît la petite ville de Stora, florissante au temps des Romains et des Arabes, mais détrônée aujourd'hui, et un quart d'heure plus tard, nous entrons dans le port de Philippeville, son heureux rival.

Philippeville ressemble à Oran. Sur une éminence située à l'ouest du fond d'une rade, s'élèvent un fort et un hôpital militaire ; sur une autre, à l'est, s'étage un ville toute française, et entre ces deux hauteurs, au bord de la mer, s'étale la gare. C'est égal, c'est trop moderne, trop français, tout cela, et nous partons immédiatement pour Constantine.

Jusqu'à El-Harrouch les plantations de vignes alternent avec les champs de blé et les taillis avec les monticules boisés à travers lesquels les bergers arabes courent en rejetant leur manteau sur l'épaule. De loin en loin, blanchissent des fermes et de petits villages français, tandis qu'autour d'eux se réunissent des douars qui semblent chercher leur protection. Plus loin, au fond d'une large vallée rocailleuse et dénudée, flottent dans une mer serrée d'oliviers et de peupliers les palmiers du Hamma. On semble très-gai ici. Il y a fête au village, et les programmes alléchants mêlent aux fantasias indigènes et aux danses d'almées la sieste sous les ombrages et les consommations aux frais... des consommateurs.

Le Hamma a disparu. Une haute barrière de rochers taillés à pic comme une muraille colossale semble nous barrer la route. Le sirocco nous envoie ses haleines brûlantes. Des collines fauves et décharnées comme celles de Saïda se dressent de toutes parts. Mais la locomotive siffle avec rage, la nuit se fait, nous passons à travers le mur de roches, et tout à coup le jour brille, et une ville blanche et rouge apparaît, éclatante au grand soleil : c'est Constantine.

Nous arrivons à la gare de Mansourah, nom plus poétique que la chose.

Si, à la vue de Constantine, la première impression est heureuse, la seconde, hélas! n'est qu'une désillusion. Cette cité n'a pas l'aspect théâtral auquel on s'attend après les descriptions enthousiastes qu'on en a entendues. Ce n'est ni un nid d'aigle, ni une forteresse farouche retranchée sur un plateau sourcilleux ; ce n'est qu'une ville ceinte par la nature d'un fossé profond qu'on ne voit pas à l'arrivée, de sorte qu'elle semble tout simplement bâtie au milieu d'une plaine entourée de petites montagnes sèches. La colline de l'hôpital, au nord, celle du Coudiat-Aty, au sud, la surplombent même de toute leur hauteur comme pour mieux écraser l'idée imposante qu'on s'en était faite. Il faut, pour voir son fossé, arriver jusqu'au pont, Al-Kantara, qui l'enjambe; comblez-le, et Constantine sera une ville comme toutes les autres. L'espace compris, enserré, dans ce ravin circulaire n'a guère qu'un ou deux kilomètres de diamètre. Vingt-sept ou vingt-huit mille indigènes, en comptant les Juifs, et sept ou huit mille Européens, trouvent pourtant le moyen de s'y entasser.

Le quartier musulman en occupe au moins les deux tiers. Il est percé en tous sens par un réseau embrouillé de rues, les unes à peu près horizontales, les autres en pentes roides ou taillées en escalier glissant, et la plupart si étroites qu'il suffit d'écarter les bras pour en toucher les deux côtés en même temps. Çà et là des vignes sorties des cours intérieures s'élancent au-dessus des murs, vont s'accrocher à la maison d'en face et forment sur la tête des passants de gracieux planchers de verdure; ailleurs, les rues sont voûtées et sombres; plus loin, elles se transforment en corridors à plafonds plats et enfoncent sous les maisons leurs détours sinueux. Presque toutes les façades, dépourvues de fenêtres, portent, comme de grands nids d'hirondelles, des moucharabys carrés que soutiennent de grossières consoles de plâtre et que percent des ouvertures étroites garnies de cages de fer et de croissants. Les étages n'avancent pas les uns sur les autres, et les maisons ne se rejoignent pas au-dessus de la rue, mais elles semblent en avoir une forte envie. Elles s'inclinent souvent, et elles se touchent par leurs moucharabys. Si elles ne se jettent pas dans les bras les unes des autres, elles échangent au moins d'amicaux baisers, comme des gens qui s'embrasseraient à distance, les mains derrière le dos. Le bas de ces constructions est en grosses pierres, le haut est en briques, et, pierres ou briques, tout est soigneusement recouvert d'une couche blanche, plus éblouissante peut-être que celle dont se revêtent les maisons d'Alger. Constantine n'a pourtant pas, vu de haut, l'aspect si originalement africain de cette dernière ville; c'est que la fréquence des pluies y a nécessité l'adoption de toitures semblables aux nôtres.

De lourdes petites portes, garnies de clous à grosse tête et d'énormes anneaux de métal, quelquefois même bardées de lames de fer, donnent accès dans ces demeures dont les corridors sont tapissés de faïence. Au milieu du logis se trouve, selon l'usage, une de ces petites cours fraîches et élégantes, où bourdonnent toujours des sons mystérieux de musiques étranges, dans lesquelles l'œil plonge toujours avec curiosité. Ici, c'est un nid de jeunes et jolies femmes qui fument et babillent en habits dorés et en toques pointues; là, c'est, comme à Tlemcen, une vieille matrone qui fait une cuisine d'empoisonneuse au milieu de ses petits pots et de ses fourneaux portatifs; plus loin, des Juives aux grands yeux filent ou brodent; plus loin encore, des hommes accroupis en rond se font passer de main en main la boîte de fer-blanc dans laquelle ils s'abreuvent voluptueusement d'eau fraîche.

Presque dans chaque rue, bruit, comme une grande ruche, une école installée dans une salle sombre et voûtée qu'entourent des colonnes et que décorent des lanternes multicolores. Les musulmans de Constantine doivent être bien instruits, si l'on en juge par le nombre de ces établissements! Mais pourquoi les élèves crient-ils ainsi? Ils lisent, tous ensemble et en se balançant, les versets du Koran tracés en grosses lettres sur une planchette qu'ils tiennent à la main, tandis que, caché dans la pénombre des galeries, un thaleb donne le ton à ce charivari discordant.

Ailleurs, l'œil étonné s'insinuant à travers une grille qui ferme une espèce de soupirail de cave, découvre, sous une voûte basse, une société de gens étendus sur des nattes, dans une obscurité dont la fraîcheur humide et sépulcrale rappelle le caveau de nos rois à Saint-Denis. Et l'on ne sait ce qu'ils y font.

Çà et là un petit escalier extérieur, fait de quatre marches blanchies, conduit au seuil d'une petite boutique dont la porte, qui se soulève comme un volet, lui forme un auvent grossier et vermoulu auquel sont accrochées des tentures en lambeaux ; quelquefois cet auvent est fait de tuiles et de boiseries où les araignées nichent et peuplent comme chez elles ; d'autres fois, il est remplacé par un vieux drap accroché au mur et soutenu par des roseaux mis tout de travers, en arcs-boutants maladroits. Et l'on trouve encore le moyen d'installer un demi-plancher de bois, en guise de soupente, dans ces magasins puérils, de les transformer, pour ainsi dire, en magasins à deux étages! Quant à l'étalage, il ne peut que faire déborder sur les marches ses sacs de légumes, ses figues et ses curiosités grossières, mais d'autant plus authentiques que ce n'est pas à ce titre qu'elles sont là. Il est de ces rues plus curieuses encore. Telle est, par exemple, la rue Combe avec son plancher noir, avec ses vignes désordonnées, avec les boutiques contiguës qui donnent à ses parois l'air de longues galeries que des cloisons diviseraient en box. Et dans chacun des compartiments de ce casier sombre, plein d'odeurs bizarres, s'entassent des brodeurs de cuir, des tailleurs de burnous, et surtout des cordonniers. Il y a plus de cinq cents fabricants de babouches à Constantine !

Ce n'est pas le bâtiment, c'est la chaussure qui est ici le critérium de la prospérité publique. Quand le cuir va, tout va ! Plus loin, le corridor plat de la rue se transforme en un couloir voûté qui reçoit la lumière on ne sait d'où, peut-être de sa blancheur elle-même. Et toujours des boutiques pareilles. Seulement, elles sont maintenant occupées par des forgerons, par des gens noirs en burnous blanc, qui travaillent assis et qui fabriquent, à grand bruit, des piéges à renards et à hyènes, des verrous compliqués, des entraves étranges, des colliers garnis de clous et de chaînes, des choses bizarres, des outils inexplicables qui ont l'air d'instruments de tortionnaires.

Certaines places, celle du Chameau, par exemple, encombrées de cafés maures et de marchands de galettes, grouillantes d'Arabes qui se traînent dans la poussière, entourées enfin de réduits où l'on vend de tout, sont de vrais bazards pittoresques.

Et dans ces rues, sur ces places, vont et viennent des chevaux harnachés de cuir rouge, dont les cavaliers se baissent pour passer sous les voûtes; des marchands d'eau qui, la ceinture garnie de verres, portent dans une main une gargoulette, dans l'autre un flacon d'eau de fleur d'oranger sucrée d'avance; des Arabes flâneurs qui se promènent deux à deux, en se tenant par le petit doigt; des Maures vêtus de pantalons écarlate, de riches gandouras brodées, de vestes en moire blanche surchargées de galons et qui sont de vrais objets d'art; des femmes complétement voilées d'une mousseline épaisse mouchetée d'or, et dont le haïk bleu laisse entrevoir des robes aux couleurs éclatantes.

Dans la foule bariolée circulent des chasseurs d'Afrique au bonnet couvert de blanc, des zouaves, des turcos qui rient, des officiers affairés, et, de temps à autre, une musique militaire qui remplit les rues de son joyeux tapage.

Vers le nord de la ville, blanches et bleues, se pressent les maisons des Juifs, avec leurs femmes aux riches et originaux costumes : robes en fourreau, cheveux en queue terminée par un ruban qui flotte sur les reins, toque pointue à jugulaires d'or, fichus et turbans de soie lamée, le tout légèrement couvert d'un voile de mousseline transparente et pailletée. Leurs maris se parent richement et ridiculement du costume maure qu'ils n'avaient autrefois pas le droit de porter, ou, plus volontiers encore, revêtent le nôtre, comme ils essayent d'adopter notre langue. Écoutez,

JUIVES DE CONSTANTINE

en passant, ce groupe de jeunes gens en complet mastic et en chapeau melon. Ils causent du cours du blé ou du prix des caroubes, et ils s'expriment comme vous. Puis, tout à coup, la conversation s'anime, le français s'envole, et, à votre grand étonnement, c'est dans un arabe rapide que la discussion continue; ce sont des Juifs du cru.

Le quartier le plus curieux de Constantine est celui de la prostitution. Allez-y sans honte; tout le monde y va. Allez-y sans peur; on a installé un poste de turcos et de spahis, au milieu de cette ville impure.

Dans ses rues étranglées, entre des maisons blanches dont chaque fenêtre grillée est garnie d'une lanterne qui s'allume la nuit, par l'entre-bâillement des portes massives, à travers les barreaux de fer, vous verrez sourire les figures peintes de toutes les prêtresses de la Vénus algérienne. La collection est complète! Juives en mousseline flottante, Mauresques aux yeux démesurés, Phrynés arabes aux tatouages bizarres, femmes de quinze ans en robes de drap d'or, vieilles hétaïres de vingt ans dont l'obésité exagérée sent déjà le voisinage de Tunis, négresses du Soudan chargées de bijoux sonores, Ouled-Naïls venues du Sahara, il y a de tout là dedans; il y a même des Françaises, qui, les jambes croisées, montrent cyniquement leurs jarretières roses, ou qui ont revêtu des costumes de danseuses d'opéra et des oripeaux de bal masqué. Et elles sont fardées à faire peur, celles-là, et, devant elles, les Bédouins eux-mêmes se détournent avec dégoût.

Le quartier européen de Constantine, très-restreint, se réduit à peu près à la rue Nationale, qui, longue d'environ un kilomètre, suit le diamètre de la ville et va de l'est à l'ouest, d'Al-Kantara à la place de la Brèche. Et encore cette rue n'abdique-t-elle pas toute couleur locale, et, sans parler des passants, se pare-t-elle de la grande mosquée, qui élève au-dessus du toit prosaïque de nos maisons la flèche élégante de son minaret octogonal. Cette mosquée est faite de pièces rapportées, de colonnes ramassées un peu partout et si différentes les unes des autres qu'on a dû en cercler la plupart avec des cordes pour leur donner un calibre assorti à celui des plus grosses.

Il y a encore douze autres mosquées à Constantine; avant la conquête, il y en avait vingt de plus qu'aujourd'hui, et ce devait être un bien curieux concert que celui de leurs trente-trois muezzins psalmodiant à la fois sur leurs trente-trois minarets. Constantine n'était pas la ville sonnante, mais c'était bien la ville chantante de l'islamisme moghrabin. Le point le plus fréquenté, après la rue Nationale, est la place du Palais.

Construit, peu de temps avant notre conquête, par le sanguinaire El-Hadj-Hamed, dont nous avons vu le tombeau à Alger, le palais est la curiosité obligatoire, la curiosité banale de Constantine. Fait, comme la mosquée, avec des débris rassemblés de droite et de gauche, avec des pierres, du marbre, des colonnes, des ornements enlevés aux maisons dont le bey expropriait leur légitime possesseur quand elles avaient le malheur de lui plaire, il est certainement très-beau, mais il faut encore une forte dose d'imagination et d'enthousiasme pour y voir un château des *Mille et une Nuits*. Décrire ses galeries aujourd'hui envahies par les bureaucrates, ses trois jardins intérieurs, ses rampes en bois découpé, ses revêtements de faïence, ses peintures barbares, serait répéter, avec quelques variantes, ce que nous avons déjà dit des riches maisons mauresques.

Dans les environs d'Al-Kantara, en un carrefour de ruelles sinistres et taillées en escaliers glissants, est une petite place jonchée de peaux de bœuf fraîches et aplaties sur le sol gluant, pleine d'Arabes ensanglantés. Les masures louches et lugubres qui l'entourent, souillées de sang et de débris, servent d'abattoir aux indigènes, et ces Arabes repoussants sont des bouchers qui vendent à l'encan la dépouille des bêtes qu'ils viennent d'écorcher. L'un des côtés de cette place est bordé d'un parapet, comme on en voit presque partout autour de Constantine. Regardez par-dessus cette muraille, et vous verrez, vous sentirez s'étendre vers vous la main crochue du vertige. Sous vos pieds, en effet, se creuse le gouffre effrayant du Rummel, crevasse ouverte par quelque terrible convulsion volcanique, fossé dans lequel disparaîtraient les tours de Notre-Dame. Partout dans ses parois se creusent des niches qui servent de repaire aux oiseaux de proie ; aigles, gypaètes, vautours, éperviers tournoient dans le vide, au-dessous de vous, et, au fond, à travers les débris de roches où courent les lièvres, les blaireaux et les chacals, les eaux du torrent se frayent une route tortueuse. Un sentier qui commence près de la porte Valée nous conduit dans cette tranchée prodigieuse, la suit dans toute sa longueur et n'est bientôt plus, à mi-hauteur de la paroi qu'il longe, qu'une corniche qui plane sur la rivière, tandis qu'au-dessus se suspendent des rocs menaçants. Constantine a disparu ; à peine quelques maisons hardies dépassent-elles les bords du précipice, comme ces guérites de pierre qui s'accrochent à la crête des vieux remparts, et l'on ne voit plus que quelques nuages blancs qui passent très-vite dans le bleu du ciel, et qui donnent une étrange sensation de vertige renversé, le vertige de la hauteur. De temps à autre, notre chemin périlleux s'enfonce sous des voûtes, espèces de ponts naturels, d'arcades jetées par la nature entre les parois de la crevasse comme pour les empêcher de s'écrouler l'une sur l'autre, et nous atteignons ainsi, au nord de la ville, les piscines de Sidi-Mcid, réservoirs naturels creusés dans le fond de l'entaille, et où les eaux de la rivière tombent en gracieuses cascades.

En haut, sur les bords du fossé, s'élèvent les murailles sombres de la casbah et s'avance, en encorbellement, cette roche Tarpéienne d'où le bourreau jetait, cousues dans un sac, les femmes dont le pacha ne voulait plus.

La nuit, sous la conduite d'un Arabe, nous nous engageons dans une rue à peine éclairée, de loin en loin, par les lueurs douteuses de quelques boutiques. Pas un Européen, pas un soldat autour de nous ; rien que des indigènes dont les larges babouches ne sonnent pas sur le pavé, et qui, silencieux, suivent la même direction que nous. Un bruit sourd de chants et de tambours bourdonne dans l'ombre ; c'est là que nous allons. Une cour dallée de pierres irrégulières et blanchies ; quatre poutres appuyées par leurs extrémités sur le haut des murailles et soutenant un plancher de pampres au travers duquel brillent les étoiles ; contre le mur, un escalier étroit et sans rampe, dont chaque marche sert de piédestal à un Arabe immobile comme une statue de marbre ; au fond, enfin, une porte mauresque que ferme une boiserie verte garnie de clous, telle est l'entrée de la mosquée de Sidi-Aïssa. Déchaussons-nous et gagnons un coin du temple.

Une petite galerie en fer à cheval règne autour du lieu ; le sol est couvert de tapis épais ; aux murs s'accrochent des tableaux d'arabesques d'or ; au plafond se suspendent des quinquets fumeux, des œufs d'autruche et des lanternes de papier. Une grande armoire bariolée contient les instruments de supplice. Au fond, dans une niche revêtue de faïence, au milieu de drapeaux verts, jaunes et rouges, s'accroupit, sur des coussins de cuir, le chef de la secte à Constantine. Au milieu, assis en rond, sont les musiciens armés de tympanons, de tambours et de castagnettes en fer. Et l'on chante, on psalmodie, avec des voix nasillardes, un long et interminable cantique, tandis qu'un seau d'eau pure fait le tour de l'assemblée. Les Arabes qui n'ont pu entrer se pressent à la porte, et, derrière eux, des enfants se battent silencieusement autour d'un vaste plat de couscouss qu'on vient de leur apporter. Les aïssaoua ont maintenant changé de ton, et, sur un air qui ressemble à celui de *Malbroug*, ils chantent un cantique nouveau que la musique accompagne toujours de son bruit lent et monotone. Puis, gravement, un des assistants se lève et va s'adosser à la muraille, en face du chef; un second vient se placer près de lui; un troisième suit le second, et ainsi de suite, et les côtés de la mosquée sont bientôt garnis d'un rang serré d'hommes à demi vêtus, dont les faces bronzées et luisantes ont de béates expressions d'hallucinés. La musique redouble, et, avec ensemble, les aïssaoua se secouent en cadence; déjà pâles et hagards, ils ne respirent plus que par de longues et profondes inspirations suivies d'un râle étranglé. Tous à la fois, de leur pied nu, ils frappent le sol comme s'ils voulaient avancer d'un pas, ils s'inclinent, se projettent en avant; on dirait un mur qui tombe; puis ils se redressent pour s'incliner encore, et pendant une demi-heure durent avec ensemble ces étourdissantes oscillations, qu'accompagnent les chants et les balancements de tête de ceux qui sont restés assis. Et le benjoin fume à longs flots, et les tambours résonnent.

Tout à coup, un aïssaoui arrivé au comble de l'exaltation pousse un cri déchirant, se précipite au milieu de la mosquée, et nous assistons encore une fois à l'étonnant spectacle dont nous avons été si souvent témoins à Alger, que nous avons, un jour, entre autres, vu dans des conditions particulières.

Le grand muphti, le cadi de la grande mosquée, les conseillers généraux Bou-Kandoura et Bou-Djerba, je ne sais enfin quels assesseurs musulmans, avaient, en effet, convié le gouverneur, son état-major et ses invités à une fête bizarre dans laquelle devait figurer l'élite des Beni-Aïssa d'Alger.

Précédés de chaouchs de la police qui écartaient les curieux, nous nous étions enfoncés dans le quartier indigène, jusqu'à une grande et belle maison mauresque. Des fleurs, des palmiers, des lanternes arabes aux mille couleurs, décoraient le vestibule. Des violons, des cithares, des tambours de basque dont on étouffait le son remplissaient la cour d'une musique douce et monotone. Une lumière colorée comme celle des feux de Bengale teignait de ses lueurs les arcades découpées et les colonnes qui se tordaient en spirales pourpre. Les vapeurs odorantes du benjoin qu'on jetait à pleines mains dans des brûle-parfums de cuivre s'élevaient en tourbillons épais.

Maures en habits de soie, Arabes décorés et couverts de riches burnous, les invités indigènes, choisis dans la fine fleur de la population musulmane, sont, d'un côté, rangés sous la galerie, en longue ligne blanche et rouge ; de l'autre côté, de grands nègres se tiennent debout contre les murs, pareils à des cariatides de bronze ; en face de l'entrée, enfin, douze Maures en turban clair et en costume écarlate sont assis sur deux rangs, en avant des colonnes, sur le sol même de la cour que couvre un vaste tapis du Maroc.

D'épais rideaux rouges qui tombent en plis lourds cachent mystérieusement les galeries du premier étage, excepté du côté occupé par des Juives officiellement invitées. Elles sont en grande toilette, les dames d'Israël ; les sarmats, diadèmes d'argent hauts de plus d'un mètre et semblables à notre vieux hennin, brillent sur leur chevelure noire, et leurs plastrons brodés étincellent comme des cuirasses d'or.

La musique se tait. Les mains armées d'une espèce de baguette de tambour, les nègres se rangent en rond sur le tapis, et, lentement, à petits pas, ils tournent en cercle. Ils n'ont pour costume qu'un bonnet et une culotte courte dont l'ébène de leur peau fait ressortir la blancheur. Un chant étrange et lent, un chant d'enfant qu'on endort, un chant qui vous transporte là-bas, au pays mystérieux des gommiers et des grands baobabs, sort de leur noire poitrine. Et, peu à peu, ils s'animent ; leur face hideuse s'illumine de larges rires, et la ronde s'accélère ; puis ils pirouettent, ils s'accroupissent, ils bondissent et ils tournent toujours plus vite. Avec des bruits secs, les bâtons s'entrechoquent en mesure; les bonds deviennent des sauts de panthères blessées; les chants deviennent des hurlements, et la ronde est maintenant un tourbillon vertigineux. Les petits bâtons font comme un cliquetis de grêle sur les toits; les yeux blancs roulent affreusement dans les orbites; les dents semblent chercher à mordre; les dos noirs luisent de sueur sous la lumière rouge, et emporté dans une course diabolique, tout cela tourne, tourne toujours, jusqu'à ce que, à bout de forces, les danseurs sauvages aillent, l'un après l'autre, s'affaisser sous les arcades, haletants, la bouche ouverte, la face terreuse et les yeux dilatés. Cette danse n'est qu'un prélude.

Le tapis est retiré; les aïssaoua vont entrer en scène. Ce sont les douze Maures rouges.

Un long cierge jaune brûle devant leur groupe, dans un chandelier de terre, à côté d'un fourneau plein de charbons ardents. Tremblotant et cassé, un vieillard vénérable, à physionomie intelligente et sympathique, est assis au milieu d'eux; c'est leur chef.

De la main gauche ils tiennent le ben-daïr, large tambour de basque sans grelots, mais qui rend des sons vibrants et métalliques, et, de la droite, ils le battent avec ensemble, toujours sur le même rhythme : trois coups du bout des doigts sur le bord, avec un petit silence entre le second et le troisième, puis un grand coup au milieu, tandis que tous se projettent en avant; trois nouveaux petits coups pendant lesquels on se relève, et encore un grand coup avec la même flexion violente, et cela continue pendant un quart d'heure, accompagné d'une bruyante prière en chœur.

Les aïssaoua s'animent; on ne donne plus que deux coups sur le bord des ben-daïrs et un au milieu. L'excitation atteint enfin son paroxysme, les chants ont l'air d'une dispute furieuse, et ce n'est plus que le centre des tambours qu'on frappe à coups redoublés; les corps accroupis semblent alors secoués par des convulsions frénétiques et, tout à coup retentit un cri terrible, le cri de quelqu'un qu'on étrangle. Un aïssaoui surgit, comme poussé par un ressort, coiffe son voisin de son instrument qui gémit, et bondissant par-dessus le premier rang de ses confrères, vient tomber au milieu de la cour.

Ses yeux n'ont plus rien d'humain, ses lèvres grelottent, des râles sortent de sa gorge serrée, ses membres sont en proie à un tremblement qui fait mal à voir. Deux Maures le saisissent à bras-le-corps comme on saisirait un fou furieux, lui arrachent le turban, la veste, la chemise, et jettent un burnous sur ses épaules nues. Un second cri, et un second aïssaoui vient se joindre au premier. De nouvelles poignées de benjoin sont versées dans le brasero, et, enlacés l'un à l'autre, les deux énergumènes en aspirent la fumée à pleins poumons. Et suivant la cadence des ben-daïrs et des chants qui ont repris la mesure du début, ils se balancent d'arrière en avant et d'avant en arrière avec une telle violence qu'on se demande comment ils ne tombent pas. Leur tête qui semble disloquée bat alternativement leur dos et leur poitrine, et leur mahomet décrit dans l'air des courbes fantastiques. Des mots inarticulés passent à grand'peine à travers leurs dents, et, chaque fois que leur menton touche leur sternum, le nom d'Aïssa s'exhale de leur bouche comme le *han* d'un bûcheron. Étourdis, anéantis, ils tombent enfin la face contre terre, et leur crâne, qui se soulève encore comme dans les convulsions d'une horrible agonie, frappe durement les dalles de droite et de gauche, tandis qu'on les traîne aux genoux du cheik. Celui-ci leur touche le front de son doigt mouillé de salive, et, roulés dans leur burnous, on les emporte au fond de la galerie.

Un nouvel aïssaoui qui bondit à son tour vient, comme

les autres, secouer sa chevelure dans les vapeurs enivrantes, puis, subitement, il plonge la main dans le brasier, saisit des charbons ardents, s'en remplit la bouche, dont ils éclairent la cavité, et on les entend craquer sous ses dents, tandis que sa respiration sifflante souffle des étincelles. Un autre se traîne vers le feu avec des grognements de bête affamée et veut manger un morceau de braise si gros qu'il a de la peine à l'enfoncer entre ses mâchoires. Et d'autres aïssaoua bondissent. Recueillis et battus par les assistants, quand ils volent par-dessus les têtes, les ben-daïrs retentissent toujours, et au-dessus de ces scènes barbares passent les youyou frénétiques des Mauresques cachées derrière les rideaux des galeries. Chacun s'en mêle. La cour a bientôt l'air d'une ménagerie en fureur. On saute, on hurle, on se tord ; le délire semble devenir contagieux. Un chaouch du gouvernement déboucle son ceinturon avec un cri de douleur, laisse tomber son sabre sur les dalles, et court, comme un fou, se mêler aux aïssaoua et se torturer avec eux. Les ben-daïrs crèvent sous les coups, les burnous s'agitent comme des ailes de chauves-souris gigantesques, et la lumière rouge éclaire d'une clarté infernale cette étourdissante scène de sabbat.

Deux aïssaoua allument à la grande chandelle cent fois renversée dans le tumulte des paquets d'alfa que, tout enflammés, ils se promènent mutuellement sur leur ventre nu, sur leur poitrine dont les poils brûlent, sous leurs bras qui noircissent. Un autre qui est à peu près de sang-froid découvre un pot de terre, en fait tomber dans un ben-daïr retourné de gros scorpions noirs, qui, la queue relevée en pointe menaçante, courent affolés autour de leur prison, et il les porte au cheik toujours impassible. Les aïssaoua se jettent sur lui, prennent les terribles bêtes entre leurs doigts, les font courir sur leurs bras et sur leurs mains, se les montrent avec des cris de terreur, avec des figures bouleversées, et, tout à coup, ils les croquent comme des crevettes. D'autres pots de terre vomissent des serpents qui, la tête haute, ondulent et glissent éperdus dans les jambes nues des khouans. On les saisit avec d'abominables clameurs, avec des contorsions de possédés, et les serpents s'enroulent aux mains des aïssaoua, qui, finalement, les coupent en deux, à pleines dents. Et, tandis que les tronçons saignants du reptile se tordent sur le sol, leur bouche, pleine d'une horrible bouillie rouge et gluante, mâche le morceau qui est resté dans leur hideuse morsure.

L'un par la pointe, le second par la poignée, deux frères tiennent, le tranchant en haut, un long yatagan, dont la lame lance des éclairs. Pieds nus, un des leurs saute sur le fil de cette arme et, sans se couper, s'y maintient en équilibre. Un autre, à corps perdu, les bras écartés, se jette à plat ventre sur le même sabre, et, les jambes d'un côté, la tête de l'autre, il y demeure suspendu comme le mouton de la Toison d'or. On saute sur son dos, on le piétine, on le foule, et, quand il se laisse tomber, le tranchant a seulement imprimé dans sa chair de profonds sillons bleuâtres.

Et les folies redoublent encore. Tous se martyrisent à la fois maintenant.

L'un danse une bamboula échevelée autour d'un énorme pavé et, le soulevant à deux mains, s'en frappe la poitrine avec une telle force qu'il tombe à la renverse. L'autre se fait nouer une corde en ceinture, et on la lui serre avec tant de rage que sa taille se réduit presque à la colonne vertébrale et qu'il s'affaisse à demi asphyxié, les yeux hors de la tête. Le cheik tire d'un panier de larges raquettes de cactus armées d'aiguillons longs et acérés, d'un cactus qui semble fait exprès, et il les présente aux Beni-Aïssa comme l'hostie monstrueuse de quelque messe noire. Et ceux-ci se jettent à genoux, rampent vers ce régal d'enfer, la figure en avant, la bouche ouverte, et, avec des hurlements forcenés, y mordent à belles dents.

Le suc visqueux de la plante coule sur leur menton en bave verte et filante, et ses épines s'enfoncent dans leur langue, dans leurs lèvres, dans leurs gencives saignantes. On leur tend un ben-daïr plein de clous, et ils les avalent avec volupté. On leur distribue de longs morceaux de verre à vitre, et le verre craque sous leurs dents, ils le broient avec frénésie et ils l'avalent encore. On leur donne jusqu'à des verres de table, ils les mangent comme des oublis, et quand ils n'en ont plus à la main que le pied, trop dur pour être mâché, ils en demandent d'autres. Il y en a qui s'embrochent les mollets et les biceps avec des tronçons de fleurets; d'autres qui s'enfoncent entre le sourcil et le globe oculaire la pointe d'une longue tige de fer qu'ils font, comme une vrille, pénétrer dans leur paupière tortillée; d'autres encore qui, à coups de petits maillets sphériques, plantent de longs clous très-pointus dans leurs épaules ou dans leurs hanches; d'autres, enfin, qui se transpercent le nez, la langue, les lèvres, les oreilles, avec des brochettes ornées de chaînettes et de sequins, et qui s'en vont, abrutis, secouant leur face garnie comme une monstrueuse pelote. Et dans les genoux des spectateurs, errent à quatre pattes des hommes qui se croient changés en bêtes, et qui, avec des rugissements de lions blessés, menacent chacun de leurs dents et de leurs griffes.

Les youyous stridents couvrent les cris rauques des voix enrouées; les aïssaoua s'appliquent sur les mains, sur la langue, des barres de fer et des pelles rougies; le fourneau est renversé; la braise incandescente s'éparpille sur le sol, et, se tenant par les épaules, les têtes secouées dans une convulsion dernière, les énergumènes dansent en rond sur le feu et écrasent les charbons sous leurs pieds nus qui fument. Une odeur repoussante de corne et de peau brûlées se mêle aux parfums énervants du benjoin, et, les uns sur les autres, en tas informe, haletants et râlants, les khouans s'écroulent enfin pêle-mêle autour de leur vieux chef en extase.

Un grand silence se fait alors. La fumée se dissipe; les flammes rouges pâlissent et s'éteignent; des violons langoureux et des darboukas plaintives murmurent une symphonie mourante, suave après ce bruit de démons, et de jeunes Maures, frais et roses comme des femmes, offrent à la ronde du café, des sirops, des glaces et des cigarettes qu'ils promènent sur des plateaux de cuivre ciselé.

Et l'on cause de ce qu'on vient de voir; on refuse d'en croire à ses yeux.

« Hassan, dit le général à un aïssaoui redevenu calme, montre à ces messieurs que tu n'es pas un escamoteur. » Nous mettons, en effet, nous-même, des clous et des morceaux de verre dans sa bouche, et, tandis que nous lui tenons la tête pour empêcher toute supercherie, il mâche, il avale, et nous avons beau chercher avec le doigt dans tous les recoins de ses joues et de sa gorge, tout a disparu.

« Mais comment ce verre ne blesse-t-il pas leurs entrailles?

— Je n'en sais rien, nous dit un vieux médecin militaire qui assiste à la séance, mais je peux vous garantir moi-même l'authenticité de ces absorptions étonnantes. J'ai eu bien souvent à pratiquer l'autopsie d'Arabes morts de n'importe quoi, et j'ai plusieurs fois trouvé dans leur estomac du fer et des morceaux de vitre broyés. C'étaient des aïssaoua qui n'avaient pas encore digéré leur déjeuner. »

Aucun doute n'est possible; s'il y a de la jonglerie làdessous, il y a aussi du vrai, de l'extraordinaire, de l'inexplicable.

La mise en scène est moins pompeuse, mais le spectacle est le même à Constantine. Je suis seul ici, absolument seul, peu à mon aise même, dans mon coin où viennent me chercher des regards qui n'ont rien d'encourageant; ce n'est donc pas pour moi que la fête se donne; les aïssaoua se torturent bel et bien pour eux-mêmes, et pour leur édification réciproque.

Ils forment ici une confrérie de six cents khouans ou frères, placée, comme celle des autres villes, sous l'autorité spirituelle d'un chef, le mokadem, qui dépend lui-même du cheik suprême, khalifa de Dieu et de Sidi-Aïssa, créateur de cet ordre bizarre.

Les khouans de Constantine, en particulier, croient que c'est arrivé, comme disent les enfants, et les plus zélés d'entre eux s'en vont, tous les six mois, passer une semaine dans une zaouïa, qui est à trois kilomètres d'ici. Ce qu'ils font à huis clos dans ce temple satanique est, paraît-il, inimaginable. Et à la fin de leur sanglante retraite, quand ils rentrent en ville, hurlant, se bousculant sur la poussière, se mordant autour des étendards déployés, ceux qui les ont attendus vont au-devant de leur troupe enragée, leur apportent des moutons qui sont mangés vivants, et ils s'en reviennent tous ensemble, comme une horde de fous furieux, dévorant les cactus épineux qui hérissent les bords du chemin.

Le fondateur de cette secte est un pieux et pauvre Marocain, Si-Mohammed-ben-Aïssa, qui vit le jour à Mequinez et qui n'a de commun avec Jésus-Christ que le nom d'Aïssa, simple homonymie qui a pourtant donné lieu aux rapprochements et aux conclusions les plus fantaisistes. Sidi-Aïssa méprisait les richesses, et Allah se dit un jour que ce mépris lui venait peut-être de ce qu'il n'en avait pas. Il voulut l'éprouver, et une fois que le marabout puisait de l'eau, son seau revint plein de sous de cuivre.

— Ce n'est pas ce que je veux, dit Sidi-Aïssa, et il vida le seau pour le renvoyer au fond du puits.

Quand il remonta, il était plein de boudjoux d'argent.

— Ce n'est pas encore cela, dit le saint, et il jeta les

boudjoux. A la troisième fois le seau débordait de sultanis d'or.

— Mais, je t'en prie, Allah, s'écria le bonhomme impatienté, envoie-moi donc ce qu'il me faut ! C'est de l'eau, pour faire les ablutions que tu as prescrites ! Et les sultanis allèrent rejoindre les boudjoux et le billon.

Or, il y avait un grand concours de peuple autour de Sidi-Aïssa, et ce peuple se mit à crier au miracle.

« Oui? dit Sidi-Aïssa. Cela vous étonne? Eh bien, suivez-moi ! »

On le suivit et l'on marcha longtemps.

— Ah çà, où nous mène-t-il ainsi? dirent alors quelques-uns d'entre les hommes. Où allons-nous, Aïssa?

— Suivez-moi ! Suivez-moi toujours !

Mais la foule s'éclaircissait ; sur le soir, ils n'étaient plus qu'une vingtaine autour du vieux qui marchait encore. Et ils n'avaient rien mis sous la dent depuis qu'ils étaient partis, pas un grain de couscouss, pas un noyau de datte.

— Sidi-Aïssa, j'ai faim, commença à murmurer l'un.

— Sidi-Aïssa, j'ai des crampes d'estomac, disait l'autre.

Et, dix minutes après, tous criaient famine.

— O hommes de peu de foi ! dit le marabout. Vous avez faim? Eh bien, faites comme moi !

Et, ramassant des cailloux sur la route, il les mangea. Chacun l'imita, et de scorpions dénichés sous les pierres plates, de serpents tirés de leurs trous, de broussailles épineuses et sèches qui remplacèrent la salade, les nouveaux disciples d'Aïssa firent un repas succulent. Et c'est depuis ce jour mémorable qu'ils ont gardé la faculté de dévorer et de digérer les choses les moins comestibles.

Réconfortés par leur festin surnaturel, les prosélytes se remirent en marche. Ils arrivèrent enfin en un désert de pierres.

— C'est ici ! s'écria Aïssa.

— Ici, quoi? dirent les autres. Nous voyons bien par là de quoi nous nourrir pendant toute notre vie, mais qu'y a-t-il de plus ?

— Ce qu'il y a? Il n'y a rien ! Et c'est pour cela que nous y ferons quelque chose, et sur ces pierres je bâtirai ma zaouïa.

Et en effet, les cailloux qu'on ne mangeait pas servirent à l'édification des murailles, et l'on vit bientôt s'élever dans la Thébaïde marocaine une sorte de couvent qui n'avait pas de cuisine et d'où partirent tous les aïssaoua dont les successeurs sont aujourd'hui si répandus dans le Maroc, l'Algérie et la Tunisie.

L'ordre des Beni-Aïssa est l'une de ces nombreuses franc-maçonneries religieuses, qui élèvent encore de tous côtés des zaouïas et des mosquées.

Il n'y a peut-être pas un musulman du nord de l'Afrique qui, selon l'expression consacrée, n'ait pris la rose de l'une de ces pieuses et politiques confréries; qui n'en ait le dikr, prière, mot de passe, avec lequel il se fait reconnaitre de ses frères.

Les deux plus anciennes de ces sectes, celle des kadrya et celle des chadelya, fondées peu après la mort de Mahomet par un certain Kader et par un certain Chadely, ont presque disparu aujourd'hui, mais disparu pour revivre sous d'autres noms, mortes comme le phénix, qui renaissait de ses cendres.

Presque aussi ancienne que les deux précédentes est la secte des derkaoua, fondée par Derkaoui. Encore bien, encore trop vivante, elle compte de très-nombreux adeptes au Maroc et dans la province d'Oran. Un derkaoui croit, malgré la prohibition expresse du Koran, mériter le ciel en tuant un Juif, et, à défaut de Juif, un chrétien.

Sidi-Abd-el-Kader-el-Djilani, protecteur des mendiants en général, et de ceux d'Oran en particulier, fonda une autre secte.

Sidi-Yousef-el-Hamali en fonda une nouvelle à peu près localisée dans la province de Constantine.

Au Maroc et à Tlemcen existe, fleurit et fructifie l'ordre puissant de Mouley-Tayeb, dont le chef est le chériff d'Ouezzan, cousin de l'Empereur, ordre auquel nous devons déjà un nombre fort respectable de difficultés politiques.

La province d'Alger prend volontiers la rose de Sidi-Abd-el-Kader-ben-Abd-er-Rhaman-bou-Kobrin, le fameux marabout aux deux tombes, et la plupart de ces Arabes que vous voyez égrener leur chapelet le long des routes, au pied des murailles blanches, sont des khouans de cet ordre. Conformément au rite que leur a imposé leur maître, ils doivent, entre autres choses, répéter trois mille fois par jour la phrase de l'Islam : *La illah il Allah ou Mohammed raçoul Allah.* Au bout de six mois de cet exercice on est absolument abruti, on est un khouan comme l'entendait Bou-Kobrin.

Le sud de la même province appartient à l'ordre fondé par Si-Hamed-Tedjini, dont le fils, qui porte le même nom, habite encore Aïn-Madhi, à quelques kilomètres de Laghouat. Si-Hamed, qui avait le don de remplacer les canons par des troncs de palmier, débuta par le siége qu'il soutint contre l'émir Abd-el-Kader, jaloux de sa puissance, et, depuis cette époque, les Tedjinia ont eu plus de tendance à être nos amis que nos ennemis. C'est à cause de cet esprit de conciliation que cet ordre se restreint chaque jour et tombe en décadence.

La confrérie des Senoussia, intransigeants mystérieux de l'Islamisme, s'étend au contraire de plus en plus. Fondée, il y a quelques années, à Mostaganem, par Si-Mohammed-ben-Ali-el-Senoussi, le senoussisme, dont l'idée mère est la haine du chrétien et de l'envahisseur, compte déjà plus de trois millions d'adhérents. Les ramifications souterraines de ses racines puissantes s'étendent du Sénégal à

Obock, des Yolofs aux Somâlis. Dans le sud de nos possessions, elles ont envahi les Ouled-Sidi-Cheik, les Ouled-Naïls et jusqu'aux Touareg du désert. A Tanger, à Alger, à Tunis, à Tripoli, au Caire, à Constantinople, partout cet ordre a des sectaires d'autant plus redoutables qu'ils sont plus inconnus, qu'ils cachent mieux leurs aspirations et leurs haines sous le masque d'une soumission entière à nos armes et à l'influence de la civilisation chrétienne. A l'ouest, au sud, à l'est de notre colonie, c'est toujours à lui que nous nous heurtons, c'est toujours contre ses remparts invisibles que s'émoussent nos efforts. Il a fait du cœur de l'Afrique comme la citadelle de l'Islam, et il nous en repousse de toutes ses forces occultes. Ce n'est pas sous la lance du targui, c'est sous le poignard caché du senoussi que tombent, les uns après les autres, les explorateurs qui dépassent certaines limites. Le senoussisme est un grand danger pour notre domination en Algérie; c'est un flot silencieux qui monte dans l'ombre et qui nous engloutira, si nous n'y prenons garde; c'est un feu souterrain qui mine lentement notre puissance africaine, et qui, comme un volcan en éruption, éclatera peut-être un jour et nous ensevelira sous ses laves sanglantes.

On éprouve le besoin de voir quelque chose de plus doux, de plus humain, quand on sort de l'antre des aïssaoua. Allons au café-concert des Arabes.

Ce café est installé dans une grande cour sablée dont des colonnes badigeonnées de bleu soutiennent le plafond à claire-voie. Des fresques grossières, bleues et rouges, égayent drôlement la blancheur des murailles. Une large vigne et un figuier séculaire s'élancent du milieu de la cour, y contournent leur tronc et leurs branches comme des pieuvres énormes, percent le plancher et vont se développer à l'air libre.

Un arbre n'empêche pas ici de bâtir, ce qui ne veut

pas dire qu'on le coupe. On le respecte, au contraire, on lui ménage des trous à travers les terrasses et les murs, on l'englobe, en un mot, dans la construction qu'il inondera, avec reconnaissance, de son ombre tutélaire.

Les consommateurs, pour qui quelques tables sont dressées dans les coins, trouvent plus simple et plus commode de s'asseoir par terre. Contre une muraille, une estrade est destinée à l'orchestre qui s'y vautre sur des tapis et des coussins. Il y a deux cithares, deux violons et un tambour de basque, et cela accompagne les chants interminables des musiciens eux-mêmes et les contorsions lascives de deux almées dorées qui se remplacent sur le bord du tréteau. Il y a une heure que nous y sommes ; la musique s'est reposée deux ou trois fois pour recommencer toujours le même air, et c'est toujours la même chose. Le spectacle doit varier, cependant, puisqu'il y a, sur le tronc du figuier, un papier jaune qui porte un programme en arabe ; mais il faut être Arabe aussi pour trouver une différence entre les diverses parties du spectacle qu'il annonce.

CHAPITRE IX

DANS LA PROVINCE DE CONSTANTINE.

Une diligence abominable, algérienne, nous emporte dans la direction du polygone, entre les crêtes basses et nues du Djébel-Zouaoui, d'un côté, et le Rummel, de l'autre, au milieu de champs de blé et de collines pelées qui rappellent le parcours de Misserghin à Tlemcen. Après le polygone et les fermes de la Maison-Blanche, à quinze ou vingt kilomètres de Constantine, nous arrivons à Aïn-Smarra, petit village français, bâti au milieu d'un territoire occupé par les indigènes, et constituant avec ses cent vingt habitants ce qu'on appelle une commune de plein exercice.

Le territoire civil de l'Algérie comprend, en effet, des communes de ce nom, des communes mixtes et des communes indigènes. Les premières, organisées comme en France, ont un maire et un conseil municipal. Les dernières, qu'on appelle aussi des douars-communes, sont des réunions administratives de douars, parfois fort éloignés les uns des autres, et placés sous l'autorité d'un cheik ou d'un caïd, président indigène choisi par nous. Les communes mixtes, enfin, sont comme une combinaison des deux autres; elles ont à leur tête un administrateur civil, espèce de maire installé et payé par le gouvernement, une commission municipale, des adjoints indigènes, nommés par l'État, et un adjoint français, nommé, lui, par les colons, pauvres gens qu'il ne faut pas priver du plaisir des élections.

Il serait, sans doute, difficile d'organiser l'Algérie autrement, mais tout cela est passablement compliqué, et, pour comble d'embarras, il se trouve des villages qui ont un territoire grand comme une préfecture de France; qui sont, en même temps, centre de commune de plein exercice, centre de commune mixte et centre de commune indigène; où le pouvoir enfin se trouve partagé, souvent tiraillé, entre le maire, l'administrateur et le caïd.

Il y a aujourd'hui je ne sais quelle fête à Aïn-Smarra, et des voix joyeuses prononcent autour de nous le mot de fantasia. Un chef donne l'exemple de ces réjouissances équestres si chères aux rudes fils de l'Algérie. Il a chaussé ses tmags, larges bottes molles en cuir rouge venu de Tafilalet; il a attaché les longs éperons argentés à ses petites babouches de cuir verni, et, tandis qu'un nègre tient ses larges étriers, il enfourche sa selle au dossier élevé, sa belle selle de velours brodé d'or. Un orchestre, une nouba, composée de flûtes de roseau et de deffs, espèces de tambours de basque carrés et tendus de peau des deux côtés, se met à bourdonner sous un arbre. Le fusil sur la cuisse, le chef caracole un instant, puis, tout à coup, s'élance au galop. Les cavaliers se rassemblent; les chevaux hennissent en bondissant; la foule rit et s'écarte devant les ruades, et la fantasia commence.

Allah Hou! Allah Hou! Couchés sur la selle, le front touchant la tête de leur monture, deux Arabes se précipitent comme des boulets, et, plus loin, deux coups de feu retentissent.

Allah Hou! Allah Hou! Et dans un galop enragé, avec un grand bruit d'étriers, d'amulettes, de ferrailles secouées, passe un impétueux tourbillon de chevaux, de costumes rouges, de burnous flottants, de fusils levés, et de nouvelles détonations éclatent.

Ha Hou ! Ha Hou ! crie la foule. Ha Hou ! Ha Hou ! La fantasia s'anime ; les cavaliers se poursuivent renversés sur les croupes ou debout sur les étriers ; les pierres broyées volent sous les pieds des chevaux ; les armes tournoient en l'air ; la fusillade petille de toutes parts ; des nuages de fumée montent en tourbillons blancs ; la mêlée est générale. Ha Hou ! Ha Hou ! La poudre parle.

Et pour attendre l'heure du retour, nous allons à pied faire une promenade de quelques kilomètres sur la route de Sétif, dans la direction d'At-Menia. Toujours des collines arides, toujours des campagnes desséchées par le soleil, et dans les replis, dans les petites plaines, campent des douars. Mot que nous avons déjà écrit bien souvent, un douar est une réunion de tentes ou de gourbis, un camp volant ou un village fixe, placé sous l'autorité d'un chef de famille. Plusieurs douars réunis constituent une ferka sous le commandement d'un cheik, et plusieurs ferkas forment une tribu administrée par un caïd. La tribu est comme l'entité politique de la population arabe. Ordinairement indépendantes les unes des autres, souvent même ennemies, les tribus sont quelquefois réunies en certain nombre pour former un grand caïdat ou aghalik, et plusieurs aghaliks peuvent à leur tour constituer un bachaghalik. Cette organisation n'a rien de fixe, et il y a des tribus assez puissantes et assez nombreuses pour avoir elles-mêmes à leur tête un agha ou même un bach-agha.

La société arabe, chez qui la classe moyenne, la classe bourgeoise, n'existe pour ainsi dire pas, comprend le peuple et la noblesse.

La noblesse est constituée par les djouad, d'un côté, et les cheurfa, pluriel de chérif, de l'autre. Les premiers forment la noblesse militaire ; les seconds, descendants du Prophète, la noblesse religieuse. On peut, comme une espèce d'ordre à part, joindre les marabouts à cette dernière classe. On naît chérif, mais on devient marabout par ses vertus. Les cheurfa sont très-nombreux en Algérie. Il y a des tribus entières, et cela se conçoit, dont tous les membres sont ou se disent chérifs, et il n'est pas rare de voir un chérif vivre dans la plus misérable condition.

Ordinairement djouad, souvent djouad et chérif, plus souvent encore djouad et marabout, quelquefois même djouad, chérif et marabout tout ensemble, l'agha, le bach-agha, est le représentant respecté et hautain de cette noblesse indigène. Riches héritiers de la féodalité du désert, les chefs exercent sur leurs administrés une autorité politique, militaire, religieuse, avec laquelle nous avons à compter, à laquelle nous devons recourir. Leur influence est telle qu'on a dû, il y a quelque temps, faire quitter son corps à un officier de spahis, élève de Saumur et fils d'un bach-agha bien connu. Un colonel, un général donnaient-ils un ordre en sa présence? Les cavaliers regardaient le sous-lieutenant, marabout, fils de marabout, et ne marchaient que si, d'un signe, celui-ci le leur avait enjoint. Il leur semblait que, devant lui, ils ne pouvaient obéir à un autre, quel qu'il fût. Il a fallu, dans l'intérêt de la discipline, éloigner cet officier de son régiment dont il était le chef malgré lui. On l'a fait caïd quelque part en attendant qu'il hérite du bach-aghalik de son père.

Malgré cette puissante autorité morale, malgré la rudesse et le dédain avec lesquels les chefs traitent les hommes du peuple, le mahométisme établit entre les uns et les autres de tels rapprochements, une telle égalité religieuse, qu'on est toujours étonné de la liberté avec laquelle les Arabes approchent leurs maîtres, de la franchise et du sans gêne avec lesquels ils leur parlent. Singulier mélange de hauteur et de bonhomie, de fierté et d'abandon, chez ce peuple si différent de nous-mêmes que rêver une assimilation complète, c'est caresser une irréalisable utopie !

Les richesses, souvent considérables, que possèdent les chefs arabes, et le noble usage qu'en font la plupart d'entre eux, ne contribuent pas peu à augmenter le prestige de leur naissance. Le bach-agha des Ouled-Naïls, par exemple, à qui la France n'octroie qu'une solde annuelle de quinze mille francs, mais qui possède de très-grands revenus, donne aux pauvres une somme évaluée à cent mille francs par an, nourrit à ses frais cent goumiers et leur famille, entretient enfin, sans les chasser jamais, tous les mendiants qui viennent frapper à sa porte. Et il se regarde comme le moins fervent des musulmans quand il lui reste un sou au bout de l'année.

Ces richesses profitent d'ailleurs en même temps à leurs nombreux métayers, les rhammès, qui touchent le cinquième du prix de leur travail, comme l'indique l'étymologie de leur nom, rhamsa, cinq, et elles profitent à nous-mêmes qui les frappons de diverses sortes d'impôts. Nous avons, par exemple, le hokor, impôt sur le loyer des terres; l'achour, impôt sur les cultures; le zekkat, impôt sur le bétail; l'eussa, sur les palmiers; le lezma, impôt de capitation; sans compter les diffas, les réquisitions et les corvées. Tout cela ne serait que juste, puisque les Arabes, bien que souvent par force, profitent des bienfaits de la civilisation que nous leur imposons. Mais là devraient s'arrêter nos revenus, et avouons qu'il n'en est pas toujours ainsi, et que trop souvent nous agissons vis-à-vis d'eux avec un sans gêne de conquérants qui n'est pas fait pour nous concilier leur sympathie.

Il est des chefs arabes, grands propriétaires fonciers, qui emploient des machines à vapeur, des faucheuses, des batteuses; il en est qui ont obtenu des médailles d'or dans des expositions régionales; il en est même qu'on a décorés du Mérite agricole; mais il y en a d'autres qui ne savent pas encore tirer de leurs terres tout le parti possible, qui les laissent même en friche.

« Prenons les biens de ces derniers, disent tout naturellement les économistes algériens, et cultivons-les à notre bénéfice. »

Et nous le faisons, et l'on cite de malheureux Arabes dépossédés dont le besoin a fait les simples fermiers, les ouvriers salariés, de propriétés qu'ils avaient reçues de leurs pères. Mais de quel droit les leur avons-nous prises, ces propriétés? Et si des terres en friche leur rapportaient assez pour leurs troupeaux? Et si même il leur plaisait de les laisser ainsi? Que dirait un propriétaire français à qui l'on confisquerait son champ sous prétexte qu'il ne le cultive pas ou qu'il le cultive mal? Que dirait un avare à qui l'on viendrait ravir son or parce qu'il le cacherait au fond d'une armoire et qu'il ne lui ferait rapporter aucun intérêt? La raison pour laquelle nous nous emparons des propriétés arabes est souvent plus injuste encore. Que de fois, par exemple, n'avons-nous pas lu ceci dans les journaux algériens : « La ligne ferrée projetée entre Mostaganem et Tiaret, ou la route tracée entre Boghari et Bou-Saada, ou toute autre voie d'utilité publique, vont donner une plus-value aux terres qu'elles traverseront. Le gouvernement attend-il pour en exproprier leurs tenanciers indigènes que ces propriétés aient ainsi augmenté de valeur? Mais il faudra alors les payer vingt francs quand un décret peut forcer les Arabes à les vendre aujourd'hui pour vingt sous! Qu'on les prenne donc tout de suite! » — Et l'on se croit un profond penseur quand on a inventé un pareil déni de justice, quand on a imprimé une pareille énormité. Pauvres gens! Si quelques arabophiles, comme on appelle dédaigneusement vos amis, ont créé une société protectrice des indigènes, combien est plus grand le nombre de vos ennemis, des arabophobes, comme ils sont fiers de s'intituler eux-mêmes! Cela se conçoit : les premiers ne sont mus que par des idées surannées de droit et philanthropie; les seconds ont un mobile bien autrement puissant, l'intérêt.

« Que veux-tu? me disait au sujet de ces accaparements un Arabe aussi intelligent qu'instruit. La force prime le droit, et vous en savez quelque chose. Vous prenez notre pays comme les Prussiens vous ont pris l'Alsace ! Mektoub ! c'est écrit !

— Mais, mon ami, nos administrateurs ne dépouillent pas ton compatriote ; ils lui payent ses terres ; ils ne font que l'exproprier.

— Mais c'est justement cela qui est la ruine pour nous ! Un champ que vous estimez mille francs fait vivre largement un Arabe et sa famille ; prenez-lui ce champ et donnez-lui cette somme. Qu'en fera-t-il ? Suppose qu'il ait assez d'instruction, assez de confiance pour la placer. Pouvra-t-il vivre avec les cinquante francs annuels qu'elle lui rapportera ? Non ! Aussi il ne la placera pas ; il la mangera par force, et il n'aura bientôt plus ni terre ni argent, et il mourra de faim. Regarde dans quel état de misère, dans quelle abjection vos expropriations forcées ont plongé la moitié des Maures d'Alger ! Qu'on vous laisse faire, et vous en aurez bientôt réduit là notre population entière.

— C'est vrai ! Ce sont là les inconvénients passagers, mais inévitables, de tout changement de choses. Un jour viendra où les Arabes travailleront comme nous, vivront comme nous, et ce jour-là ils seront heureux.

— Oui, je sais, quand vous nous aurez assimilés, comme vous dites. Mais une assimilation complète ne sera jamais possible ! La polygamie, le divorce libre, la propriété collective, vingt autres raisons lui seront toujours des obstacles. Et puis, je ne sais si vous la désirez, cette fusion, mais, en attendant, vous n'y travaillez guère. Vous semblez, au contraire, faire tout ce que vous pouvez pour vous aliéner nos cœurs, et le dernier de vos colons se croit autorisé à nous traiter comme des chiens. Vous semez la haine, et vous prétendez récolter l'amour !

— Et comment, selon toi, pourrait-on arriver à établir un rapprochement entre nos deux races ?

— Comment ? Eh bien ! donnez-nous au moins nos lettres de grande naturalisation. Accordez-nous ce que vous nous avez fait l'injure d'accorder aux Juifs quand vous le refusiez à nous-mêmes.

« Je veux bien parler en libéral, je crois que c'est ainsi que vous dites, et, un instant, admettre avec vous que les Juifs sont des hommes comme les autres, qu'ils ne forment pas une caste à part. Je comprends, partant de là, que vous les traitiez en France comme vos égaux ; ce sont des Français qui ont une autre religion, la religion du douro, et voilà tout. Mais, pour être logiques, vous deviez aussi, en Algérie, les traiter comme les autres indigènes, ou plutôt traiter les autres indigènes comme vous les avez traités eux-mêmes. Pourquoi ne forment-ils pas une classe particulière chez vous et en forment-ils une ici ? Pour nous humilier, sans doute, nous qui valons mieux qu'eux, vous le savez bien. Et pendant que vous les faisiez Français, pendant que vous commettiez cette injustice contre nous, rappelez-vous ce que nous faisions, nous, pour la France. Rappelez-vous ces bataillons bleus qui passaient dans vos villes étonnées avec leurs noubas de raïtas et de tebouls ; rappelez-vous ces cavaliers rouges dont vous êtes si fiers et ces guerriers bronzés dont les burnous faisaient battre vos cœurs, dont les chevaux se cabraient dans vos rues. C'étaient nos tirailleurs, nos spahis et nos goums. Ils allaient verser leur sang pour vous, là-bas, dans des pays dont ils n'avaient jamais entendu parler, dans des plaines où il n'y a ni palmiers, ni soleil. Et ils ne sont pas revenus ! Ils sont tombés à Patay, à Wœrth, à Reischoffen avec vos cuirassiers. Et pendant qu'ils mouraient ainsi, vous honoriez les Juifs restés dans leurs boutiques ! C'est ce moment même que vous choisissiez pour nous infliger cette honte, pour nous faire cet outrage !

« Vous voulez nous assimiler, dites-vous ? Eh bien ! commencez par rayer de votre vocabulaire officiel cette appellation d'indigène qui établit une perpétuelle ligne de démarcation entre vous et nous. Soumettez-nous à la conscription militaire; regardez-nous comme Français au point de vue de nos droits politiques. Supprimez de votre Code algérien ces délits spéciaux à l'indigénat qui comprennent jusqu'à des intentions. Et, puisque je parle de choses judiciaires, admettez-nous au nombre des jurés que vous convoquez pour les cours d'assises, en territoire civil. N'est-ce pas absurde que nous ne soyons pas appelés à connaître des crimes de nos compatriotes, que les musulmans ne soient pas jugés par leurs pairs?

« Tenez, ajoute-t-il en tirant un journal de sa poche, voyez la note des assises d'Alger pour la prochaine session. Il y a neuf affaires à juger en dix jours. Savez-vous quels sont les accusés? Regardez! Quatorze musulmans et un seul chrétien; et encore ce dernier est-il complice d'une Mauresque. Et quels sont les jurés appelés à se prononcer sur leurs crimes? Des Français; peut-être des Juifs!

« Et quand vous nous aurez faits jurés, il vous restera à nous faire électeurs et éligibles. Pourquoi n'enverrions-nous pas des représentants à votre Chambre, comme la Martinique ou le Sénégal y envoient des nègres? S'il y eût eu un des nôtres parmi vos législateurs, peut-être n'eût-on pas osé, tout dernièrement, dire à la tribune ce qu'on n'a pas rougi d'y proférer à propos de l'amnistie demandée pour nos condamnés de 1871. On a dit qu'on ne voulait pas nous les rendre parce que c'étaient des chefs, des tyrans féodaux. Des tyrans féodaux! Mais cela ne regarde que nous; et que vous importe si leur tyrannie nous plaît autant que leur féodalité? On a dit que c'étaient des condamnés de droit commun, de vulgaires assassins; la calomnie et l'injure vous coûtent si peu, hommes à la langue légère! Des condamnés de droit commun! Eux, prisonniers de guerre faits dans les montagnes kabyles ou dans les déserts du Sud oranais! On a dit enfin, et c'était la vraie raison, que si l'on rendait la liberté à nos déportés, il faudrait aussi leur rendre leurs biens mis sous séquestre. Vous avez une si singulière façon de comprendre le séquestre, ici! Vous n'osez pas dire confiscation, mais c'est la même chose. Ces terres séquestrées, en effet, vous les avez vendues; vous y avez bâti des villages, comme chez vous, sans vous gêner! Et pour indemniser ceux que vous avez ainsi dépouillés, il faudrait dépenser trente millions. Trente millions! Si c'était pour faire des groupes scolaires et des mairies dans nos plaines d'alfa, vous trouveriez que c'est pour rien. Mais trente millions pour des propriétaires spoliés! Non, par exemple; la justice est trop chère à ce prix. Trente millions! Périssent plutôt les Arabes en Nouvelle-Calédonie! Et votre Chambre ne s'est pas révoltée à ces déclarations, et les voix qui se sont élevées en notre faveur n'ont pas été écoutées, et nos frères ne viendront pas dormir près de nos marabouts! Amnistiez donc nos captifs, comme vous amnistiez vos communards eux-mêmes. Regardez-nous comme Français au point de vue des affaires publiques, de nos relations avec vous, et laissez-nous libres pour le reste. Ne vous occupez pas de notre vie intérieure. Pourvu que vous ne soyez ni tués, ni volés, pourvu que l'Arabe vous paye ses impôts du sang et de l'argent, que vous importe le reste? Savez-vous pourquoi les Kabyles sont aujourd'hui les plus soumis d'entre nous, pourquoi ce sont eux qui ont le plus de tendance à cette demi-assimilation que vous pouvez seule raisonnablement souhaiter? Parce que, en 1857, le maréchal Randon, qui a conquis leur pays, leur a laissé leurs lois et le soin de leur administration intérieure.

« Laissez-nous naître, vivre, prier, nous marier, mourir à notre guise, et vous arriverez peut-être à faire de nous des Français musulmans et de l'Algérie une France africaine.

— Avec des préfets et un gouvernement civil?

— Jamais ! Mais avec un vieux général d'Afrique qui aura vécu avec nous, qui parlera notre langue, qui connaîtra nos mœurs et nos usages. N'oubliez pas que nous sommes, avant tout, un peuple militaire. Que nous les combattions ou que nous partagions leurs fatigues et leurs périls, vos soldats et nos cavaliers apprennent à s'estimer mutuellement, et de l'estime naissent la sympathie et l'affection réciproque. Vos officiers fraternisent avec nos chefs et les traitent d'égal à égal, quand vos civils nous méprisent, sans savoir pourquoi, parce que nous sommes les plus faibles. Nous voulons voir une épée au flanc de celui qui nous commande. Vous le savez si bien que vos administrateurs civils eux-mêmes se déguisent en colonels et s'affublent d'un képi galonné. Ils ont raison. Nous ne pourrons jamais regarder comme chef un monsieur en redingote noire, un pékin, comme vous dites vous-mêmes. »

Mais nous voilà loin d'Aïn-Smarra, et sans nous en douter nous sommes arrivés dans un pays passablement sauvage. Des cavaliers arabes, le fusil haut, fouillent en tous sens les anfractuosités de la route. Que cherchent-ils ? Le lion, le lièvre ? A quelle bête féroce en veulent-ils ? D'autres ont mis pied à terre, autour d'une petite auberge européenne, qu'ils semblent garder. La chaleur est atroce, et il y a justement une table, à la porte de cette auberge, sous un grand buisson couvert de loques poudreuses, un buisson marabout. Ces chiffons sont destinés à perpétuer le souvenir d'un assassinat commis en ce lieu, comme ces pierres que chaque passant jette ailleurs sur une place où le sang a coulé, et cela fait toujours un peu d'ombre.

« Eh ! madame, signora, señorita, une gargoulette et de l'absinthe !

— Ecco, signor !

— Grazia ! Et, dites-moi, que font ces Arabes autour de votre osteria ?

— Ma foi, demandez-le al signor capitano. »

Le signor capitano est un brave maréchal des logis de spahis qui fume adossé à la muraille.

« Ils cherchent l'homme, nous répond celui-ci.

— Et ceux qui sont autour de la maison?

— Ils gardent la femme.

— Ah! Et que sont cet homme et cette femme?

— Un Ouled-Soltan et sa complice que nous conduisions à Constantine. Nous avons voulu nous reposer un instant ici; notre prisonnier était solidement garrotté, et j'avais cru pouvoir le laisser avec les chevaux. Quand il a fallu repartir, plus personne! Nous n'avons même pas retrouvé les cordes! Ils nous glissent entre les doigts, ces sauvages-là. Et maintenant on le cherche.

— Et c'est un voleur?

— Un voleur? Pas plus! C'est un amoureux, mais un de ces amoureux enragés comme il n'en pousse qu'au soleil d'Afrique. Figurez-vous que, il y a quelques jours, la tribu des Bou-Aoun est réveillée en sursaut par des cris poussés dans une tente. Les hommes accourent, et ils trouvent un des leurs le cou à demi scié. Sa femme se roulait sur les tapis, en proie, en apparence, au plus violent désespoir et à la plus profonde terreur. C'est elle qui poussait les hurlements d'alarme. On avait voulu, disait-elle, les assassiner tous deux, et elle montrait encore le couteau saignant du bandit. Le chef du bureau arabe, habitué à ces histoires, a tout simplement fait arrêter la femme. L'assassin était son amant.

« Depuis bien longtemps, dit-elle, il me suivait à la fontaine; il me faisait faire des propositions amoureuses par une vieille Ouled-Naïl; je le trouvais partout. J'avais beau le menacer de le dénoncer à mon mari qui lui ferait payer l'amende prescrite, il était toujours là! Et il m'offrait des fleurs dorées, il remplissait ma cruche, il portait mes fardeaux, et, quand je le croyais parti, il n'avait fait que décrire un grand détour dans la colline, et il reparaissait devant notre tente sous le prétexte d'acheter de la laine. Il était devenu l'ami de mon mari et même des chiens qui n'aboyaient plus après lui, bien qu'il fût d'une autre tribu. J'avais toujours résisté à ses avances, et si je n'avais eu qu'un foulard pour cacher ma nudité, je m'en serais voilé la face plutôt que de la laisser voir à ce maudit. Avant-hier, il me trouve seule dans un chemin creux, il s'approche et il me dit que, puisque je ne veux pas de lui, il se passera de mon consentement et qu'il viendra la nuit suivante me trouver sous la gueïtoun de mon seigneur et maître.

— Et tu n'as pas averti les hommes du douar?

— Je ne le pouvais pas, Sidi. Il m'avait dérobé trois cheveux et il les avait, avec trois des siens, mis dans un morceau de papier sur lequel le marabout avait écrit les paroles qui font aimer et celles qui font obéir. Et il avait fait de cela un talisman qu'il portait sur son cœur! Pouvais-je résister? C'était écrit!

— Oh! c'est toujours écrit! Et, avec cette belle raison, vous n'êtes jamais responsable de rien. Enfin continue ton histoire.

— Le maboul me prévient donc de sa visite et me dit qu'il sera armé, qu'il tuera comme un Juif le premier qui bougera. Que faire? Le destin lui-même m'avait d'ailleurs répondu que je devais enfin m'abandonner. Tu sais, j'avais fait les prières prescrites et, en sortant de la tente, le matin, j'avais murmuré à voix basse : « Dois-je céder? » Et j'avais attentivement écouté le premier mot que j'entendrais. « Oui », avait répondu un passant à un ami qui lui demandait je ne sais quoi, si son chameau était revenu d'Aïn-Cheddi, je crois. Oui! C'était la réponse de la fatalité!

« Et, la nuit suivante, à l'heure où les chacals pleurent dans la plaine, mon mari dormait près de moi, et j'écoutais, en tremblant, les moindres bruits venus du dehors, quand les chiens grognèrent, mais si bas qu'ils n'éveillèrent personne. Et, doucement, j'entendis craquer les broussailles autour de nous. Je vis la clarté de la lune apparaître sous le bord de la tente qui se soulevait, et, vaguement, une forme noire ramper vers moi. C'était lui! Je voulus le repousser, mais il était nu, et j'eus peur de commettre un crime en le touchant; je voulus écarter sa figure de la mienne, et je sentis, sous sa moustache, le manche d'un couteau qu'il tenait entre les dents. Si je poussais un cri, si je faisais un mouvement, mon mari s'éveillait! Pouvais-je le faire tuer? Ah! par Allah, je te jure que je n'étais pas coupable! Et, un instant plus tard, l'homme nu se glissait comme un serpent hors de la tente et s'en allait. Je n'avais plus rien à lui refuser, et il est revenu cette nuit. Fut-il moins prudent? Était-il soupçonné? Je ne sais. Mais j'entends tout à coup comme un cri étouffé, je sens, autour de moi, sur ma poitrine même, une lutte silencieuse dans l'obscurité, une lutte très-courte, puis un râle, un seul. Et tandis qu'un homme s'affaisse à mes côtés, un autre se lève et disparaît. Je porte la main sur celui qui vient de tomber, et je sens sur son cou quelque chose de mouillé et de chaud. Et il ne bougeait plus! J'ai compris, j'ai crié au secours, alors.

— Alors, fille du péché? Alors? C'est faux! Tu as donné à ton amant le temps de s'enfuir. Mais qui est-il?

— Oh, Sidi! Par la faute de ma mère, je te jure que je ne suis pas coupable. C'est Ahmed-ben-Moussa, des Ouled-Soltan. »

Et en effet, quand nous sommes allés cueillir ce bon jeune homme dans son douar, il a compris que sa maîtresse l'avait vendu, et il s'est laissé prendre comme un mouton. Il est vrai qu'il croyait en être quitte à bon marché. N'a-t-il pas eu l'aplomb de m'offrir la dia en échange de sa liberté, une espèce de rançon, le prix du sang, comme ils disent, qu'on paye avec des moutons ou des chameaux? Nous lui avons attaché les mains avec la corde de son haïk, nous l'avons mis entre nos chevaux et nous sommes partis au pas. Il y avait bien des gens de sa tribu qui nous suivaient, mais je ne m'en suis pas méfié. En repassant chez les Ouled-bou-Aoun, nous avons pris la femme, nous l'avons mise dans une carriole, et nous allions arriver quand l'oiseau s'est envolé. Je suis sûr que le coup a été fait par les gueux qui nous suivaient. Et nous ne l'aurons plus. Demain il sera déjà près du Sahara. A moins qu'il ne revienne rôder près de son pays et qu'il ne se fasse pincer par les parents du mort. Dans ce cas, les Bou-Aoun se chargeront de lui. Ils se vengent comme les Corses, ces Arabes de malheur, si toutefois on ne leur paye leur décédé. Enfin! qu'ils s'arrangent entre eux, et je ne vois pas pourquoi nous allons nous mêler de leurs affaires.

Nous eûmes, quelque temps après, l'occasion d'apprendre ce qu'était devenu le fuyard. Il s'était infligé lui-même la peine du talion et s'était coupé la gorge. Il s'était suicidé, chose encore assez fréquente chez les musulmans, malgré leur fatalisme.

Nous connaissons le sud de la province d'Alger et celui de la province d'Oran; le trépied de notre livre serait boiteux, si nous n'allions jeter au moins un coup d'œil rapide sur celui de Constantine. Nous avons, d'ailleurs, vu des plateaux d'alfa, du sable, le Sahara, des chotts, des oasis, des villes arabes, et la route de Constantine au désert n'a plus à nous montrer que des échantillons épars et passablement défigurés de toutes ces grandes ou curieuses choses.

Il faut cinq heures pour aller de Constantine à Batna, en chemin de fer. Des champs plus ou moins arides; la station du Kroubs, d'où partent l'embranchement de Tunis et celui de Sétif; les plaines du territoire des Mlilah; plus loin, à peine entrevus à l'horizon, les petits chotts de Tinsilt et de M'souri; puis de petits plateaux d'alfa coupés de collines et çà et là de cultures; des gares amusantes, Aïn-Mlilah, Aïn-Yagout, El-Maader, toujours assiégées d'Arabes à cheval qui viennent accompagner un des leurs; des stations burlesques où un malheureux employé en casquette se dispute, dans une bousculade de burnous, avec des Bédouins en loques qui rient ou qui se fâchent et qui, n'y comprenant rien, tournent et retournent avec étonnement le petit carton jaune qu'on leur a mis dans les mains. Et c'est à peu près tout ce que la rapidité de la locomotive nous permet de saisir au passage.

— Batna! Batna! crie un homme d'équipe.

En voilà un désert! Vous rappelez-vous Aïn-Temouchent? Eh bien, c'est à peu près la même chose Des maisons françaises inondées de soleil, de larges rues stupidement droites, des arbres poudreux et altérés, une enceinte de petites murailles autour de tout cela. Et voilà Batna!

— Eh bien! monsieur l'hôtelier, c'est tout ce qu'il y a à voir ici?

— Mais, monsieur..... Il me semble..... Il y a cependant des voyageurs qui vont encore visiter la forêt de cèdres. Il paraît qu'il y a là des arbres vieux de plus de cinq cents ans, et dont les troncs ont plus de deux mètres de diamètre.

— Oui, on me l'a dit, on en fait de grandes tables d'un seul morceau. Et sont-ils loin d'ici, ces cèdres?

— Oh! oui, là-bas, au mont Tougourt. Il y a d'autres amateurs qui vont à Lambessa, c'est plus près, et si monsieur le désire, monsieur aura tout de suite une voiture.....

— Pour voir des morceaux de colonnes, des arcs de triomphe et de vieilles murailles? Non, j'aime mieux aller à Arles ou à Nîmes alors, c'est plus facile et plus joli. Allons, à Biskra!

Il est cinq heures du matin quand on part de Batna.

Pour comble de commodité, le voyage se fait de jour, et par une vraie route, avec une vraie diligence. Dans quelques années, ce sera pire : il y aura le chemin de fer.

Après Batna on ne tarde pas à quitter le Tell pour entrer dans la région étroite et accidentée qui représente ici les hauts plateaux. Ce n'est guère qu'une plaine aride encaissée entre de hautes montagnes, et où fourmillent les moutons qui y trouvent quelque chose à brouter. Où les moutons ne fourmillent-ils pas en Algérie? La statistique en a compté plus de 13 millions, et de ce nombre, soit dit en passant, 12,500,000 sont entre les mains de ces indigènes qu'on veut exproprier comme n'utilisant pas leurs terres! Au bout de quelques heures, la route atteint le Djebel-Aurès, tout retentissant encore de la révolte qu'y soulevèrent, il y a cinq ou six ans à peine, le chérif Mohammed-Amzian et son frère Bel-Kassem.

On gravit le versant nord de cette montagne, on la descend au sud par un chemin périlleux, et, tandis que l'œil est distrait par des hameaux, des fermes isolées, des tentes, de petites caravanes qui cheminent au loin, on dépasse les futurs villages d'El-Ksour et d'El-Biar, et l'on arrive à Aïn-Touta.

Venu de la montagne des Cèdres et des monts Aurès, l'Oued-el-Kantara, la rivière du pont, forme ici un torrent à sec, mais qui, à certaines époques de l'année, a l'air d'une rivière, et l'on a profité du prétexte de ce cours d'eau pour y installer un pauvre village d'Alsaciens-Lorrains. Ceux-là ont, par hasard, pris leur colonisation au sérieux, et, si le soleil et les Arabes veulent bien le leur permettre, ils finiront par faire quelque chose de leurs concessions.

Après Aïn-Touta, c'est l'auberge de la Baraque, élevée sur des débris romains; puis c'est un petit désert de pierre, blanc, çà et là, d'efflorescences salines; puis enfin le caravansérail des Tamarins.

Ce caravansérail, que l'autorité militaire a depuis

longtemps livré à lui-même, n'est plus qu'une vaste gargote ouverte à tout le monde.

Après les Tamarins, on descend dans le lit de l'Oued, on le suit un instant au milieu des lauriers-roses, on passe à Sekroun, puis, au grand galop, on enfile une vallée étroite, une sorte de tranchée dont les parois de terre sont bizarrement ravinées par la pluie; on tourne des contreforts de collines qui s'avancent comme de petits caps ; on gravit le col des Juifs par une route rocailleuse ; on le redescend par une rampe escarpée, au milieu des pierres roulantes, entre des ravins peu rassurants ; on s'engage dans une coupure que la nature a faite dans des roches jaunes et dont les parois ont de cent à cent cinquante mètres de haut, entre le Djébel-Gaous à l'est et le Djébel-Tilanous à l'ouest, et l'on arrive enfin au célèbre pont d'Al-Kantara.

La route, qui jusque-là a suivi en corniche la rive droite de l'Oued, se porte vers la rive gauche, en passant sur le dos vénérable de ce vieux monument romain. Et du milieu du pont, vers le sud, entre les murailles rocheuses qui s'élèvent de chaque côté couvertes de buissons, de cactus et de lentisques, l'œil ébloui découvre un pays nouveau, un ciel blanc, des palmiers verts et au loin le flamboiement de terres vagues noyées dans le soleil. Ce n'est pas encore le désert, mais c'est déjà un spectacle si grandiose, d'un effet si subit et si imprévu, qu'on ne peut, en le découvrant, retenir un cri d'admiration. Après le pont, le défilé s'élargit. A droite et à gauche s'élèvent des maisons blanches ou grises, se balancent des palmiers endormis dans le ciel calme, et l'on s'arrête bientôt au village ou plutôt aux villages d'Al-Kantara.

Al-Kantara est, en effet, comme une petite oasis où se sont élevés trois villages franco-arabes. Des murailles basses et grises, défendues par de petites tours, les entourent, et une mosquée construite avec des fragments

ENTRÉE DU VILLAGE D'EL-KANTARA.

romains les domine. Entre leurs maisons de terre, circulent des gens déjà vêtus de ces couleurs voyantes si communes à Biskra, et de leurs petits jardins à parapets poudreux s'élancent les premiers dattiers qu'on rencontre depuis Constantine.

Après Al-Kantara, la gorge se rétrécit pour former comme une porte, la bouche du Sahara, et l'on atteint bientôt El-Hammam, puis Ksar-Sidi-el-Hadj, puis El-Outaya, la petite plaine, avec son village que dépasse un vieux minaret, avec ses palmiers, avec les plantations de coton qu'on a tenté d'y faire, et l'on se repose un instant sous l'auvent grossier de son pittoresque café maure. Va-t-on enfin découvrir ce désert qu'on annonce depuis les Tamarins et qui semble reculer comme un mirage insaisissable? Non. Il faut encore, plusieurs fois, traverser la rivière à gué, parcourir une grande plaine, gravir, par un chemin jonché de galets croulants, le col de Sfa, fissure qui passe à travers le Djébel-bou-Ghzal, le père des gazelles, dernier rameau de l'Aurès, et enfin l'on voit, au-dessous de soi, s'étendre vers l'infini du Sud une mer jaune et lumineuse, toute tachée de grands traits noirs Ces traits sont les oasis; cette mer, c'est le Sahara.

Pas de sable ici; rien que le fond salé de lacs desséchés, rien que des espaces nus et pierreux, des champs d'orge ou d'avoine, et l'on arrive à Biskra. Il est sept heures du soir.

Des terrains vagues et sablonneux, et plus loin, au milieu des arbres, au milieu de palmiers innombrables, des maisons grises à toit plat, et dont aucune muraille n'entoure l'agglomération : tel est le premier aspect de la reine des Zibans.

Biskra se compose de trois centres, qui se succèdent du nord au sud : le nouveau Biskra, franco-indigène; le village nègre et le vieux Biskra, exclusivement arabe. L'Oued-Biskra, qui va se perdre dans le Sahara, passe à l'est de l'oasis, coupé de nombreux barrages pour l'irrigation des jardins.

On laisse bientôt à gauche une espèce de bordj français, le fort Saint-Germain, et l'on s'engage dans la principale, l'unique rue de la nouvelle ville. A droite s'alignent et se succèdent des maisons en terre blanchie, bordées d'arcades, peuplées de petites boutiques mozabites aux auvents et aux étalages pittoresques ; à gauche, entre la chaussée et la rivière, fuient de petits jardins publics, pleins d'ombre et d'humidité, et des jardins particuliers dans lesquels s'étouffe une végétation luxuriante. Comment en serait-il autrement? Le voisinage des montagnes rend fréquentes ces pluies d'orage qui s'effacent dans le ciel comme des pleurs sur la figure d'un enfant, mais qui n'en laissent pas moins leur trace dans la terre; l'Oued-Biskra envoie de l'eau en abondance; la température, qui s'élève parfois à 55 degrés, fait fermenter tous les germes, et les palmiers protégent la végétation contre l'ardeur des rayons directs du soleil. Aussi, tout pousse là dedans, les dattiers, les lauriers énormes, les ricins arborescents et ce henné qui a l'air d'un petit troëne à fleurs blanches. Délayée en pâte fluide et appliquée en guise de cataplasmes, la poudre faite avec les sommités desséchées de cette plante a été employée dès la plus haute antiquité, et l'on en retrouve la trace sur les ongles des momies égyptiennes. On s'en sert avec avantage pour panser les petites plaies des chevaux, les gerçures que la marche produit aux pieds des hommes, les éraillures des mains dont elle raffermit la peau. Ce topique n'a qu'un inconvénient, c'est de laisser sur les téguments une profonde coloration d'un jaune brique qu'aucun lavage ne peut enlever. On a arrangé cela en faisant un ornement de ces taches; et, de substance pharmaceutique, le henné est devenu un ingrédient de toilette; les femmes ne s'en servent aujourd'hui que pour se faire les mains et les pieds couleur de safran.

Mais Biskra est une oasis bien civilisée! C'est le Sahara mis à la portée des touristes circulaires les plus timides ; c'est le désert à l'usage des photographes. Il y a beaucoup trop d'Européens ici. Il y a un marché à galeries; il y a jusqu'à une halle, jusqu'à des marchands de curiosités indigènes, jusqu'à un hôtel, un véritable et bon hôtel, où toussent des Anglais.

Un large espace, semé de palmiers, sépare le nouveau Biskra du village nègre, réunion désordonnée de huttes coniques et de petits jardins grossièrement séparés par des parapets en ruine. Là vivent des noirs, anciens esclaves libérés, qui, vêtus de gandouras rouges, passent leur sainte journée à chanter des chansons d'enfants et à fabriquer des corbeilles.

Après le village nègre, la route se dirige encore vers le sud, et au moment où l'on croit enfin atteindre le désert, où l'on croit en avoir bien fini avec notre civilisation, on découvre, ô désillusion cruelle, savez-vous quoi ? Non ? Eh bien, une villa! Une villa transportée ici par la baguette d'une fée malfaisante, avec son parc, ses ruisseaux artificiels, ses pelouses et ses yuccas! Et le soleil du Sahara ne réduit pas en cendres cette profanation de son empire! Heureusement, de l'autre côté du chemin, par delà un monceau de sable chaud, l'oasis de Filiach élève ses palmiers comme une protestation poétique, et, sur un monticule voisin, les ruines de la Casbah développent leurs lignes croulantes et dorées. Puis commence la ville arabe, avec son dédale de petites maisons brunes, à demi ruinées, dispersées dans les cyprès et dans les dattiers; avec ses balcons grossiers, ses petites fenêtres en forme d'étoiles, ses colonnes rustiques faites de stipes bruts; avec ses Ouled-Naïls enfin. Le vieux Biskra, qui forme, aujourd'hui encore, sept quartiers, sept villages distincts, ayant chacun sa mosquée plus ou moins modeste, et où viennent, du Sud, les Mozabites et les Châamba, est la partie la plus peuplée de l'oasis. La population, qu'on pourrait appeler autochthone, bien qu'elle soit d'origine berbère, comprend de huit à dix mille âmes. Elle formait et elle forme encore comme une race particulière remarquable, dit-on, par sa franchise, par le sérieux de son caractère, par la sécurité de ses relations. Les Biskris s'expatrient volontiers pour un temps, à la manière des Mozabites, et s'en vont travailler dans les grandes villes du Tell, où ils forment, sous les ordres d'un chef, l'amin, assisté d'un secrétaire, le khodja, qui, l'un et l'autre, n'existent plus guère que pour la forme, une corporation divisée en six groupes : les commissionnaires et les porteurs d'eau; les portefaix et les domestiques; les canotiers et les baigneurs; les maçons et les cureurs de puits; les fruitiers et les boulangers; enfin les charbonniers. Auvergnat de l'Algérie, économisant beaucoup, vivant de rien, vêtu d'un caban éternel et d'un pantalon inusable en laine épaisse, couchant à la belle étoile, le Biskri arrive toujours à amasser un petit pécule, et il revient, en rentier, cultiver le dattier natal, c'est-à-dire le regarder pousser à la grâce d'Allah.

Autour du vieux Biskra s'étalent des bois de palmiers, des champs de céréales et des terrains vagues, qui font perdre à l'oasis l'aspect touffu et nettement limité de celle de Laghouat et de la plupart des autres.

A l'est de la ville arabe se montrent Sidi-Okba et, plus loin, les ksour des Beni-Daoud et des Bou-Sliman; à l'ouest s'élèvent des collines où coule la source thermale de Hammam-Salahine; au sud enfin, à travers une forêt splendide de dattiers, s'enfonce une route qui se perd bientôt dans la direction de Tougourt. Plus loin vers le sud, ce qu'on pourrait appeler le territoire de Biskra est limité par l'Oued-Djédi, cette rivière intermittente que nous avons traversée ailleurs sous le nom d'Oued-Mzi. A partir de Laghouat, en effet, l'Oued-Mzi remonte longtemps vers le nord, s'approche de Biskra et décrit enfin une grande courbe pour redescendre au sud et venir, quand le sable ne l'a pas bu en route, se perdre dans ce chott Melghir, dont le niveau est à vingt-cinq mètres au-dessous de celui de la Méditerranée, et qui devait être la partie essentielle de la mer intérieure rêvée par le commandant Roudaire.

Regagnons le Kroubs, d'où le chemin de fer va nous conduire à Bone. A travers des paysages toujours pareils, à travers des stations ridicules qui ressemblent toujours à des quartiers de cavalerie indigène, la voie suit d'abord l'Oued-el-Borda, qui va, au sud de Constantine, s'unir au Rummel pour former avec lui l'Oued-el-Kebir, un Oued-el-Kebir quelconque, un Guadalquivir comme il y en a en tout pays arabe. Puis, à travers le Djébel-Taya, elle s'enfonce dans la vallée de l'Oued-Zenati, vallée superbe pleine de beaux rochers, de vignes libres, d'oliviers qui sont sauvages et de perdrix qui ne le sont pas, et elle atteint enfin Hammam-Meskoutine, le bain des damnés, où l'eau sort de terre à la température de l'ébullition. Là, du haut de murs de roches semblables à des falaises, tombent d'étonnantes cascades de calcaire formées par l'évaporation des eaux. De tous côtés, comme des men'hirs naturels, se dressent des pierres fantastiques, pareilles à des dents énormes qui auraient percé la croûte terrestre. L'explication de ces pains de sucre irréguliers est, géologiquement, des plus simples. Un puits artésien spontané se forme quelque part; l'eau en jaillit chargée d'un carbonate de chaux qui se dépose sur ses bords et qui y forme un bourrelet circulaire; ce bourrelet monte peu à peu comme un tuyau de cheminée, et à mesure qu'il monte l'orifice du trou se rétrécit et finit par s'oblitérer totalement. L'eau à laquelle il donnait issue va alors se faire ailleurs une nouvelle ouverture où se formera lentement un nouveau men'hir, et ainsi apparaissent peu à peu les gens de la noce maudite.

Un jeune Arabe, beau et brave cavalier qui regardait le lion en face, avait, en effet, une fois, une sœur plus belle que la plus belle des houris bien gardées. Et, chose horrible! le frère aima la sœur, et la sœur aima le frère : « Va-t'en, dit un jour au cavalier son père qui avait découvert cet amour incestueux. Va-t'en, et que Dieu te jaunisse la face! » Et il partit, mais pour revenir bientôt. Il avait raccolé une horde de brigands dont personne ne connaissait la tribu, et, avec leur aide, il enleva son amante. La bande scélérate s'arrêta ici au retour de son rapt et y fit une noce infernale ; on y célébra, la nuit, le mariage du frère et de la sœur! Et tout à coup, pendant la fête infâme, le ciel se couvrit de nuages noirs, le tonnerre éclata, la pluie tomba à torrents, la terre trembla et s'entr'ouvrit, les flammes de l'enfer vinrent éclairer les danses diaboliques, et, dans les éclats de la foudre, on entendait encore des chants de joie et d'amour, dans les sifflements des rafales passaient encore des sons de darboukas et de flûtes. Et cela dura jusqu'au jour ; mais quand le soleil parut, il n'éclaira plus ni cavaliers, ni chanteurs, ni mariés, ni almées ; il n'éclaira plus que des statues d'albâtre, froides et rigides, des êtres changés en pierre. Tous n'y étaient pas ; la plupart avaient été engloutis dans les crevasses qui s'étaient refermées, mais la terre qui ne veut pas les garder les rejette peu à peu hors de son sein, et, lentement, on les en voit sortir et demeurer pour servir d'exemple aux races futures.

Après Hammam-Meskoutine, c'est Guelma, ville presque complétement francisée. Des Arabes aux burnous épais envahissent la gare et le train.

— Ce sont des pèlerins qui vont à la Mecque, dit-on autour de nous.

Et tandis qu'ils s'entassent dans les wagons, un monsieur à casquette galonnée d'argent fait irruption sur le quai ; des gendarmes maures, des chaouchs, des soldats le suivent, et le train est pris d'assaut; les Arabes sont arrachés de leurs places; leurs pauvres bagages sont pêle-mêle jetés par les portières, leurs galettes roulent sur la voie, leurs pots de miel tombent et se brisent, et, sombres et farouches, ils se serrent en troupe, sans résister, sans crier, mais les yeux pleins d'une haine sauvage.

— Que se passe-t-il ainsi? disons-nous à un Maure qui vient de profiter de l'arrêt du train pour étendre son burnous dans l'entre-voie et pour y dire sa prière, comme s'il était seul en plein désert. Pourquoi empêche-t-on ces pauvres gens d'aller à la Mecque?

— C'est qu'ils ne vont pas à la Mecque. Ils vont chez le Mahdi.

— Comment! Ils partent pour l'Égypte avec un pot de miel pour bagage?

— Ce n'est pas le mahdi d'Égypte qu'ils vont trouver. Ils vont, ou plutôt ils allaient à Yeroub, au sud de la Tripolitaine, rejoindre Sidi-Mohammed-el-Mahdi.

En effet, c'est là-bas, au fond des déserts de l'antique Cyrénaïque, que ce Mahdi, fils d'El-Senoussi, a établi sa mystérieuse résidence. Aucun Européen n'est jamais allé chez lui; personne ne sait au juste où ce Yeroub se trouve, et c'est là pourtant qu'est, depuis vingt-cinq ans, la tête du senoussisme, cette immense pieuvre dont les tentacules se meuvent sans bruit sous le monde africain. Plus de trois mille Algériens ont déjà traversé la Tunisie et ont disparu; ils sont allés former la garde particulière du marabout.

Pointillés çà et là de flammes roses, voici les bords de la Seybouse que nous suivrons jusqu'à Bone, et voilà Duvivier, où la voie fournit l'embranchement qui va à Soukharras.

— Eh bien, messieurs, on l'a tué, à la fin, dit un colon qui arrive de cette ville et qui se précipite dans notre compartiment.

— Comment! On l'a tué? Allons, tant mieux! Mais qui a-t-on tué? Le Mahdi?

— Le Mahdi? Et qui vous parle du Mahdi? C'est le lion noir qu'on a tué, un vieux sultan à grande crinière. Oui, messieurs, on a tué le lion noir de Soukharras!

— Il y a donc encore des lions par ici?

— Je crois bien! s'écrie le colon. Ils font comme les panthères; ils deviennent de jour en jour plus nombreux, depuis qu'on empêche les incendies et qu'on leur ménage ainsi des retraites inaccessibles. Savez-vous, messieurs, qu'on tue encore en Algérie une moyenne de cinq lions par an et de soixante à soixante-dix panthères, et que c'est notre pays qui fournit presque tout cela? Une vraie ménagerie, quoi!

— Mais alors, il doit être fort dangereux de circuler chez vous.

— Peuh, fait un sous-officier de spahis. Dangereux? Les lions? Il y avait un maréchal des logis de chez nous qui les tuait comme des lièvres. Un certain Giraud, Girard, Gérard.

— Jules Gérard, vous voulez dire?

— Ah! oui, Jules Gérard. Et les panthères? En voilà qui sont encore moins à craindre. Il y en avait un autre, pas un spahi, celui-là, pas même un fantassin, un simple civil, M. Bombonnel, je crois, qui en tuait tant qu'il voulait. Vous comprenez, cela l'amusait, cet homme, et on les lui laissait.

— N'empêche, reprend le colon, que les panthères sont des fois bien méchantes. Tenez, quand j'étais à Orléansville, avant d'avoir ma concession ici, il y en avait une qui faisait beaucoup de mal dans le bétail. Un gendarme a voulu se charger de lui faire son affaire. Il a construit une palissade ronde, une espèce de petit blockhaus sans toiture, et, le soir, il s'y est enfermé avec des fusils, un Arabe et une chèvre qui criait. On ne sait pas ce qui diable s'est passé là dedans, mais le lendemain on les a trouvés morts tous les quatre.

— Tous les quatre?

— Eh! oui, le gendarme, l'Arabe, la chèvre et la panthère.

— Là, s'écrie le spahi, vous voyez bien qu'ils l'avaient tuée, la panthère! Ce n'est pas plus difficile que cela.

Cependant notre train court toujours. Le soleil fait luire comme du métal poli les cactus arborescents qui couvrent le territoire des Beni-Salah; les chênes-liéges tapissent les collines habitées par les Némenchas; les tentes des Haractas, descendants des Vandales, se cachent dans les rochers; et nous entrons enfin dans la plaine de Bone.

Bone est bâtie à l'ouest d'un golfe dont le fort Génois et le cap de Garde forment la pointe ouest, tandis que le cap Rose le limite du côté du Levant. Le cap de Garde est percé de grottes profondes et curieuses; le cap Rose nous cache le petit port de la Calle, où l'on pêche l'éponge et le corail, port célèbre dans l'histoire des relations tourmentées de la France avec les États barbaresques. Dominée par une casbah transformée, par une batterie qui a remplacé le vieux fort Cigogne, et par je ne sais quels autres travaux aussi militaires que peu récréatifs, Bone n'est plus qu'une petite ville toute neuve et pleine de prétentions. Elle dispute à Constantine le gouvernement de la province, sous le spécieux prétexte qu'elle a la mer, comme Alger et Oran, et si elle renonce à cette ambition, c'est pour demander au moins en sa faveur la création d'un quatrième département algérien, le département de la Seybouse.

La ville, par elle-même, ne mérite vraiment guère une visite, et malgré la meilleure volonté du monde, nous ne pouvons nous extasier ni devant son port, ni devant ses quais, où s'entassent le minerai de fer de Mokta-el-Hadid et le liége de l'Édough; ni devant son cours planté d'arbres et bordé de galeries monotones, ni devant ses rues qui ne rappellent l'Afrique que de fort loin. A Constantine, on trouve tout simple que les senoussia ou autres mécréants fassent un jour sauter l'Algérie française comme une simple mine; à Bone, on se prend à douter de la réussite de ces patriotes occultes. C'est bien solide, tout cela! Mais il n'y a plus rien d'arabe ici! A peine une mosquée où nichent des cigognes, à peine un marché indigène, à peine quelques burnous et quelques négrillons.

Une route bordée de cactus poudreux, d'agaves en fleur, d'oliviers séculaires, de ces jujubiers, enfin, qui ont valu au quartier son nom arabe de Baled-el-Haneb, le pays des jujubes, nous conduit aux citernes d'Hippone.

Supposez que, à mi-côte, on ait pratiqué, sur la pente d'une colline, une échancrure ovale, une sorte de carrière à ciel ouvert, mordant horizontalement de quarante ou de cinquante mètres dans la roche, et dont le grand axe aurait de quatre-vingts à cent mètres; supposez qu'on ait élevé un mur solide sur le bord extérieur de cette excavation, qu'on ait tapissé d'une muraille épaisse la paroi entaillée de la colline, enfin qu'on ait couvert d'une voûte surmontée d'une terrasse l'ensemble de ces murailles, et vous aurez une idée approximative de ce monument, reste unique ou à peu près unique de l'antique *Hippo Regius* des rois numides. Des piliers massifs, deux ou trois étages d'arcades superposées et des murailles encore solides divisent en tous sens l'intérieur des citernes et en soutiennent la voûte, que des effondrements partiels ont çà et là percée à jour. Des aqueducs ménagés dans l'épaisseur des murailles y circulent en petites galeries sombres où les chauves-souris et les hiboux ont fait élection de domicile; de vieux et magnifiques cactus s'introduisent par les ouvertures de la voûte et s'y suspendent en gros paquets verts. Thermes ou citernes, silos ou souterrain de temple, ces ruines, dont l'ancienne destination pourrait être un magnifique sujet de controverse archéologique, sont assez insignifiantes, vues de dehors, mais impressionnent fortement celui qui y pénètre. Les nègres des environs viennent une fois par an y célébrer leurs fêtes sanglantes et grotesques, et en particulier la fête de Lella-Bona-bent-el-Hamara, madame Bone la fille de la rouge, une sainte saugrenue du calendrier négro-musulman. Et ce doit être un bien curieux spectacle que celui de leurs cérémonies sauvages, de leurs sacrifices de poules et de bêtes à cornes, dans le mystère imposant de la vieille ruine!

Sur le flanc de la même colline, à quelques pas au-dessus de la terrasse des citernes, un massif de maçonnerie, rond et entouré d'une grille, porte, à l'ombre de vieux oliviers, un autel que surmonte une statuette en bronze. C'est saint Augustin, cet évêque d'Hippone, dont le souvenir est resté si vivant dans le pays que les Arabes viennent eux-mêmes lui adresser leurs prières. Vu d'Hippone, le panorama de Bone, de sa rade, de sa plaine, de la Seybouse et des montagnes lointaines est vraiment magnifique.

Mais la chaleur est insupportable, inimaginable, ici!

Dans les cafés, dans les rues, sur les places, ce ne sont que plaintes, que gémissements étouffés.

— Comment ça va? dit en soufflant le passant qui rencontre un ami.

— Ouf! répond l'autre. Chaudement, monsieur, chaudement! et vous?

— Moi? Ah! mon cher, chaudement, chaudement! Et ils secouent leur casque qu'ils égouttent comme un musicien fait de son trombone, et, de leur mouchoir roulé en boule, ils épongent rageusement leur cou, plus rouge que celui d'une langouste. Et, murmuré par les voix affaiblies, l'adverbe chaudement se traîne sur toutes les lèvres, vient lourdement battre des ailes à toutes les oreilles. Chaudement, monsieur, chaudement!

— Un peu de mayonnaise, monsieur? dit le garçon d'hôtel à ses voyageurs. Du bœuf à la mode? Du poulet? De la crème?

— Non, mon ami, non, soupirent les dîneurs découragés, qui laissent retomber leur fourchette avec accablement. Des cornichons, rien que des cornichons au vinaigre, et de la glace ! Oh ! beaucoup de glace !

— Ah ! monsieur, c'est terrible ! gémit le domestique. Personne ne mange plus. Si cela continue, nous mourrons tous. Et ce ne sera pas long, allez !

Et le soir, toute la population en sueur s'achemine vers la plage. Elle gagne, dans la poussière ardente, aux feux obliques du soleil couchant, les bains de mer de la Grenouillère et de la Crapaudière. Il n'y a plus là ni hommes ni femmes ; il n'y a que des gens qui ont chaud.

La nuit, c'est pire. Une simple chemise est un vêtement trop lourd ; on s'administre une douche avec son pot à eau, et, tout mouillé, on se couche sur les briques faïencées du sol.

Pendant trois jours du mois d'août que nous avons passés à Bone, la chaleur et les insolations y ont tué quarante-six personnes ! Des gendarmes étaient foudroyés, en route, sur leurs chevaux ; on trouvait des gens asphyxiés dans les chambres des hôtels ; on en trouvait étouffés dans les trains de chemins de fer.

La température n'est pas toujours aussi meurtrière, mais, cette année, les incendies ajoutent leur action à celle du soleil, et, le soir, on regarde avec terreur les grandes flammes qui s'élèvent, là-bas, sur les montagnes, et la clarté sinistre qui, du côté de la terre, rougit l'horizon, comme le reflet sanglant de quelque aurore australe.

D'où viennent ces incendies épouvantables qui dévorent quatre ou cinq mille hectares de bois en une nuit ?

— Ce sont ces scélérats d'Arabes qui font courir le chat rouge, vous dira-t-on.

Et, sur toutes les murailles, vous verrez des affiches blanches, couvertes d'arabesques. Elles menacent de la fameuse et stérile responsabilité collective les tribus dont le territoire aura été le point de départ d'un incendie. Et pourtant ces pauvres boucs émissaires de Bédouins sont-ils bien les auteurs de ces sinistres ? Rien n'est moins prouvé. J'ai vu arriver à Bone deux incendiaires qu'on avait arrêtés dans la forêt de Muley-Ismaël, la torche à la main ; c'étaient deux Italiens. Et, pendant ce temps, ce sont les Arabes qu'on requiert pour arrêter la marche du fléau, eux qu'on voit se jeter courageusement au-devant des flammes et y trouver souvent la mort, comme on les voit, en hiver, au moment des inondations, payer de leur vie pour sauver ceux qui les accusent toujours et de tout.

Mais, non, il fait vraiment trop chaud ! Bone est un four ; l'air raréfié n'y suffit pas aux poumons ; les incendies en ont dévoré tout l'oxygène ; allons-nous-en !

La locomotive siffle. Voici encore Duvivier, Guelma, Hammam-Meskoutine et le Kroubs.

— Les voyageurs pour Sétif et Bordj-bou-Arréridj, changez de voiture !

Il est huit heures du matin. A droite et à gauche passent, dans un éclair, des collines, des tentes, des plaines, les champs de Saint-Arnaud et de Châteaudun, et l'on est à midi à Sétif, ville presque aussi francisée que Bone. Le soir, à cinq heures, on arrive à Bordj-bou-Arreridj, puis à El-Achir, actuellement tête de ligne. C'est en diligence qu'il faut traverser la Kabylie et ses montagnes sauvages où chaque nuit s'organisent encore des battues contre les panthères, qui font une guerre acharnée et meurtrière aux moutons et aux chiens des villages.

Ce n'est qu'à Palestro qu'on retrouvera la voie ferrée, et l'on ne se plaindrait pas de ce voyage, qui serait si intéressant et si pittoresque si, selon la déplorable habitude des messageries algériennes, il ne se faisait encore de nuit.

Tout engourdi, tout ensommeillé, à peine aperçoit-on les maisons de Mansourah, les petites masses sombres des hameaux indigènes, les constructions blanches de Maillot. Puis, entre des montagnes noires, on s'engage dans un défilé fantastique où des blocs de roche semblent suspendus sur la route, dans une gorge au fond de laquelle grondent, invisibles, les eaux de l'Oued-Maklou ; c'est le passage des Bibans, ce sont ces célèbres Portes de fer auxquelles reste si glorieusement attaché le souvenir du duc d'Orléans.

Le matin, au lever du jour, on atteint Bouira. Encore des rochers, des ravins, des routes difficiles, des précipices, des chênes, des maisons kabyles, la répétition, en un mot, de ce que nous avons vu autour de Fort-National, tandis que, sur la droite, le rempart imposant du Djurjura semble courir avec la diligence.

A deux heures après midi, on remonte en wagon à Palestro, et l'on est arrivé le soir.

Un café brillant sous l'ombre fraîche de hautes arcades. Sur un boulevard animé et joyeux, des turcos qui passent à la course, enlevés par leurs clairons haletants ; des zouaves pressés d'arriver ; des musiques bruyantes dont les instruments étincellent au soleil ; des yaouleds, mis en joie, qui cabriolent devant les fanfares. Autour de nous, des colons qui parlent du prix des avoines, et des chefs arabes qui ne se retournent que pour voir les chevaux des spahis. Et, là-bas, des Mauresques blanches qui regardent tout cela avec leurs grands yeux toujours étonnés. C'est Alger par une belle matinée d'été.

Puis l'hélice gronde sous nos pieds. Il est midi. Le drapeau du muezzin flotte dans un ciel radieux, et la terre s'éloigne. La ligne grise des maisons françaises s'efface la première ; la cité musulmane reprend son empire, et sur le cap aux teintes chaudes on ne voit plus que sa blancheur fuyant à l'horizon comme le grand hunier d'un vaisseau qui s'en va, plus que la masse éblouissante de sa mosquée, qui semble grandir avec la distance.

Et dômes, minarets, casbah crénelée, sommets bleus du Djurjura, tout s'enfonce lentement dans les flots; l'Algérie s'est évanouie comme un beau rêve.

FIN.

TABLE DES MATIÈRES

CHAPITRE PREMIER
Alger... 1

CHAPITRE II
Alger (suite)... 43

CHAPITRE III
Autour d'Alger... 68

CHAPITRE IV
Vers le sud.. 112

CHAPITRE V
Dans le Sahara... 175

CHAPITRE VI
Dans la province d'Oran.. 242

CHAPITRE VII
Dans le Sud oranais.. 277

CHAPITRE VIII

D'Alger à Constantine............................. 323

CHAPITRE IX

Dans la province de Constantine...................... 353

FIN DE LA TABLE DES MATIÈRES.

TABLE DES GRAVURES

	En regard des pages
Une rue à Alger	26
Une Mauresque	36
Caravansérail	148
Une rue à Laghouat	184
A travers l'Oued-Mzi	232
Gare de chemin de fer sur les hauts plateaux	304
Juives de Constantine	334
Entrée du village d'El-Kantara	370

PARIS. — TYPOGRAPHIE DE E. PLON, NOURRIT ET Cⁱᵉ
RUE GARANCIÈRE, 8.

www.ingramcontent.com/pod-product-compliance
Lightning Source LLC
Chambersburg PA
CBHW051836230426
43671CB00008B/980